U0903635

学 情 分 析 论

陈隆升　著

内容提要

本书系统研究中外学情分析的基本理论和实践。首先介绍了本书写作的缘起、目的、价值与主要内容，并界定了学情分析的概念和基本范畴，接着系统梳理了中国传统的学情观和欧美国家的学情分析研究状况。在梳理学情观发展历史的基础上，对学情分析背后蕴含的学理基础进行了阐释。基于学情分析的基本原理和实践经验，提炼出学情分析的基本路径和方法。立足学情分析基本路径和方法的操作实践，本书重点研究了我国基础教育新课程改革过程中与学情分析密切相关的三个关键问题：学情分析与学习经验发展、学情分析与课堂教学转型、学情分析与课堂学习活动设计。

本书通过大量的课堂教学案例深入浅出地阐释学情分析的基础理论，注重理论向实践的转化，实用性与操作性强。适合中小学教师阅读，也可以作为本科师范生和课程与教学论方向硕士生的教学参考书，同时也可以供课堂教学的研究者参考。

图书在版编目(CIP)数据

学情分析论/ 陈隆升著. —上海：上海交通大学出版社，2019(2025 重印)
ISBN 978-7-313-20573-5

Ⅰ.①学…　Ⅱ.①陈…　Ⅲ.①课堂教学—教学研究
Ⅳ.①G424.21

中国版本图书馆 CIP 数据核字(2018)第 262423 号

学情分析论

著　　者：陈隆升
出版发行：上海交通大学出版社　　地　　址：上海市番禺路 951 号
邮政编码：200030　　电　　话：021-64071208
印　　制：上海万卷印刷有限公司　　经　　销：全国新华书店
开　　本：710 mm×1000 mm　1/16　　印　　张：16.5
字　　数：338 千字
版　　次：2019 年 4 月第 1 版　　印　　次：2025 年 8 月第 2 次印刷
书　　号：ISBN 978-7-313-20573-5
定　　价：88.00 元

2013年度教育部人文社会科学研究规划基金项目
《基于学情分析视角的课堂学习经验发展研究》
(项目批准号13YJA880006)研究成果

目　　录

绪　论

我国基础教育课程改革的成效最终要体现在课堂教学的转型上。近几年来，随着新课程改革的深入推进，“以学定教”、“生本教学”等以促进学生有效学习为宗旨的教学形态变革得到了广大研究者和一线教师的广泛认同。但从教学现场来看，实际的教学状况离课程标准的要求还很远，课堂教学形态的转变依然任重道远。如何实现由以教师“教”为主的课堂向有效促进学生“学”的课堂转型，仍然是一个需要迫切思考与深入探索的问题。课堂情境中的“学情”是制约课堂教学转型的一大关键因素，对“学情”的分析与研究是有效教学的前提条件，教师在课堂里的教学要具有针对性，就必须对班级学生的具体“学情”进行研究，在充分研究“学情”的基础上确定的教学内容与组织的教学活动才会有效。

本书所研究的“学情分析”，属于课程与教学领域的实践话语范畴，贯穿于教师的日常教学实践中，对增强课堂教学的针对性和有效性至关重要。

一、“学情分析”始于“有效性”追问

“学情分析”指向的是课堂情境中的教学有效性。任何一门课程的教学都有一个有效性的追问——“上了这节课到底是否有效呢”，如果无效就是做了无用功，教师白忙乎一节课。当前我们观察到全国各地有很多学校在进行“以学定教”的实践探索，这些行动的背后实际反映的就是课堂“有效性”意识的觉醒，是对长期以来粗放式的课堂现状的一种反思。课堂教学有效性的前提是教学的“针对性”。所谓“针对性”，指的是教师能够依据学生的已有经验基础合宜地开展教学，发展学生的已有经验。为了增强教学的针对性，就需要对学生的已有经验和课堂学习状态加以观察与分析。

杜威认为教师的教学有效性一定要体现在学生的经验发展中，而这首先需要教师密切观察学生的经验变化。他所谓的“观察学生的经验变化”指的就是课堂情境中的“学情观察与分析”。他有一段很经典的话我们不妨引述如下：

> 教师在讲课时，必须有余力来观察儿童心智的反应和活动。学生的问题在教材中；而教师的问题却在于学生对待教材的心理活动内容。如果教师预先不掌握教材，不精通教材，不能不需思考而自如运用教材，那么，他就不能自由地用全部的时间和注意力去观察和解释学生的智力的反应。教师不仅要感受到儿童用文字表达出来的意义，而且要注意到身体所表现出来的各种理智

> 状况，像迷惑、厌倦、精通、观念的醒悟、装作注意、夸耀的倾向、以自我为中心把持讨论等。教师不仅要了解这些表现的意义，而且要了解学生思想状态所表现出来的意义，了解学生观察和理解的程度。①

杜威这段话同时还揭示了教师在分析学情时要灵活运用参照系——教材。教师的教学有效性要体现在促进"教材"与"学情"的有效链接上。教师在分析学情之前必须对要教学的内容烂熟于心，如果不能驾轻就熟地运用教材，就不可能有时间和精力来关注学生的学情。

下面用一个童话故事来进一步阐释教学有效性与学情分析的深度关联。西方专门研究学习论的学者发掘了一个经典隐喻——《鱼就是鱼》。这是一个童话故事，说的是树林边上有一个池塘，池塘里有一条米诺鱼和一只蝌蚪，它们是形影不离的好朋友。后来蝌蚪变成了青蛙，爬出水面，来到了岸上。米诺鱼也长大了，长成了一条完全成熟的鱼。过了很久，青蛙回到了池塘，向米诺鱼讲述了自己周游世界所看到的一些非常奇特的东西。青蛙首先向鱼讲述了它所看到的"鸟"，鸟有翅膀，有两条腿，还有各种各样的颜色。听着青蛙的讲述，鱼马上就在脑子里看到了那些鸟，就像长着羽毛的大鱼在空中飞来飞去。接着青蛙讲述了它所看到的奶牛，它说奶牛有四条腿，长着犄角，吃青草，肚子下面坠着些粉红色的奶袋子。于是鱼的脑袋里也像看到了奶牛的特征，但奶牛长着鱼的身体。接下来青蛙又讲述了它所看到的"人"，有男人、女人、孩子，于是鱼的脑袋里马上出现了长着鱼的身体的"人"。总之，鱼经过青蛙的描述所接受到的知识都带有鱼自身的特征，具体情形如下图：

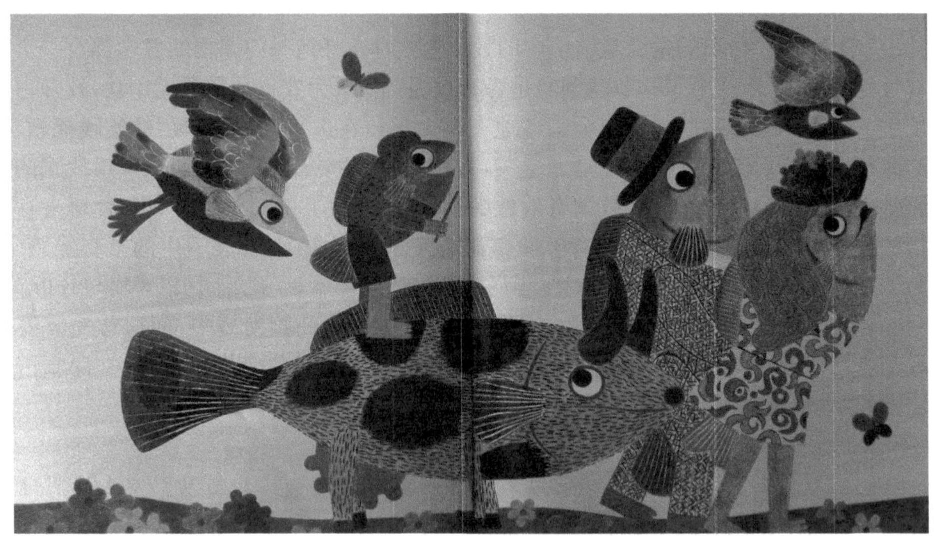

图 0-1　鱼就是鱼

图片来源：绘本《鱼就是鱼》，(美) 李奥尼编绘，阿甲译. 海口：南海出版公司，2011.5.

① (美) 杜威著，姜文闵译. 我们怎样思维·经验与教育[M]. 北京：人民教育出版社，2004. 224.

这个隐喻告诉我们一个道理，人们总是用他们已知道的知识和经验去建构新知识和对新知识的理解。同时这个故事也说明了在人们基于自己已有的知识建构新知识时，创造性的机遇和危险并存。

新知识的建构必须来源于已有知识，对这一教学观的合理引申就是教师需要关注学习者在学习特定知识时随之带来的不完整理解、错误观点和对概念的天真解释。教师还需要依据这些概念来帮助每个学生达到更成熟的理解。如果忽视学生的初始概念、观点，他们获得的理解可能与教师预期的想法大相径庭。正如有的学者所言："有许多证据表明，如果教师关注学习者带到学习任务中的已有知识和观念，将这些知识当作新教学的起点，并在教学过程中监控学生概念的转化，那么就可以促进学生学习"。①

在这个"鱼就是鱼"的隐喻中，青蛙是教师，鱼就是学生，教师要使自己的教学有效，就必须去做学情分析，了解学生在进行"新学习"之前已有哪些可能有利学习和阻碍学习的知识或观念。这里的"新学习"不仅仅是指一篇课文或一节课的起始学习，也包括在课堂教学过程中的每一个新环节的学习。后一个环节相对于前一个环节来说都是新的，教师的教学都涉及探查学生在前一个环节的学习状况。因此学情分析最复杂的内容体现在课堂教学过程中。也只有充分把握了学生在课堂教学中的学情，教学才可能有针对性，才有希望实现教学的有效性。

二、"学情分析"促进课堂教学的改善

对教师来说，做学情分析是为改进教学服务的。在某种程度上我们甚至可以说"学情"是"做"出来的，是教师"做"出来的，而不是教师"想"出来的。这里的意思是说，教师为了改进课堂教学，需要在教学过程中不断去探查、分析、比较，只有这样，学生的学情才会变得具体起来，进而清晰起来。如果不去做这些分析与研究，只拍脑袋想一想，那是不可能把握具体而清晰的学情的。因此，对教师而言，最为重要的是在一节课一节课中"做"下去，做得多了就会有感觉了。所以笔者认为学情分析的突破口一定是在日常教学的实践案例中，而不是在思辨中。

下面结合笔者亲身参与的教学案例来谈谈基于"学情分析"的教学改进需要关注的几个方面。

1. 从课后的"学情"中发现教学内容的适切性

案例 1　理解诗歌的"含蓄"特质

（1）画太极图，介绍《周易》的基本原理"太极生两仪，两仪生四象，四象生八卦"。

（2）引出两句名言：乾坤两卦的象辞——"天行健，君子以自强不息；地势

① （美）布兰思福特等著，程可拉等译. 人是如何学习的（扩展版）[M]. 上海：华东师范大学出版社，2012. 10—11.

坤，君子以厚德载物”，其中“自强不息，厚德载物”八个字用小篆体并用红粉笔书写在黑板上。

(3) 归纳出“天人合一”思维模式。

(4) 结合学生的已有经验讲解情景交融(物我交融)的手法。

移情：“感时花溅泪，恨别鸟惊心”、“随风潜入夜，润物细无声”。

意象：“采菊东篱下，悠然见南山”、“此夜曲中闻折柳，何人不起故园情”。

(5) 讨论中国诗歌“含蓄”(不著一字，尽得风流)的特质。

例子：《三国演义》关于“董卓”的童谣“千里草，何青青；十日卜，不得生”。

李白的诗句“孤帆远影碧空尽，唯见长江天际流”(写景与思友融为一体)。

朱庆馀的诗《近试上张水部》：“昨夜洞房停红烛，待晓堂前拜舅姑。妆罢低声问夫婿，画眉深浅入时无？”

这是一节中国古典诗歌鉴赏的引导课，主要学习中国古典诗歌的“含蓄”特质。第一个环节让学生跟着教师画了一张太极图，先不告诉学生画的是什么，当学生画到最后发现自己画的是太极图时，一个个都发出了惊叹声，有了探究的欲望。接下来教师解释了太极的奥秘，并把它与中国文化的源头《周易》联系起来，让学生明白了《周易》的基本原理“太极生两仪，两仪生四象，四象生八卦”，重点阐述了八卦中乾、坤两卦的含义，又以这两卦为例作了“天人合一”思维方式的介绍。然后教师在黑板上写下了这两卦的象辞：“天行健，君子以自强不息；地势坤，君子以厚德载物”，其中“自强不息，厚德载物”八个字用小篆体并用了红粉笔书写在黑板上，目的是引起同学们的注意，同时告诉同学们梁启超先生将这八个字拟作了清华大学的校训。课上到这里，同学们的情绪激昂起来了，因为大部分学生是瞄准清华北大去的，于是教师顺势勉励同学们好好学习，两年后争取考入清华，亲自去触摸这八个大字，亲身感受一下中国文化精神的内在魅力。从同学们的眼神里看出，他们的兴趣被激发起来了，课堂气氛非常活跃。其中有不少学生在模仿黑板上的小篆体书写这八个大字。这可以看作是为师生课堂对话蓄势。

完成这个“蓄势”阶段后，教师开始将话题引入本学期的教学重点——中国古典诗歌鉴赏学习。告诉学生刚才说的太极、八卦、《周易》等都是中国文化的源头，只要抓住这个源头，理解中国文化的任何一方面就会容易得多。若不相信的话，我们现在就以古典诗歌鉴赏为例来说一说。教师引导学生从“天行健”、“地势坤”这两句话归纳出中国人的思维模式——天人合一、天人合德。这种思维模式体现在诗歌写作手法上，就是我们常说的“情景交融”或“物我交融”的手法，即把人的情感与无情的外物融为一体的写作手法。这种手法我们可以从两个方面来把握，一方面是无情的外物带上了人的情感(美学上叫移情)，举了学生熟悉的诗句“感时花溅泪，恨别鸟惊心”、“随风潜入夜，润物细无声”、“相看两不厌，只有敬亭山”等(举这些诗句是为了激活学生过去所学的知识，为学新知识准备内在条件)；另一方面是人的情感选用特定的外物来表达(这就是意象)，也举了学生熟悉的诗句“不知细叶谁裁出？二月春风似剪刀”“采菊东篱下，悠然见南山”“此夜曲中闻折柳，何人不起故园情”来印证。由于“物我交融”手法的运用，我国古典诗歌找到了更大的创作空间，没有走上单纯抒情或单纯叙事状物的道路，而是走上了追求“双重诗意”（即刘勰说的“复旨”）、追求“含蓄”的道路，以“不著一字，尽得风流”（司空图语）作为诗歌的最高境界。

为了让学生进一步体会中国古典诗歌的“含蓄”特质，教师又举了几个例子让他们分析鉴赏。一是《三国演义》中关于“董卓”的一首童谣“千里草，何青青；十日卜，不得生”。这是典型的“复旨”，表面是说草的荣枯，实质是说董卓不得生（“千里草”就是“董”字，“十日卜”就是“卓”字）。二是杜甫的诗句“窗含西岭千秋雪，门泊东吴万里船”（写景与思家合二为一）、李白的诗句“孤帆远影碧空尽，唯见长江天际流”（写景与思友融为一体）。三是朱庆馀的诗《近试上张水部》：“昨夜洞房停红烛，待晓堂前拜舅姑。妆罢低声问夫婿，画眉深浅入时无？”这是朱庆馀在考试之前写给张籍的诗，希望张籍推荐自己的诗提拔自己。但诗歌却以一位新媳妇要拜见公婆的口气来写。不了解写作背景及诗歌题目，是很难理解到朱庆馀“含蓄”背后的真实意图。

课上到这里，教师觉得已经引领学生初步触摸到了中国人“天人合一”思维模式的底线，同时也让学生初步理解了中国古典诗歌的含蓄特质，并使学生结合自己原有的诗歌基础进一步理解了诗歌含蓄特质在思维方式上的渊源，为本学期的诗歌鉴赏教学的全面开展准备好了条件。

这堂课的课堂气氛很好，学生兴趣盎然，笑声不断，获得了听课教师的高度评价，很多老师认为这节课底蕴深厚，让学生学到了很多东西。“让学生学到了很多东西”？正是这句话引起了教师的深思，那么到底学生学到了哪些东西呢？于是教师在中午的时候，到班上去问了同学们一个问题：“请大家马上回答，这节语文课学到了什么东西？”全班50个学生，答案真的是丰富多彩，有的说学会了画太极图，有的说学会了清华大学的校训，有的说学会了乾坤两卦的象辞名言，有的说学习了古典诗歌名句、天人合一、情景交融，只有10位学生说到了这节课主要学习了诗歌的“含蓄”特质。由此教师初步得出结论：这节课教学重点内容不够突出。一般来说，一节课后让学生马上回忆，学生能马上讲出来的一定是重点内容，而重点内容在一节课里至少应该是用了半节课时间来学习的内容。这节课上完后，学生说出了那么多不一样的内容，显然是内容点太多，从而淹没了重点内容。

这是笔者最早遭遇到的“学情”问题。听课老师说这是一节成功的课，更多的是从教师教的角度来评课的，若换一个角度，换成学生“学”的角度来看，教学内容就有很多可议之处了。经过反思，笔者发现这节课内容很多，但大多数是信息类的内容，即学生仅仅是接受了一些信息（如太极图、乾坤卦的象辞、清华校训等），而对这节课的教学核心内容（理解诗歌“含蓄”特质）的学习没有展开，或者说是学习不够充分。这节课的(1)、(2)、(3)三个环节需要压缩，因为这些内容影响到了学生对核心内容的学习，这些内容学生感兴趣，但对促进他们对核心内容的理解没有起到直接的作用，所以应该舍弃一些内容。然后应该把(4)和(5)两个环节放大，所谓放大就是让学生的学习活动更加充分，推进学生的高层次理解。这样调整的教学内容应该会更具有适切性。

2. 在对不同年段学生“学情”的比较中领悟教学内容的层次性

下面再来看笔者的另一个教学案例：

案例 2 《论语选读》之《周而不比》

(1) 在黑板上写“友”的小篆体，让大家猜这是什么字。

(2) 猜出之后，让学生体会一下“友”的本义。

(3) 让大家统计课文中“友”字出现的频率。

(4) 按“友”的三种意思(朋友、以……为友、交友之道)对文本加以归类。

(5) 探讨“交友之道”背后蕴含的儒家思想(文化)。

这是高二学生选修课《论语选读》中的一篇课文《周而不比》的教学，在对文本深入研读之后教师发现“友”是这篇课文的核心词，或者说这一篇的内容都是围绕“友”字展开的。在得到了这个认识之后，设计了五个环节来组织学生对这篇课文的学习。首先在黑板上写了“友”字的小篆体(见上文)，让学生猜这是什么字。学生猜来猜去还是猜不着，于是引导学生到今天要学习的课文中去找，终于有一个学生猜到了是“友”字。接下来给学生解释，为什么这个字是“友”。这像是两只手掌，上面一只，下面一只，两只交叠在一起。让大家来做一个活动，请把你的手掌放到你同桌的手上，感受一下是什么感觉。从对方的体温中感受到的是一种善意和温暖，这就是“友”字的本义——亲善。接下来让学生找一找文中有多少个“友”字，学生找到了一共有 13 个。教师指出，一篇课文出现频次最高的实词一般都是核心词。于是请大家分别说说这些“友”字有哪些含义，并根据这些含义对课文重新组合归类。归类之后引导学生重点来探讨“交友之道”这一义项背后蕴含的儒家思想以及这些思想在今天的价值。为了促进学生的理解，教师提供了李泽厚、钱穆等学者的解释，最后让学生每人按顺序为每一段写一句感想。叫了 10 位学生按文本顺序分别在黑板上写一句话，十句话修改成一篇小文章。这就是班级学习经验的集体结晶。课外作业是让每个同学对自己写的这些话加以修改连成一篇小文章。

这节课上完之后，笔者又在初中二年级和小学五年级分别上了一次，不过教学内容作了相应的删减压缩，初中二年级的教学内容：从“友”的本义出发，做了“手掌相叠”活动，梳理出“友”在本文的三种不同含义，初步理解“交友之道”。教学时提供了详细的字词解释，统计了“友”的词频。在小学五年级教学时，教学内容确定为：认识“友”的本义与引申义，较为充分地体验了“手掌相叠”活动，大体了解文章中孔子的“交友原则”。教学时提供了详细的翻译和字词解释，统计了“友”的词频。

通过三个不同年段的教学实验，笔者充分体验到了（而不仅仅是认识到）学情的不同，并尝试了依据不同的学情删减调整教学内容，从中领悟到了教学内容的层次性。

3. 在案例中进行学情研究所面临的挑战

笔者了解，全国各地有很多老师已经开始在自身的教学案例中探索基于“学情”的教学改进。这绝对是一件很有价值的事情。而且这也正是新课程改革最终的落点。任何课程与教学改革的成果最终一定要落实在课堂中才会有生命力。但我们也要看到，这些从本土化的实践中发展起来的课例研究，面临着一种“普遍有效性”的质疑。这是课例研究需要解决的一个深层问题，也是课例研究所面临的最大挑战。

要应对人们的质疑，需要通过三种研究去挖掘基于“学情”的课例研究的潜质，使其成为教学改进的一种有效性工具。这三种研究的具体内容为：

(1) 探寻个案中的“共性”知识。这是第一个亟待解决的问题，扩大知识基础以超越现在仅有的具体案例，提供更全面的研究视野，揭示个案学情的恒定和不恒定的特征，并确定相关的多样化需求，适应各种不同的情况。

(2) 完善课例研究的实践模型。教学改进常常失败的原因主要是教师只停留在观察课例的表面特征上，而忽略了使其产生真正效果的根本内在机制。例如，观察举手回答问题及讨论，有时候仅仅停留在行为和气氛本身，而忽视了这种现象背后的内容与目的。

例如有的课例研究主要通过打磨精巧的教学设计来提高教学成效，这是一种普遍流行的做法，也多次被质疑过，如果教师花这么多时间在一节课，他们怎么教授所有的课程？在美国有一所地方学校的老师起先宣称课例研究工作像“打磨石头”，主要通过精心设计来进行，而且打算将“打磨”过的课例计划在地区网络上传播来作为最终的成果。然而，后来教师们更换了这项研究的名字，并且重新定义了他们的工作，指出教师要改进教学，主要不是通过课例计划，而是通过研究过程，关键是从事课例的观察、数据采集及课例讨论。需要建立课例研究的可见性特征与教学改进两者之间的关系模型，即使是一种假定或猜想，这种模型也是有多种作用的，它能使教学改进的革新机制更清楚地显现在我们面前，注重数据收集来阐释革新机制，通过大量的课例使数据和模型大量传播，以完善模型。

(3) 加强以设计为基础的循环研究。以设计为基础的课例循环研究，可以使参加课例研究的教师，逐步完善教学实践的过程，周期性地测试一些可见性特征，同时也逐步建立起基本的课例研究框架，发现一些内在因素是如何起作用的，进而发展到自己能够凭借理论，而不仅仅凭经验判断“是什么在起作用”。以设计为基础的循环研究可能产生“实用的、可操作性的、可行性的”东西，而这些东西在其它地方和学校也可能出现相似的影响。这样就可以不断凸显单个课例的迁移性价值。

三、本书的主要内容

本书立足学情分析视角讨论教学改进与课堂学习经验发展问题，即出发点是学情，核心是教学针对性与有效性，最终目的是提升学生学业水平。

本书从“学情分析”视角出发对课堂学习经验进行研究，力图确立以“学情”为参照系的课堂教学行为改进机制。进而拓展教学论学科建设的“学情”之维，使“学情”分析的内涵从“学习起点”延伸到“学习状态”和“学习结果”，建立更加完整的“学情分析”理论，为教师提供更有效的获取学习证据的途径，为新课程改革提供更扎实的学情基础。

课堂教学的有效性一定要体现为学生的学习有效性。从“学情分析”入手可以引导教师更加有效地关注学生的实际学习状态，并依据学生的实际状况改进自己的教学。这对落实新课程所倡导的“学生主体性”理念至关重要。本书从教师的具体课例研究出发深入探查并分析学生的学习活动和学习经验，对学生的课堂学习经验加以分类辨析，以此为基础提炼出改进教师课堂教学的相关措施。本书的研究，将转变教师课堂教学与观察的视角，为建立基于学情分析视角的新课型奠定基础。

本书的内容框架：

绪论　主要介绍本书写作的缘起、目的、价值及主要内容。

第一章　学情分析概说　主要阐述学情分析的概念和学情分析的基本范畴。

第二章　中国传统的学情分析研究　对中国传统教学的三大学情观进行梳理分析：因“材”施教的学情观、循“序”渐进的学情观、深造“自”得的学情观。

第三章　国外的学情分析研究　主要梳理了西方关于适应“自然本性”的学情观、关注“个性差异”的学情观、学情分析方法研究等方面内容。

第四章　学情分析的理论基础　阐述学情分析背后蕴含的学理基础，从学情分析的学习理论基础、学情分析的课程与教学理论基础、学情分析的教育技术理论基础等三个方面进行了提炼分析。

第五章　学情分析的路径与方法　介绍了学情分析的三条基本路径：从书面信息分析学情、从口头谈话分析学情、从课堂观察分析学情。在每条路径下结合具体的案例介绍了主要学情分析方法。

第六章　学情分析与学习经验发展　阐释了学情分析与学习经验发展之间的内在关联，重点研究了课堂情境中的学习经验，并从阅读经验与写作经验两个角度，结合具体的课例，详细分析了课堂情境中的阅读经验发展和课堂情境中的写作经验发展。

第七章　学情分析与课堂教学转型　阐述了学情分析与课堂教学转型之间的关系，结合案例，从学情分析推动课堂教学转型、学情分析改善课堂学习状态、学情分析促进课堂的深层理解等三个方面进行了研究分析。

第八章　学情分析与课堂学习活动设计　阐述了基于学情分析进行课堂学习

活动设计的基本要领，包括探查课堂学习活动的起点、创设合乎“学情”的活动情境、课堂活动的“关键环节”设计。

本书适合从事基础教育课堂教学一线工作的中小学教师阅读，也可作为师范专业的本科生和课程与教学论方向硕士生的教材和教学参考书，还可以供课堂教学的研究者参考。

第一章　学情分析概说

本章主要介绍学情、学情分析的概念与内涵，梳理了学情分析内涵的发展历程，认为学情分析的发展体现为一个重心逐渐下移的过程。在此基础上，阐述了学情分析的三大范畴，课堂教学中的学情分析体现为从学习起点、学习状态到学习结果的动态连续体。

第一节　学情分析的概念

一、“学情”与“学情分析”

1. “学情”界定

一般来说，“学情”这个概念是来自教学实践，是实践者对“学习者的学习情况”的简称。这里包含了“学习者”和“学习”两个基本要素。其中“学习者”又有“在校学习者”(特指学生)和“非在校学习者”(一切进入学习状态的人)的区别；而“学习”也可以区分为“教师指导下的学校学习”和“各种类型的自学”。因此，我们首先需要对“学情”加以界定。我们是在“在校学习者”(特指学生)和“教师指导下的学校学习”这样一个前提下来讨论“学情”的。也就是说，讨论“学情”需要关注两个方面，一是学生在学校课堂学习的情况，二是这些情况的获得有助于改进教师指导下学生的学习。

有的学者研究了近十年关于“学情”的研究文章，发现目前人们对学情概念的界定方式主要有三种：用概括性的方式给“学情”下定义、用列举式的方式给“学情”作归纳、从学情是否影响教学的角度描述学情。对“学情”概念的界定形成了一定共识的地方，是认为“学情”要包含“对学习效果有影响的学生信息”；还需要进一步探讨的是要确定学情究竟特指哪些方面的学生信息、究竟有哪些会导致学习效果的差异以及在教学中有哪些针对这些学情的科学、有效的解决办法。因此，界定“学情”概念，要满足以下两个条件：首先，它对教学效果的影响是经过科学论证的；其次，存在科学有效的教学手段可以弥补它对教学产生的影响。①

这两个条件使得“学情”概念的指向更加清晰了，第一个条件指向学情与教学

① 谢晨，胡惠闵. 学情分析中“学情”的理解[J]. 全球教育展望，2015(2).

效果之间的关联，第二个条件指向针对具体学情状况的教学改进。两个条件都强调了“科学”，自然是非常正确的，即我们在课堂教学中使用“学情”这个概念时不能自说自话，需要遵循一定的科学规范，需要借助已有的心理学、学习论和教学论等科学理论的成果。满足了这两个条件的“学情”实际上就已经成为能够改进课堂教学的关键特征了，即“学情”不仅具有与教学效果之间的因果关联，而且还能指引教师依据这种因果关联采取办法有针对性地促进学生的学习。

美国心理学会提炼出以学习者为中心的 14 个心理特征与原理，并把这些特征与原理分成四大因素：认知与元认知因素、动机与情感因素、发展性与社会性因素、个别差异因素。具体见下表：

表 1-1 以学习者为中心的 14 个心理特征与原理

以学习者为中心的 14 个心理特征与原理
认知与元认知因素
1. 学习过程的本质。当复杂学科的学习是一个从信息和经验中建构意义的有目的的过程时，其学习最有效。
2. 学习过程的目的。成功的学习者，在存在支持和教学指导的情况下，随着时间的推移，能创设出有意义的连贯的知识表征。
3. 知识的建构。成功的学习者能以有意义的方式把新知识与已有知识联系起来。
4. 策略性思维。成功的学习者能够创设并使用思维与推理策略来达到复杂的学习目的。
5. 对思维的思维。选择与监控心理操作的高级策略能促进创造性与批判性思维。
6. 学习的情境。学习受到环境因素的影响，包括文化、技术与教学实践。
动机与情感因素
7. 动机与情绪对学习的影响。学习者习得的内容和数量受其动机的影响。学习动机又受个体的情绪状态、信念、兴趣与目的以及思维习惯的影响。
8. 学习的内部动机。学习者的创造性、高级思维及天生的好奇心都有助于学习动机、个人的选择与控制。
9. 动机对努力的影响。复杂的知识与技能的获得要求学习者长期的努力和有指导的练习。如果学习者没有学习动机，那么不对其进行强迫是不可能让他们有付出努力的意愿的。
发展性与社会性因素
10. 发展性因素对学习的影响。随着个体的发展，他们遇到了不同的机会，体验到了对学习的不同限制。当考虑了身体、智力、情绪与社会领域的发展时，学习最有效。
11. 社会性因素对学习的影响。学习受到社会互动、人际关系和与他人交流的影响。
个别差异因素
12. 学习中的个别差异。学习者具有不同的学习策略、方法与性能，这些都是原有经验和遗传因素的功能。
13. 学习与多样化。当考虑学习者在语言、文化、社会背景上的差异时，学习最有效。
14. 标准与评价。设置适当高的具有挑战性的标准并评价学习者与学习的进展——包括诊断性的、过程性的和结果性的评价——是学习过程的重要组成部分。

以学习者为中心的心理因素与原理（美国心理学会，1997）资料来源：教学设计原理（第五版）[M].（美）加涅等著，王晓明等译，上海：华东师范大学出版社，2007. 95.

这些因素里有些是学习者的先天品质与特征，这是由遗传决定的，天生的品质是学习所不能改变的，在教学中对待这类特征，应遵循“避免超越人类的潜能”的原则，在先天特征范围内设计教学。而另外一些特征则是习得的，这些习得的特征对学习有重要影响。加涅认为，学习者习得的这些特征可以区分为智慧技能、认知策略、言语信息、态度、动作技能等五种性能，这些性能又构成了与之对应类型学习的内部条件。[①]

依据已有的研究成果，本书对“学情”作出了一个操作性定义，认为“学情”主要是指影响课堂教学的学习者特征。这个定义包含两层含义，一是表明“学情”指的是“学习者的特征”，包含了美国心理学会提炼出来的四大因素（认知与元认知因素、动机与情感因素、发展性与社会性因素、个别差异因素），既包括先天的特征，也包括加涅区分出来的后天习得的五种性能。二是界定了这些学习者特征要对具体的课堂教学产生影响（正面影响或负面影响），与教师的课堂教学的成效有直接关联，才能纳入“学情”的范畴。

这个“学情”定义主要是在课堂学习情境中加以界定的，课堂学习情境包含了加涅区分的内在条件与外在教学事件，也与泰勒所称的“学习经验”相关联。

2. “学情分析”的含义

学者和一线教师对“学情分析”的说法主要有学情分析、学习需要分析、学习者分析、学生分析、了解学生、教学对象分析等。这些说法虽然名称不同，但其内涵差不多，就是说，众多“学情分析”词语的“能指”不同，但其“所指”是基本一致的。本书在梳理关于学情分析的各种说法的基础上，确定把使用最广泛的“学情分析”这一术语作为核心概念和分析单位。

顾名思义，“学情分析”是对“学情”进行分析。“学情”的概念我们在上文已经界定好了，依据学情的内涵，我们需要对“学情分析”的内涵加以界定。

“学情”概念里有一个很重要的要素是“影响课堂教学”，这里指的就是“学情”的情境要素。心理学和学习论的研究成果已经证实，任何学习都是在情境中发生的，而学习情境一般由两部分组成——一部分外在于学习者，另一部分在学习者之内。学习情境的内部方面来源于学习者记忆中的存储，这是先前学习的结果在记忆中存留下来的。当学习者学习外在的内容时，就需要调动这些内在的先前习得的东西。如果具有相关的先前知识，则学习就会发生；如果学习者不具有相关的先前知识，则学习就不会发生。

因此，学情分析就是指在课堂学习情境中对影响教学的学习者内在特征与外在要素之间关系的分析，目的在于寻找学习情境中学习者内在特征与外在要素的最佳联结处，以促进有效学习。

有的学者认为，有效的学情分析要体现差异性、学科性和情境性。[②] 这是有道理的。学情分析要分析出学习者的共同特征和差异性特征，而只有把握了个体差异性特征，才能真正做到因“材”施教；学情分析是在具体的课堂教学情境中实施的，可以说从来就没有什么抽象的学情分析，要分析学情就一定是分析具体学科学习中的学情，只有体现了学科性的学情分析，才能使学情分析的结果与具体的教学

---

① （美）加涅等著，王晓明等译. 教学设计原理（第五版）[M]. 上海：华东师范大学出版社，2007. 95.
② 程胜. 如何分析学情[M]. 上海：华东师范大学出版社，2014. 7.

内容和教学方法结合起来，教学才具有针对性；学情分析要体现出情境性，即要把学习情境中的“内”与“外”两种因素之间的关系分析清楚，才能依据学情设计出具有针对性的学习活动，并根据学生在学习活动中的学习状态调整教学，促进学习的有效性。

学情分析不仅需要教师的教学经验与价值判断，而且还需要借助相关的科学的实证方法和教育技术学的手段。在教育技术学研究领域，学情分析也被称为学习分析（Learning Analytics，简称 LA），国际新媒体联盟（New Media Consortium）2011 年发布的《地平线报告（高等教育版）》将学习分析技术视为促进学习的关键技术。报告中将学习分析定义为“学习分析是以评估学业成就、预测未来表现、发现潜在问题为目的，对学生产生和收集的大量数据进行阐释的过程”。学习分析在教育中的作用日益突显，使人们对学习发生和发展的认知更加明晰和透彻，对学习的监控和预警更加直观和便捷，为不同风格、不同认知水平的学习者提供精准服务和个性化学习支持。①

学习分析技术主要依据学习者学习需求，获取、分析和解读数据，并根据数据分析结果对学习者采取干预措施或预测未来表现情况，最终实现优化教学的目的。②

二、学情分析内涵的发展

作为实践话语的“学情分析”在课堂教学中得到了越来越多的关注，近些年来对“学情分析”的研究成果也越来越多。整体看来，“学情分析”研究呈现出一种视角下移趋势，这主要是指为了解决教学问题而进行的学情分析，开始由关注宏观的整体学情转向更为具体的细微的学情，由关注描述性的整个儿童状况转向更为动态的处方式的学情诊断。

从课堂教学的历史角度来看，“学情分析”始于“儿童研究”。课堂情境中的“学情研究”经历了一个从“儿童研究”到“学情分析”的视角下移的过程。

早期的“儿童研究”更加关注宏观的儿童状况，杜威在《对儿童研究的解释》③一文中指出，人类对儿童产生兴趣有三大来源，他称之为“政治兴趣、审美兴趣、科学兴趣”。第一种是对儿童的政治兴趣，这不是作为儿童本质上的儿童，而是作为一个要素、一种工具、一个组成成分的儿童。学校课程设置最重要的考量在于符合把儿童培养成社会人的要求。杜威认为这个基础并不完整。因为儿童本人没有被注意到，他只是作为一个社会类型受到关注，这样很危险。它将导致刻板、机械和武断的安排。第二种兴趣是从文艺复兴时期开始出现的审美情趣。人们从审美方面

---

① 李香勇、左明章、王志锋. 学习分析的研究现状与未来展望——2016 年学习分析和知识国际会议述评[J]. 开放教育研究，2017(2).

② 王紫琴、彭娴、吴砥. 学习分析技术规范比较研究[J]. 开放教育研究，2017(2).

③ (美) 杜威著，杨小微、罗德红等译. 杜威全集(第 5 卷)[M]. 上海：华东师范大学出版社，2010. 162—169.

开始对那个时候出生的儿童产生兴趣，儿童不再是社会生活中的一个必要因素并由此被塑造，而是被赋予了一种象征性的、理想的和预言的意义。儿童是成人没有实现的自我本性的希望的象征，是成人的理想人的象征，而不是儿童本人应该成为什么样的人的象征。这种象征确实有助于人性找到它的理想；但是，在最坏的情况下，以成就成人理想的名义，儿童变成了成人的玩具。第三种起源和类型，是科学运动。这种科学的兴趣围绕着儿童，它是一种对万物最初生长的普遍的兴趣状态，因此，是生长的一个因素和生长本质的一个关键。科学的兴趣就像所有的运动一样，已经从群体发展到个体，从整体发展到包含在整体中的部分，从族类发展到个人，从人类的童年发展到个体的童年。

杜威进一步认为，对儿童研究的三种兴趣不是"替代"和"叠加"的关系，而是一种合作、互动和强化的关系。正是因为政治兴趣和审美兴趣提出了问题，提供了目的，对科学提出了要求；而科学给予了我们一种基础，正是科学，而且仅仅是科学，能够对这些要求作出反应，能够解决不理智的理想的、兴趣的、实践的或者政治的兴趣所产生的问题。科学延伸到儿童，意味着它具体化了儿童的结构和规律。杜威这里的"科学"主要指的是心理学领域对儿童心理和学习更加具体而细致的分析研究。从科学兴趣获得的儿童研究成果进入课程与教学，将"避免根本性的错误"，并"使教师更准确和更充分地理解呈现在他们面前的不同的学生个体"①，进而有力推动教师对儿童学习过程的了解，提高教师对课堂的洞察力。

二十世纪以来对儿童和学习研究的兴趣得到持续的发展，其研究成果来自心理学、社会学、教育学等诸多领域。这些成果汇集起来，今天发展成了一门"学习科学"。尤其是来自"教学设计"研究的成果，对"学习需求"和"学生特征"的关注，推动了由以完整个体为中心的儿童研究向以个体学习为中心的儿童研究的转型。研究者更加关注与课堂学习相关联的"学生具体情况"，特别是班级教学中的"个别差异"。

研究者在面对班级教学进行"教学设计"的研究与开发的过程中发现"个别差异"或"性向(aptitude)差异"是教学设计能否具有课堂适应性的重要影响因素。可以用以下5个问题来帮助澄清教学设计的"性向差异"：②(1) 如果给定教学方案、学生数量、社会和制度背景，性向差异是否能预示在该情境下达到目标成就的个体差异？(2) 教学目标是否符合所有学生，特别是，是否符合那些性向不足(inaptitude)并被认为无法达到这些目标的学生？(3) 因为个体差异不被即时目标(immediate)的达成所控制，那么，尤其是在学习的保持、传递和丰富方面，这样的教学方案是否会维护或产生不公平？(4) 相对于其他可选方法而言，是否有学生受到这个教学方案的特别伤害和负面对待？(5) 是否存在其他可选的有助于达到相同教学目标的设计，而且会消除性向不足、失败、不公平或其他上述负面结果等问题？

---

① (美) 杜威著，杨小微、罗德红等译. 杜威全集(第5卷)[M]. 上海：华东师范大学出版社，2010. 202.

② 理查德·E·斯诺(Richard E. Snow)，《个体差异》，收入《教学设计的国际观》第1册，(美) 坦尼森，(德) 肖特，(德) 西尔，(荷) 戴克斯特拉主编，任友群等译，北京：教育科学出版社，2005. 241.

这 5 个问题提供了在教学设计和评价中利用个体差异的基础。

在对学生学习差异的研究中，有很多研究者形成了一些辨识“个体差异”的具体步骤，有些研究者认为，如果教育工作者想实现他们的因材施教的抱负，那么他们必须了解下列四个问题：“(1) 重大差异：学生之间的哪些差异对学生的学习有重大影响？(2) 估计：对差异如何进行测量或判断？为什么要这样做？(3) 应用：怎样利用对差异所作的估计？(4) 变化：可以而且应当设法改变哪些差异？”①如果一名教师能认识到在某一文化背景下和在个人年龄阶段上哪些差异对个人的发展具有最大的直接和间接影响（积极的或消极的影响），那么他们就具备了做好工作的较好的条件。

到目前为止，人们对班级教学中的“个体”之间差异的分析已经有了很多成果，形成了很多分析“个体”学习者的方式和方法。但这些方式和方法基本上是研究者的成果，即这些成果的形成是在研究的条件下形成的，是对学习者的学习差异的一种解释，是教学或学习之后的一种描述。或者说是从诸多学习者个体身上提取出来的共性规律。这些成果难以在实际的课堂教学中直接产生效果。要使这些研究出来的规律性的知识与方法成功地运用到课堂教学中，还需要进一步延伸与转化，要由“描述性”转换为“处方性”。布鲁纳对“描述性学习”与“处方性学习”作出了区分：“学习及其发展理论是描述性的而非处方性的。它们总是在事情发生后才告诉我们是怎么一回事。而教学理论关注如何让学生以最优的方式学习教师所传授的内容，它旨在改进学习而非描述学习。”②

以“改进学习”为目的而进行的“处方性”的学生“个别差异”分析才能真正在课堂上产生效果，而这是需要教师结合班级学生在课堂学习中出现的具体情况来分析的。因此，研究的重心势必从描述性的“儿童研究”下移到行动中的“学情”研究。因为“有关儿童的纯粹普遍的理论和事实，绝不能代替对个体儿童的内在洞察”。③

行动中的“学情”研究关涉具体课堂情境中的“学情分析”与基于“学情分析”的教学改进。当代很多学者的研究表明，纯粹以静态知识研究为目的的儿童研究应该转换为课堂教学中的动态学情研究，要将儿童研究与课堂教学合二为一，教师是实践中的儿童研究者，教学的过程就是研究儿童具体学情的过程。

苏联著名的教育家阿莫纳什维利终其一生从事着“学者兼教师”的工作，他所在的教育科学研究所的实验室就设在一所学校里，他任教的班级就在实验室的隔壁。他是儿童研究的“描述性”向“处方性”转型的实践者。他有一句名言：“儿童是我的老师”，其内涵是“想要了解儿童心灵的秘密，想要揭示教育的技巧和教育学科

① 中央教育科学研究所比较教育研究室编译，《简明国际教育百科全书》（人的发展卷），北京：教育科学出版社，1989. 42.

② （美）布鲁纳著，姚梅林，郭安译. 教学论[M]. 北京：中国轻工业出版社，2008. 36.

③ （美）杜威著，杨小微、罗德红等译. 杜威全集（第 5 卷）[M]. 上海：华东师范大学出版社，2010. 206.

学的秘密，先要把每一个儿童认作是自己的老师和教育者”。[①] 阿莫纳什维利的“立场”转变，意味着教育者应该把目光下移到真实课堂情境中学生经验的起点、状态与结果，只有对学生的经验发展状况进行即时的追踪，教学才可能真正具有针对性，“因材施教”才可能真正落到实处。

阿莫纳什维利的研究与实践路径，得到了美国当代教学理论家达克沃斯(Eleanor Duckworth)的呼应。达克沃斯将皮亚杰与英海尔德研究儿童的方法本身变成了课堂教学，她认为教学的过程就是我们理解和探究儿童的过程。她将皮亚杰和英海尔德的“临床访谈法”发展为一种使教学与研究一体化的教学方法论。这种方法的本质是“去倾听学习者，并让我们的学习者告诉我们他们的思想”。[②]

由此可见，班级课堂情境中对学习者的关注实现了一个由课堂之外的较为宏观的“儿童研究”到课堂之内的具体“学情分析”的转换，学习者的具体“学情”的分析与研究成为课堂教学的核心任务，教学与“学情分析”合一的做法在课堂教学研究中成为重要的发展趋势。

第二节　学情分析的基本范畴

根据课堂教学的设计、实施与评估三个层面或三个阶段的不同“学情”，相应的学情分析也可以区分为学习起点、学习状态和学习结果三大基本范畴，这三大范畴呈现为一个动态连续体。

一、“学情分析”的三大范畴

在课堂情境中研究学情分析，需要立足学生的课堂学习经验发展状况，而学习者的特征与经验发展息息相关。“经验”这个概念来自杜威，杜威认为学生的学习是“由于经验、在经验中、为了经验”，基本确认了学生的学习要凭借经验才可能发生。而美国课程论专家泰勒则发展了“学习经验”这个概念，他认为“学习经验”指的是“学习者与他对作出反应的环境中的外部条件之间的相互作用”(泰勒，1949)。学习是通过学生的主动行为而发生的，学生的学习取决于他自己做了些什么。教师主要是通过构建情境——会引发学生作出所期望的那种行为的情境——来发展学生的学习经验。我们认为学情分析视角中的学习经验发展具有三个连续的阶段：学习起点、学习状态、学习结果。这是我们观察与分析学情的三大范畴，也是三个着力点。这三个着力点的学理依据分别来自课程论和教学论。

---

① (苏)阿莫纳什维利著，朱佩荣译．孩子们，你们好[M]．北京：教育科学出版社，2002.4.
② 张华．让教学变成儿童研究[J]．上海托幼，2014(6A).

表 1-2 课程层面

课程的五个层面
(1) 理想的课程(专家提供的理论)
(2) 正式的课程(课程标准的规定)
(3) 教师领悟的课程(备课与教案)
(4) 教师运作的课程(课堂教学实施)
(5) 学生经验的课程(学生学习及结果)

从课程论角度来看,美国课程论专家古德莱德(J. I. Goodlad, 1979)认为课程有五个层面(见上表)。从这五个层面的具体内容我们可以看到,其中(3)、(4)、(5)三个层面指向的就是教师的教学实践,这里就可以区分出学情的三个层面,第三个层面对应的学情是“学习起点”,第四个层面对应的学情是“学习状态”,第五个层面对应的学情是“学习结果”。

从教学论角度来看,课堂教学可以分为三个基本层面:课堂教学设计、课堂教学实施、课堂教学评估。对应这三个层面,“学情”主要应该包括学生在从事课堂学习时的学习起点、学习状态及学习结果等三大要素。

综合课程论和教学论来看,教师在课堂教学中分析学情实际就是分析学生的学习经验状况,即在教学设计阶段分析的是“学习(经验)起点”,在教学实施阶段分析的是“学习(经验)状态”,在教学评估阶段分析的是“学习(经验)结果”。

国外对学习经验发展的三个阶段分别研究的文献比较多,下面做一个简要的述评。

1. 课堂教学设计中的“学习(经验)起点”分析研究。学习起点主要是指学生在进行课堂学习时的基础、需要与准备,这是课堂教学的起点。教学的系统化设计理论有一个注重“学习需要分析”和“学习者分析”的传统,从斯金纳(Skinner, 1958)、马杰(1962)、加涅(1965)到迪克和凯里(1978)的设计理论体现出“为学而设计”的理念,教学设计由“根据专家判断”转向“根据学习需要”的基本立场。尤其是二十世纪八十年代以来建构主义教学设计理论的兴起,学生的“学习经验”更是成为了“学习环境”设计的核心。帕金斯(Perkins, 1992)、威尔逊(Wilson, 1996)、乔纳森(Jonassen, 1999)等在设计中更加突出了以技术为支持的学习环境的作用,目的在于使学习者更加有效地“从经验中学习”。因此寻找学习者的学习经验起点,是教学设计的基础。

2. 课堂教学实施中的“学习(经验)状态”分析研究。一方面是来自课堂师生互动的研究。课堂教学中的师生互动行为一直是教育学、社会学、心理学等学者研究的热点领域。有关课堂教学中互动行为的研究主要集中在“师—生”之间的课堂互动类型、课堂互动差异、课堂教师话语以及学生的课堂参与状况等方面(Ellis, 1984; Seedhous, 1994; Jiang, 2000)总的来说,对课堂师生互动的研究更关注教师的教学行为,而对互动中的学生学习经验状态的研究相对缺乏。另一方面是来自以课例为中心的课堂行动研究。在日本、美国出现的课例研究模式聚焦于课堂中的学习经验,并发展出一种以学生的学习经验为基点改进教师教学的合作式课例研究循环圈。日本的“授业研究”选择以学生的课堂学习经验行为样本为观察重点，研究学生的课堂表现。美国“Lesson Study”认为仅仅关注教师特定行为有可能使教学行为本身成为最终目的，从而导致教师背离更为重要的学生学习目标，用手段顶替了目的(Stigler & Hiebert，1999)。刘易斯(2005)认为必须认识到在课例研究中对学生学习状况进行观察的重要性。为了观察到学生在课堂上更详细的学习经验，美国发展了一套比较适用的课堂学生学习经验观察指南与观察工具。整体看来，国外基于行动研究的对一个一个课例施教情况的循环观察，逐步探索出了对学习经验生成状况探寻的路径。

3. 课堂教学评估中的“学习(经验)结果”分析研究。“学习结果”实际就是学生在课堂中形成的学习经验，许多学者(MaMillan，Myran，Workman，2002)调查发现，现在越来越多的教师的课堂评价是建立在学生平时的表现、努力程度和学习进步上。英国“评价研究组”(2001)提出要区分“对学生学习的评价”和“为促进学生学习的评价”这两种不同的评价类型，“促进学习的评价”应该成为课堂教与学活动的核心，教师和学生在课堂上所做的大部分事情都可以被看作是对学习经验的评估。有的学者(Huba，Freed，2000)认为教学的过程即评价的过程，评价的目的是深入认识学生学到、理解的知识，并检查作为学习经验的结果，评估的最高成效值是能用来改善以后的学习。David Hopkins(2009)认为学习无论在什么样的环境中发生，它都包括一个“积极的意义建构”。总之，基于课堂评估视角的研究得出了较为一致的看法：由于学习是相互作用的，所以只有当学习者在特定的背景中理解了特定的学习经验时才会产生学习结果。

国内关于学习经验的三个阶段发展状况的理论研究大多是以翻译或介绍国外的研究文献为主，也有许多学者结合本土经验作了探索。新课程实施以来，国内课例行动研究的本土化建设也加快了步伐，较为突出的是我国香港(2006)的“课堂学习研究”，其主要特色是有一套课堂学习的理论作为主要框架，对学生学习情况的观察始于“先导测试和前测”，依据先导测试的结果确立前测试题，在前测的基础上，了解到学生已经具备了哪些知识，以及他们在学习上的差异，据此来制定出切合学生的学习内容。香港教师对课堂学习经验的观察一般要进行三至四轮。上海的“行动教育”模式，在研究教学改进的过程中，以“关注学生获得”作为教师教学行为跟进的标志，最终把教学行为落实在学生的学习收获上(2007)。王荣生教授主持的课题——“以学的活动为基点的课堂教学研究”，在语文学科教学方面目前已经取得了一定的效果(2010)。但总体来看，国内的研究呈现为零散的状态，我们需要更多的系统化的有学理指导的学习经验发展研究。

从国内外对“学情分析”有关的研究现状来看，有两大明显的发展趋势：① 以课堂学习经验发展来评价教师的教学实效，已经成为世界各国课堂教学研究的共同趋势。各国课堂教学研究模式，虽然名称各异，但毫无例外都将研究的核心任务聚焦于学生的“学”，着力于探寻学生在课堂里生成的“学习经验”，并依据“学习经验”来改进教师的教学。② 课堂学习经验发展的三个阶段的整体性和连贯性研究逐步得到加强，把教师的课堂教学行为分阶段割裂开来编码分析的传统正在解体，代之而起的是一种在课例研究中发展起来的以发生在课堂现场的学生学习经验为对象的综合观察与分析方法。

二、学情分析的动态连续体

"学习起点"、"学习状态"、"学习结果"三大范畴在实际的课堂教学运行中呈现为一个动态连续体，如下图：

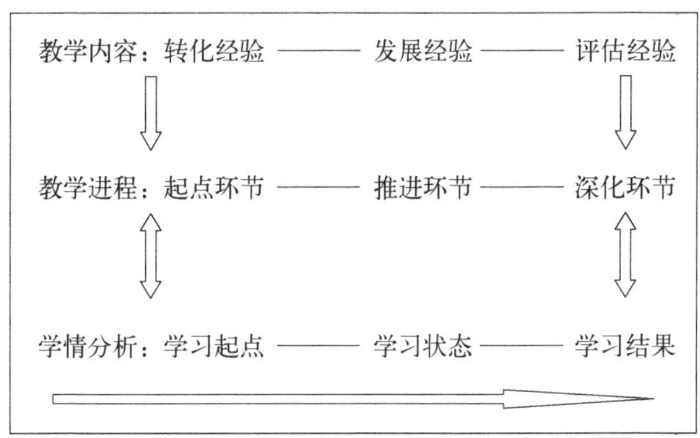

图 1-1　基于学情分析视角的课堂学习经验发展连续体示意图

这个学情分析的动态连续体蕴含了三大理论假设：

(1) 学生在课堂情境中的学习经验是在教师的引发下形成的，学习经验是教师引发有效学习的证据，从中我们可以看出"教"在引发有效学习方面的合宜性；

(2) 学生在课堂情境中的学习经验也是教师推进有效学习的证据，从中我们可以看出教师的"教"在推进有效学习方面的合宜性。

(3) 有效的课堂教学最终要落实在学生学习经验的有效形成。合宜的课堂教学形态应该建立在"学"的有效形态上。

这个连续体作为教师的公用平台(框架)，以较为成熟的公共知识为学理基础，贯通了课堂教学设计、课堂教学实施、课堂教学评估的整个过程，使一节课的各阶段之间甚至"这节课"与"下节课"之间都能建立相应的关联，学生在课前、课中和课后的学习情况都进入了教师的学情分析视野，他们的课堂学习经验发展状况得到了教师的动态性关注。

教师在课堂教学过程中对"学情"的关注与了解虽然有阶段性，一般分为课前、课中、课后，但这三个阶段实际上是相互关联着的。教师在教学设计阶段所作的"学习起点分析"，既需要根据学生的平时活动情况，更需要依据教师在课堂里对学生学习状态的观察，同时还需要依据对学生学习结果的评估信息。而从学习起点出发的课堂教学实施，更是关联着学生的学习状态和学习结果。学情分析连续体需要在互动与关联中加以循环建构。

下面我们通过一个教学案例加以说明。这是一位教师在教学梭罗《神的一滴》(选自《瓦尔登湖》,课文见苏教版高中语文教科书必修一)时形成的一个案例①。我们整理这节课的"学情分析"连续体如下:

(1) 根据"学习需要"确定教学内容。

这里主要对"学习需要"的两个层面加以分析,一是依据文章体式特征,分析学生可能需要学习哪些内容;二是依据学生的已有基础和对这篇课文的理解程度,分析学生实际需要学习哪些内容。

依据文章体式,任课教师认为这是美国作家梭罗写的以瓦尔登湖为题材的散文,文章体现的是梭罗的独特语言风格以及他对生存方式的独特见解,瓦尔登湖已成为梭罗笔下的一种生存隐喻,并不能还原为一个客观的风景点。

依据学生的基础和理解程度,任课教师认为学生在学习这篇课文时可能会有两种偏颇,一是可能把作者对瓦尔登湖的描写内容还原成一个"自然客观的风景",而把"作者"弃置一旁;二是把文章主题简单理解为保护环境、与自然和谐相处。

综合上述两方面的分析,任课教师认为应该引导学生通过文章独特的语言风格去深入理解梭罗在文中表达的独特见解,而不能当作一般的写景散文来教。于是把这节课的核心教学内容确定为:"品味关键语句,体会梭罗自然观对我们生存方式的意义。"

(2) 参照教学内容确定学习起点。

要确定学生的学习起点,关键是找到学生学习的困难所在,即要找到在核心教学内容中,哪些是学生难以理解的内容。这样才有望生成一条循序渐进的教学路径。

围绕核心教学内容,教师在课前对学生的学习困难进行了问卷调查。调查结果显示:42.2%的学生认为如何理解"神的一滴"是困难的内容;46.7%的学生对课文中的"小诗的理解"有困难。这两项学习困难,实际指向的是同一个内容,这首小诗中"我不能更接近上帝和天堂,甚于我之生活在瓦尔登",与课文结尾"神的一滴"旨意是一致的,都反映了作者在文中要表达的生存方式:人通过像瓦尔登湖这样的环境可以洗净尘俗的污浊,重返神性的纯净境界。这正是作者写这篇文章的宗旨。这实际也是核心教学内容最后的落点。学生在这里遇到了困难,说明我们这节课要解决的教学重点与难点均在这里。

学习困难找到之后,教师接着对这个困难的内容进行了分解,发现要帮助学生正确理解"神的一滴"、体会梭罗的生存方式之意义,需要在语言表达层面进行分析与品味。于是文中的三个比喻进入了教师的视野,"大地的眼睛"——"圆形剧场"——"神的一滴",三个比喻恰成一条由浅入深、由具象到抽象的解读路径。

这样,一个围绕核心教学内容、以学习困难为基点的教学框架就形成了。这个框架把理解第一个比喻——"大地的眼睛"作为学习起点。

---

① 这个案例是笔者从学情分析视角对自己参与研究的一个课例提炼而成的,执教者为卢杏琴老师。卢老师对这篇课文进行了两次教学,在这里呈现的是两次教学观察的综合分析。

(3) 沿着学习起点关注学习状态。

教学实施之后，教师沿着学生对这三个比喻的学习线路，去把握学习状态的发展路径。不断地观察学生是否在往前学习，哪些地方较为顺利，哪些地方遇到了阻碍。困难的内容理解到了何种程度，还需要深入推进的地方在哪里。

具体来说，学生的学习状态经历了三个环节：

① **起点环节：**从“大地的眼睛”出发初步把握瓦尔登湖的表情与姿容。重点讨论这个比喻的妙处。这是学习起点，教师让学生辨认这个比喻修辞，11 人作了发言，学生大多能够找到本体、喻体，以及两者的相似性。但对这个比喻在表达上的妙处，学生则回答不到位。针对这种情况，教师对学生的发言作了纠正，并重点分析了“湖”可以“测出人性的深浅”，引导学生去体会这个比喻背后“隐含的作者”，进而帮助学生建立起这个比喻与下面“圆形剧场”之间的链接。

② **推进环节：**凭借“圆形剧场”的比喻进一步触摸“湖”与“人”的关联。讨论这个比喻中分别有哪些人或动物在表演，理解作者在这里所享受到的一种“简单中的富有”。19 人次发言。教师本安排学生用笔描绘圆形剧场，但观察到学生所写内容是一种带有自己主观想象的环境，与作者的感受相去甚远。于是放弃了“描绘”，改成了师生口头交流，并补充了梭罗生活观和自然观的相关材料，以推进学生的理解。这个环节的学习，学生对梭罗笔下的瓦尔登湖有了细致而深入的了解。这为进一步理解“神的一滴”奠定了基础。

③ **深化环节：**突破“神的一滴”理解上的难点。有了前面两个环节的学习，学生已经能够从具体场景描写中领悟到作者在湖中所获得的快乐与富有。但大多数学生的认识仍停留在“人与自然和谐一致”的层面，未能更深地触及作者的沉思。教师意识到真正的难点就在这里。于是组织学生讨论作者的“新发现”，引导学生去沉思作者的沉思：“圆形剧场”遭到破坏，作者的情感为何从“厌恶”到“喜悦”？许多学生在讨论之后茅塞顿开，原来作者发现瓦尔登湖虽遭破坏，仍然保持着原来的生机与活力，由此产生一种喜欢与崇敬之情。这种喜悦来自作者的发现，他发现湖的巨大的净化功能，可以净化世俗中的物欲与污浊。因此他用了一首小诗来表达这种情感。这首诗歌的主旨实际就是“神的一滴”的内涵，即人应该在像瓦尔登湖这样简单纯净的环境中生存才有希望洗净污浊，而“接近上帝与天堂”，这是走向救赎的唯一途径。15 人次参与了讨论，从讨论中教师发现学生虽然缺乏基督教背景，对“神”、“上帝”、“天堂”等未必有多少深切的体悟，但就对课文所涉内容的理解来看，学生较好地突破了“环保”、“和谐”等套板效应，大致理解了作者的旨意。

(4) 评估学习结果。

为了弄清学生是否到达了核心教学内容的终点、学习困难是否得到了解决，教师让学生写了一段感受性文字：“学了这篇课文，你认为梭罗的生存方式对我们有哪些意义。”从学生完成的作业样本来看，他们对本文主旨的理解已达到了一定的深度，较为充分地体会到了梭罗写瓦尔登湖的用意，并领悟到了他的独特生存方式对改善我们今天的生存状况之意义。之后，教师又作了教学后测和学生访谈。后测结果显示，认为这篇课文的学习困难(主要是对“小诗”和“神的一滴”的理解)全部解决和大部分解决两项加起来的学生占72.7%，这表明大部分学生的学习困难得到了解决。在访谈中，多数学生表示原先对课文主题的理解是保护环境、与自然和谐相处，通过这节课的学习，明白了作者所要表达的是自然可以净化人的心灵，人可以在简单的生活中提升自己的境界。这也表明学生较好地掌握了这节课的核心教学内容。

三、依据学情分析开展有效教学

学情分析的三大范畴构成的动态连续体，在课堂教学实践中有助于提高教学的有效性，使教学更加具有针对性。

(一) 促进课堂教学的有效性

1. 探查课堂学习的前提条件

前提条件(prerequisite，又译先决条件)是指在终点目标学习之前学习的一项任务，它能“促进”学习或使学习成为可能。一项任务，可以是具体某一节课的终点目标，同时也可以是随后一节课的使能目标，即它是后面那节课要学习的任务的先决条件。

加涅指出，每一种习得的性能都有自己的由先前学习所确立的前提条件，学情分析的重要结果之一就是识别出五种学习结果的前提条件。前提条件乃是人们期望“参与学习”的学习者作为先前学习的结果而拥有的那些类型的学习结果。一旦识别了这些条件，教学的计划就可以按照下面两种方法中的一种来进行。教学方案可以为那些被选出的、具有必要的(和支持性的)前提性能的学习者而设计。另一种设计方案是，在试图教授“目标”性能之前，先按照顺序来教授它的前提条件。在教学实践中，所有的教育方案都体现了这两种方法的某种程度的结合。① 我们从这里得到启发，在课堂教学中，我们需要分析的对象，一种是已经具有前提性能的学习者，另一种是缺乏前提性能的学习者。我们只有区分这两类学习者，才有可能实现有效教学。对有了前提性能的学习者，就不必教前提性能了，可以跳过去，即所谓“懂了的不必教，教的应该是不懂的”。

2. 即时关注学生所在的位置

在课堂教学的具体情境中，我们需要密切关注学生学习的整个过程，随时要知道学生的所在位置，以便依据学生的即时状态采取有针对性的措施促进学生的有效学习。

进入课堂学习的学生的现有知识并不是典型的“要么全有要么全无”的状态。学生在学习某一学程的主题时，他们并非对此一无所知。他们可能并不知道一些术语或者对主题没有精确的理解，但他们通常对主题已经有了一些观点，已经有了发展良好的先前知识。有足够的理由认为，通常情况下学生并不是我们倾倒知识

① (美)加涅著，皮连生等译.学习的条件和教学论[M].上海：华东师范大学出版社，1999.283.

的空的容器。相反，在他们已知或确信的知识的基础上，他们积极地尝试着理解自己的体验(包括课堂体验)。当学生们的先前概念不准确或只是部分对的时候，教学就可能成为一种改变人们观念的任务，而不是灌输新知识了。在我们调整某一学程的预期学习结果和教学方法之前，我们必须十分清楚而具体地认识到学生对我们所要教授的主题已经具有的特定知识与信念。获得这些关键信息的最好途径就是在开放的谈话或小组讨论中与学生进行交谈，在仔细聆听他们的同时请他们做出解释或描述。在这些对话情景中，我们可以发现他们的见解与其他学习者之间存在的差异或相似之处，无论他们的观念来自先前的教学、大众传媒、生活经验，还是他们自己的"自发的推理"。一般来说，他们所持有的信念越牢固，也就越难以改变。阿特威尔(Atwell, 1987,1991)的著作详细说明了教师如何通过观察和聆听学生，来实现对学生现有理解水平和需求的估计。

确定学生的已知水平很重要，因为教师这时才能有所决定，不仅是决定课程必须纠正或扩展的学生的观念，还要决定学生们可用于理解新材料的资源。类推、比喻和举例是教师所用的一些教学手段，以作为连接熟知与不熟知的观念之间的桥梁。如果不知道学生已经理解的东西及他们已有的经验的话，教师对这些具有潜在效力的教学策略的运用就可能不恰当或者是无效的。一种揭示学生先前知识的途径，就是编制一张描述了学生似乎已经理解的概念以及这些概念之间的关系的概念图。在学生借助图表向你解释每一对相关词汇之间的关系时，你就会强烈地认识到他们的各种理解、错误概念以及存在于学科知识中的差距。这样，你就能更好地决定哪些方面需要增加、删减、延后或加以强调。

学生的现有技能在其新的学习当中既是学习的基础，又成为学习的障碍。给学生以任务并对其完成情况进行仔细的观察，是诊断学生已有技能的最好途径，因此也可用来确定学习的起始点。为了反映复杂技能的预期学习结果，可以编制一张关于次要技能和知识理解的流程图或一份列表。可以使用这些流程图来明确学生能够或不能够完成的次要技能，判断出哪些技能需要完善，哪些技能运用得不准确。①

(二) 推动教师"学生观"的当代重建

1. 教师的"学生观"指引着学情分析的方向

学情分析的背后隐藏着教师的学生观，学情分析的所有方法及行为都要受到教师学生观的支配与制约，有什么样的学生观就会发现什么样的学情。可以说，在更深层次上教师的学生观指引着学情分析的方向。例如，教师如果具有传统的把学生当"知识容器"的观念，充其量就只能分析与了解学生在被灌输知识时的起点与状态，而绝不会去分析学生的"主体性"和"创造力"形成的条件。

教师树立了新的学生观，就促使教师逐步改变自己的教育理念，努力转变自己的角色意识，把学生作为具有主体性、具有潜能及存在差异的个体。但是当代新型

---

① (美)乔治·J·波斯纳，艾伦·N·鲁德尼茨基著，赵中建等译. 学程设计——教师课程开发指南[M]. 上海：华东师范大学出版社，2003. 71—75.

学生观是理想状态的理念，现实状态与理想的状态毕竟还存在着一定的差距。而课堂教学又是学生在学校学习生活中最重要的组成部分，学生的发展最根本的是依赖于课堂教学。因此，课堂教学的“学情分析”就成为沟通理念和教学实践之间的桥梁，在新型学生观的指引下，教师的学情分析将充分发挥其促学的功能。

2. 学情分析的实践推动教师“学生观”的转变

学情分析的深入推进，意味着教师在课堂情境中更加深入地了解学生的学习状态，以及内隐在学习状态中的学生观。研究学生、分析了解学生也是教师确立学生立场的重要一步。教师掌握了学情分析的策略，就能把对于学生主动性、潜在性、差异性的理解内化为自己的理念，融入教学的实践，同时在教学的实践中促进自身对于当代学生观的感悟和理解。① 通过这样的学情分析实践，教师的“学生观”就能加以转变。

---

① 丁恺. 课堂教学的“学情分析”研究[D]. 华东师范大学硕士学位论文，2009.

第二章　中国传统的学情分析研究

本章主要是梳理分析中国古代以来对后代具有深远影响的学情观，重点分析因"材"施教的学情观、循"序"渐进的学情观、深造"自"得的学情观等三大学情观。力图从这三大学情观中揭示中国传统教学中对学情及学情分析的认识，提炼其中对当代课堂教学具有借鉴意义的思想与方法。

第一节　因"材"施教的学情观

"因材施教"是中国古代教育家对孔子、孟子教学思想与教学实践的提炼与概括，宋代程颐对弟子说过："孔子教人，各因其材。"①宋代朱熹在《四书集注·孟子集注》中对孟子的话作注释时也说过："圣贤施教，各因其材。"②朱熹的这句话里包含了"因材施教"四个字，于是后人一直沿用下来，"因材施教"逐渐成为我国传统教育的一条准则，在历代教育家和教师的教学实践中不断得到丰富与发展。这条准则之所以千百年来充满了无穷的魅力，是因为其背后蕴含着一个科学而正确的学情观。本节试着围绕"材"与"教"之间的关系来解读这个学情观。

一、"材"的含义

孔子最早开办私学，当时面临着非常复杂的学生情况。就年龄来说，多数是青少年，也有部分是成年，年龄差距较大；社会成分也各式各样，贫民、小生产者、商人、地主、贵族都有；又来自不同的地区，各人的文化水平、道德素养、性格特征存在很大差别；要求也不一致，有的请教几个问题就走，有的则长期追随左右，流动性很大。在这种情况下要进行集中统一的教学是不可能的，只有从各人的实际情况出发，根据个性特点和具体要求来进行教育，才能达到一定的教育目的。因材施教是适应这种需要的最好方法，有利于加速各种人才的成长。③

孟子也从五个方面概括了当时教学方式的多样性与差异性特点：

---

① 程颢，程颐．二程集(第一册)[M]．北京：中华书局，1981．252．

② 朱熹．四书集注[M]．长沙：岳麓书社，1987．517．

③ 孙培青．中国教育史[M]．上海：华东师范大学出版社，1992．71．

君子之所以教者五，有如时雨化之者，有成德者，有达财(材)者，有答问者，有私淑艾者。此五者，君子之所以教也。①

教学为何有这些差异，主要是因为学生的学情不一样，用朱熹的话来说就是“盖因人品高下或相去远近、先后之不同”。②孟子在这里强调要对不同情形的学生采取不同的教法，对具有了较强的学习动机的学生应该及时点化，就可取得像“及时雨”那样的效果；对以德行见长的就应该成就其德行，对以某方面才能见长的就应该发展其才能，对有些只是存在某些疑惑的就要针对其所问来回答，而那些不能及门者也可以通过其他方式间接地受教。总之，就像朱熹所解释的“小以成小，大以成大，无弃人也”。③

由此，我们可以看到古人认为“因材”是“施教”的前提与出发点。具体落到课堂教学层面，实际指的是“教”要以“学”为前提与出发点。因此，对“学”的主体及其学习状况的了解与分析就显得非常重要。也正是基于这一层面的认识，孔子“因材施教”的倡导在源头上起到了一个示范与引领作用，正如有的学者指出的：“孔子能够完美地诠释‘因材施教’，给中外教育带来深刻影响，关键在于他对学生的洞察与研究。”④其后随着时代的发展，人们对“材”的认识不断深入，“材”所依存的课堂情境也发生了变化，要取得“施教”的理想效果，对学生“洞察与研究”的内容及方式也在不断的嬗变中。概言之，古人所谓的“材”主要有三个方面的含义：个性差异、特长或能力、可接受性(可能性)。下面分述之。

(一) 个性差异

实行因材施教的前提条件是承认学生间的个别差异，并了解学生的特点。孔子主要通过两种方法来了解学生，一是谈话法，方式较为灵活，有时个别谈话，有时是结合在教学过程中进行，在谈话中识别学生的志向和个性；二是观察法，他通过学生的言行来观察学生，即所谓“听其言而观其行”，而且注重对学生全面观察，“视其所以，观其所由，察其所安”，就是要注意学生的所作所为，观看他所走的道路，考查他的感情倾向，这就可以把一个人的思想面貌了解透彻。通过观察法，孔子区分出学生之间的个性差异。

在《论语》一书中记载的孔子因材施教的教学实践案例有很多，其中有一个共同的特点就是孔子对学生之“材”的了解与分析，常常是通过对弟子的比较而进行的。例如在《论语・先进》中记载：“柴也愚，参也鲁，师也辟，由也喭。”朱熹《四书集注》解释为：“愚，知不足而厚有余；鲁，钝也；辟，少诚实也；喭，粗俗也。”可见孔子这里讨论的四位弟子之“材”主要是指个性差异。

还有下面这则谈话：

子路问：“闻斯行诸?”子曰：“有父兄在，如之何闻斯行之?”

①②③ 朱熹.四书集注[M].长沙：岳麓书社，1987.517.

④ 梁秋英，孙刚成.孔子因材施教的理论基础及启示[J].教育研究，2009(11).

冉有问："闻斯行诸？"子曰："闻斯行之。"

公西华曰："由也问：'闻斯行诸'，子曰'有父兄在。'求也问：'闻斯行诸'，子曰'闻斯行之。'赤也惑，敢问。"子曰："求也退，故进之。由也兼人，故退之。"①

不同的学生问同一个问题，孔子作出截然相反的回答，其根据就是"材"之不同。在这里，冉有的个性是"退"(畏缩)，而子路的个性是"兼"(胜人，轻率)，经过比较发现了两个人的个性差异，进而因人施教，要子路不要勇猛过头而有生命危险，应该考虑还有年老的父亲、兄长在。非常具体，通情达理。李泽厚认为孔子这种方式的教育，不只是空谈心性，而是结合具体心性而施教。这种"因材施教"的意义正在于对各不相同的人的个性心理特殊性的发掘和实现，注重个体的独特性。这应被看作孔子思想一大特色。是以问仁问礼问政问孝，均有不同回答。重个体即重偶然、特殊、独创，使各不相同的个体心灵有自由之创造。这也就是苏格拉底、柏拉图的逻辑性、普遍性、实体性(what is)与孔老夫子的实用性、特殊性、功能性(How to do)之区分所在。"如何作"比"这是什么"更优越。②

《论语》记录的孔子依据学生个性差异给予不同回答的例子还有很多，例如《论语·为政》：

子游问孝。子曰："今之孝者，是谓能养。至于犬马。皆能有养；不敬，何以别乎？"

子夏问孝。子曰："色难。有事，弟子服其劳；有酒食，先生馔，曾是以为孝乎？"

对这两则，朱熹集注引宋程颐曰："子游能养而或失于敬，子夏能直义而或少温润之色，各因其材之高下与其所失而告之，故不同也。"③所谓"其材之高下与其所失"主要指的也是两人的个性差异。

由此，我们发现，古人注重的"材"通常更多指向的是个体学生个性中的"典型特征"，尤其是某个方面的"特点"，而这些"特点"是因人而异的。因而"施教"的作用是把学生从不成熟的"材"发展成理想的"材"。即"先由教师去认识'材'了解'材'，进而根据'材'的不同去施行不同的教育，使'材'各得其所，各遂其志，迅速成长。"④这是立足于"个体"学生的"个别"差异教育来认识"材"的内涵。

清朝戴震说"言乎其异谓之材"(《原善》卷上)，指出了"材"的个体差异性特点，这是因材施教的前提，如果不识别学生的个性差异，就像医生给病人治病时没有依

①② 李泽厚. 论语今读[M]. 合肥：安徽文艺出版社，1998. 267.

③ 朱熹. 四书集注[M]. 长沙：岳麓书社，1987. 79.

④ 张如珍. "因材施教"的历史演进及其现代化[J]. 教育研究，1997(09).

据病人的“气类之殊”加以诊断，这样治病是“不别其性”，而“不别其性，则杀人也”（《孟子字义疏证》卷中）。① 同理，如果不从学生的个别特征出发进行教学，这样的教学就会失去针对性，也就没有效果。

（二）特长或能力

《论语》中记录的孔子教学实践案例中体现“材”的另一种含义是“特长或能力”，如下面他对弟子的分类就是按照其特长进行的：

> 子曰：“从我于陈蔡者，皆不及门也。德行：颜渊、闵子骞、冉伯牛、仲弓。言语：宰我、子贡。政事：冉有、季路。文学：子游、子夏。”（《论语·先进》）

朱熹注：“弟子因孔子之言，记此十人，而并目其所长，分为四科。孔子教人，各因其材，于此可见。”②从朱熹的注释中也可以看到，这里的“四科”并不是孔子设立的四个用来教学的科目，而是指孔子根据每个弟子的特长进行因材施教，结果就培养出了这些特色显著的弟子。因此，这里的“材”主要是指学生的“特长”。而下面这段对话则表现了孔子对弟子能力的分析与确认：

> 孟武伯问：“子路仁乎？”子曰：“不知也。”又问。子曰：“由也，千乘之国，可使治其赋也，不知其仁也。”“求也何如？”子曰：“求也，千室之邑，百乘之家，可使为之宰也，不知其仁也。”“赤也何如？”子曰：“赤也，束带立于朝，可使与宾客言也，不知其仁也。”（《论语·公冶长》）

而这种“能力”的分析与“仁”的内涵是不一样的。这位孟武伯问这几位孔子的著名学生，大概是想挑选他们去做官，因为孔子素以“仁”为宣讲题目和做人标准，于是有此问。孔子答话表明强调“仁”并非某些才能本领，强调将“仁”与才能、本领区别开来。这也充分说明，孔子对自己弟子的才能是了如指掌的。与此相关的还有下面一段对话：

> 季康子问：“仲由可使从政也与？”子曰：“由也果，于从政乎何有？”曰：“赐也可使从政也与？”曰：“赐也达，于从政乎何有？”曰：“求也可使从政也与？”曰：“求也艺，于从政乎何有？”（《论语·雍也》）

这段话翻译成现代白话文：

> 季康子问孔子：“仲由这个人，可以让他管理国家政事吗？”孔子说：“仲由

---

① 李国钧. 戴震的教育学说[J]. 载于王炳照等. 历代教育论著选评（下册）[C]. 武汉：湖北教育出版社，1994. 1524—1527.

② 朱熹. 四书集注[M]. 长沙：岳麓书社，1987. 183.

> 做事果断，对于管理国家政事有什么困难呢？"季康子又问："端木赐这个人，可以让他管理国家政事吗？"孔子说："端木赐通达事理，对于管理政事有什么困难呢？"又问："冉求这个人，可以让他管理国家政事吗？"孔子说："冉求有才能，对于管理国家政事有什么困难呢？"

朱熹《四书集注》解释："果，有决断。达，通事理。艺，多才能。"并引用程子曰："季康子问三子之才可以从政乎？夫子答以各有所长。非惟三子，人各有所长。能取其长，皆可用也。"可见，孔子在这里所指的弟子之"材"也是一种特长或能力。

孔子对学生之特长或能力的分析是有标准参照的，如下面这则对话所体现的：

> 子贡问："师与商也孰贤？"子曰："师也过，商也不及。"曰："然则师愈与？"子曰："过犹不及"。（《论语・先进》）

朱熹在集注中说："子张才高意广，而好为苟难，故常过中。子夏笃信谨守，而规模狭隘，故常不及。"并引用尹氏曰："中庸之为德也，其至矣乎！夫过与不及，均也。差以毫厘，谬以千里。故圣人之教，抑其过，引其不及，归于中道而已。"[①]依据中庸的标准对学生的才能加以分析，就使学生的才能得到更加具体的描述，不流于空洞抽象，为有针对性地施教准备了充分的前提条件。

历代教育家都在孔子的基础上对学生之"材"的内涵进行了进一步的阐释。例如，清朝章学诚认为对于具体的个体来说，"才之生于天者有所独，而学之成于人者有所优。"因此，人之为学，"必求资之所近而力能勉者而施其功力。"就是说，由于一个人的天赋有所限，每个人都只能选择自己才智天赋之所长而学习。这里强调的是"特长"之意。

为了让学生知道自己的天赋所在，章学诚提出了"自知"的方法。他说："学问以知人，知学先须知人，知人先须自知。自知所长易，自知所短难；自知所短易，自知所长之中犹有所短难。"（《杂说》）引导"自知"的具体途径，就是："博览以验其趣之所入，习试以求其性之所安，旁通以究其量之所至。"（《答沈枫墀论学》）能自知所长并由此进学，就不会失于趋风气之偏。故"世之所重而非吾意所期与，虽大如泰山，不遑顾也。世之所忽而苟为吾意之所期与，虽细如秋毫，不敢略也。趋向专，故成功也易；毁誉淡，故自得也深。"（《与朱沧湄中翰论学书》）[②]

章学诚又将儿童的天质区分为记性、作性、悟性。他说："由童蒙之初启言之，则记性、作性、悟性也。"三性各有所利，"记性积而成学，作性扩而成才，悟性达而为识"。事实上，所谓记性，实即记忆力，作性实即操作能力，悟性实即理论思维能力。

---

① 朱熹. 四书集注[M]. 长沙：岳麓书社，1987. 183.

② 吴宣德. 章学诚教育思想述评[J]. 载于王炳照等. 历代教育论著选评（下册）[C]. 武汉：湖北教育出版社，1994. 1553.

章氏认为："学者自束发初入课塾之日，至于弱冠壮立强仕之年，固已无日不与三者相切近。"因此，教育儿童，究当"量其材质"（《清漳书院留别条训》），随方曲就。儿童初学，不自知其所长，所以虽有所得而因之不能以成就自身，教育就在于使儿童明其所长，从而引导他们朝着与其天性一致的方向发展。

章氏的这一观点，也同样贯串于他的教育实践中。他自述教子之方，即谓："幼子今年十二，孤甥今年十四矣，天资俱不敏于诵读，……然喜弄笔墨，鄙人不甚禁之。闻讲《孟子》，便拟孟子问答文字；闻讲《毛诗》，便拟四字断句韵语。此则天资之可造者。"（《答周莨谷论课蒙书》）而其与定武书院诸生一信，分别诸生所长，而示以成就之方，更表现了这一点。（《定武书院诸及门书》）①

（三）可接受性（可能性）

"材"的第三种含义是"可接受性（可能性）"。在《论语》中记录的孔子言论中，诸多地方体现了因材施教之"材"的"可接受性"内涵。例如：

> 子曰："中人以上，可以语上也；中人以下，不可以语上也。"（《论语·雍也》）

朱熹《四书集注》这样解释："言教人者，当随其高下而告语之，则其言易入而无躐等之弊也。"并引用张敬夫（栻）的话："圣人之道，精粗虽无二致，但其施教，则必因其材而笃焉。该中人以下之质，骤而语之太高，非惟不能以入，且将妄意躐等，而有不切于身之弊，亦终于下而已矣。故就其所及而语之，是乃所以使之切问近思，而渐进于高远也。"②李泽厚认为孔子这句话既体现了"循序渐进的教学方法"，又体现了"因材施教，不拘一端"的教学原则。③ 总之，这里以"中人"加以区分的"材"是体现了"可接受性"内涵。

所谓"材"，还可以解释为学习的"可能性"，教育方法要从这可能性出发，才切合实际，不然，就会落空。我们不能教盲人学写生，不能教哑人学唱歌，不可以让色盲者学驶船驾车，也不可以让小学生就去学习高等数学，就因为那可能性（材）不存在。因此，施教必须因材，毫无疑义。

然而，"材"仅仅是可能性，而不是已经完成的，更不是固定不移的东西。从"可能"转变为现实，其间有一个相当长的成长过程，而环境的种种影响，师友的帮助和自己努力学习实践，都是决定这个过程成败的因素，其中尤以学习实践为重要。④

随着心理学的研究进展，人们发现"材"不仅具有个体的个别特征，还具有个体的共性特征，例如同一年龄段的儿童其心理发展具有一些共同的个性特征。同时，

---

① 吴宣德. 章学诚教育思想述评[J]. 载于王炳照等. 历代教育论著选评（下册）[C]. 武汉：湖北教育出版社，1994. 1555.

② 朱熹. 四书集注[M]. 长沙：岳麓书社，1987. 127.

③ 李泽厚. 论语今读[M]. 合肥：安徽文艺出版社，1998. 160.

④ 林砺儒. 教因材施，材也由教成[J]. 载于王炳照等. 历代教育论著选评（下册）[C]. 武汉：湖北教育出版社，1994. 2203.

人们还发现，学习情境中的“材”与非学习情境中的“材”是有区别的，如布鲁姆就区分了“学习中的个别差异”和“学生的个别差异”，认为：“学习中的个别差异是一种观察得到的现象，这种现象可以用各种不同的方式来预测、解释，并加以改变。与此不同，学生的个别差异则是一个更为奥秘的概念。”①学习者学习中的个别差异是学习行为表现上的差异，而学生的个别差异是学生自身身心、社会、文化多元交感下的整体差异。因此，现代对“材”的认识远比古代丰富，同时在课堂教学中对“材”的辨识与处理也远比古代复杂。

随着时代的发展，“材”所依存的课堂情境也发生了变化。古代是个别教学，完全可以对个体学生进行全面的洞察，并有针对性地发展其特长。近代以来的班级授课制则给“因材施教”带来了困难与挑战，在现在几十个学生的课堂里要完全做到个别教学是不可能的。因而就产生了如何界定“材”的内涵问题以及如何处理“材”之共性与个性的问题。“在班级授课的背景下，了解学生就有了两层意义：第一，了解作为个体的学生，这与个别教学中的‘了解学生’意义相同；第二，了解班级中学生差异的统计分布，这是班级教学中‘了解学生’的新内涵。它意味着即使了解班级中的每一个学生也并不能自动把握班级整体特征。要实现这个目的，必要条件是对班级中学生分布的可能类型有一个全面认识。”②因此，有的学者认为“个别指导有利于因材施教，但效率低下。班级教育可以大大提高效率，但很难顾及不同学生的个人特点。根据平均情况改变讲授方式，也可以算作因材施教”。③

二、“材”与“教”的关系

戴震认为教师应根据学生的不同特点，因材施教，他说：“言乎其异谓之材，因材而善之，谓之教。”（《原善》卷上）④这里揭示出“材”与“教”之间的关系，“教”必须依据材的“差异”，否则就不是真正的“教”。而“教”本身也是发现学生“个性差异”的主要途径，也就是说，“材”与“教”是一种辩证关系。由此，我们可以看到，古人较为合理地确定了从“材”与“教”的关系角度来进行学情分析，这样既充分考虑到了“材”，同时也兼顾了“教”。

（一）“教”需因“材”

孔子在教学过程中，常常是围绕同一个问题或主题，在充分了解学生“材”之差异的基础上，作出判断与评价，并加以针对性的教育。《论语》里记录了很多这类例子。例如其中记载有很多学生提问什么是“仁”，孔子根据樊迟不知仁的基本思想、颜回不知仁与礼的关系、仲弓与子贡不知实行仁的方法、司马牛为人多言而躁、子张为人较为偏激等情况，分别作了有针对性的回答。这表明，“教”需要根据“材”的

① 张广君，张琼. 当代“因材施教”：生成论教学哲学的审视[J]. 课程·教材·教法，2015(4).

② 吴华，罗海萍. 论“因材施教”的现代意蕴[J]. 教育理论与实践，1995(1).

③ 袁征. “因材施教”的真实困境[J]. 教育发展研究，2015(6).

④ 李国钧. 戴震的教育学说[J]. 载于王炳照等. 历代教育论著选评(下册)[C]. 武汉：湖北教育出版社，1994. 1524—1527.

不同特点来进行，这样才能收到真正的成效。如果不根据具体的“材”来施教，只用一个答案来对付所有的提问，那么“教”就很难真正抵达学生的困难或困惑之处，学生就不会有收获。

魏晋时葛洪认为，教学好比治病，治“寒”病以“温”方，治“热”病以“冷”方；教学又好比行路，道路各不相同，去齐国是一条路，去楚国又是另一条路，难道去齐国和楚国是同一条路吗？因此，他认为，教师应根据学生的不同情况，采取不同的“处方”，做到“因材施教”。

“因材施教”先要“知人”，即先要对学生的个性特点及思想认识水平进行了解，而这种了解工作是十分细致、复杂的，因为“物有似而实非，若然而不然”的情况（《抱朴子·行品》外篇），人更是比“物”复杂，难于认识，他感叹地说：“知人果未易。”只有做好了“知人”、了解学生的工作，然后在这个基础上，才能施行不同的教育。①

这也正如唐朝孔颖达所认为的“师当随材与之”（《礼记正义·学记第十八》），就是说，教学不能按主观意志行事，要从学生的实际出发。② 可见，“教”需要依据“材”的具体特点来实施。在这里，“材”就成了“以学定教”的客观依据。

（二）“教”须“尽其材”

教须“尽其材”，就是要求教师因材施教，充分发挥学生的才智。因材施教的根据来自两个方面：第一，学生的才资有差异；第二，教学内容有深浅难易之别。因此，教师在教学中必须做到“两知”，“教人者必知至学之难易，知人之美恶，当知谁可先传此，谁将后传此。若洒扫应对，乃幼而逊弟之事，长后教之，人必倦弊”，“知至学之难易，知德也；知其美恶，知人也。知其人且知德，故能教人使入德，仲尼所以问同而答异以此。”（《正蒙·中正篇》）③教师既要熟悉教学内容，又要实际调查、了解教育对象，教学才能有的放矢，使每个学生都能充分发挥出自己的聪明才智。

宋代张载在解释《学记》所述“进而不顾其安，使人不由其诚，教人不尽其材”时认为，“不尽材，不顾安，不由诚，皆是施之妄也。教人至难，必尽人之材乃不误人，观可及处然后告之。圣人之明，直若庖丁之解牛，皆知其隙，刃投余地，无全牛矣。”④可见，张载“尽其材”主要是指教师应该依据学生各自的特性开展教学，使学生在已有基础上得到充分发展。尤其是强调了教师应该像庖丁解牛那样去观察学情，这已经具有方法论的意识。

三、因“材”施教的方法

《学记》第十章指出了教师不讲方法，造成“教人不尽其材”的后果。这从反面体现了因材施教方法的重要性。下面主要阐述因材施教的几种方法及其所蕴含的学情观。

---

① 王炳照等. 历代教育论著选评（上册）[C]. 武汉：湖北教育出版社，1994. 495.

② 王炳照等. 历代教育论著选评（上册）[C]. 武汉：湖北教育出版社，1994. 636.

③ 王炳照等. 历代教育论著选评（上册）[C]. 武汉：湖北教育出版社，1994. 793.

④ 《张载集》，中华书局，1978. 8. 见王炳照等. 历代教育论著选评（上册）[C]. 武汉：湖北教育出版社，1994. 787.

(一) 因材选法

宋代吕祖谦认为,人的资质各有不同,求学的工夫也各有大小,要它们一样齐是困难的,因而他说:“学者气质各有利钝,工夫各有浅深,要是不可以限以一律。”因此,不同的对象应选用不同的方法,“正须随根性,识时节,箴之中其病,发之当其可,乃善。”这是因为每个人的素质根基不一样,必须选用适合自己的方法,才能取得好的功效。因而他强调指出:“大凡人之为学,最当于矫揉气质上做功夫,如懦者当强,急者当缓,视其偏而用力。”①

清代魏源认为教者必须了解被教育者的长处和短处,针对不同特点采取不同的方法,施以不同的教育,否则,就是不会教人,“不知人之短,不知人之长,不知人长中之短,不知人短中之长,则不可以用人,不可以教人。用人者,取人之长,避人之短;教人者,成人之长,去人之短也。”千万不能仅以自己之长短,去用人、教人。“惟尽知己之所短而后能去人之短,惟不恃己之所长而后能收人之长。不然,但取己所明而已,但取己所近而已。”②

我们从吕祖谦和魏源的论述中可以看到,两人均强调了要针对学生的差异采取相应的方法,也就是“因材选法”。

(二) 长善救失

“长善救失”的教学方法载于《学记》第十四章:“学者有四失,教者必知之。人之学也,或失则多,或失则寡,或失则易,或失则止。此四者,心之莫同也。知其心,然后能救其失也。教也者,长善而救其失者也。”③

这段话的主要意思是:学生的学习存在着四种缺点,教师一定要知道。人在学习过程中,有的缺点表现在贪多务得,不求甚解。有的缺点表现在知识面狭窄。有的缺点表现在对学习的艰巨性认识不足,有的缺点则表现在畏难,缺乏刻苦钻研精神。这四种缺点反映出学生对待学习不同的心理状态,教师只有了解了这些心理状态,才能矫正这些缺点。良好的教学方法既善于发扬学生的优点,又善于矫正学生的缺点。

在这里,“多、寡、易、止”四个字说的是学习中表现出来的缺点,贪多就会不求甚解;所习太少,知识面狭窄就限制了智力的发展;把学习看得太容易,就不能刻苦钻研;缺乏信心,畏难而止,就不能进取。

针对学生的“缺点”采取有针对性的办法帮其改正缺点,这就是因材施教的方法。因为教师不仅要知道学者有四失,而且要知道这四种缺点反映着学生对待学习不同的心理状态,教师当“知其心,然后能救其失也”。郑玄对此作了具体的解释和发挥,他说:“失于多谓才少者,失于寡谓才多者,失于易谓好问不识者,失于止谓好思不问者。救其失者,多与易则抑之,寡与止则进之。”在郑玄看来,“长善救失”

---

① 《东莱集·与朱侍讲书》,见王炳照等.历代教育论著选评(下册)[C].武汉:湖北教育出版社,1994.1008—1010.

② 毛礼锐、沈灌群主编《中国教育通史》第四卷,武汉:湖北教育出版社,1994.1617.

③ 高时良.学记评注[M].北京:人民教育出版社,2005.154.

就是要针对学生的具体缺失之处，进行补救。

他在注释《论语·先进》“求也退，故进之；由也兼人，故退之”时说：“言冉有性谦退，子路务在胜尚人，各因其人之失而正之。”可以说是抓住了孔子“救失”的实质。在长期的教学活动中，郑玄也继承了孔子的教学方法，根据学生的个性和才能中存在的“失”，而通过“长善”来进行相应的“救失”活动。①

既然这四种缺点是“心之莫同”——个体的心理差异造成的，因此，教师要掌握学生的心理差异，认识到它的两重性，即“多、寡、易、止，虽各有失，而多者便于博，寡者易于专，易者勇于行，止者安其序，亦各有善焉，救其失，则善长矣。”（王夫之《礼记章句·学记》）所以《学记》还揭示了学生学习中长短、得失的辩证关系，要求“教也者，长善而救其失者也”。

“长善救失”的教学方法经过千百年来的教学实践运用，被证明是一种非常管用的因材施教方法。其思想渗透在历代教育家的教学实践中。例如，宋代朱熹在教学实践中依据学生读书过程中的“缺失”处，提出了多种“救失”办法：

1. “熟读精思”

朱熹针对学生“记不得、说不出，心下若存若亡”的状况，分析其原因为“皆是不精不熟之患”。接着指示改进路径与方法：“学者观书，读得正文，记得注解，成诵精熟，注中训释文意、事物、名件，发明相穿纽处，一一认得，如自己做出来的一般，方能玩味反复，向上有通透处。若不如此，只是虚设议论，非为己之学也”“读书读到不忍舍处，方是见得真味。若读之数过，略晓其义即厌之，欲别求书看，则是于此一卷书，犹未得趣也”“看文字须要透：击其首则尾应，击其尾则首应，方始是。不可按册子便在，掩了册子便忘。”（《朱子语类·卷十》）

2. “虚心涵泳”

针对学生“先入为主，穿凿附会”等“缺失”处，朱熹提出了“虚心涵泳”的“救失”办法。他说：“读书须是虚心，方得圣贤说一字是一字。自家只平著心去秤他，都使不得一毫杜撰。学者看文字，不必自立说，只记前贤与诸家说便了。今人读书，多是心下先有个意思了，却将圣贤言语来凑他的意思，其有不合，便穿凿之使合”“至于文义有疑，众说分错，则亦虚心静虑，勿遂取舍于其间。”（《朱子大全·读书之要》）

读书还要耐心“涵泳”，就是要反复咀嚼、细心玩索，深刻领会书中的旨趣。“读书之法无他，惟是笃志虚心，反复详玩，为有功耳。近见学者，多是卒然穿凿，便为定论，或即信所传闻，不复稽考。所以日诵圣贤之书，而不识圣贤之意，其所诵说，只是据自家见识，杜撰成耳，如此岂复有长进？”（《学规类编》）

3. “切己体察”

针对学生读书只在“纸面上做工夫”的不足，朱熹提出了“救失”办法，主张读书不能只在纸面上做工夫，还必须心领神会、身体力行。他说：“学者读书，须是将圣贤言语，体之于身”“读书不可只专就纸上求义理，须反来就自家身上推究。秦汉以

① 王炳照等.历代教育论著选评（上册）[C].武汉：湖北教育出版社，1994.399.

后，无人说到，此亦只是一向去书册上求，不就自家身上理会。”他多次批评当时学校中“所以求于书，不越乎记诵、训诂、文词之间”的弊病，提出：“从容乎句读文义之间，而体验乎操存践履之实，然后心静理明，渐见意味。不然，则虽广求博取，日诵五车，亦奚益于学哉！”(《学规类编》)

4. “着紧用力”

针对学生在学习时“疲疲沓沓、松松散散”的不良学习状态，朱熹提出读书时必须抓紧时间、振作精神。他说：“宽着期限，紧着课程。为学要刚毅果决，悠悠然不济事。且如发愤忘食，乐以忘忧，是甚么精神，甚么骨筋！今之学者，全不曾发愤。直要抖擞精神，如救火治病然，如撑上水船，一篙不可放缓。”(《朱子语类·卷八》)

5. “居敬持志”

针对学生“不专一”的状况，他提出：“读书之法，莫贵乎循序而致精，而致精之本，则又在于居敬而持志。此不易之理也。”

“居敬”就是要求精神专一，注意力集中。他说：“读书须收敛此心，这便是敬”“读书须将心贴在书册上，逐句逐字，各有着落，方始好商量”“人做功课，若不专一，东看西看，则此心先已散漫了，如何看得道理出”“须是一棒一条痕，一掴一掌血。看文字要当如此，岂可忽略。”(《朱子语类·卷十》)

“持志”就是坚定志向，具有远大理想和目标，并以顽强的毅力求实现。他说：“立志不定，如何读书？”定方向、立志向是为学读书的根本，懂得这个道理，便能“办得坚固心，一味向前”，否则就容易悠悠晃晃、胡混日子，不可能有长进。“今人所以悠悠者，只是把学问不曾做一件事看，遇事则胡乱打过了，此只是志不立。”(《朱子语类辑略》)

总之，长善救失是古人在实践中探索出来的因材施教的重要方法，这个方法包含两个方面内涵，一方面是“长善”，即依据学生已有的特长加以引导；另一方面是“救失”，针对学生的“缺失”，采取办法“补救”与“纠正”。在实施过程中，这种方法由两个部分组成，一是“知其心”，通过多种方式了解学生“四失”具体体现在哪里并分析其原因；二是“救其失”，针对了解的情况，采取有效的办法纠正其“失”。

(三) “教”之多“术”

孟子在教学实践中提出了“教亦多术矣”的观点[①]，清朝王夫之解释这一条教学原则：“教者因人材之不齐，而教之多术”。(《四书训义》卷三十二)认为做教师的必须“多术”(即指教学技巧的多样化)。“多术”的客观依据，是学生的“材质不齐”。因此，教师在教学过程中，需要切实做好“深知其得失之由”、“审知学者所知之深浅”等大量的“因量善诱”的工作。这些工作做得好，才能“尽人之材”。

王夫之在《四书训义》卷十对《论语》中的一句话“中人以上，可以语上也；中人以下，不可以语上也”进行训义：

① 杨伯峻. 孟子译注(下)[M]. 北京：中华书局，1960. 300.

> 夫上智之不可多得，而下愚之必不知有学也，勿论已。有如其质则中人也，而笃志力行，克尽乎下学之事，则自中人而上矣。于是而语之以上，虽未得闻言而解，而疑信相参之际，可因所疑以决所信，可以语矣。如其质犹中人也，而志之不笃，行之不力，且浸淫乎流俗之为，则成乎中人以下矣。如是而语之以上，不特茫然罔觉，而真妄不别之心，且将窃其真以文其妄，不可以语矣。①

由此，我们看到，他主张教者对学者必须因材施教。这是因为每个人的素质不同（“质有不齐”），有钝有敏（“敏钝之差”）；每个人的“志量不齐”，有大有小；每个人的德行不同，有长有短；每个人的知识不等，有多有少，有深有浅，等等。教师必须了解和承认学生的这些差别，从学生的各种客观实际出发，根据不同的情况，“各如其量”进行教学，做到人无不可教，教无不可施。

王夫之主张教师应在学生的所知所行的基础上“以才量言”，因其可知可行而教之。这是教学的客观依据之一，但又不能以此为限，还应该发挥学生的潜力，在已知已能的基础上，把学生推向未知未能，以求上进。学生虽然现在还未能知未能行，也必须“引之以知”，“勉之以行”，故“因材而授”，绝不是迁就学生的水平，而是在学生原有的基础上，使他们努力前进，以突破原有的水平，从不知到知，从知少到知多。他总结自己的教学经验时说：“吾之与学者相接也，教无不可施。吾则因其所可知，而示之知焉；因其所可行，而示之行焉。其未能知，而引之以知焉；其未能行，而勉之以行焉。未尝无有以诲之也。”（《四书训义》卷十一）

要正确地做到“因材而授”，关键的问题是了解学生，“深知其心”。只有深知学生的内心世界以后，才能做到“洞知其所自蔽，因其蔽而通之”。教师知道了学生学业和德行上受蒙蔽不清的地方，就可以对症下药，“因人而施之教”，使每个学生皆“未尝不竭尽上达之旨”。（《张子正蒙注》卷六）

教师不仅要善知学生之“蔽”，而且又要善于“解蔽”。王夫之在这里所说的“蔽”有两层意思：一是指学生为事物的现象所蒙蔽，而对“庶物之理”，若明若暗，教师要引导学生“察物之理”；二是为“恶师友所锢蔽”，而产生的偏见，或是因“失教”，而“惑乎异端”，教师必须进行再教育。总之，“解蔽”是教师对学生的教育与再教育的问题。②

清朝王筠总结了前人多样化的教学方法，认为：“孔子善诱，孟子曰‘教亦多术’，故遇笨拙执拗之弟子，必多方以诱之。既得其机之所在，即从此鼓舞之，蔑不欢欣而惟命是从矣。若日以夏楚为事，则其弟固苦，其师庸乐乎？故观其弟子欢欣鼓舞，侈谈学问者，即知是良师也；若疾首蹙额，奄奄如死人者，则笨牛也，其师将无

① 王夫之《四书训义》卷十，见王炳照等．历代教育论著选评（下册）[C]．武汉：湖北教育出版社，1994．1430．

② 李国钧《王船山教育思想述评》，见王炳照等．历代教育论著选评（下册）[C]．武汉：湖北教育出版社，1994．1444—1447．

同?”[①]可见，古人已经充分认识到依据学情采取多样化的教学方法进行教学，这样学生的学习状态才能得到改善，教学才能真正有成效。

(四) 分斋教学

宋初胡瑗创立的“苏湖教法”实施“分斋教学”。分“经义”和“治事”两斋，经义斋的学生主要学习六经经义，通晓儒家经典，培养比较高级的统治人才，即所谓“可任大事者”；治事斋则意在造就在某一方面有专长的技术、管理型人才，分为治民、讲武、堰水、算历等科，这种技术专长一般多掌握一门就多一种好处，于是便有主修和副修之设置，这确实是一种大胆的创新。[②]

“因材施教”是我国古代传统的基本的教学指导原则之一，但以前多是在个别教学的条件下实施，胡瑗在分斋教学的条件下进一步发展了“因材施教”的教学原则，或者说，“因材施教”教学原则的新发展，促成了分斋教学制度的诞生。胡瑗的分斋教学的思想理论基础正是“因材施教”的基本教学原则。圣人之学也是分门别类的，经义、治事等科都是圣人之学，每个人一般是不能兼备的，只能各就其性之所近，学好一科或数科。使志趣爱好、所习科目相同的学生集中在一起，相互研讨，相互磨砺，便于每个学生各尽其材。这是在分斋教学条件下因材施教原则的新发展。

丁宝书所辑《安定言行录》称：“胡翼之瑗初为直讲，有旨专掌一学之政，遂推诚教育多士，亦甄别人物。故好尚经术者，好谈兵战者，好文艺者，好尚节义者，皆使之以类群居，相与讲习。胡亦时召之，使论其所学，为定其理；或自出一义，使人人以对，为可否之；或就当时政事，俾之折衷，故人皆乐从而有成效。”[③]根据不同情况，灵活地采用各种不同的教学方式进行教学，也是体现了因材施教的原则。

(五) 改善“学习状态”的方法

《学记》第十九章说：“记问之学，不足以为人师，必也其听语乎。力不能问，然后语之。语之而不知，虽舍之可也。”[④]

这里，“记问之学”的“学”可作“教”(斆)字解。记问，是指教师的知识水平和教学方法。徐瑄注：“全无实学，只凭记诵以待问。”姚际恒注：“其学徒揣人所应问者记诵而已。”“听语”是指“听学者所问之语”。“问”者，学生执经问难也。每一个学生、学生的每一次发问，都不会是一模一样的，“记问”在这里根本解决不了问题。

有“学”必然有“问”，“惑”与“疑”是学习心理活动过程的正常状态，也是学生求知欲和进取心的具体表现。所以教师靠记住一些“问”来讲，就缺乏针对性，难以解决学生的疑惑，或者说不是真止从改善学习状态、帮助学生学习的角度出发的。

为了改善学生的课堂学习状态，增强教学的针对性，历代教育家进行了大量的探索。我们这里重点介绍一下清朝章学诚在教学实践中总结的几种关注学习状态的方法：

---

① 王筠《教童子法》，见王炳照等. 历代教育论著选评(下册)[C]. 武汉：湖北教育出版社，1994. 1580.

② 王炳照等. 历代教育论著选评(上册)[C]. 武汉：湖北教育出版社，1994. 768.

③ 王炳照等. 历代教育论著选评(上册)[C]. 武汉：湖北教育出版社，1994. 765.

④ 高时良. 学记评注[M]. 北京：人民教育出版社 2005. 182.

1. 依据"厌故喜新"之天性安排教学活动

章学诚发现学生的天性具有"厌故喜新"的特点，所以在教学中利用这一天性安排教学活动，促进其学习积极性：

> 盖中人之性，多是厌故喜新，童幼初学诵习，则厌故喜新为尤甚也。例如学徒资性每日能诵习三百言者，则使日诵本经止二百言，再授他经亦二百言，必能诵识无遗。是已不知不觉，平添百字之功矣。盖一日之间，精神有数少加变易，使之去故更新，则易于振作，大约可以增倍之差，理固当然。又况书有难易，义有深浅，惟在为之师者从而裁制品节，乘机鼓舞，自能曲达其材。惠子所谓"一尺之棰，日取其半，终身用之不穷"，即此法也。①

2. 依据学生的诵习状况提出"揣摩"的方法

章学诚对学生的诵习状况进行了调查："间尝试问诸生，诵忆先正文字，多者六七百篇，少者二三百篇，可谓富矣。及询以得心应手，运用不穷，即什一而可当千百者，则竟未闻有一篇焉。"②

为改进诵习方法，提高学生的诵习质量，他提出了"揣摩"学习法：

> 揣摩之说，本于苏秦。苏秦之所谓揣摩，则云得之简练，盖不练则不精，不简则终不能练。今欲揣摩而先不知简练，则揣摩固已不如法矣。诵习先辈成文，犹学为梓匠轮舆，求观工师之成器耳。器已浑成，而但志其方圆之形象，不解于未有成器之先，详悉求其引绳削墨之所自，虽公输之巧，岂能遂得其疾徐甘苦哉？先正读古人文，不惟成诵已也，盖必设身处地，一如未有其文，就题先为拟议，揣其何以构思布局、遣调行机、措辞练字，至于筹无遗计，而后徐阅其文，使之一字一句，皆从己心迎拒而去，不啻此心同其疾徐甘苦之致也。则作者止择一途，而读者遍虑及于四旁上下，是读文之难，较之作文之攻苦，殆不止于倍蓰焉。往往涉旬逾月之久，而始尽一篇之神妙也。人生岁月几何？精神几何？终身得力，不过五七十篇，亦云富矣，安能数百计哉？及其出而应用，则作者之神妙有尽，而吾心与为迎拒于四旁上下者无穷，理解由斯浚凿，气机由斯鼓动，揣摩熟而变化生，所谓即什一而可当千百之用者，即是道也。③

3. 依据学习困难提出了学文策略

章学诚依据学生阅读中存在的"困难"提出"文之熟者，习之使生；文之生者，习之使熟"的应对策略，这个策略包含"熟文习之使生"和"生文习之使熟"两个部分。

---

① 章学诚《清漳书院留别条训》，见王炳照等. 历代教育论著选评（下册）[C]. 武汉：湖北教育出版社，1994. 1542.

②③ 章学诚《清漳书院留别条训》，见王炳照等. 历代教育论著选评（下册）[C]. 武汉：湖北教育出版社，1994. 1543.

(1)“熟文习之使生”的策略。

他分析了阅读学习中熟而生厌的原因与状况:“诸生于三五百篇之文亦既能成诵矣,今简练而攻十之一,岂犹患其不熟乎?患在过熟而不入迎拒之心也。盖佳文入目,虽使粗识浅见,皆能生其浮慕,至于诵习再四,不免心中厌倦,以谓吾既知之,而欲更窥他作矣。不知所谓‘吾既知之’而不耐更读者,于文之甘苦疾徐,固未尝有所入也。熟而生厌,不亦宜乎?”①

针对这种状况,根据“好文不厌百回读”的特点,他提出一篇文章可以从十个角度引导学生去阅读,这样每一个角度对学生来说都是新的:

> 若夫文之佳者,固非一端之所能尽。命意,一也;立句,二也;行机,三也;遣调,四也;分比变化,五也;虚实相生,六也;反正开合,七也;顿挫层折,八也;琢句,九也;练字,十也。以此十法,每一诵习,各作一意推求,仍用先如未见其文,逐处平心迎拒之法,往复不已,则文虽一定,而我意转换无穷,即使万遍诵习,而揣摩光景,常如新脱于稿,所谓“熟文习之使生”,此法是也。②

接着他用了一个形象的比喻来揭示这种“易意环求”法蕴含的道理:

> 盖闻蓄盆鱼者,惧其盆小而鱼生趣,则垒石水中,作为洞壑深邃之势,俾鱼环转其中,则天倪畅达,此则读文易意环求之道也。③

(2)“生文习之使熟”的策略。

对于课外阅读的文章,章学诚探索了一种有效的办法,促进学生对“生文”的分类学习:

> 至于泛阅之文,原不责其诵习,篇籍既富,未免过而辄忘,则是阅文与不阅等耳。夫阅文所以开扩知识,通达义类,止欲掇取英华,粗忆梗概,于事已足,释卷之后,未必再寓目矣。况一日之间,多则五七篇,少则可三数篇,人之记忆,固有不可以强为者。则分类摘求之法,不可不知所务者也。盖阅文而有得于心,虽资禀鲁钝,止于不能背诵耳。若其义法机局与夫佳句善调,未有不能记忆一二者也。先立空册,标分类例,逐日所得,按款而登,历旬涉月之后,按册复阅,但阅标题,不啻全文如见。至于积既久,类例充盈,则纵横检覆,千态万状,俱会目前,虽曰生文,岂不常如熟习者乎?至于临文,而犹曰机构生疏,文境不能变化,天下必无之理也。④

---

①②③④　章学诚《清漳书院留别条训》,见王炳照等.历代教育论著选评(下册)[C].武汉:湖北教育出版社,1994.1543.

通过这样“化繁为简”的方法，学生既扩大了阅读面，又使阅读过的有心得的“生文”逐渐熟悉起来。

4. 依据“童孺意中之所有”来开展教学

章学诚认为善于教学的人应该从儿童的天性出发，根据其天性和已有经验，逐步安排学习活动，这样才能取得实效。他以儿童学文为例加以分析：

> 善为教者，达其天而不益以人，则生才不枉，而学者易于有成也。《左氏》论事，文短理长，语平指远，故自三语五语以至三数百言，皆孺子意中之所有，资于《左氏》而顺以导之，故能迎机而无所滞也。其后渐能窥寻首尾，则纂辑人物，而论赞仿焉（即论人之文也）。稍有充于辞气，则拟为书谏，而辞命敷焉。又能略具辨裁，则规为书表，而叙例著焉（经此四变，约用三年之功，参学时文，亦当成片段矣）。至于习变化而学为叙事，互同异而习为考订，则又识远气充，积久而至贯通之候也（自为叙例之后，至此约须二三年，参学时文，亦当成大观矣）。是皆孺子自有之天倪，岂有强制束缚而困以所本无哉？①

然后他批判了那些不顾儿童天性和心理特征而安排学习内容的情形，这样的效果适得其反：

> 或者不察，而以宋人所为《博议》、《史论》诸篇课童子，以为攻《左氏》者入门之资也。夫《博议》、《史论》诸篇，皆有意于构文，凡遇寻常之事，务欲推而高之，凿而深之，俱非童孺意中之所有。使之肄而习焉，作其机心而行其机事。于是孺子始以文字为圆转之具，而习为清利浮剽之习调。其体能轻而不能重，其用宜今而不宜古。成之也易，则其蕴蓄也必不深；趋之也专，则其变通也必不易。是则益之以人，而不达其天之启也。语云：“点铁成金易，反金为铁难。”古人诱取蒙学，不惮委曲繁重，岂不欲有一蹴可几之境哉？为童幼之初，天质未泯，遽强以所本无而穿凿以人事，揠苗助长，槁固可立而待也。夫凤雏出壳，不必遽能飞也，急以振翼为能事，则藩篱鷃雀，何足喻其多哉？②

这就是说，对不同文体的教学，要根据儿童心理发展的特点来安排，教师在整个教学过程中，只充当一个“顺以导之”的引导角色。

5. “文之节候”与“学之性情”相结合

章学诚在引导学生学习的时候，非常注重从学生的天性和经验（即“学之性情”）出发，认为“童孺知识初开，甫学为文，必有天籁自然之妙，非雕琢以后所能及也。譬如小儿初学字画，时或近于篆籀，非工楷以后所能为也。”③这样就可以“迎其

---

①②③ 章学诚《论课蒙学文法》，见王炳照等. 历代教育论著选评（下册）[C]. 武汉：湖北教育出版社，1994. 1549.

机而善导”，依据学生的学习状态加以引导。

但学生的天性与经验也需要与具体的学习内容相结合，充分把握文章的具体特性（即“文之节候”），他认为这样做的理由是“学识未充，其数易尽，必参之以变化，使之气机日新”①。

章学诚认为最好的教学就是做到了“文之节候”与“学之性情”的高度契合，正如他所说的“善教学者，必知文之节候、学之性情，故能使人勤而不苦，得而愈奋，终身愤乐而不能自已也”。②

总之，“因材施教”内涵的发展历程显示，对“材”的认识应该随着课堂教学环境的变化而变化，课堂情境中的“因材施教”与“个别教学”中的“因材施教”是有区别的。在当代主要以班级授课制为主体的教学情境下，个体的差异性应该纳入班级教学中所有“个体”的差异性中加以统筹考虑。正如有的学者所言：“不是孤立看待个体差异性，而是把所有学生的各种差异特质组成的教学系统，看成一个有着无限生命力与无限动力的异质团体，这个团体中的每个独特的个体既依赖、得益于他人，同时每个独特的个体也被他人所依赖、所作用，进而形成一种相互依赖、相互促进、相互超越的关系。”③

第二节　循“序”渐进的学情观

孔子的“温故而知新”、“循循善诱”等教学艺术中实际已经蕴含了循序渐进的原则，不过当时他没有直接提出循序渐进的术语。到了孟子则较为明显地指出了循序渐进的重要性，在《孟子》中有两处表述可以看出其循序渐进的学情观。

一处是在《离娄章句下》有这样一段话：

> 徐子曰：“仲尼亟称于水，曰：‘水哉，水哉！’何取于水也？”
>
> 孟子曰：“源泉混混，不舍昼夜。盈科而后进，放乎四海。有本者如是，是之取尔。苟为无本，七八月之间雨集，沟浍皆盈；其涸也，可立而待也。故声闻过情，君子耻之。”④

孟子在这里回答徐子的提问：孔子为何多次称赞水，水有何可取之处？孟子认

① 章学诚《论课蒙学文法》，见王炳照等. 历代教育论著选评（下册）[C]. 武汉：湖北教育出版社，1994. 1549.

② 章学诚《论课蒙学文法》，见王炳照等. 历代教育论著选评（下册）[C]. 武汉：湖北教育出版社，1994. 1550.

③ 张广君，张琼. 当代“因材施教”：生成论教学哲学的审视[J]. 课程·教材·教法，2015(4).

④ 杨伯峻. 孟子译注（上）[M]. 北京：中华书局，1960. 190.

为：有本源的泉水滚滚地往下流，昼夜不停，把低洼处注满后，又继续向前奔流，一直流到海洋去。有本源的便像这样，孔子取他这一点罢了。假若没有本源，一到七八月间，雨水众多，大小沟渠都满了；但是一会儿也就干枯了。所以名誉超过实际的，君子引为耻辱。宋代朱熹在注释这段话时说："言其进以渐也"、"言水有原本，不已而渐进以至于海，如人有实行，则亦不已而渐进以至于极也。"①可以看到，孟子的话强调了要学到本源的东西，就必须经历一个"渐进"的过程。所谓"盈科而后进"，指的就是循序渐进。

另一处是在《尽心章句上》：

> 孟子曰："孔子登东山而小鲁，登泰山而小天下，故观于海者难为水，游于圣人之门者难为言。观水有术，必观其澜。日月有明，容光必照焉。流水之为物也，不盈科不行；君子之志于道也，不成章不达。"②

这里用水作比喻，流水这个东西不把洼地流满，就不再向前流，而君子有志于道，没有发展到一定阶段，累积到一定成就，也就不能通达。朱熹在注释这段话时说："此章言圣人之道大而有本，学之者必以其渐乃能至也。"③强调的也是学习需要循序渐进的原则。

中国古代较为系统地阐述循序渐进的学情观，最早体现在《学记》第十一章和第十二章。《学记》第十一章："大学之法，禁于未发之谓豫，当其可之谓时，不陵节而施之谓孙，相观而善之谓摩。此四者，教之所由兴也。"④这里阐述了教育取得成功的四大要素，其中"时"和"孙"都涉及教学的顺序问题。

《学记》第十二章："发然后禁，则扞格而不胜。时过然后学，则勤苦而难成。杂施而不孙，则坏乱而不修。独学而无友，则孤陋而寡闻。燕朋逆其师。燕辟废其学。此六者，教之所由废也。"⑤这里阐述了导致教育失败的六大因素。其中"时过然后学，则勤苦而难成"和"杂施而不孙，则坏乱而不修"讲的都是教学的顺序问题。

《学记》的这两章从教育的"兴"和"废"的高度强调循"序"施教的重要性，可以说是"循序渐进"学情观的总纲。这也可以代表中国古代循序渐进学情观的总观点，清代教育家张謇在《通州师范学堂始建记》中说："师之道备于《学记》"⑥，意思是做教师的道理在《学记》中已阐述得很完备了。回顾中国古代教学思想发展史，《学记》之后的教学思想，基本都是为《学记》做注释，超过《学记》论述水平的，确实不多。

---

① 朱熹.四书集注[M].长沙：岳麓书社，1987.421.
② 杨伯峻.孟子译注(下)[M].北京：中华书局，1960.312.
③ 朱熹.四书集注[M].长沙：岳麓书社，1987.510.
④ 高时良.学记评注[M].北京：人民教育出版社 2005.133.
⑤ 高时良.学记评注[M].北京：人民教育出版社 2005.139.
⑥ 陈学恂.中国近代教育史教学参考资料(上)[M].北京：人民教育出版社，1987.636.

一、“教”须知其“序”

循序渐进的教学首先需要找到“序”，只有明确了“序”的内涵，才有可能循“序”而渐进。王夫之认为，教师要“施之有序”，首先得“知序”。这里他说的“知序”，即知“物皆有之天序”，即是指事物的规律(“物之理”)。如果教师掌握了“欲逾越而不能”的事物规律，并以此来教授学生，则难者可以使之易。他说：“有初学难而后易者，有初学易而后难者，因其序则皆使之易”(《张子正蒙注》卷四)。在这里，王夫之显然又区分了“教之序”的教学顺序与“天之序”的科学顺序，取其易接受者以教育学生。所以他说：“因其序则皆使之易”。从此，王夫之把历来所谈的教学上的技巧问题，发展成了实质性的教学理论问题。王夫之的见解是对《学记》关于“序”的认识的深化。

从《学记》的阐述中我们发现，“孙”和“时”两个字从不同的角度强调了教学所需要的“序”，下面分别对这两个字的涵义加以分析。

(一)“孙”

“孙”字在《学记》第十一章最早出现，所谓“不陵节而施之谓孙”。

“孙”的含义是顺序。“不陵节”是说不要超越学生所能接受的限度，“不陵节而施”是“学不躐等”的同义语。“孙”的原则是要解决教学内容的排列顺序和进度问题。因为教学内容的排列如果杂乱无章，不注意循序渐进，教学就不容易收到效果，即所谓“杂施而不孙，则坏乱而不修”。但教学内容的难易必须符合学生的年龄特征和学生的接受能力。年龄的长幼，接受能力的高低，也就是所说的“节”。不陵节，就必须在“节”的限度以内，循序渐进地进行教学。

“杂施而不孙”是“不陵节而施”的反面。“杂施”的主要问题在于它背离了教学的系统性和连贯性原则，讲课内容缺乏严谨的逻辑联系，不是一环紧扣一环。教学之所以能“进”，即在于“循序”而“不陵节”。学习犹如登山，一步不能登绝顶，拾级而上，总有一日上绝顶。孟轲讲学问如流水，“盈科而后进”，又说“其进锐者，其退速”。“进锐”就容易“陵节”，与系统性连贯性的原则背道而驰。《学记》说“善问者如攻坚木，先其易者，后其节目”，意亦重视系统而连贯，循序而渐进。①

“杂施”主要来自两个方面：一为教师，另一为教材。教师业务水平低，教学经验差，课前没做充分准备，又不知道在教学过程中如何由浅入深，从易到难，从具体到抽象，以致讲解散乱无章。教师本身也许花了大力气，教学效果却微不足道。

《学记》第二十章指出：“良冶之子，必学为裘。良弓之子，必学为箕。始驾马者反之，车在马前。君子察于此三者，可以有志于学矣。”(同上，186)意思是有经验的冶铁工人给儿子传授冶铁手艺，总是先教他学会用皮革制成鼓风裘；有经验的造弓工人给儿子传授造弓手艺，总是先教他学会用柳条编成箭袋子；训练小马驾车，总是先用大马来带，小马跟在车的后头跑。教师搞清楚了这三条道理，也就懂得教育的途径了。这里讲的也是教学要循“序”而渐进，尤其要找到最初的“序”，为后面的

① 高时良.学记评注[M].北京：人民教育出版社 2005.144.

教学奠定基础。

宋代张载也指出“教须寻其序”，他要教师去寻找的“序”主要包括两方面的内涵，一方面他认为外界事物有自然的顺序和运行规律，人们不可“躐等妄意”。与所有事物一样，教学内容也是有其内在系统的，教材深浅、难易、先后，也不可随意错乱，不可“始求太深”，如果一开始教得太深，则教学就很难持续下去，只会离目的越来越远，“若始求太深，恐自兹愈远”。另一方面内涵是指“学生的接受能力”，张载指出，如果脱离实际，超越学生的接受能力，教学就难以有任何成效。超越了接受能力，就像“以水投石”，一滴也接受不了，所谓“教之而不受，虽强告之无益。譬之以水投石，必不纳也”。而应当“观可及处，然后告之”。教学是一个长期积累的过程，应当逐步提高，不可一蹴而就，“穷理亦当有渐，见物多，穷理多，如此可尽物之性。”要求太急反而有害，欲速则不达，“今日勉强，有太甚则反有害，欲速则不达，亦须待岁月至始得。”①张载指出的“序”的两种内涵是对《学记》关于“节”与“孙”内涵的进一步阐发，为后来的教学过程中关注学生学习之“序”提供了理论指导与引领。

（二）“时”

“时”的含义是及时。“当其可之谓时”，也就是孟子所说“时雨化之”的“时”，这个“可”和“时”含有按照学生的年龄特征和心理状况及时施教的两层意思。时之过早，不适合学生的接受能力和需要，时之过迟，也将严重地影响教学效果。所以这里实际也含有一个“序”的问题。

“时过然后学”是“当其可”的反面。“时”，“可”，即方苞所说“年力可任”，张载所说“可告之机”。究竟什么样“年力”才是“可告之机”？我国早期就规定了学龄和建立了学制的雏形。确实涉及了人的年龄特征问题。《学记》说“时过然后学，则勤苦而难成”，其强调“当其可”，则具有两重含义：既要看到学生能力的“未逮”，又要看到学生能力的“有余”。这实际上是注意到了不同的个体具有不同的心理特点，看到了从禀赋到性格、思想倾向以及学习能力的差异。高时良认为，这个“可”字可理解为教学的量力性原则。它不仅要防止“过”，也要注意“不及”。而从《学记》思想总的精神来说，是更主张宜早不宜迟，要防止错失最佳教学时机，所谓“时过然后学，则勤苦而难成”。《大戴礼·曾子立事》有一段话：“三十四十而无艺，即无艺矣，五十而不以善闻，则无闻矣。”后人如东晋葛洪的《抱朴子·勖学》说：“少则志一而难忘，长则神放而易失。故修学务早，及其精专，习与性成，不异自然也。”颜之推的《颜氏家训·勉学》也说：“人生小幼，精神专利，长成以后，思虑散逸，固须早教，勿失机也。”颜之推还用他七岁时诵《鲁灵光殿赋》为例：“至于今日，十年一理，犹不遗忘。二十之外，所诵经书，一月废置，便至荒芜矣。”②这些都表明，古人已充分认识到在教学中要遵循学生的年龄特征和心理发展之“序”，尤其是早期教育更应该“及时而学”，不然就会错失教育的良机，造成终生难以补救的遗憾。

---

① 王炳照等.历代教育论著选评（上册）[C].武汉：湖北教育出版社，1994.793.

② 高时良.学记评注[M].北京：人民教育出版社，2005.143.

张载在解释教须“当其可”时说：“当其可，乘其间而施之。”时机不成熟，勉强施教，必“教之而不受”；错过时机，再去施教，也会事倍而功半。正确的做法是：“教者，但只看蒙者时之所及则导之”、“有如时雨之化者”。但不是要教师消极等待，而要积极引导，敏锐地观察，把握最佳时机。不时而雨，固然不好；也不要“待望而后雨”，最好是“时可雨则雨”。学生无求无为，固不可强施强教，也不可有求有为而不施不教，应当有求有为即教之。学生不能问而强告之，固然不行；问而不能即告之，也不可，应当是“当其可告而告之”。“当其可，乘其间”的思想从更积极的方向发展了《学记》中关于“时”的主张。①

王夫之在解释张载“当其可，乘其间而施之”的话时说：“可者，当其时也；间者，可受之机也。”可知王夫之谈的“教之时”，即授教的时机。从教师来说，是“教之机”；从学生方面来讲，是“受之时”，这是一件事情的两面。“教之机”依据“受之时”，二者相应而不离，相因而共存。教与学是矛盾的统一体，而矛盾的主要方面，一般来说，是在教者方面。因为“受之机”，不能听其自然而生，必须由教师善于期待学生的“自悟”，同时又要求教师善于启发学生的自觉。②

同时，王夫之所讲的“教之序”，也是有丰富内容的。他说：“时者，有序而不息之谓。”这当然是循序渐进的意思，此其一意。其次是指教学的组织和安排，即“分教合教之序”和教学法上的先后难易的次序。第三，是指教学内容的内在逻辑顺序。可见，王夫之也是把“时”的内涵纳入了“序”的范围，循“序”渐进也包含了要在合理顺序里抓住时机的意思。

二、教须循其“序”

王夫之认为，“施之有序”有多方面的效果：其一，教学“因序”，可使学生易懂，容易接受；其二，“因序”或“循序”的教学，可使学生能由博返约，“知其要归”之所在，知其精义之所在；其三，“施之有序”，可给学生一些最基本的知识，知道知识的根源，使学生“于其本而图之，则相因以渐达”。所以，他说：“施之有序者，行之自远。”③可见，我国古代就认识到了循“序”而教的重要性。下面介绍几种循“序”施教的方法。

（一）学不躐等

《学记》第六章说：“时观而弗语，存其心也”、“幼者听而弗问，学不躐等也”。意思是说教师在教学过程中，经常观察学生的学习活动，不把问题的答案全盘告诉学生，目的在于培养他们独立思考能力。年纪小的学生只许旁听，却不必发问，为的是考虑他们的接受能力，以求循序渐进。“学不躐等”指的就是不要超越学生的现实水平，需要按照学生的已有水平逐渐提升。

---

① 王炳照等. 历代教育论著选评（上册）[C]. 武汉：湖北教育出版社，1994. 793.

②③ 李国钧《王船山教育思想述评》[J]. 见王炳照等. 历代教育论著选评（下册）[C]. 武汉：湖北教育出版社，1994. 1444—1447.

《学记》这几句话表明，学生的现实水平在“循序渐进”方法中的重要作用，教学的每一步都是需要依据学生的现实水平而展开。循序渐进是纵向的，即随着学生知识的积累和能力的增长而使教学逐步深化。东汉郑玄提倡学习过程中的循序渐进，他主张“先易后难以渐入”，即掌握知识是一个渐进的过程，必须遵循先易后难的程序，他非常欣赏《礼记·内则》中贵族子弟在不同年龄阶段的学习内容安排。例如，“十有三年，学乐、诵诗、舞勺，成童舞象、学射御。”郑注：“成童，年十五以上。”“先学勺后学象，文武之次也。”在注释《周礼》乐师“教国子小舞”时，他引用了《内则》中的这句话，以强调循序渐进的教育内容。他赞同《学记》中“不陵节而施”的主张，并进一步阐发为“不教长者、才者以小，教幼者、钝者以大也。”[①]这已是兼有循序渐进和因材施教两方面含义在内了。

（二）读书有序

宋代朱熹指导弟子读书的方法中就非常强调循“序”而教。他解释“循序渐进”的含义：“以二书言之，则通一书而后及一书。以一书言之，篇、章、文、句，首尾次第，亦各有序而不可乱也。量力所至而谨守之；字求其训，句索其旨；未得乎前，则不敢求乎后；未通乎此，则不敢志乎彼。”[②]

循序渐进要求读书要符合从易到难、由浅入深、由近及远的规律，他说：“如攻坚木，先其易者而后其节目，如解乱绳，有所不通，则姑置而徐理之。此读书之法也。”读书进度要适当，要抓紧，又不可急于求成，“这也使急不得，也不可慢。所谓急不得者，功效不可急；所谓不可慢者，工夫不可慢。”（同上）

（三）由“故”到“新”

朱熹阐发了孔子“温故而知新，可以为师矣”的主张，认为温故与知新是有机结合的，温故是知新的基础，“须是温故方能知新，若不温故便要求知新，则新不可得而知，亦不可得而求矣。”（《朱子语类》卷一）但温故而不知新，学习就无法深入，也达不到教学的目的，“温故又要知新，但温故而不知新，故不足以为人师。”（《朱子全书·论语一》）通过不断复习，熟练掌握旧有知识，就能加深理解，推出新意，即推陈出新，“时时温习，觉滋味深长，自有新得。”（《朱子语类》卷二四）

可见，由“故”到“新”的学习过程，隐藏着一个学生学习经验发展的“序”。循着这个“序”，引导学生由“温故”到“知新”，则学生的学习就会真正有成效。

第三节　深造“自”得的学情观

《孟子·离娄章句下》中有一段话：“君子深造之以道，欲其自得之也。自得之，

---

① 王炳照等.历代教育论著选评（上册）[C].武汉：湖北教育出版社，1994.399.

② 程端礼《程氏家塾读书分年日程·朱子读书法》，见王炳照等.历代教育论著选评（上册）[C].武汉：湖北教育出版社，1994.927.

则居之安；居之安，则资之深；资之深，则取之左右逢其原，故君子欲其自得之也。”①这里的“深造”是代表了古人学习的基本路径，“自得”则表明了教学的最终目标。我们从“自得”中的“自”可以了解古人在教学中的学情观。

一、“自”得的前提：“愤悱”状态

朱熹在注释《论语》中“不愤不启，不悱不发。举一隅不以三隅反，则不复也”一章时说：“愤者，心求通而未得之意；悱者，口欲言而未能之貌。”②当学生处于“愤悱”状态时，就是最积极的学习状态，也是教师启发诱导的最佳时机。此时教师的启发就最有针对性，“启”是针对“愤”来的，是“开其意”，而“发”则是针对“悱”来的，是“达其辞”。朱熹在这段话后面的注释里引用了“程子曰”：“愤、悱，诚意之见于色辞者也。待其诚至而后告之。既告之，又必待其自得，乃复告尔。”可见，“举一反三”就是“自得”的标志。学生只有达到了“举一反三”的地步，才能进入自我驱动的“深造”状态，进而达到“自得”之目的。而“自得”状态是与教师的积极引导(即“喻”)分不开的。下面主要从“喻”与“自”的关系、“举一反三”的效果两个角度讨论“愤悱状态”的教学意蕴。

(一) “喻”与“自”的关系

1. “喻”

《学记》第十三章：“君子既知教之所由兴，又知教之所由废，然后可以为人师也。故君子之教，喻也；道而弗牵，强而弗抑，开而弗达。道而弗牵则和，强而弗抑则易，开而弗达则思。和易以思，可谓善喻矣。”③

这段话围绕“喻”字做文章，古代“喻”与“谕”相通，《说文解字》解释“谕”字为：“其人因言而晓亦曰谕，或作喻”。可见，“喻”之本义原是指“因言而晓”，即学习者通过语言的启发和教育而懂得了某种道理。这里是从教师教的角度来讨论“喻”，所谓“君子之教，喻也”，是说通过诱导的方法让学生“晓喻”，因而可以引申为“启发诱导”。

但从“喻”的意义演变也可以看到，古人在强调启发诱导的同时，把工夫留了一半给学生，强调“道而弗牵，强而弗抑，开而弗达”，即引导学生，但不是强牵着他们走，师生之间便能和悦相亲，处理好教与学之间的矛盾关系；严格要求学生，策励他们前进而不施加压力，他们学习自然感到容易；开个端倪而不尽己所言，学生自然会独立思考。教师如能使学生感到“和悦”、“容易”，并能进行独立思考，这是启发性原则的要求。

“道而弗牵，强而弗抑，开而弗达”的命题指出教师应当在教学中起主导作用，教师在传授知识的过程中应当善于“道”、“强”、“开”，而又“弗牵”、“弗抑”、“弗达”，顺应学生的志趣，发掘学生的潜力，促进学生的独立思考，而不是把现成的结论塞

---

① 杨伯峻. 孟子译注[M]. 北京：中华书局，1984. 189.
② 朱熹. 四书集注[M]. 长沙：岳麓书社，1987. 135.
③ 高时良. 学记评注[M]. 北京：人民教育出版社，2005. 148.

给学生，把教材嚼得烂烂的灌给学生。这都是充分认识到了关注“学情”的重要性。

其实，《论语》上所说“夫子循循然善诱人”，“不愤不启，不悱不发”，说的都是“喻”。老师在没有看到学生处于“愤”“悱”的心理状态时，便不会应用“启”“发”方法来诱导他们。孔子这种思想后来为孟轲所继承和发展，如说“君子引而不发，跃如也”，“予不屑之教诲也者，是亦教诲之而已矣”，“求则得之”，以及“君子深造之以道，欲其自得之也”。

针对不同的学情，如何才能做到有效的“喻”呢？《学记》提出“能博喻然后能为师”，“博喻”指的是要多方面诱导。如何才能“博喻”？《学记》说：“君子知至学之难易，而知其美恶，然后能博喻。”即要知道学生程度有深有浅，资质有好有坏之后，才能够从多方诱导。这说的还是必须因材施教，必须熟悉学生情况，才能博喻，才能为师。《孟子》在《生于忧患，死于安乐》一文中也指出：“征于色，发于声，而后喻。”就是说要从学习者的“色”和“声”去观察并分析其状态，才能有针对性地进行“喻”。

《学记》第十八章重点分析了“喻”的成功方法：“善学者，师逸而功倍，又从而庸之。不善学者，师勤而功半，又从而怨之。善问者如攻坚木，先其易者，后其节目，及其久也，相说以解。不善问者反此。善待问者如撞钟，叩之以小者则小鸣，叩之以大者则大鸣，待其从容，然后尽其声。不善答问者反此。”①

这里的意思是说，善于学习的学生，教师不必花多大气力，收效却很大，学生又会把学习成就归功于教师的教学得法。不善于学习的学生，教师尽管花很大气力，收效却甚微，学生又会埋怨教师教学不得法。善于发问的教师，就像砍伐坚硬的木头一样，先砍那容易砍的部分，后砍那关节的部分，经过相当时间，关节自会迎刃而解。不善于发问的恰恰相反。善于对待学生发问的教师，如同撞钟一样，敲得轻些音响就小，敲得重些音响就大，利用其悠扬不绝的声波，反复吟咏，以尽其绪。不善于对待学生发问的恰恰相反。这些都是诱导学生提高学习效果的良好方法。

张载在《学记》的注释中指出：“善待问者如撞钟，洪钟未尝有声，由叩乃有声；圣人未尝有知，由问乃有知。答问者必知问之所由，故所答从所问，言各有所当也。大鸣小鸣因所扣也，不必数数告语，待其来问至当，皆实见处，故易以喻，所谓待其从容，然后尽其声。”②启发式教学的最集中表现就是做到了“易以喻”。

清焦循曾描述撞钟的全过程：“凡撞钟，其声悠长不即尽。今待问者小叩小鸣，大叩大鸣，亦不即尽说之，待其意有所进而复问，乃以前未尽之说，极说以尽之。如始撞钟一声悠长，未遽尽，待重撞一声，此声合前未尽之声，极成其盛而后尽之。”“以为设喻譬，善能答问难者，如钟之应撞，撞小则小鸣应之，撞大则大鸣应之。能答问者，亦随彼所问事之大小而答之。”“上来之事，或问小而答大，或问大而答小，或暂问而说尽，此皆无益于所问，故云‘不善答问者反此’。”③

---

① 高时良.学记评注[M].北京：人民教育出版社，2005.177.
② 王炳照等.历代教育论著选评(上册)[C].武汉：湖北教育出版社，1994.793.
③ 高时良.学记评注[M].北京：人民教育出版社，2005.181.

《学记》第十五章也阐述了“罕譬而喻”的有效方法：“善歌者，使人继其声。善教者，使人继其志。其言也，约而达，微而臧，罕譬而喻，可谓继志矣。”(同上，158)这里指出，教师的讲解能引人入胜，就在于语言简练而透彻，说理微妙而精善，举例不多而诱导得法。这样就会使学生跟着他指引的路子去努力学习。可以看到，古人很讲究“喻”的效果，举例不多，而引导学生透彻明白其中的道理才是根本。这也是认识到教学中学生自身“主体性”的作用，教师应该充分发挥学生自身的作用，激发其学习的动机与热情，这才是“喻”的真正目的。

2. “自”

《学记》的“道而弗牵，强而弗抑，开而弗达”，是上承孔子的“不愤不启，不悱不发”，却更接近孟轲的“引而不发”、“不屑教”和“自求自得”，例如“道”、“强”、“开”就是对“引”而言，“弗牵”、“弗抑”、“弗达”就是对“不发”、“不屑教”而言，“不”什么、“弗”什么，就在于让学生“自求自得”，发展其独立思维能力。

这里突出的是一个“自”字。这个“自”字指的是学生的自我主体状态。《学记》强调“弗牵”、“弗抑”、“弗达”的思想意蕴在于改变那种对学生学习能力估计不足的错误观念，认清学生既是教育的对象，又是在学习过程中认识和实践的主体，相信他们具有自觉主动的意志和独立思考的能力。

历代许多《学记》注家也都从学生的“自”字做文章。例如吴澄说：“故其教而晓喻之也，但引导其后，使之自进，而不以力洩之以速其进，则受教者不至于乖戾；但激励其志，使之自能，而不以力迫之以速其能，则受教者不至于艰难，但开发其端倪，而不尽言以直透于底里，则受教者必须致志而自得之。”①挖掘出由“自进”、“自能”到“自得”的学情发展路径。姚明辉说：“‘道而弗牵’：示之以道涂，而听其自行；‘强而弗抑’：第劝勉之，而听其自奋；‘开而弗达’：为发头角，而听其自绎。”②则看到了由“自行”、“自奋”到“自绎”的主体发展脉络。

“喻”与“自”是一体两面的关系，“喻”是从教师教的角度来强调，而“自”更多的是从学生学的角度来阐发的。在教学过程中，古人发现了两者的内在关联，故在谈论“喻”的启发诱导原则的时候，一定是以学生的“自”为前提与目的。所以我们会发现，古代教育家谈教学问题，尤其是谈教学方法的问题时，一定是留了一半在学生身上，即有一半的事情由学生来完成。这既是千百年来教学实践智慧的结晶，也是“以学定教”教学理论与思想的合理进路。

孔子“不愤不启，不悱不发”，“启”“发”属于“教”的一方，“愤”“悱”属于“学”的一方。后来孟轲继承孔子的思想，提出“引而不发，跃如也”，为啥“不发”呢？就是确信“学”的一方具有一定的潜在能力。《学记》继承和发展孔子的思想，针对学生存在着个性差异、独特的内心世界，所谓“心之莫同”，从而提出“知其心”。在此基础上，

① 高时良. 学记评注[M]. 北京：人民教育出版社 2005. 152.

② 高时良. 学记评注[M]. 北京：人民教育出版社 2005. 152.

重视在顺应学生个性发展的基础上，培养学生独立思维能力和顽强意志。“道”之而“弗牵”、“强”之而“弗抑”、“开”之而“弗达”，“存其心”，以及“辨志”、“自反”、“自强”、“强立而不反”，都反映出它如何重视发掘学生学习潜力的思想。

（二）举一反三

学生的“愤悱”状态还可以延伸到“举一反三”的效果上。对《论语》记录的孔子教育格言“不愤不启，不悱不发。举一隅不以三隅反，则不复也”，我们需要完整地理解。

这段话的前一句谈的是启发的着眼点是学生的学习动机，教师要善于选择合适的时机来激发并保持学生的学习动机。王夫之认为必须等待学生有“自怀愤悱以不宁”的思考状态，教师才予以启发；必待学生有“若知若不知之机”，教师才予以开导。若学生“不愤”，虽予以启发，即不疑以为不必，也会视为固然，抱无所为的态度；若学生“不悱”，虽予以开导，即能信之以为实，然而终不知其所以然。[①]

孔子这段话的后一句直接言及学生运用知识的能力和思维能力，并以此检验教师的启发是否得当，作为施教取舍的依据。学生的动机被激发了，教学也有针对性了，但学习还需要更多的“思考力”的投入，学生才能学会运用和迁移。这就要求教师需要密切关注学生的学习状态，当学生还处于“举一隅”难以“三隅反”的阶段，表明学生还存在困难，不能对知识进行迁移运用，就需要停下来重复学习，而不应该赶进度学习新的东西。

孔子的启发诱导原则是以学生的学习为基础的，既以学为依据，又以学为归宿。孔子的教以学为基础的思想，对我国传统教育有着深刻的影响，孟子认为君子深造之道在于自得，因而教师诱掖后学，只可“与人规矩，不可使人巧”，启发应当“引而不发”，功夫在于学生的自学。朱熹也认为教师启发学生并无定法，只有使学生自得的诱导，才是“正法”。孔子倡之在前，历代教育家应之于后，使我国传统教育形成了“以学定教”的重要特点。

就教与学本身来讲，教的基础，是学生的自觉要求，启发即启发学生学习的自觉性，然后发之于教，所以教学要在学生自觉思考的基础上进行，不然是言多益少，或多言无益的。但学生的自觉性，不能脱离教师的因材善诱，教与学就是这样的一个辩证的统一过程。

总之，“愤悱”状态是教学有效性的前提，只有满足了这个学情条件，“教”才具有针对性，真正的学习才可能发生。

二、“自”得的路径：质疑问难

学生在进入“愤悱”状态之后，有了学习动机，需要在学习过程中保持动机，不断钻研，学习才会有所得。古人认为，质疑问难是深造自得的重要路径。

① 李国钧《王船山教育思想述评》[J]．见王炳照等．历代教育论著选评（下册）[C]．武汉：湖北教育出版社，1994．1444—1447．

（一）从“无疑”到“有疑”

张载认为“困者，益之基。学者之病在不知困”。（《经学理窟·义理》）指出学生的通病在于发现不了自己学习中的问题与困难。陆九渊也提出过同样的命题：“为学患无疑，疑则有进。”（《陆九渊集》卷三十五）

朱熹也认为，教师的任务在于启发学生发现问题，帮助学生解决问题。他说：“指引者，师之功也。”教师只是“示之于始而正之于终”，对学生的学习起引导、指正和解疑的作用。他特别强调学生应成为学习的主体，做学问要靠学生自己的积极主动性。（《朱子语类》卷十三）

学生积极性是否调动起来，是否发挥了主动性，重要标志是能否提出或发现种种疑难。朱熹的启发式教学，主要是启发学生发现疑问、提出疑问，他认为疑问越多，进步也越快、越大，“大疑则可大进”。他说：“读书始读，未知有疑，其次则渐渐有疑，中则节节是疑。过了这一番后，疑渐解，以致融会贯通，都无所疑，方始是学。”（《晦翁学案》）他认为学生提不出疑问，是缺乏积极主动性的表现。“若用工粗卤，不务精思，只道无疑处。非无可疑，理会未到，不知有疑耳。”教师的责任就是把这些缺乏主动性的学生的积极性充分调动起来，教会他们积极开动脑筋，善于发现疑问，并帮助他们解决疑难问题。“读书无疑者，须教有疑。有疑者却要无疑，到这里方是长进。”（《学规类编》）可见，无疑—有疑—无疑，这是自得的合理进路。

（二）破除“成心”

吕祖谦认为“成心”是影响“质疑”的重要因素：“学者不进则已，欲进之则不可有成心，有成心则不可进乎道矣。故成心存则自处以不疑，成心亡，然后知所疑。小疑必小进，大疑必大进。”（《杂说》）这里的“成心”指的就是某种先入为主的成见，吕祖谦认为要取得学业的进步，就应该去除成心，有了成心，读书就会深信不疑，这样就不会更进一步向纵深探讨书中的精义，或者发现书中的谬误，只有消除了成心，才能对书产生疑问，破疑解惑就是进步，疑问越多，进步就越快。

除了发现疑点之外，吕祖谦进一步指出：“盖疑者，不安于故而进于新者也。”“今之为学者，自初及长多随所习熟者为之，皆不出窠臼。唯出窠臼，然后有功。”（《易说》）

吕祖谦要求学生回答问题一定要根据每个人自己的体会，讲究“实理之所在”。他十分重视学生间相互论难对于破疑解惑的作用。因而规定学生“凡有所疑，专置册记录，同志异时相合，各出所习及所疑，互相商榷”。（《东莱集·学规》）

在教学过程中，他认为应该加强实践环节，加大实践在整个教学活动中的比例：“九分是动客周旋，洒扫应对，一分在诵说。”可见实践占了绝对的优势，读书的目的是为了解决实际问题，他批评某些人“推求言语功夫常多，点检日用功夫常少”。只有在实践中才能知道所做的是对还是错，“成心”只有呈现出来，才看得出问题所在，正如他说的“如作文，作出方见工拙，如做官，做出方见是非，固是不及浑然无失之人，比之袖手不作，不向前者则胜矣”。因为，只有做才能找到失败的根源，纠正起来才有下手的目标。否则，就不知如何纠正，“盖做出来后便见得病，方

有下手可整理处。若不做出，则虽有病无下手处，岂不费力？”（《孟子说》）①

三、“自”得的结果：心解自悟

（一）“心解”状态

东汉经学家郑玄认为“学不心解，则亡之易”。（《礼记正义》卷三十六）其“心解”指的是学生对内容的深度理解，与孔子的“启发”是教学过程中两个相辅相成的因素。学生的“心解”来源于教师的“启发”，而教师的“启发”则是以学生的“心解”为目的。郑玄注《论语·述而》：“孔子与人言，必待其人心愤愤、口悱悱，乃后启发为之说也。如此则识思之深也。说则举一隅以语之，其人不思其类，则不复重教之也。”（《郑氏佚书·论语注》卷四）在这里，郑玄对孔子关于启发和举一反三的教学原则进行了阐发，它包括两点要求：一是启发必须在学生已具备求知欲的前提下，即学生有“心解”的要求时才能进行，它的作用在于扫除学生认识上的障碍，使思维活动得以深入进行。二是教师的讲解必须给学生留有思考的余地，只点明其关键的或有代表性的内容，让学生“思其类”，去自觉地和主动地完成整个认识过程。“不复告”的目的在于留给学生“思而得之”的机会。

郑玄注经摒弃了旧有的逐字逐句进行解说的章句形式，而采取了“文义自解，故不言之，凡说不解者耳”的做法，他认为“师说之明，则弟子好述之。其言少而解臧，善也”。（同上）

由此可见，他注重以学生的困难与疑惑为核心进行教学，凡是学生“文义自解”的地方，老师不讲解。老师讲解的是学生的“不解”之处。

（二）“自悟”状态

王夫之认为教学是启发学生“自悟”的“受业”过程。教是给学生指出一条“进善”、“致知”之路，而走这条路的只能是学生自己。学者走教者所指引的路，又不能是盲目的，而应该是自觉的。他不同意“学，效也”的解释，认为如果学习只是仿效，则必不能“举手异用”，而“成其变化”。他说：“学，觉也。”（《姜斋文集》卷三）指出学习是一个自觉的认识过程，教者只有充分发挥学者的自觉的能动性，才能掌握知识、消化知识，形成自己的才能、性格和道德品质。

他认为启发学生学习自觉性，不单纯是一个教学技巧问题。主张“格物为始教”，“依物求觉”，“内心合外物以启觉，心乃生焉”。真正的自觉，只能在学习材料的基础上求得，而不能凭空产生。要使学生自觉的乐学，必须给学生一个目标，让他们自勉。因此，教师启发学生“自悟”的另一个办法，就是教育学生“立志”和“正志”，“志立，则学思从之”。学生一旦立下了为学之志，不仅可以启发学生学习的积极性，而且还可以进行自觉的、有批判的、有选择的学习。②

---

① 王炳照等. 历代教育论著选评（上册）[C]. 武汉：湖北教育出版社，1994. 1008—1010.

② 李国钧《王船山教育思想述评》[J]. 见王炳照等. 历代教育论著选评（下册）[C]. 武汉：湖北教育出版社，1994. 1444—1447.

王夫之从学生的“自悟”出发讨论教学问题，要求教师在教学过程中从学习动机和学习内容等方面启发学生学习的自觉性和积极性，这是符合教学规律的，是完成教学任务的重要条件。

前人在批改学生作文方面也体现了引导学生“自悟”的做法。对批改学童作文，前人主张“多留少改”，即使改，也要随学童作文的“立意”而改，切记大删大改，或离开学童的题意而强改。王虚中的《训蒙法》和唐彪的《父师善诱法》，从不同的角度论述过这种改法的好处。王虚中说：“若改小儿文字，纵作得未是，亦须留少许，不得尽改。若尽改，则诅挫其才思，不敢道也。”唐彪说：“盖不可改而强改，徒费精神，终不能亲切条畅，学生阅之，反增隔膜之见。”但这里说的“少改易之”，并非不改，更不是改得马虎，而是要改得精巧，“细心笔削，令有点铁化金之妙”。[①] 这样的批改才有助于学生“自悟”。

（三）“自得”状态

王夫之对《孟子》中关于“深造自得”的一段话进行了分析与解释。

他引用孟子的话指出，学生的学习难以真正有“自得”的问题在于常常偶尔有所得就以为获得了“必然之理”：

> 学者之患，莫大乎偶有所闻见而感乎心，因据之以为必然之理；偶有所觉于心而自以为悟，因恃之以为必至之极。故其守之也无以自信，而出之也为物理之所穷。（《四书训义》卷三十二）

与学生不同，真正的“君子之学”则经历了一个“深造”的过程：

> 乃其于天下之理，一无敢忽，一无敢忘。研其几，穷其理，尽其变，盖深造而不敢以己私己能，遂谓道之止于此也。
>
> 乃其深造也，则因象以见道，因小以通大，因显以察微，循循乎必以其道也若此者何也？以天地万物之理，皆吾心之所可至，而闻见之量未周，则所以然之故不可得而喻，唯造之深而以道造之，则自表达里，渐渍以含其真，则理不可易，皆吾心确见其必然，而不为迹之所泥，虚之所荡。
>
> 盖其为学之初，心欲其自得，故其用功如此之密也。（《四书训义》卷三十二）

戴震也指出，学习要“自得”，需要经历一个艰辛的“深造”历程。他有句名言，即“由字以通其词，由词以通其道”的“理解”公式。他曾自道学习体会：“经之至者道也。所以明道者其词也。所以成词者字也。由字以通其词，由词以通其道，必有

---

① 毛礼锐、沈灌群主编《中国教育通史》第三卷第九章第四节，见王炳照等. 历代教育论著选评（下册）[C]. 武汉：湖北教育出版社，1994. 1583.

渐。""求所谓字，考诸篆书，得许氏《说文解字》，三年知其节目。渐睹古圣人制作本始，又疑许氏于故训未能尽，从友人假《十三经注疏》读之，则知一字之义，当贯群经，本六书，然后为定。""凡学始乎离词，中乎辨言，终乎闻道。"①

他认为通过学习而获得的知识，能够"致心知之明"，或扩充"心知"之明，发展思维能力，有助于明白事情。

但是，"致心之明"的学问，必须是经过自己的"自得之学"。如果是食而不化，非自得之学，而是一种记问之学，则不能增加自己的智慧。他说："人之血气资饮食以养，其化也，即为我之血气，非复为所饮食之物矣。心知之资于问学，其自得之也亦然。"故"问学犹饮食，则贵其化，不贵其不化。记问之学，入(或作"食")而不化者也。自得之，则居之安，资之深，取其左右逢其源。我之心知，极而至乎圣人之神明矣"。(《孟子字义疏证》卷上)"学不足以益吾之智勇，非自得之学也；犹饮食不足以长吾之血气，食而不化者也。"②

可见，学习上要"自得""自化"，就必须充分调动学生的主观能动性，使学生的认识能力与客观外物统一。

---

①② 李国钧《戴震的教育学说》，见王炳照等. 历代教育论著选评(下册)[C]. 武汉：湖北教育出版社，1994. 1524—1527.

第三章　国外的学情分析研究

本章阐述国外(主要是欧美国家)对学情分析的研究。国外对学情的研究起源很早,涉及的内容也很广泛,下面从较为普遍而又关键的三个方面加以阐述:西方适应"自然本性"的学情观、关注"个性差异"的学情观以及对学情分析方法的探索。

第一节　适应"自然本性"的学情观

教学要适应"自然本性"的学情观在欧美国家教育领域是一条主线,历代教育家均强调教学要从人的自然本性出发,在全面了解人的本性的基础上,遵循人的发展规律实施教学,教学才能取得成功。正如德国教育家第斯多惠所揭示的:"自然——这就是力量。在人类中,他的天性同样也是一种力量。所以,你要倾听和遵从自然的声音,准确地遵循自然所指示的道路。只有跟自然联盟,才能得到幸福并且造福别人。不信任人的天性,就不可能有适应自然的、成功的教育。"①

一、"自然本性"对教育的"内在规定性"

在欧美国家的教育语境中,人的"自然本性"主要指的是人像自然界万事万物一样有其自然的发展规律,学生的成长也是按照人的自然发展规律进行的,其接受教育的过程也要顺应这样的自然规律。所以,教育需要适应这种自然本性,在学生自然本性的基础上促进学生的发展。

在欧洲,亚里士多德最早分析人的身体与心理特点,他对人的身体发展提出了年龄阶段的划分,并对每个阶段的特点作了描述,他首次提出了教育要适应人的自然发展规律的观点。

而第一个对"自然本性"的教育意蕴加以详细分析的是捷克教育家夸美纽斯。他认为人是自然界的一部分,人的发展和教育需要像自然界一样遵循一种"秩序"或"事物的灵魂",这是一种起支配作用的普遍法则。在《大教学论》一书中,他通过大量的类比,揭示了人的自然本性与自然界"秩序"的相似之处,提出学校改良的基

① 夏之莲主编.外国教育发展史料选粹(上)[C].北京:北京师范大学出版社,1999.682—684.

础应当是一切事物里面的恰切的秩序。他批判了中世纪经院主义性质的学校违背人的自然本性的诸多弊病，这种学校以强制性的死记硬背方式把大量的无用的死的文字材料填塞学生的头脑，以致学校变成了儿童恐怖的场所，变成了他们的才智的屠宰场。他指出改进的办法是要认识儿童的天性和心理、年龄特点，依据人的自然本性进行教育。

卢梭对人的“自然本性”的“内在规定性”理解集中体现在他的两句名言上，第一句是：“大自然希望儿童在成人以前就要像儿童的样子。”第二句是：“要按照你的学生的年龄去对待他。”①第一句话说的是儿童具有自然本性，第二句话说的是教育要遵循儿童的自然本性。

裴斯泰洛齐在前人的基础上推进了对“自然本性”的理解，他认为人生来就蕴藏着各种能力和力量的萌芽，渴望并要求获得发展，在他这里所谓教育适应自然，是要求教育必须激发和发展儿童的天赋能力和力量，并且要顾及各种能力之间的平衡与和谐发展。他强调在教学过程中，必须注意到要从最简单的、最容易的、就近的、具体的事物开始，进而到复杂的、困难的、远处的和抽象的。这样，教和学都要容易得多。

在裴斯泰洛齐以前，已有不少教育家提出并论述过这些教学原则，裴斯泰洛齐的贡献在于他对有些问题进一步作了论述，有些问题还提出了一些新的见解。尤其是他力求从心理学的角度论证和阐述教学问题，反复强调心理学化的重要性，这一方面表明他在教学理论方面作了深入研究，另一方面也反映了随着科学的发展，把教学理论建立在心理学基础上的探讨工作，业已开始。他提出，为使学生的各种能力得到和谐发展，教学过程中，必须考虑不同年龄阶段儿童的心理特点，他认为儿童的年龄越小越需要依靠心理学知识的指导。在他以前的教育家，还没有人能提出如此明确的见解。②

福禄倍儿则从自然本性与教育的关系入手，强调了要充分认识自然本性的重要性，应以观察与研究儿童天性的特点，作为正确施教的基础。他在《人的教育》一书中说：“只有对人和人的本性的彻底的、充足的、透彻的认识，根据这种认识，加以勤恳的探索，自然地得出有关养护和教育人所必需的其他一切知识之后，……才能使真正的教育开花结实。”③对人的自然本性有了充分了解之后，教学才会有针对性，才能找到合理而适度的教育方式，为此，他既反对成人对儿童压制、干涉过多，束缚儿童的发展；也反对成人给予儿童过分的帮助与照顾，从而损害其发展。一切教育都要遵循其自然本性的内在规定。

到了第斯多惠则不仅关注到了学生的共同本性，还顾及了学生的个体本性，他认为：“在人的教育中，一般地说一切应当按照人的本性来进行，个别地说一切应当

---

① （法）卢梭.爱弥儿——论教育[M].北京：商务印书馆，1978.91.

② 王天一等.外国教育史（上册）[M].北京：北京师范大学出版社，1999.309.

③ 王天一等.外国教育史（上册）[M].北京：北京师范大学出版社，1999.348—349.

按照每一个人的个别特征来进行。"同时他把"主动性"确认为人的自然本性的核心要素："人的主动性是人的本质。一切合乎人情的、自由的、独创的事物都以这种主动性为出发点……教育只能扩展到主动性所能够允许的程度；无论教育人或者自学都只有在主动性足够的范围内才能做到。因此教师的主要关怀应该是发展主动性，主动性能够帮助人将成为自己生活的主人和指导者。"①

乌申斯基从"心理"层面进一步阐释了自然本性在教育中的内在规定性。他在《人是教育的对象》一书中把人的自然本性界定为"心理过程"，认为在教学过程中，考虑儿童的心理特点，即考虑以神经系统为基础的心理过程和心理机能，是正确地组织全部教学工作的最重要的条件，而正确地组织教学，则有赖于教师对儿童的意志、注意、记忆、思维等心理过程的正确了解及其在教学过程的正确利用。②

乌申斯基不仅强调把心理学作为整个教学理论的基础，而且还要求把心理学作为建立教学过程的重要基础。在他看来，教学过程必须要考虑儿童身体的和心理的特点，考虑儿童的心理发展水平。他认为教育和教学只有适应儿童的自然和心理特征，才能得到预期的效果。只有当教师具有关于人的本性（心理过程）的全面的知识时，才可以从人的本性中找到如何正确地进行教育的有效途径。这种重视、强调教育、教学要适应学生的心理特点，适应学生身体的发展水平，特别是适应学生本性的观点，也就是乌申斯基的自然适应性原则。这也是对"自然本性"的"内在规定性"内涵的阐释。

二、"自然本性"是教学原则的学情依据

西方历代教育家和教育研究者在研究教学原则的时候，有一个共识，那就是教学原则必须建立在人的"自然本性"基础上。这就意味着学生的"自然本性"是确定教学原则的重要依据，缺乏这个依据，一切教学原则的基础都不牢靠。正如第斯多惠所言的"自然适应性是教育的最高原则"。③可见，学生的"自然本性"在教育学体系大厦中的重要地位，这也正是学情在教育教学中基础性地位的显现。

（一）"自然本性"与教学原则的关联

1. 从模仿自然中暗示关联

夸美纽斯把前人零星的教育见解和具体的经验上升到理论的高度，寻找存在于教育教学活动背后的规律，使教育学成为有条理的理论体系，他找到的一个根本性的理论就是模仿自然。他突破中世纪"一切真理都已经在《圣经》上提出"的正统观念，引导人们向自然寻找真理，寻找教育活动依据。④ 尽管《大教学论》将教育活动和小鸟的生活、树木的生长、画家和建筑师的活动作简单类比的做法并不成功，但它毕竟开启了探索教育理论的先河，指引着后代教育研究者和实践者努力去探

①③ 夏之莲主编. 外国教育发展史料选粹（上）[C]. 北京：北京师范大学出版社，1999. 682—684.

② 王天一等. 外国教育史（上册）[M]. 北京：北京师范大学出版社，1999. 378—380.

④ （捷克）夸美纽斯著，任钟印译. 大教学论·教学法解析[M]. 北京：人民教育出版社，2006. 7.

寻人的自然本性与教学原则的关联，进而为确定更好的教育教学方法提供更科学的学情依据。

2. 从学生的身心发展出发建立关联

裴斯泰洛齐认为，人类的所有教学艺术实质上都是心理的自然机制规律的结果。这里揭示了教学的方式方法一定要以学生身心发展的自然规律为依据的原理。例如他指出，在所有心理的自然机制规律中，最重要的规律有下列这些：

> (1) 把自然界中本来就彼此联系的事物在你心中联系起来；
>
> (2) 使所有非本质的事物从属于本质的事物，特别要使教学艺术所产生的印象从属于大自然和客观显示所产生的印象。
>
> (3) 你的思想不要夸大大自然中和你的民族中的一切事物的分量。
>
> (4) 根据相似之处来排列世上的一切事物。
>
> (5) 让重要的事物通过你的各种感官来影响你，以加深对它们的印象。
>
> (6) 在一切学科中尽力循序渐进地安排知识结构，其中，每一新思想只是在印象深刻、难以忘怀的早期知识的基础上增加几乎难以觉察的点滴的新知识。
>
> (7) 学会完善简单的知识之后再去学习复杂的知识。①

斯宾塞则提出应该细化学生的"心智能力"，这样便于找到与之相适应的教学原则。他认为，在我们能使教育方法的性质和安排与能力的发展方式和次序协调之前，首先我们需要相当充分地明确了解一些能力到底是怎样发展的。在这方面目前我们所知道的只是几个一般概念。这些一般概念必须在细节上发展，必须变成许多特殊的论点，我们才能算有了那个必须作为教育艺术依据的科学。而在我们已经明确地弄清楚了心智能力是怎样按次序和彼此配合来开始活动之后，还要从每一个能力的许多可能的练习方式中选择那些与它的自然活动情况最适合的。因此，即使我们最先进的教学方式也显然不能假定它就是正确的或是接近正确的。②

为了寻找学生的身心发展规律与教学原则之间的关联，第斯多惠进行了大量的理论与实践研究，他确定了一个基本的"适应自然"的标准：

> 教学必须符合人的天性及其发展的规律。这是任何教学的首要的、最高的规律。如果你能证明某种教学方式、方法等等是适应自然的，那么这就已经证实了它的正确性。反之，凡不得不承认是违反儿童天性和违背自然的东西，那绝对是不适用的。所以不论是对医师也好，对教育也好，最主要的乃是认识人类一般的和特殊的天性，以便忠实地为它的特性、特征和意向服务。③

① 夏之莲主编. 外国教育发展史料选粹(上)[C]. 北京：北京师范大学出版社，1999. 720.

② (英) 斯宾塞著，胡毅，王承绪译. 斯宾塞教育论著选[M]. 北京：人民教育出版社，2004. 59.

③ 夏之莲主编. 外国教育发展史料选粹(上)[C]. 北京：北京师范大学出版社，1999. 682—684.

为落实这条标准,他在《德国教师教育指南》一书中,详细而具体地论述了三十三条教学原则。他认为学生的身心发展条件是制定教学原则的主要依据。从这一依据出发,他提出了一系列教学原则,例如:适应自然、遵循年龄和个性特征与其发展阶段、教授真正所需要的知识、注重直观、加强知识的巩固、讲求“形式”与“实质”教学目的并重和养成学生良好学习习惯等教学原则。与此相联系,也应注意由近及远、由简到繁、由易到难和由已知到未知等教学原则。①

3. 从“儿童中心”立场出发建立关联

杜威在《学校与社会》中分析、批判了旧教育忽视儿童本能的弊病,并明确提出以儿童为教育中心的响亮主张。他说:“(旧教育)重心是在儿童以外,重心在教师,在教科书以及你所喜欢的任何地方和一切地方,唯独不在儿童自己的直接的本能和活动。……现在我们教育中正在发生的一种变革是重心的转移。这是一种变革,这是一场革命,一场和哥白尼把天体的中心从地球转到太阳那样的革命。在这种情况下,儿童变成了太阳,而教育的各种措施围绕着这个中心旋转,儿童是中心,教育的措施便围绕他们而组织起来。”②

杜威全面地批评了传统式的教学只是从外面对儿童进行灌输。所用教材和教法与儿童本身的需要没有联系,儿童的学习过程只是吞剥书本上和成人经验中的东西,教学只依据以往社会文化的成果,却脱离儿童个人的生活与经验。他批评这种教学是“三中心”的教学,即仅仅以学习前人知识、课堂系统讲授和教师主导作用作为教学活动的中心,而唯独不考虑真正的中心——“儿童本身的社会活动”。他提出:“教育最根本的基础在于儿童的活动能力。”他极力强调教材的源泉应该是儿童自己的活动所形成的直接经验,他说:“关于教材,迫切的问题是要在儿童当前的直接经验中寻找一些东西”,“学校科目相互联系的真正中心,不是科学,不是文学,不是历史,不是地理,而是儿童本身的社会活动。”③

他主张从儿童中心立场也就是儿童直接经验出发,建立教学原则与儿童自然本性的关联。在他的教学理论体系中,以儿童直接经验为中心的活动既是教材,也是教学方法。

(二) 具体教学原则蕴含的“自然本性”

分析具体教学原则蕴含的“自然本性”,有助于把握具体原则的学情依据,进而让各项具体原则在教学中发挥更积极的作用。

1. 直观性原则的学情依据

在夸美纽斯之前,欧洲文艺复兴时期人们开始注意启发儿童在教学过程中的兴趣和学习的主动性;也开始注重实物教学的重要性,直观教学原则尽管还没有得到完善的理论论述,但它的基本因素已在实践中比较普遍地运用了。例如意大利人文主义教育家维多利诺要求注重儿童的兴趣,多运用直观和练习的原则与方法,

① 王天一等.外国教育史(上册)[M].北京:北京师范大学出版社,1999.342.

②③ (美)杜威著,赵祥麟等译.学校与社会·明日之学校[M].北京:人民教育出版社,2004.41.

使教学做到生动、实际、有趣，以利于发展儿童的个性。

夸美纽斯在前人研究的基础上，从感觉论出发论证了教学要直观的必要性。这是较早直接把教学原则与学生的心理特征加以关联的研究。他从“一切知识都是从感官开始的”这一命题出发，把通过感官所获得的对外界事物的感觉经验，作为教学的基础。要求“在可能的范围以内，一切事物都应该尽量地放到感官的跟前。一切看得见的东西都应该放到视官的跟前，一切听得见的东西都应该放到听官的跟前。……假如有一件东西能够同时在几个感官上面留下印象，它便应当和那几种感官去接触”。①

在教育史上，夸美纽斯首次对直观教学的学情依据进行了理论论证，同时详细说明运用直观原则进行教学的许多具体方法。夸美纽斯要求，按照直观原则进行教学应从观察实际事物开始，在不能进行直接观察的时候，应利用图片或模型代替实物。对于自然科学知识的教学，要重视参观、实验等活动，他还建议学校的教室应该“布满图画”，教学用书要配有生动的插图，并且详细说明了进行直观教学的一些要求。例如他指出，必须要引起儿童的注意，感官才能感知外部的事物。他说：“教学艺术的光亮是注意。”“没有光亮，事物呈现到眼睛跟前也是没有用处的。”② 因此他要求教师在传授知识时，首先要引起学生的注意，才能使他们如饥似渴地吸收知识。

2. 循序渐进原则的学情依据

夸美纽斯从多方面分析了循序渐进原则，他找到了教学中的三种“序”，一是学习内容上的，要求妥当地安排每一学科的内容顺序，务使先学的能为后学的扫清道路。二是学习方法上，要求由近及远，由易到难，由简到繁，由已知到未知，由具体到抽象，等等。三是学习时间上要仔细划分好，务使每年、每月、每日、每时，都有它的指定的工作。

这三种“序”的主要依据是学生的“自然本性”。主要体现为：

一是学生学习的累积性特点。一切先学的功课都应该成为一切后学的功课的基础，这种基础是绝对必须彻底地打定的。正像建筑师建造房屋一样，只有先打好基础，才能一步步地修墙、盖屋顶。一门课程在讲授各部分细节之前，也要先打好基础。

二是学生认识活动的特点。首先从感官的活动开始进行观察，在理解的基础上再去记忆，最后才是进行实际运用的练习。

三是要考虑儿童的接受能力。教学一定要结合儿童的年龄特征，特别是为初学的儿童选择学习材料，一定要适当。学生不可受到不适于他们的年龄、理解力与现状的材料的过分压迫，否则他们便会在不实在的事情上面耗掉他们的时间。他还批评了有的教师不是按学生所能领会的去教，而是尽他们自己所愿教的去教的错误做法，指出这犹如向仄口瓶子猛灌多量的水一样，结果大量的水都流到瓶外，

①② 王天一等. 外国教育史(上册)[M]. 北京：北京师范大学出版社，1999. 132.

最后瓶中所得之水比缓缓注入的还要少。①

后来许多教育家都对这些影响教学顺序的自然本性进行了深入的研究。例如第斯多惠就充分关注学生的已有发展水平，认为学生的已有水平是其进一步学习的基础，“学生的发展水平是教学的出发点，所以必须在开始教学以前就确定这个出发点。因为智力的发展是和渐进性的规律联系着的，所以教学必须遵循这个规律，持续性原则要求这样做”。②

3. 兴趣性原则的学情依据

教学的兴趣性原则有助于激发学生的学习动机，形成强烈的学习愿望，增强学习的主动性。这项原则的依据来自人的自然本性，其中最为核心的是学习者的“兴趣”或“乐趣”。

夸美纽斯较早就发现了儿童的学习愿望、主动性与教学的关联，他引用昆体良的话指出，知识的获得在于求知的志愿，这是不能够强迫的。他认为，强迫儿童学习功课，非但不能达到成人期望的结果，反而会造成很大的害处，这是违反自然的。人的天性是渴求知识的，对知识是不会厌倦的，因此，应采取一切可能的方法去激发学生求知的愿望。如教师用温和的态度对待学生，循循善诱；选择实际有用的知识作为教学内容，并注意教学艺术，使授课富有吸引力；利用图片和仪器进行教学，以引起学生的好奇心和学习兴趣，使学习进行得容易而又愉快，等等。

洛克在《教育漫话》一书中强调教学要依据学生的兴趣并激发学生的兴趣，只有建立在学生兴趣基础上的教学原则才是稳妥有效的。例如他以阅读教学为例，具体而详细地分析了把握阅读中的“乐趣”的价值与效果。他认为学生刚开始阅读的时候，要让“书中的乐趣”来引导学生，因此就应该选择一本容易、有趣而又适合他能力的书。这样的“乐趣”就可使他前进，就可酬答他读书时所受的辛苦。洛克觉得《伊索寓言》最适合这个目的，《伊索寓言》是一些故事，可以使儿童感到有趣。如果《伊索寓言》里面有插图，那就更可以使他高兴，更可以鼓励他去阅读，使他的知识逐渐增长。因为这种视觉中的事物，如果儿童的观念中没有它们，单是听人说是没有用处的，而且也不能够使他们得到满足。这种观念不能从声音中得到，只能从事物的本身或事物的图像上面获得。假如在他左右的人常常和他谈谈他所读过的故事，听他讲讲那些故事，这种办法除了别的好处以外，还可以给他的阅读增加鼓励与快乐，因为他知道阅读是有用与愉快的。洛克指出，通常所用的教学方法对于这种“钓饵”似乎完全没有加以注意，所以一般人读书都是读了很久才感到一些吸引他们去读的用途与快乐。③

洛克还以阅读《圣经》为例，分析了基于儿童兴趣而提供教学内容的重要性。

① 王天一等. 外国教育史(上册)[M]. 北京：北京师范大学出版社，1999. 135.

② 夏之莲主编. 外国教育发展史料选粹(上)[C]. 北京：北京师范大学出版社，1999. 682—684.

③ (英) 约翰·洛克著，傅任敢译. 教育漫话[M]. 北京：教育科学出版社，1999. 131—132.

他认为按章滥读《圣经》的办法对于儿童是没有好处的，无论在增进他们的阅读能力方面，或在确立他们的宗教信仰方面，恐怕找不出一个比它更坏的方法。因为一个儿童怎样能从阅读一本他完全不了解的书籍的段落中得到快乐，或是受到鼓励呢？他指出《圣经》中只有合于儿童的能力和观念的部分，才可以叫儿童去阅读。一个儿童如果从小漠不关心地阅读全部《圣经》，只知道那是上帝所说的话，再也没有别的特点，那么，儿童的脑筋里面倘若还有一点点关于宗教的思想，那也一定是乱七八糟的！洛克认为有些人对于宗教一生一世没有一种明确的思想，原因便在这里。① 可见基于儿童兴趣与经验来选择教学内容是非常必要的。

赫尔巴特则从心理学的角度建立了兴趣与教学程序之间的关联，他建立的四阶段教学程序完全是以学生的兴趣为依据的。赫尔巴特所理解的兴趣就是指“心理的积极活动”，可分为四个阶段，即注意、期待、探求和行动。

赫尔巴特重视兴趣并把兴趣的多面性看成教学的基础。他认为教学应引起学生多方面的兴趣，而多方面兴趣的形成，则有赖于学习多种学科、掌握各方面的知识。只有通过学习各种不同学科才能形成学生各种各样活跃的观念，进而激发多方面兴趣。因此，在赫尔巴特看来，兴趣的多方面性又是和广泛设置学科、学习多方面知识直接关联的，他说：“兴趣意味着自我活动。兴趣是多方面的，因此，要求多方面活动。”②

赫尔巴特把教学程序分为四个阶段：明了、联想、系统和方法。这四个阶段分别对应于兴趣的四个阶段：注意、期待、探求和行动。③

(1) “明了”阶段对应学生的“注意”。这一阶段，学生的观念活动状态属于静态的钻研，为了要学习和掌握新的教材，必须集中注意力，深入研究学习的材料。这时，要求教师要尽可能简练、清楚、明白地讲解新教材，用讲解、示例或演示等方式进行教学，以帮助学生集中注意力，进入材料中理解所学内容。

(2) “联想”阶段对应学生的“期待”。“联想”指的是把上一阶段所获得的观念与旧有观念联系结合起来，即要在旧观念的基础上形成新观念。这时学生还不知道从新与旧的联合中究竟能得到什么，学生兴趣的特征属于作为获得新观念前的一瞬间的期待阶段。这时应该采用分析教学，教师在学生已有知识的基础上与学生进行无拘束的、从容不迫的谈话，以便引起学生已有的观念的记忆，并使之建立起与新观念的联系。

(3) “系统”阶段对应学生的“探求”。这已进入教材的理解阶段，兴趣发展到“探求”。这时要在教师指导下寻找一些确切的定义和结论。同时也完全有可能得出各种各样的概括、结论以及规则、原则。由于需要得出各种各样的结论、概括，所以在教学方法上则采用综合法。即要在深入探索中提炼出结论，归纳和综合等方

① (英)约翰·洛克著，傅任敢译. 教育漫话[M]. 北京：教育科学出版社，1999. 133—134.

②③ 王天一等. 外国教育史(上册)[M]. 北京：北京师范大学出版社，1999. 325.

法较为合适。

(4)“方法”阶段对应学生的“行动”。这一阶段要使学生把系统化了的知识运用于实际。兴趣方面到达行动阶段，要由学生自己去做作业。在教学方法上是独立完成各种练习、演算及按教师指示来修改作业、练习等。

这就是教育史上有名的赫尔巴特的阶段教学。它比较细致地考虑到学生学习时的心理状态，注意到不同教学阶段学生的不同兴趣，特别考虑到不同的教学阶段要采用不同的教学方法。这样，就建立了教学方法与学生具体“兴趣”之间的内在关联，为教学的改进提供了可靠的学情依据。

4. 活动性原则的学情依据

教学中的活动性原则的主要依据是人的各种活动形式。

在古希腊时期，亚里士多德就特别重视活动，认为存在就是活动。有存在就有活动，有活动就有发展，活动、发展是一切生存的基础。他还认为人的活动有低级、高级之别，身体的活动是低级活动，灵魂的活动是高级活动，而灵魂中的思维、理解等理性(智)的活动，则是最高级的活动。灵魂中的思维、理解能力越得到发展，人的活动能力就越能达到高级境地。因此，亚里士多德强调，最要紧的是通过活动使理性得到发展。①

杜威曾经在他关于反射弧的论文里提出，人的行为的单位就是行动。每一种行动都是感觉、思维和表象的协调一致。行动的第一个方面就是冲动，当冲动遇到困难或阻力的时候，思想就产生，以对付所面临的情境。种种思想使行动的进程改变方向，为各种可能的行动之间进行选择做好准备，并为行动后果的审慎评议提供机会。因此，冲动的活动便成了富有意义的活动。

杜威认为，教育者的任务就是要使一切活动尽可能富有意义。为了实现这个任务，两件事是非做不可的。

第一件事是行动的冲动应由儿童在生活中感到的需要而产生，因此，儿童应摆在教育问题的中心。

第二件必须做的事情是情境的设计。它应当要求儿童深思熟虑，以解决问题，并把他们的知识当作改进他们的工具来使用。因此，思想用于阐明和选择种种活动，而反过来，种种活动又成了思想的起因和深思熟虑的结果。由此，儿童便在理解他们的环境和建立他们自己对付环境的方法中取得了进步。通过富有意义的活动所培养的理解力，又导致进一步理解并表现在行动和思想中。这就是人的成长过程，它高于单纯的生理发展。

从这个角度看，成长是一个逐步习得富有意义的思想的过程，富有意义的思想发生于富有兴趣和依靠智力分析的活动。② 这就是活动性教学原则的学情依据。

---

① 王天一等. 外国教育史(上册)[M]. 北京：北京师范大学出版社，1999. 54.

② (美) 康内尔著，张法琨等译. 20世纪教育史[M]. 人民教育出版社，1990. 146.

5. 范例性原则的学情依据

根舍因范例教学的理论和方法要求在日常生活中精选与教材有关的、适合学生智力发展水平和知识水平的典型事实和范例教给学生，使学生通过这种范例的学习来掌握科学知识和科学的方法论知识。

根舍因认为，真正的范例性在于一种“扩展”性。所谓“扩展”，有两个特点：一是人们越深入地和迫切地专心于阐明一门学科的某一有用的问题，便越能掌握该门学科的整体。二是人们越深入地专心于一门学科的研究，该门学科的壁垒便越是不可避免地会自行消除，于是人们便可以到达相关的深处和人性的深处。

为此，根舍因指出，范例性教学原则的学情依据主要体现在以下几方面：①

(1) 学习的彻底性。如果我们忙于草率地从材料到材料进行教学，肯定无疑，这种教学将会使学生获得的知识在短时间内就被遗忘掉。由此看来，与其我们草率地教很多，不如集中在一点上，深入下去(这样做只不过是为了等到学生一切都明白为止而已)，这就是一种我们大家都知道然而却不希望对学生采用的教学方式。其实儿童自己很了解这种方式，它就叫做全神贯注。我们羡慕他们在上学前以及在课余时间采取的这种方式。我们常常把它看作“游戏”。岂不知真正的学习活动就是这样开始的。

(2) 学习的主动性。带有某种表面主动性标志的一堂生动的课，很可能是一堂草率的课。事实上存在着一种表面上严谨、实质上草率的现象。一个文科中学高年级学生说，在通常的数学课中，他怎样地由于缺乏时间而不能采取另外的做法，以致在数学课中使所有的问题都得不到正确的“证明”和加以正确地“理解”。但是他也不能“接受未经证明的知识”，他必须先做出证明后再加以接受。那就是说，他认为要掌握的是由于负担过重的教学计划影响我们去掌握的那些更深刻的东西。唯有这些知识才是值得我们去静心地反复捉摸、从各方面观察它、掌握它，让它自己发展起来的，在他的内心活动起来，没有这点是不行的。

(3) 吸引人的知识探求(自发性)。探求活动正如寻找化石和水晶一样，当一个人漫步在采石场上——不是在博物馆里，此时，突然间闪现出一样东西，它把一个人吸引住了，因而他也不放过它，他跪到地上，把它捡起。由于亲自寻找过它并找到了它，所以他永远也不会把它忘掉。另一种情况，学生必须通过一阵含有宝石的石块冰雹的袭击之后才能得到宝石，那么这些宝石与其说可能让他神往，不如说更可能使他遭到伤害，学校不应该把学生置于后一种情况，而应该像在采石场上一样引导学生探求知识，否则，知识的冰雹使人眼花缭乱，不知所措，对它产生的戒心将超过原来所具有的、自然的去接受与探求它的态度。

---

① (德) 根舍因《关于范例教学原则的说明》，选自瞿葆奎主编《教育学文集》，徐勋、施良方选编《教学卷》上册，人民教育出版社，1988.746—760.

三、适应“自然本性”的发展

(一)“自然本性”的发展阶段与结构

1. 亚里士多德的“三阶段说”

亚里士多德认为,儿童的身体在未出生前就在形成发展中,儿童的本能、情感,在出世以后,才表现出来,至于思维、理解、判断力要到很晚才能出现。据此,他确定了儿童的身体、情感和理智三者的发展、训练顺序为:首先是身体的发育,继之为情感的培养,最后是理智的锻炼。①

2. 卢梭的“四阶段说”

为了培养自由的人,卢梭认为教育的方法也应该是自然的、自由的,他要求顺应儿童身心自然发展的特点来进行教育,反对成人按自己的意志强迫儿童接受教育。卢梭把儿童教育分为四个阶段:即从初生到两岁的婴儿期,主要任务是保障婴儿的身体健康;两岁至十二岁时,继续进行体育和发展各种感觉;十二岁至十五岁期间,要进行广泛的学习,接受劳动教育;最后,从十五岁到成年,再进行道德教育。卢梭在《爱弥儿》的第一至第四卷中,依次详细说明了儿童各个年龄时期的教育。

例如他对两岁至十二岁教育阶段的分析,认为这个年龄阶段的儿童在认识上只能够接受形象,而不能形成概念,没有达到有理智的阶段。儿童可以观察并记忆可感觉到的周围事物,正是其自然发展的顺序。因此,他认为遵循自然的教育在这时是不应该向儿童灌输知识和道德的,必须首先锻炼各种感觉器官——使儿童获得知识的重要工具,积累丰富的感觉经验,为在下一个年龄阶段形成儿童的理智、发展判断能力打下基础。由此出发,卢梭反对让儿童在十二岁之前读书与学习,特别反对教儿童学习古典语文与历史。他认为,对于儿童来说,“他周围的事物就是一本书。”让儿童通过活动,积累对周围事物的感觉经验,既是有益的学习,又由于摆脱了读书造成的痛苦,儿童会生活得自由而快乐。②

又如他分析十二至十五岁时期儿童的教育,认为在这个时期,儿童从好动变为好奇,若引导得宜,好奇心会成为儿童求知的动力。从这时开始,儿童应该进行学习了。他要求在儿童开始学习的时候,首先要对施教的内容进行选择,要求“他所学的知识要有用处”,是“真正有益于我们幸福的知识”,也是这个年龄的儿童所能够理解的有关客观事物的知识。

他非常强调在这一时期培养儿童获得知识的能力的重要性。他指出:“需要记着的是我们想取得的不是知识,而是判断能力”“问题不在于教他各种学问,而在于培养他有爱好学问的兴趣,而且在这种兴趣充分增长起来的时候,教他以研究学问

---

① 王天一等.外国教育史(上册)[M].北京:北京师范大学出版社,1999.53.

② 王天一等.外国教育史(上册)[M].北京:北京师范大学出版社,1999.282—283.

的方法。毫无疑问,这是所有一切良好的教育的一个基本原则。"[①]卢梭认为,只有这样的教育才能够使儿童不依赖于别人的理智与头脑,从而形成独立进行学习的能力。为此,卢梭一再要求教师应该"巧妙地使他产生学习的愿望,向他提供满足他的愿望的办法","向他指出通向科学的道路"。[②]

3. 第斯多惠的"三个阶段说"

第斯多惠认为教学要适应自然,他要求教师激发儿童的自然本性来展开教学过程。他在学习了裴斯泰洛齐、赫尔巴特等人所提出并强调的教学心理化问题的基础上,提出了"发展性的教学"的观点。所谓"发展",就是在教学中对儿童的自然本性给以符合自然规律的发展,即注重在教学过程中发展儿童的心智。

他把儿童心理发展分为三个阶段:第一阶段先要发展感觉,这一思想源自卢梭;第二阶段发展记忆力,把通过感觉蓄积起来的丰富观念在记忆中巩固下来;第三阶段则应着重于发展理性。他把这三个阶段看作是智力或心理发展的自然阶梯,并认为这个阶梯的进程、顺序是在天性中就存在的,是随着儿童的年龄发展而发展的。第斯多惠重视儿童的心理发展,并指出年龄特征在发展中的重要性,因此,他认为教学只有在适应儿童身心自由发展的原则下,才能取得重大的实效。[③]

4. 皮亚杰的"四阶段说"

皮亚杰认为儿童的智力乃是一种认识的结构,儿童的思维、认识、智力的发展过程就是这种认识结构不断重新组织的过程。

皮亚杰认为"智力的本质是一种适应,这种适应是一种过程,一种动作或活动"。[④] 儿童就是在这种适应过程中,不断形成一个又一个的认识结构,使智力从低级向高级发展起来,即从最初的感知活动一步一步发展为高级的理性思维活动。

儿童的智力发展表现为认识结构的不断发展与变化,而这也就是儿童的不同年龄阶段的心理能力变化的表现。皮亚杰结合逻辑的研究把认识结构的发展按年龄特点划分为四个阶段:① 出生至2岁为感觉运动阶段,是智慧刚刚萌芽的婴儿期,初步知道自己的动作与客体的关系;② 2岁至6、7岁为前运算阶段,相当于学龄前期,出现了表象思维;③ 6、7岁至11、12岁为具体运算阶段,属学龄初期的小学阶段,能依据具体事物进行逻辑推理;④ 11、12岁至14、15岁为形式运算阶段,属学龄中期的初中阶段,可以离开具体事物,根据假设进行逻辑推理。

皮亚杰的发生认识论和认识结构学说以及他的教育观点,在国外现代教育发展中有很大促进作用。20世纪70年代在西方兴极一时的智力早期开发运动、各种活动学校与思维学校的建立以及"发现法"教学方法的倍受重视,都是与他的理论密切相关的。这在充分重视教学中儿童的主体地位、发挥儿童学习的主动性、有效地发展儿童智力以符合现代科技发展的现实要求等方面,都起着重要作用。但是,

---

①② (法)卢梭.爱弥儿——论教育[M].北京:商务印书馆,1978.257.

③ 王天一等.外国教育史(上册)[M].北京:北京师范大学出版社,1999.342.

④ 朱智贤.儿童发展心理学问题[M].北京:北京师范大学出版社,1982.220.

皮亚杰的教育思想与杜威的“儿童中心”学说有相通之处，过分夸大儿童本身的作用，而相对地忽视教育在人形成中的主导作用，对此要作具体的分析。①

5. 布鲁纳对“学习结构”的分析

布鲁纳是美国著名的心理学家，他在心理学方面接受并发展了皮亚杰的“发生认识论”；在教育、教学理论上是美国结构主义教育理论的主要代表人物。

1960 年他出版了《教育过程》一书。认为知识总是有结构的，而任何一门学科知识的结构，都表现为它的基本概念、原理和原则。因此，课程改革的趋向是让学生掌握学科的基本结构。他认为学生掌握了知识的基本原理，再加上利用学习的迁移(原理、态度和技能的迁移)，他们便能“用基本的知识和普遍的观念来不断扩大和加深知识”。就是说，学生掌握了每门学科知识的基本结构，他就能独立地面对并深入于新的知识领域，从而不断独立地认识新问题，增多新知识。

学生学到的观念越是基本，则它对新问题的适用性就越宽广。布鲁纳以初等代数为例指出，学生只要掌握了方程式中所包含的交换律、分配律和结合律，他在遇到新的方程式时，就能按照这些基本法则独立解题，因为新题目只不过是所熟悉题目的“变式”而已。学习文法也一样，只要掌握了句型的构成规则，就能自己造出句子。所以，掌握学科知识的基本结构是缩小“高级”知识与“低级”知识的“间隙”的重要办法。②

(二)“自然本性”的发展原则

1. 依据次序供给知识

斯宾塞继承了裴斯泰洛齐要求教学要顺乎自然地发展儿童心智的基本主张。他认为儿童能力的发展有它的自然次序，而且要通过给他们以各种知识促其发展。所以，他提出了“自然教学”的问题，即在教学中要找出儿童能力自然发展的次序，并供给所需的知识，进行符合自然的教学。

例如他认为无论是从儿童心智发展的角度，还是从给他们以知识的角度，都要求教学要从简单到复杂，因为儿童的心智是在不断发展的，所教学的科目最初也只能是少数的几科，以后才能逐步增加。

又如他认为，由于心智的发展有一个从不准确到准确的过程，因此在教学中，最初只需从较粗糙的概念开始，然后在帮助儿童获得经验时，逐步克服粗糙性并纠正错误，使概念渐渐清楚起来。

还有，他认为儿童所受教育必须在方式和安排上同历史上人类所受的教育一致，亦即儿童所学知识的次序应和人类掌握科学知识的次序一致；在能力发展上，应按照整个人类心智发展的步骤来引导每个个别儿童的心智发展。

这些例子都可以看出，斯宾塞沿着裴斯泰洛齐早就提出主张的那条大道，主张在次序上和方法上，教育必须适合心智演化的自然过程；能力的自然发展有一定次

① 王天一等.外国教育史(下册)[M].北京：北京师范大学出版社，1999.307.

② 王天一等.外国教育史(下册)[M].北京：北京师范大学出版社，1999.309.

序，而在发展中每个能力需要一定种类的知识；我们应该找出这个次序和供给这个知识。[①]

斯宾塞指出，内容和方法的安排必须配合能力的演化次序和活动方式。这个显然正确、一说就明白的原理从来也没有被完全忽视。教师们不可避免地已经使学校功课多少与它配合。因为只有那样，教育才可能进行。男孩子在未学加法之前从不学比例，未做过抄写练习之前也不学写作；欧几里得几何学一定放在圆锥曲线之前来学。每一个较大的概念是由一些较小的概念组合而成并以较小概念为先决条件的，掌握每门学科必须通过一条从简单观念逐渐到复杂观念的道路。通过逐步吸收这些观念就形成了一些相应的能力；这些观念要真正能被吸收，就非按照正常次序注入心智不可。不照这个次序，结果学生在接受的时候，不是漠不关心，就是感到厌恶；除非学生非常聪明，能最后把所缺少的东西自己加以补充，否则这些观念在他的记忆中就都是死的事实，很少有用处或全无用处。[②]

2. 通过"发现法"引导发展

布鲁纳认为，必须使学科的基本结构与儿童的认识结构相适应，亦即教学过程必须依据儿童各年龄阶段的思维结构的特点进行，使教学过程本身就是促进儿童智力发展的过程。这就需要使教材中的内容符合儿童的兴趣和能力，使他们在学习时足以引起激动、愉快和兴奋的情绪，愿意对所学的东西进行深刻的理解与思考，并能经过思考得出答案。

他认为学校教学不能再满足于仅仅由教师解释书本知识并检查学生是否已掌握的传统式教学方法了，使用结构式教材要求必须使用发展智力的教学方法。这种方法着眼于引导学生自己去"发现以前未曾认识的观念间的关系和相似的规律性"，以及对他"本身能力的自信感"。总之，教学中要让儿童自己去发现，自己得出答案，学会"如何学习"。布鲁纳反对让儿童在教学过程中被动地接受刺激，而要求把儿童看作主动参加发现知识即改组知识结构过程的人。这样，发现法就成为促进学习动机、发展智慧、培养独立探索精神、加强识记能力的最有效的教学方法。布鲁纳说："学习中的发现，确实影响着学生，使之成为一个'构造主义者'。"[③]通过这种学习方法，儿童自己在那里发现知识，从而既改组自己的知识结构，又加深、加宽了知识的领域。

3. 高难度的原则

赞科夫批判了苏联30年代和40年代所确立的教学理论，只是放在如何使儿童掌握现成的知识及概念上，而忽略了学生的思维、想象力、逻辑记忆等能力的发展。尤其是由于1936年联共(布)中央对"儿童学"的批判致使苏联长期以来，不敢研究儿童，不敢研究儿童的心理特点，使苏联的教育学变成了"不见儿童的教育学"。不

① (英)斯宾塞著，胡毅，王承绪译.斯宾塞教育论著选[M].北京：人民教育出版社，2004.54.
② (英)斯宾塞著，胡毅，王承绪译.斯宾塞教育论著选[M].北京：人民教育出版社，2004.55—56.
③ 王天一等.外国教育史(上册)[M].北京：北京师范大学出版社，1999.312.

再以研究儿童的心理发展规律作为教育、教学的科学依据，而把注意力主要放在如何掌握知识、技能、技巧上。教育、教学过程成为直接由教师活动所决定的过程，而不是依靠儿童心理发展的内在规律性所决定。

赞科夫认为，在教育学研究中应重视儿童发展过程的研究，主张把实验心理学的方法和心理分析的方法引入教育学的研究，使之成为教育学研究的组成部分。他提出，要使教育取得良好的结果，必须了解儿童的心理，揭示儿童掌握知识和心理发展的过程和规律。赞科夫的实验研究，正是为了要改变他所说的传统教学理论无智力发展、无儿童和无学生心理活动过程的现象而提出来的。赞科夫非常重视教学与发展的相互关系问题，他把教学与发展的相互关系理论问题的研究集中到研究教学的结构与学生的发展之间的客观联系。①

为了促进学生发展，赞科夫提出了“高难度”原则。他认为“难度”这个概念有两个含义，一是指克服障碍，二是指学生的努力。所谓“克服障碍”，就是要引导儿童的精神力量，使这种力量有“活动的余地”。他认为如果教材和方法不能给学生提出应当克服的障碍，那儿童的发展就无动力。所谓“学生的努力”，是指在进行教学时，要能引起学生在掌握教材时产生一些特殊的心理活动过程，使学生掌握的知识不仅变成他自己的所有物，而且在以后的认识过程中能引起对这些知识的再思考，这就是知识的系统化，这个系统化要求学生作“智力上的某种努力”。

赞科夫提出高难度原则的理论根据，是30年代苏联心理学家维果茨基关于在教学与发展问题上的“最近发展区”的学说。维果茨基提出“现有发展水平”和“最近发展区”两种发展水平的观念。赞科夫非常同意维果茨基的论点，并明确表示，教学与其说是依靠已经成熟的机能，不如说是依靠那些正在成熟中的机能，才能推动其发展前进。“教学创造最近发展区，然后最近发展区则转化到现有发展水平的范围之中。”②这里又体现出不断前进的辩证观点。赞科夫在论证维果茨基最近发展区的重大意义时提出，把教学过程建立在那些尚未成熟的心理机能上，这就和儿童发展的现有的业已展开的阶段处于矛盾之中。这种外部的对立性引起学生心理上的内部矛盾，这种内部矛盾才是学生发展的动力。赞科夫的这些见解有很大的实践意义。

可以看出，赞科夫的“高难度”原则的本意，主要在于引起学生的思考，促进学生特殊的心理活动过程，而并不在于无限度的难。“难度的分寸”限于“最近发展区”，但不能降低到“现有发展水平”。

赞科夫认为高难度原则与量力性原则并不是针锋相对的，它们是从不同的角度、不同的指导思想，对教学提出的不同要求。高难度原则是发展性教学原则，目的是把教学建立在学生“最近发展区”的基础上，给予学生一定难度的教材，使他们在努力克服困难的过程中掌握知识技能，同时促进学生的发展。量力性原则是从

① 王天一等. 外国教育史(下册)[M]. 北京：北京师范大学出版社，1999. 403.

② (苏) 赞科夫著，杜殿坤等译. 教学与发展[M]. 北京：文化教育出版社，1983. 14.

传授知识技能的角度出发，目的是使教学内容符合学生的接受能力，以便于接受和掌握知识。虽然量力性也有给学生一定难度的要求，但是它的着眼点只限于现有发展水平，并且主要在于掌握知识技能，而不是学生的一般发展。

第二节　关注“个性差异”的学情观

赫尔巴特认为，教育者的第一门科学也许就是心理学。心理学记述了人类活动的全部可能性。“但这门科学决不能代替对儿童的观察，因为个性只能被发现，而不能由心理学会推断出来。所以事先对一个学生做出构想，这本身就是一种错误说法，而且就现在而言，它是教育学远远不能采纳的一种空洞概念”。[①] 赫尔巴特的话提醒我们，抽象地估测学生是很难发现真正的学情，因为学生的真实的“个性差异”只能在教学实践中观察到，而不能从理论中推论出来。

一、“个性差异”的发现

1. 昆体良的学情观

古罗马的昆体良是西方最早的教学法专家。他强调应根据学生的能力、资质进行教学。只有在仔细观察学生能力差异和认真了解学生天性特殊倾向的基础上，才能够因材施教，有的放矢地进行教育和教学。教师应了解每个学生的特长，根据每个学生的特点进行教学，学生的才能就可能得到发展。[②]

2. 培根的学情观

培根认识到学习者的心理特性与学习内容的对应关系。他指出要按照学生心理的特性，教以适当的学问。因为在智能方面，无论有什么缺陷，它的治法，好像都可以在一些学问中找到的。例如，一个儿童要是不能专心一意，则可以用数学疗治他这种毛病，因为在学数学的时候心理稍有游移，则将毫无头绪，非重头学起不可。不过，各种科学对于人心机能，固然有特别救药的力量，但是各人的心智才力，亦有时特别宜于某几种科学，学起来，又容易精通，又容易进步。因此，要研究：某种心理特别适合于某种科学，乃是一种极聪明的办法。[③]

3. 比纳的学情观

法国心理学家比纳在1909年出版的《儿童学的新观念》一书中，明确反对传统教育只注重教师传授知识的价值，而不注重儿童个性发展与心理活动的价值以及对儿童个体发展之间的差异不予重视的弊端。

他主张教育学应重视儿童的性向和可接受性。他指出没有见识的教育家认为

---

① （德）赫尔巴特著，李其龙译．教育学讲授纲要[M]．北京：人民教育出版社，1989．11．
② 王天一等．外国教育史（上册）[M]．北京：北京师范大学出版社，1999．71．
③ 许步增．西方思想家论教育[M]．北京：人民教育出版社，1985．179．

儿童不过是“成人的雏形”，有成人的种种具体而微的能力作用，他们有许多模型儿童的存在，以为一切儿童总有多少相似于此模型；于是他们就不了解儿童所有的一切差异，不但不知儿童的品性与其感觉样式间的差异，而且不晓其思维样式与其智慧性向的不同。比纳指出，许多教师都犯这种错误，他们有四十至六十，或且更多的儿童在一班中，他们以同样的东西教授全班，以相同的样式对待全班，例如对于有记忆与没有记忆的都一样看待；他们对于这些个体特异的存在，少有留意，更有常使人惊怪的，是他们不晓得其学生的年龄，或者没有顾虑到这一层。如果在同条板凳上，依然坐着一个九岁与一个十二岁的儿童，他们要这两个儿童用相同的功，更以相同的责罚惩戒其相同的过失，公道对于一切人都是相等的法则，施行在这里，实在是一种不公道的使用了。“儿童的性向之决定，乃教授与教育的最重大事项；我们应遵循从其性向以教训他们，及指导他们向着某一种职业。”①

他又认为，重视儿童个人的性向，但不应完全抛弃班级的集体教育。他认为现在的教育只能采取集体教育的方式进行，即以一个教师教多数学生，这是做好待穿的衣服，而不是量身方裁的衣服。集体的教育不应完全摒弃，他们有许多便利，为我们所不能不顾，因为若没有集体教育，就没有模仿、竞争心与团体精神，这些都是人类进步之非常有力的刺激物。

二、个性差异与学习观的转型

个性差异的发现与探索，有助于增强教学的针对性，进而促进学生的有效学习。对学生个性差异的认识，历代教育学者在研究中形成了两种传统的看法：

一是认为“有好学生也有差学生”。学习能力被认为是一种可高度预测的特性，而智力或能力倾向测验被广泛用来预测学校学业成绩。人们还认为，好学生能学会一门学校学科中复杂而抽象的概念，而差学生只能学会最简单、最具体的概念。学生能力被看作是个体的高度稳定或持久的特性。这就是说，在学生的学校经历初期就发现的学习差异，不仅存在于整个学校阶段而且存在于他的一生。

二是认为“有学得快的学生，也有学得慢的学生”。在1963年，卡罗尔提出一种学习模式：假设学生的学习速度是不同的，而能力倾向或智力测验能够预测出这种速度。尽管在学习速度的持久性或稳定性方面尚不够明确，但这一模式是下列观点的基础：只要在需要时，向每个学生提供所需的时间与帮助，那么大多数学生在一门学科上都能够达到同样高的学习水平。然而，可以预料学生需要不等量的时间与帮助。最初，学得慢的学生所需的时间也许是学得快的学生的五倍。

美国当代著名教育家、心理学家布卢姆在认真分析了这两种看法的基础上，提出了一种新的学习观，认为通常对学生学习能力有好有差、学习速度有快有慢，因而学习成绩必然有较大差异的看法，是一种人为的不良设想。在适当的学习条件

---

① （法）比纳著，曾展谟译. 儿童学的新观念[M]. 北京：商务印书馆，1927. 7—15.

下，好与差、快与慢这些特性是可以改变的。在适当的学习条件下，几乎所有人都能学会学校所教的知识。在学习的某些阶段可能需要特定的、十分有利的条件，但随着时间的推移可能会逐渐不再需要这些条件了。

这种学习观也对有关人类本性、人类特征以及学校学习的观点提出了质疑。这促成了一种学习观的转型。

首先是促成了学生的学习观的改变。主要体现为：①

(1) 提高了学生的学习有效性。由于需要掌握学习的学生在学习某学科时只要多花百分之十至百分之十五的时间，就个人来说，这个代价是较小的，随着以后的课程的继续进行，学生所需的矫正工作与时间越来越少。如果在较大的范围内(即在一些主要的学术性课程或学科中)采用掌握学习，学生在“学会学习”这一难以把握的品质方面，会取得较大的收获。学生把更多的课内时间用于积极学习，并似乎享受到了学习的乐趣。

(2) 增强了学生对自身学习能力的信心。学习中经常取得成功可能会引起更大的学习兴趣，并改善学生作为学习的自我概念。学校学习变得具有吸引力，学生精神涣散的问题也更少。由于学业成绩的提高，学生们发现学习好的外部奖励(好的等级)是极令人满意的。更加重要的是，学生从学习中发现了更多的内部奖励。

其次是对教师与教学的影响。主要体现为：

(1) 为学生提供均等的学习机会。布卢姆的研究可以帮助教师精确地了解：自己的教学方法与课堂内师生相互作用的方式，在多大程度上妨碍了实现提供均等的学习机会这一理想。并发展各种教学方法，更有效地实现为所有人提供均等学习机会的理想。

(2) 为学生提供反馈与矫正性帮助。“掌握学习”策略的实质：用经常性的反馈以及适合每个学生需要的个别化帮助作为群体教学的补充。群体教学与教师现在进行的常规教学是一样的。反馈通常采用简短的、诊断性的、形成性测验形式。提供个别化帮助能使每个学生学会未掌握的要点。

如果学生具备了预备性的知识与技能后，才开始学习每项新的学习任务，他们所需的额外矫正时间与帮助会逐渐减少。教师的重大变化在于：在判断学生在特定日期已学到的事物方面、在分等方面所花的功夫少了；可以更多地注意每个学生是否学会了(作为下一项学习任务的准备工作)所需的知识与技能。

三、个性差异与课堂教学

如何在课堂教学中理解学生的个性差异并从个性差异出发开展教学，历代教育家均对这方面给予了关注与探索。这里重点介绍一下苏联教育家苏霍姆林斯基的看法与做法。

---

① (美) 布卢姆等著. 新的学习观：对教学与课程的影响[J]. 见(美) 布卢姆等著，王钢等译，《布卢姆掌握学习论文集》，福建教育出版社，1986. 42—58.

苏霍姆林斯基非常注重依据学生的个性差异开展教学，他几十年如一日地在一切机会与场合中直接接触孩子。他常年都做班主任工作，从预备班跟到一年级，再一直跟到十年级。他说："没有也不可能有抽象的学生，每个孩子都是一个世界——完全特殊的、独一无二的世界。"他曾经具体而系统地对 3 700 名儿童进行了"跟踪观察"，对每个人写了观察笔记，"在笔记本的 3 700 页上我记载了我的全部教师生涯。每一页都奉献给一个人——我的学生"。①

他在《记住，没有也不可能有抽象的学生》一文的开头以设问的方式提出了课堂教学中的个性差异问题：

> 为什么一年级就常有成绩不好、落后的学生，而到二、三年级有时还会遇到不可救药的落后生，教师对他已经不抱希望了？这是因为，教师在学校生活的最重要领域即脑力劳动领域中，对孩子们没有个别对待。

在课堂教学中他坚决反对不顾学生个性差异的做法，他认为没有抽象的学生可以对之机械地搬用一切教学和教育的规律，没有什么统一的先决条件能使全体学生都获得好的学习成绩。好的学习成绩这个概念本身也是相对的：对一个学生来说五分是成绩好的标志，而对另一个学生来说三分就是很大的成功。会正确地判断每个学生当前在哪方面有才能，今后他的智力怎样发展，这是教育才智中极为重要的部分。

他提出教师应该从以下几方面来针对差异进行教学：

(1) 要切实研究教学内容与个体学生之间的关联。不要盲目地照搬教学大纲中的内容，因为任何一门课程的教学大纲只不过是一定水平和一定范围的知识，而不是活生生的孩子。不同的孩子是以不同的方式达到这种水平和掌握这个范围内的知识的。一个孩子在一年级就已经能完全独立地阅读并解答习题，另一个孩子要到学习的第二年末甚至第三年才能做到这一点。应当会判断用什么途径、要多久和克服什么困难，儿童才能达到大纲规定的水平，如何在每个学生的脑力劳动中具体地实施大纲。

(2) 要激发每一位学生的学习热情。他认为教学和教育的艺术和技艺就在于发挥每个儿童的力量和可能性，使他感到在脑力劳动中取得成绩的喜悦。这就要求教师在学习内容和学习时间上应当个别对待。有经验的教师在一节课上给一些学生两、三道甚至四道题，而给另一些学生仅仅一道题。一个学生的题较复杂，而另一个学生的题则较简单。一个学生在语文方面要完成创造性的书面作业，如写作文，另一个学生则仅学习文学作品的课文。

(3) 不同的学生要给予不同的学习任务。为所有的学生挑选他们都能做好的作业，如果学生在掌握知识的道路上没有迈出哪怕是小小的一步，那就是一堂无益的课。

---

① (苏)苏霍姆林斯基著，周蕖，王义高等译. 给教师的一百条建议[M]. 天津人民出版社，1981. 1.

他分析了帕夫雷什中学教师阿里申柯和雷萨克的数学课上的分组教学：

> 第一组是成绩最好的孩子，他们不需要任何帮助就能轻而易举地解答任何习题。这个组里还有一两个学生会口算，不需要用笔记下来，教师还没说完条件，学生已经举起手了。对这个组，除大纲规定的习题外，教师还选择超出大纲范围的材料。要给这些学生的头脑力所能及的、但不是轻而易举而是需要经过努力才能完成的作业。有时还要给一种他们不能独立地解答的习题，不过，教师的帮助也仅仅在于稍加指点或暗示。
>
> 第二组是勤奋努力的学生，对他们来说，出色地完成任务需要经过紧张的脑力劳动、探求和克服困难。关于这些学生，教师是这样描述的：以勤劳和埋头苦干取胜，获得成绩是因为他们的勤奋和顽强。
>
> 第三组孩子可以不需要帮助而自己解决中等难度的习题。但复杂的习题有时不会做。帮助这些学生学习需要有高度的教学水平。
>
> 第四组学生理解和做习题都很缓慢。他们在一堂课上比第二、第三组学生可能少做一半或三分之二的习题，但对他们无论如何不能催促。
>
> 第五组是个别学生，他们不能解答中等难度的习题。教师要专门为他们选择一些能使他们取得某种收获哪怕是成绩不大的习题。

这些学生小组不是固定不变的，而是随着学生的学习状况随时在调整，目的在于使每个学生的才能得到发展。

苏霍姆林斯基在长期课堂观察的基础上指出，在实施了差异性教学的课堂里，往往“笼罩着相互关怀的气氛，笼罩着智力的灵感。每一个人都力求靠自己的努力来达到目的。你可以在儿童的眼睛里看到时而精神高度集中，时而迸发出喜悦的火花（找到了正确的路子），时而沉思默想（从哪个方面解题）”①。

第三节　国外对学情分析方法的研究

第斯多惠在“论教育的最高原则”一文的结束语中指出：“在承认自然适应性是最高的原则，认定人在诞生时就已具有按照一定的规律发展起来的素质的同时，还必须提出一个很重要的任务——认识人的本性、儿童的本性、人的本性的发展过程，必须研究儿童的本性和儿童本性发展的过程，直到成年人的本性为止。”②第斯多惠这番话代表了西方国家教育学领域“学情分析”的总体取向——要深入了解学生的学情。

① （苏）苏霍姆林斯基著，周蕖，王义高等译．给教师的一百条建议[M]．天津人民出版社，1981．21—26．
② 夏之莲主编．外国教育发展史料选粹（上）[C]．北京：北京师范大学出版社，1999．710．

但了解与分析学情并不是一件很容易的事情，正如个性心理学派创始人奥地利心理学家阿德勒所言："指导儿童，使之能循合宜的方径作适当的发展，初不是一件容易的事。此间的最大困难为认识的不足。成人要想知道他自己，他的情绪的成因，他的爱与恨；简言之，即要想知道其一己的心理，已经极为困难。故他要想了解儿童而以适当的知识为依据以指导之，其事乃属难而又难。"①为此，历代学者和教师在具体的学情分析方法上进行了持续不断的探索。

一、从"精神助产"到"灵魂转向"

古希腊哲学家苏格拉底的精神"助产"术和柏拉图的灵魂"转向"说开了西方学情分析方法的先河，他们在教学实践的基础上，通过隐喻的方式表达了一种对学习者"学习过程"分析方法上的追求。

(一) 苏格拉底"精神助产术"的方法指引

西方的"学情分析"肇始于古希腊时期，苏格拉底较早就探索了把每个人心灵里存在的东西引导出来加以分析的方式，他认为真理存在每个人的心灵中，只有通过合适的方法（对话或提问）才可以把存在每个人心灵中的真理引导出来，所以他把这种方法称为"精神助产术"。他先向学生提出问题，回答错了，也不直接指出错在什么地方和为什么错了，而只是提出暗示性的补充问题，使对方不得不承认答案的荒谬和处于自相矛盾的地步。这样交相争辩，最后迫使对方承认无知，并从苏格拉底的引导和暗示中，得出苏格拉底认为是正确的答案。

据他的学生色诺芬的回忆，苏格拉底重视通过讨论、辩论的方式揭露对方认识上的矛盾，和他对"辩证"一词的研究有关。苏格拉底认为"辩证"这个词，本来就是人们聚在一起的一种讨论问题，相互对话，并把问题分门别类加以辨析的活动。这是一种艺术，每个人都应当下决心掌握这种艺术，因为一个人凭着它的帮助就可以成为最有才干和见解最深刻的人。

这是一种要求学生和教师共同讨论，互为激发，共同寻求正确答案的方法。它有助于激发学生积极思考、判断和寻找正确答案。所以，学生的思维相当活跃。②

(二) 柏拉图关于学习(认识)的"四个等级"分析

柏拉图在《理想国》这本著作里借助苏格拉底的话对人的认识与学习发展过程进行了分析。他提出认识的发展有四个等级，如表 3－1 所示，左边是心灵的认识活动，由下向上分别是想象、信念、理智、理性，由下向上的过程代表的是认识能力的由低到高发展；它们对应的认识对象也分为四个等级：影像、可见物（两者属可见世界）、科学、理念（两者属可知世界），由下向上是真实程度的提高。

---

① (奥) 阿德勒著，包玉珍译. 儿童的教育[M]. 北京：商务印书馆，1937. 1—2.
② 王天一等. 外国教育史(上册)[M]. 北京：北京师范大学出版社，1999. 40.

表 3-1 认识发展的等级

<table>
<tr><th colspan="2">认识活动</th><th colspan="2">认识对象</th></tr>
<tr><td colspan="4">善的理念</td></tr>
<tr><td rowspan="2">知识</td><td>理性 或(狭义的)知识</td><td>(4) 理念</td><td rowspan="2">可知世界</td></tr>
<tr><td>理智</td><td>(3) 科学</td></tr>
<tr><td rowspan="2">意见</td><td>信念(狭义的)意见</td><td>(2) 可见物</td><td rowspan="2">可见世界</td></tr>
<tr><td>想象</td><td>(1) 影像</td></tr>
</table>

资料来源：(古希腊) 柏拉图著，张竹明译，《理想国》，南京：译林出版社 2009.13.

柏拉图认为人对这个世界的认识需要经历这四个阶段，人的学习也是需要遵循这四个阶段，学生的认识能力就是按这四个等级的顺序由低级到高级的发展。这四个等级又可分成“可见世界”和“可知世界”两个部分。

第一部分是“可见世界”的发展。分为两步，第一步是通过“想象”把握“影像”，所谓“影像”有两个内涵，首先是阴影，其次是在水里或平滑固体上反射出来的影子或其他类似的东西。对应的心灵活动是想象。第二步是认识“可见物”，获得一种“意见”，所谓“可见”的实物就是我们周围的动物以及一切自然物和全部人造物。

第二部分是“可知世界”的发展。也分为两步，第一步是对“科学”的学习，科学包括数学、几何、天文学、和声学等，对应的心灵活动是理智。从任何人都明白的假设出发，通过首尾一贯的推理最后达到他们所追求的结论。他们实际要求看到的是只有用思想才能“看到”的那些实在，属于“可知”的东西一类。这一阶段是由“可见世界”向“可知世界”的过渡，由“意见”向“知识”的过渡。第二步是进入最高阶段，最高阶段的认识对象是理念和善的理念，相应的心灵活动是理性。可知世界的这一部分是逻各斯本身凭着辩证的力量而达到的那种知识。在这过程中不靠任何感性事物，而只使用理念，从一个理念到另一个理念，并且最后归结到理念。①

柏拉图对学习阶段的条分缕析，为教育教学与学情分析绘制了一个蓝图，对后代认识学生的学习与发展产生了深远的影响。

(三) 柏拉图关于“灵魂(心灵)转向”的阐述

柏拉图认为认识的四个阶段是由低级到高级的发展，即从一个未受教育者接受教育到最终到达“善理念”，需要实现“心灵的转向”。柏拉图通过“穴喻”形象地描述并分析了这个“学习过程”。

在《理想国》中，柏拉图把没受过教育的人比作一群从小就住在洞穴的人，头颈和腿脚都绑着，不能走动也不能转头，只能向前看着洞穴后壁。在他们背后远处高

① (古希腊) 柏拉图著，张竹明译. 理想国[M]. 南京：译林出版社，2009. 13.

些的地方有东西燃烧着发出火光。在火光和这些被囚禁者之间，在洞外面有一条路，沿着路边已筑有一带矮墙。矮墙的作用像傀儡戏演员在自己和观众之间设的一道屏障，他们把木偶举到屏障上头去表演。有一些人拿着各种器物举过墙头，从墙后面走过，有的还举着用木料、石料或其他材料制作的假人和假兽，这些过路人有的在说话，有的没说话。

这样，这些囚徒只能看到火光投射到他们对面洞壁上的影像以及后面路上人举着过去的东西的影像。如果囚徒们能彼此交谈，他们在讲自己所看到的影像时一定会认为是在讲真物本身。这些人不会想到，上述事物除影像外还有什么别的实在。

如果他们被解除禁锢，矫正迷误。其中有一人被解除了桎梏，被迫突然站了起来，转头环视，走动，抬头看望火光。他在做这些动作时会感觉痛苦的，并且，由于眼花缭乱，他无法看见那些他原来只看见其影像的实物。如果有人告诉他，说他过去惯常看到的全然是虚假，如今他由于被扭向了比较真实的器物，比较地接近了实在，所见比较真实了。并且把墙头上过去的每一器物指给他看，并且逼他说出那是些什么，这时他会不知说什么是好。如果他被迫看火光本身，他的眼睛会感到痛苦，他会转身走开，仍旧逃向那些他能够看清而且确实认为比人家所指示的实物还更清楚更实在的影像的。

如果有人硬拉他走上一条陡峭崎岖的坡道，直到把他拉出洞穴见到了外面的阳光，不让他中途退回去，他会觉得这样被强迫着走很痛苦，并且感到恼火；当他来到阳光下时，他会觉得眼前金星乱蹦金蛇乱窜，以致无法看见任何一个现在被称为真实的事物的。

要他能在洞穴外面的高处看得见东西，大概需要有一个逐渐习惯的过程。首先大概看影像是最容易，其次要数看人和其他东西在水中的倒影容易，再次是看东西本身；经过这些之后他大概会觉得在夜里观察天象和天空本身，看月光和星光，比白天看太阳和太阳光容易。

这样一来，他大概终于就能直接观看太阳本身，看见它的真相了，就可以不必通过水中的倒影或影像，或任何其他媒介中显示出的影像看它了，就可以在它本来的地方就其本身看见其本相了。

接着他大概对此已经可以得出结论了：造成四季交替和年岁周期，主宰可见世界一切事物的正是这个太阳，它也就是他们过去通过某种曲折看见的所有那些事物的原因。

柏拉图认为，地穴囚室比喻可见世界，火光比喻太阳的能力。从地穴到上面世界并在上面看见东西的上升过程，就是灵魂上升到可知世界的上升过程。在可知世界中最后看见的，而且是要花很大的努力才能最后看见的东西乃是善的理念。我们一旦看见了它，就必定能得出下述结论：它的确就是一切事物中一切正确者和美者的原因，就是可见世界中创造光和光源的人，在可知世界中它本身就是真理和理性的决定性源泉；任何人凡能在私人生活或公共生活中行事合乎理性的，必定是看见了善的理念的。

柏拉图进一步分析，认为眼睛有性质不同的两种迷盲，它们是由两种相应的原因引起的：一是由亮处到了暗处，另一是由暗处到了亮处。灵魂也能出现同样的情况。他在看到某个灵魂发生迷盲不能看清事物时，他会考察一下，灵魂的视觉是因为离开了较光明的生活被不习惯的黑暗迷误了的呢，还是由于离开了无知的黑暗进入了比较光明的世界，较大的亮光使它失去了视觉的呢？于是他会认为一种经验与生活道路是幸福的，另一种经验与生活道路是可怜的。

柏拉图指出，教育实际上并不像某些人在自己的职业中所宣称的那样。他们宣称，他们能把灵魂里原来没有的知识灌输到灵魂里去，好像他们能把视力放进瞎子的眼睛里去似的。但是现在的论证说明：知识是每个人灵魂里都有的一种能力，而每个人用以学习的器官就像眼睛。整个身体不改变方向，眼睛是无法离开黑暗转向光明的，同样，作为整体的灵魂必须转离变化世界，直至它的"眼睛"得以正面观看实在。

于是柏拉图认为这方面或许有一种灵魂转向的技巧，即一种使灵魂尽可能容易尽可能有效地转向的技巧。它不是要在灵魂中创造视力，而是肯定灵魂本身有视力，但认为它不能正确地把握方向，或不是在看该看的方向，因而想方设法努力促使它转向。①

这个隐喻的含义是：我们生活在影子和幻象的洞穴中，被无知和冷漠束缚着。当我们试着去打开身上的锁链时，教育便开始了；陡峭的斜坡代表把我们从可见(物质)世界带入可知(理念)世界的辩证法。

柏拉图认为，人并不能创造知识，至多只是发现知识。柏拉图推测，在人的灵魂中原本就有真正的知识，但是在把灵魂装进肉体的时候，真正的知识因被扭曲或污染而丢失。因此，人的一项艰辛的任务就是努力回忆自己曾经知道的东西。苏格拉底证明了这一"回忆说"。他说人生而有知，但是知识本身并没有随人的出生一起出现，而他就是知识的"接生婆"。在与人讨论中，苏格拉底通过告诉一些他人从不知道的事实来帮助他人的思想"出生"。在《曼诺篇》中，柏拉图描述了苏格拉底与一个做苦工的男孩对话的情况，通过娴熟的追问，苏格拉底让这个男孩说出了毕达哥拉斯定理，而这个男孩对自己有这样的认识一无所知。②

柏拉图相信，最低等的思维应该叫做纯粹的意见，在这个水平上，人们不能很好地思考，并且通常是自相矛盾的。人们渴望智慧，这就意味着他们可以改善他们的思维方式，提高他们思想的质量，他们能够得到的观念，即使不是完美和永恒的，也具有真正的价值和永久性。人们能够通过使用别人的思想或者借助别人的作品来接近这一理想。重要的是它要能够把我们的思维引向较普遍的观念，而不是那

① (古希腊)柏拉图著，张竹明译．理想国[M]．南京：译林出版社，2009．242—247．
② (美)奥兹门著，石中英译．教育的哲学基础[M]．北京：中国轻工业出版社，2006．15．

些应用于日常生活中琐碎之事的思想上。

柏拉图通过“穴喻”表达的“灵魂转向”说，依据人的受教育过程详细地分析了学习者在学习过程中的基本状况，不仅揭示了学习最终要到达的目的地，而且指出了如何到达的路径。这在学情分析上具有很重要的方法论意义。它提示我们，学情分析要以人自身而不是身外为立足点，只有对学习者自身认识清楚了，教学才有效。说到底，对学情分析的一个根本目的就是古希腊的名言“认识你自己”。因为在本质上，一种真正的教育只能出现在个体自身上。尽管教师不能进入学生的内心，但可以提供材料和活动去引导学生学习。学习者对这些材料和活动的反应就构成了教育。而学习者这种行为的源泉是个人的和私人的，所有的教育最终都是自我教育。

二、实验的学情分析方法

实验的学情分析方法主要是指采取实验的方式对学生的学习情况进行的实证分析，在西方主要是随着19世纪实验心理学的诞生而发展起来的一种方法。主要有德国实验教育学的分析方法、法国与美国的智力测验的分析方法、美国的学业成绩测验的分析方法。

(一)“实验教育学”的学情分析

实验心理学的诞生，很快影响到教育实践与理论的新发展，从19世纪末开始提出了教育实验问题。到20世纪初，通过实验进行教育研究日益发展，产生了总称为“实验教育学”的各种有关论述。这些理论虽然具体见解和使用方法不尽相同，但有一个总的认识，即认为教育虽是一种艺术，但也是一种经过实验(或测验)以取得确切数据和科学的分析与综合的教学方法并从而不断提高教育效果的科学。以往那种仅靠主观观察与臆测的教育不合科学要求，必须改造。教育的对象是儿童，他是生物体，又有复杂的心理活动，因此，要对儿童进行生理、心理的实验与测验，以便对其智力、行为和学习规律作出科学分析，并把这些分析运用于教育、教学过程，使它们各具一定的针对性，否则，便难以取得预计的教育和教学效果。①

1. 梅伊曼的学情分析

梅伊曼是冯特的学生，在冯特的直接指导下研究实验心理学，他要求把实验心理学以及精神病理学，甚至包括对儿童犯罪行为的研究等运用于对教育理论的研究，称这种理论为“实验教育学”，他也把它称为“少年学”。他认为，一切教育家、教师都应懂得生理学与心理学，在理解儿童生理、心理规律的基础上来研究教育学。

梅伊曼重视在实验室中的儿童心理实验，而不赞成在自然的实际学习过程中对儿童进行观察与研究，也反对对儿童进行集体或整个班级的实验。

他强调在对儿童进行实验研究时，研究者应该把自己放在受实验儿童的地位

---

① 王天一等. 外国教育史(下册)[M]. 北京：北京师范大学出版社，1999. 250—254.

上来体会，尽量回忆自己的童年时期的各种心理状况，这样才可以取得更为亲切的、实际的实验效果。其次，他要求实验者应对作家的自传性著作进行心理分析，也要对儿童的创作进行心理分析，以便从中深入理解儿童的一般心理特征。

梅伊曼的基本主张在教育实际上有一定的价值。在依据对儿童的研究与了解，来确定合适教材，改进教学方法，保护与发展儿童智力与能力等各方面，确实比以往只注意教师的主观意图而不重视对儿童和对整个教育与教学过程及其效果的主观主义的教学要优越得多，科学性加强了，改进教学也有一定的客观依据了。不足之处在于过分夸大实验室内的实验研究，而排斥在现实教育活动中对儿童的实地观察与研究，适用性受到限制。

2. 赖伊的学情分析

赖伊长时间在师范学校任教，他用观察、统计、实验方法研究教育、教学问题。他认为心理总是依据行动原则反映出来的，因此，教育学的基本原则也应表现为使儿童有所行动，所以，他的教育学被称为“行动教育学”。他认为通过行动表达反应是教育过程中最具重要意义的部分。从这一点来说，赖伊的行动教育学和杜威的活动教育理论是相通的。

赖伊突出教师在实际教育过程中对儿童的心理、学习与行动进行观察研究和实验的重要地位，并主张教育家、心理学家、医学家和人类学家共同注重对儿童的多方面研究，从而选择与确定教育、教学的合适方法与技术，提高教学质量。这一点比梅伊曼只重视实验室内的实验进了一步。

赖伊进行过一项“识字”实验：让儿童用 8 种不同的方法对 12 个不含有任何实际生活意义、实际生活中并不存在的单词进行拼读与识记。在从一年级到六年级的 3 000 个学生中进行实验，最后比较用何种方法最有效果。这 8 种方法是：

听写；
跟着教师小声念的听写；
跟着大声发音的听写；
不发音，只让学生看字，然后写出；
学生轻声视读后写出；
大声视读后写出；
说出每个单字，然后按一个个字母拼写；
抄写。

根据他的实验总结，以第八种抄写方法认读与识字的效果最好，错误最少，这是因为抄写符合于“感受刺激、独立整理和行动表达(或摹拟)的一般规律”。赖伊的实验及其结论，旨在证明人是一种生物体，有所活动才体现其学习的最大效果，这是他的“行动教育学”的思想核心。对基于学情分析的课堂学习活动设计具有重要的启发意义。

（二）法国、美国的“智力测验”

实验教育学的基本原则与要求在法国具体表现为20世纪开始的“智力测验”法的发明，并把它应用于教育，这种“智力测验”不久就在美国得到重要的发展。

智力测验导源于属于实验心理学的心理测验。最初开创心理测验的是英国实验心理学家弗兰西斯·高尔顿。

19世纪末，高尔顿的心理测验曾在美国得到发展，同时在法国也有很大影响，比纳的“智力测验”便是在这一影响下开始研究并创制出来的一套测验方法。比纳是法国当时重要心理学家之一，他也极其重视对人的心理、才能的个别差异的实验研究。比纳与医生西蒙合作，创制了一套包括30个项目的测验来进行对低能儿童的调查研究，这一测验实际上已使心理测验发展为“智力测验”。1905年发表了世界上第一个智力量表，即比纳—西蒙量表。

美国心理学家、斯坦福大学教育学校教授推孟于1916年发表了对比纳量表的修正，称“斯坦福—比纳量表”，并提出了智力测验结果的专用名词“智力商数”（简称IQ）。经过标准试题测试后，智商如达到100，则智力一般，高于或低于100则分别为英才、天才或愚笨、低能。

“智力测验”产生后，很快被应用于学校教育，成为决定学生升学、不同轨学校招考新生中选择学生的重要工具。

无论在当时，还是在今天，智力测验在探测儿童在智力发展程度上的个别差异，帮助推进教育、教学过程中的智力发展还是有作用的。

（三）美国的“成绩测验”

心理测验在美国引起了测验运动，美国心理学家桑代克是这一运动的领导人物之一，他一生致力于心理测验的研究，并创始了成绩测验（Achievement Tests），创制了成绩测验的量表，成为实验教育学的又一种表现。

桑代克在赞同智力测验的同时，认为还应通过儿童学习成绩的测验结果来衡量儿童的学习能力与天赋，并用以帮助改进教师的教学。他指出，对学习成绩的测量愈客观、明确、精密，则愈能诊断出教学中的问题，从而有目的地进行教学改革。他认为以往学校中的成绩评定中带有严重的主观因素，以致不能客观地反映教与学两方面的实际情况。

他提出如把成绩测验与智力测验相结合，便可收到更好的教与学的效果，教师可以根据测试结果对天才生给予更多的功课，使其学得更多、更深，以便对付疏懒与自满；对天资差的学生，也可精确地给以学习诊断，以便进行合适的补救教育。学生通过这两种测验就能真切地知道自己的成绩与能力，从而更加重视学习，取得最佳效果。

桑代克还认为不仅知识学习可通过成绩测量予以推进，甚至儿童的思考、判断、推理能力、运动行为能力以及兴趣欣赏力、理想等都可通过测量加以估价区分，以了解一个人的忠、奸、仁、恶、善交际或不善交际、好动或好静等。总之，学生的“性向”也可通过测验知其倾向，并能用数量加以估计。

成绩测验的实质与智力测验基本相同。它属于20世纪前半期实验心理学与实验教育学运动的一个组成部分。就其提出的一些细节和具体方法来说，在帮助提高教与学的效果，确定教学的具体目的与重点方面是有建设性意义的，它不仅有助于对教师教学的技术性的指导，也有助于测知学生在学习中的所长所短，区分出儿童天赋的差异，从而了解儿童的特有倾向，等等。但是，它也远远不是科学的、客观的，因为它仅把学习的卷面成绩的测量作为改进教与学的基础，不仅是不全面的，而且也不是最主要的。①

三、实践的学情分析方法

赫尔巴特说："一般地说，教学是否被接受、被吸收，这始终是难以确定的。为了减少这种无把握的程度，我们必须经常注意使学生产生一种与教学相合拍的心理状态来。"②赫尔巴特这段话提示我们，学情分析应该与教学同步，才能准确及时地把握学生的学习状态，进而为改善教学服务。这就需要注重实践中的学情分析，需要探索真正有实效的学情分析方法。

(一) 在"反复练习"中发现"学情"

在教学实践中，教师常常容易凭主观来判断学情，并依据主观判断的结论进行教学。洛克批判了这种不了解学情的"下命令"式的教学，认为下命令比依据学情进行教学是更容易做的，但教学效果却事与愿违。他指出："假如你希望儿童应做某件事，结果儿童还是忘了没有做，或是做得不好，你应当叫他反复去做，直到他们做好为止。采用这种办法，你就可以借此知道某件事情儿童是否能做，是否应当希望儿童去做。因为有时候我们吩咐儿童去做某些事情，试过之后，才知道他们本没有做那些事情的能力，事先还得加以教导和练习才能叫他们去做。但是做导师的人下命令比进行教导却容易得多呢。"③洛克在这里指出了教师的通病，即容易脱离具体学情，凭自己的主观设想进行教学，只需要下命令布置任务，而不顾学生的具体状态。洛克的"反复练习"法在学情分析中具有以下三方面作用：

1. 有利于依据儿童本性开展教学

洛克指出，采用这种办法我们就可以知道我们要儿童去做的事情是不是合于他的能力，是不是合于儿童的天赋的才力与体质的。我们不应该希望完全改变儿童的本性，我们不能使快乐的天性变得忧郁，我们也不能使忧郁的天性变得快乐而不伤害他们。上帝在人类的精神上面印上了各种特性，那些特性正同他们的体态一样，稍微改变一点点是可以的，但是很难把它们完全改成一个相反的样子。

所以，照料儿童的人应该仔细研究儿童的天性和才能，并且应该经常试试，看他们最容易走哪一条路子，哪一条路子最与他们相适合。此外还要考虑他们的本

---

① 王天一等. 外国教育史(下册)[M]. 北京：北京师范大学出版社，1999. 261.
② (德) 赫尔巴特著，李其龙译. 普通教育学·教育学讲授纲要[M]. 人民教育出版社，1989. 206.
③ (英) 约翰·洛克著，傅任敢译. 教育漫话[M]. 北京：教育科学出版社，1999. 36.

性，看它怎样才能改良，看它合于做什么。他应当知道儿童缺乏的是什么，那些缺乏的东西他们是不是能够通过努力去获得，由练习去巩固，并且值不值得去努力。因为在许多情形之下，我们所能做的或所该做的，乃在尽量利用自然的给予，在于阻止这种禀赋所最易产生的邪恶与过失，并且对于它所能够产生的好处，大力给予帮助。人人的天生才智都应该尽量得到发展，但是如果要想使他改换一种天性，那就是白费力气了。

2. 可以即时发现儿童的学习困难

洛克认为，在指导儿童反复练习中，可以发现儿童存在的困难。无论在什么地方他们停顿下来，而又想前进的时候，你应该立刻帮助他们去克服困难，不可加以任何斥责。如果教师用了比较苛刻的办法，那就完全是由于教师骄傲任性之故，他以为自己所知道的事情，儿童也应该立刻完全明白。这时教师应该去分析儿童的心理，儿童的心理是仄狭与脆弱的，通常一次只能容纳一种思想。一个儿童的头脑里面无论有了什么事情，那事情就占住了他的头脑。尤其是同时有了相伴而来的任何情感时更是如此。所以，儿童学习任何事物的时候，做教员的人就应该施展他的技巧，去为他们排除一切杂念，最好使他们腾出地方来接受他们所应该接受的思想，使他们能够专心勤勉地来接受，否则它在他们的心里便不会留下印象。儿童的天性使得他们容易见异思迁。只要有了新奇的事情就可以打动他们，无论见了什么新奇的事情，他们立刻就急于要尝试，尝试过后立刻就腻了，他们对于同一件事很快地就感到厌倦，所以他们的快乐差不多全是建立在更换与变化上面的，要使儿童去固定他们的变换不居的思想，是与儿童时期的天性不能相容的。显而易见的是，要儿童把思想长久用在某一件事情上面对他们是一种痛苦，长久持续的注意是能够加给他们的一件最苦的差事。

3. 及时发现并纠正“矫揉造作”现象

洛克认为，在反复练习中，可以及时发现学生习得的“矫揉造作”的毛病。他在《教育漫话》中对“矫揉造作”现象作了深入的分析。

他认为矫揉造作的毛病不是儿童从小就有的，也不是没有经过教导的天性的产物。它是教育所产生的过失，是在学习过程中习得的。矫揉造作是对于应当真纯自如的事情的一种丑陋的和勉强的模仿，缺乏那种跟随自然的事情而来的美。因为，外表的行为与内在的心情总是不相符合的。主要表现在两方面：

第一，一个人实际并没有某种心情，可是他要在举止上装腔作势，使得外表上好像具有某种心情似的，但是他这种矫揉造作的态度是会自行暴露的。譬如有些人有时候实际上并无悲哀、愉快或慈爱的心情，他们却偏要装出一副悲哀、愉快或慈爱的神情。

第二，有时候他们并不装腔作势，假装具有某种心情，却在举止上表现一些与他们不相称的动作。比如他们与人交往的时候装模作样的一切动作、言词或容貌，本来的目的固然是在对对方表示尊重或礼貌，或者表示他们谈得很有兴致，善于交谈，但是实际并不是一种自然的或真实的表现，而是他们内心上的某种缺憾或错误的表示。这种情形，大部分是因为他们只知一味模仿别人，却不知道分辨别人的行为哪一部分是优雅的，或者哪些东西是别人的性格中所特有的。

率真的和不加造作的本性，任其自然，远比做作的丑态和这种蓄意的怪样好。我们如果自己没有什么成就，或者行为方面有什么缺憾，通常是不至于被人注意、遭人指摘的。但是我们的举止中间无论哪一部分有了矫揉造作的成分，那就等于给我们自己的缺点点上了一支蜡烛，结果一定被人注意。这种情形，做教师的人应该特别提防，因为这是一种习得的丑态，起因于一种错误的教育，是教师只知道定出规则，立下范例，却不把练习与他们的教导相结合，不知道使学生在自己的监视之下，重复做着某种行为，以便改正其中做作的成分，使那种行为变得习惯地、合适地运用自如。而教师如果能够让学生反复练习，并加以严密观察，"矫揉造作"是可以及时发现并引导纠正的。

(二) 教师要学会在教学中观察学情

1. 从相关研究中选择科学合理的手段与方法

西方历代教育家和教育学者都强调教师要从已有的关于教育教学的研究中选择合适的方式方法，这样对学生在课堂里的学情观察就具有科学性和合理性。

例如，俄国教育家乌申斯基要求教师在教学时，必须根据心理学、生理学和人体解剖学的科学原理组织教学，必须了解学生的本性及其特点，要求教学必须要适应学生的心理和身体发展的水平和特点。

他强调"如果教育学希望从一切方面去教育人，那么就必须首先也从一切方面去了解人"。[①] 这里的"一切方面"包括了与人自身相关的人类科学："解剖学、人体生理学和病理学、心理学、逻辑学、语言学，研究作为人的住所的地球和作为地球上居住者的人的地理学、统计学、政治经济学和广义的历史学，其中我们也包括宗教史、文明史、哲学史、文学史、艺术史以及严格意义的教育史。""所有这些科学都叙述和比较那些能揭露教育的对象，即人的特性的事实及其相互关系，并把它们加以分类。"[②]

而学情分析就可以从这些揭示了"人的特性"的科学中选择科学合理的手段。乌申斯基引用了培根的话加以进一步论证："只有理会了人的本性时，我们才可能希望支配本性并迫使本性适应我们的目的来发生作用。""所有那些研究人的身心本性的，而且不是在空想的而是现实的现象中来进行研究的科学，对教育学来说，都是这样的科学，即教育学可从中吸取一些为了达到目的所需要的手段的知识。"[③]

乌申斯基提出研究学情，扩大视野，要善于利用各类科学手段进行分析，他认为"一个教育者应当力求了解人，了解他实际上是什么样，他的一切弱点和伟大之处，他的一切日常琐细的需要以及他的一切伟大的精神上的要求。一个教

① (苏) 乌申斯基著，李子卓等译. 人是教育的对象[M]. 北京：科学出版社，1959. 11.
② (苏) 乌申斯基著，李子卓等译. 人是教育的对象[M]. 北京：科学出版社，1959. 10.
③ (苏) 乌申斯基著，李子卓等译. 人是教育的对象[M]. 北京：科学出版社，1959. 10.

育者应当了解在家庭中、在社会中、在人民中间、在人类世界中的人，以及在暗中具有自己的良心的人；应当从各方面来了解人，这包括一切年龄、一切阶级、一切境遇，在忧与乐时，在贵与贱时，在精力充沛时和在病中，在有无限希望时和在临终榻前，当人的安慰的话已经无效时。他应当了解最卑劣和最崇高的事迹的引起原因，产生各种万恶的和伟大的思想的历史，任何伟大热情和性格的发展史。只有这样做时，他才能从人的本性中吸取教育影响的手段，而这些手段都是些极大的手段”。①

法国学者比纳认为教师要具有个性心理学方面的学情分析的知识，要掌握其主要的分析方法，要将最有用的儿童心理型式记在心头，当课堂上遇到具体的学情问题时，就可以把这些心理型式与之比较，找到相应的类别，这样就可以进行最好的诊断。他还认为，如果遇到相对比较棘手或可疑的情形时，可以进行某个类别的心理测验，这样能有效确定学生的性向和能力。②

2. 在实践中提高学情观察能力

比纳认为教师要了解儿童，既要做一个教授者，又要做一个观察者。

他提出教师要具有新儿童观，加强与学生之间的接触与交流。主要应从两方面做起：

一方面要让课后与学生的谈话成为通例，有时可以亲临儿童的游戏场，做游戏的指导者、组织者。这样既便于了解学情，也可以对儿童的成长加以引领。

另一方面要明白自己既是一个教学者，又是一个观察者。这是两种很不同的身份，具有各自的功能，“我遇有许多特异的教师，他们不绝地想象出新鲜教授法，他们对于其学生所为的教训，教育与智慧之进步是不能否认的。但这些教授者全不是观察者，他们几乎全不能使我们晓得其学生的历史、性向、气质、品格，由是凡他们所晓得的，仍为其个人的与不可告人的特有品。”③

比纳指出教师需要强化观察者的身份，明确观察的作用和角色定位，这样才能对学生的学情加以有效的观察。“我见过其他教师，也有良美之智识精神，他们亲来看我的实验的研究，但他们常恒以不合时宜的干涉以自摄，这证明他们不懂得教授与观察的差异。当我们对于一种事情单要去看，观察、判断，即当我们确定一种事情的情状时，他们总有要去矫正，批改，教授的偏执；他们类似那些监考人，不满足于仅出问题，还要常恒对被考人讲说。”④

3. 拥有学情观察能力是做教师的根本

苏霍姆林斯基认为教师的职业就是要研究人，长期不断地深入人的复杂的精神世界。在人的身上经常能发现新的东西，对新的东西感到惊奇，能看到形成过程中的人——这种出色的特点就是滋养着教育工作才能的一个根子。⑤

---

① （苏）乌申斯基著，李子卓等译. 人是教育的对象[M]. 北京：科学出版社，1959. 19.

②③ （法）比纳著，曾展谟译. 儿童学的新观念[M]. 北京：商务印书馆，1927. 7—15.

④ （法）比纳著，曾展谟译. 儿童学的新观念[M]. 商务印书馆，1927. 7—15.

⑤ （苏）苏霍姆林斯基著，周蕖，王义高等译. 给教师的一百条建议[M]. 天津人民出版社，1981. 5.

他从了解与观察学情的角度提出了检查和考验一个人是否合适当教师的标准:“你面前来了四十个小家伙。你一眼看去,他们甚至从外部特征上似乎都是彼此很相像的。但是在第三、第四、第五天,到森林、田野去过几次以后,你就会深信,每个儿童就是一个完整的世界,没有重复,各有特色。如果这个世界显示在你面前,如果你感觉到每个儿童都有个性,如果每个儿童的喜悦和苦恼都敲打着你的心,引起你的思考、关怀和担心,那你就勇敢地选择崇高的教师工作作为自己的职业吧,你在其中能找到创造的喜悦。因为我们工作中的创造性,首先就是要认识人、了解人,对人的多面性和无穷尽性感到惊奇。”①

“如果这四十个孩子使你感到一模一样、单调乏味,如果你要很费力才能记住他们的面貌和名字,如果儿童的每一双小眼睛对你不意味着某种深具个性的东西,如果从花园深处某个地方传来儿童响亮的声音,你不知道是谁在喊叫,这喊声说明了什么(而且过一星期,一个月你也不知道),那么,俗话说,‘三思而行’,你就得再三考虑,然后再决定是否当一名教师。因为,没有一条教育规律、没有一条真理是可以对一切儿童绝对同样适用的。因为,实践教育学就是已经达到熟练水平、并且提高到艺术高度的知识和能力。因为,培养人,首先就要了解他的心灵,看到并感觉到他的个人的世界。”②

(三) 共情的分析方法

共情的分析方法主要是指教师要站在学生的立场,具有同情心,设身处地地把握与理解学生的基本状况,消除教师与学生的隔阂,为有效教学奠定基础。

斯宾塞经过研究发现,裴斯泰洛齐在斯坦兹获得第一次教育大成效,是因为那时他没有书籍和普通教学用具,那时“他的注意只在随时找出他的儿童特别需要什么教育,和使它与他们已有知识联系的最好方法”。他的大部分力量不是靠冷静想出的培养计划,而是靠他那深厚的“同情心”,那“同情心”使他迅速地觉察到儿童的需要和困难。③ 从裴斯泰洛齐的成功中,我们可以看到同情心在学情分析方面的重要作用。

苏霍姆林斯基指出教师同情心在了解学生方面具有三大作用:

(1) 从儿童方面考虑问题。他认为每一个决心献身于教育的人,应当容忍儿童的弱点,如果对这些弱点仔细地观察和思索,不仅用脑子,而且用心灵去认识它们,那就会发现这些弱点是无关紧要的,不应当对它们生气、愤怒和加以惩罚。要有一种英明的能力,能够理解和感觉到儿童产生过错的最细微的动机和原因。要理解和感觉到的正是这样一点,即这是儿童的过错,不要把儿童和自己混为一谈,不要对他提出那些对成人提的要求。但是自己也不要孩子气,不要降到孩子的水平,同时还要理解儿童行为的复杂性和儿童集体关系的复杂性。

(2) 走进学生心灵。他指出,滋养着教育才能的一条深根,即理解和感觉到儿

①② (苏)苏霍姆林斯基著,周蕖,王义高等译.给教师的一百条建议[M].天津人民出版社,1981.6.
③ (英)斯宾塞著,胡毅,王承绪译.斯宾塞教育论著选[M].北京:人民教育出版社,2004.58—59.

童是一个经常在变化着的人。心灵与理智的和谐，才能形成教育才能。应当把自己的心分给每一个人，在自己的心中应当有每个人的欢乐和苦恼，同情心、对人由衷的关怀同教育才能是血肉相连的。教师不能是一个冷漠无情的人，如果抱冷淡的重理智态度，对发生的一切都进行非常仔细地斟酌，遵行各种各样规定时生怕不准确，就会引起儿童对教师的戒备和不信任态度。过于重理智的教师，儿童不仅不喜欢，而且在他面前绝不会吐露自己的心思。

善于激起自己和学生、特别是和少年进行知心交谈的情绪，这是每个教师都应当为自己建立的教育方法宝库中特别重要的一种能力，要在自己身上培养、形成这种能力，使它完善、“精炼”，变得更加敏锐、有效。

要培养这种能力，必须深入儿童的心灵，仔细研究他的心思集中在什么上，他是怎样看待世界的，他周围的人对他有什么影响。

要在很长的时间内用心灵来认识你的学生的心思集中在什么上，他想些什么，高兴什么和担忧什么，这是我们教育事业中的一种最细腻的东西，如果你牢固地掌握了它，你就会成为真正的能手。①

(3) 培养学生的关怀心。儿童情感修养的培养是一个非常细致而长久的过程，要求教师很懂得分寸、细心、会思考问题，并深知每个儿童的内心世界。

能用心灵感觉出别人情绪的儿童就会关怀人。他对教师的关怀很敏感，能感觉得出来，并以好心还好心。这种情况在教育工作中的重要性，是怎么估计也不会过分的。

人本主义心理学家罗杰斯认为教师要有了解学生内心反应的能力，要神会地意识到学生对教育和学习过程的看法。这种看法很少在教室里表露出来，但如果教师是能够移情的话，就将格外有力地增添课堂的气氛。

例如，当一个孩子怯生生地说“我不能做这件事情”时，教师自然地、自动地回答：“你担心你不能学会它，是吗？”这是最有帮助的。而那些经常无视儿童情感的教师说：“哦，但我肯定你是能做这件事情的。”这就几乎不会有多大帮助。②

---

① (苏) 苏霍姆林斯基著，周蕖，王义高等译. 给教师的一百条建议[M]. 天津人民出版社，1981. 7—8.

② (美) 罗杰斯《学会自由》，转引自瞿葆奎主编《教育学文集·教学》(上册)[C]. 人民教育出版社，1988. 711—717.

第四章　学情分析的理论基础

本章主要阐述学情分析的理论基础，从学习理论、课程与教学理论、教育技术理论等方面提炼出学情分析所遵循的学理，主要讨论了学情分析的学习理论基础、学情分析的课程与教学理论基础、学情分析的教育技术理论基础。

有学者认为，课堂教学可以从三个层面加以描述：[①]第一个层面指教学过程的具体场景，包括某些学生、某个教师以及所教授的学科内容。第二个层面是指潜藏于具体教学背后的教学设计的模型。第三个层面是指整套理论概念，它们又隐藏于教学规则与模型之后。这样的教学理论规定相关的概念，用来分析和描述教学及教学设计。

学情分析也对应于这三个层面来描述其中蕴含的学情，而其背后的理论基础主要是指第三层面的描述，即潜藏在具体教学场景与教学设计模型背后的支撑性理论。

第一节　学情分析的学习理论基础

学情分析的理论与实践要以学习理论中的相关理论为基础，这些理论主要包括学习的发生机制理论、学习错误分析的理论、个性差异分析的理论。

一、学习的发生机制理论

(一)“前概念”的内涵及其意义

“前概念”是学情分析的一个重要概念，对学生学习起点或先决条件的分析需要借助“前概念”的相关理论。

1. “前概念”(前理解)的内涵

前概念又称前理解，学习科学理论认为：学习总是在原有知识背景下发生的，学生进入课堂时，并不像一个空容器等着被填满，而是带着对现实世界各种各样的

---

① (美)坦尼森，(德)肖特，(德)西尔，(荷)戴克斯特拉主编，任友群等译，《教学设计的国际观》第1册，北京：教育科学出版社，2005.160—161.

半成型的观点和迷思概念(misconceptions)。①

因此,对于儿童来说,学习的最佳方法是在基于原有知识基础的环境中学习;如果教学没有包含学生的已有知识,学生的初期理解没被卷入其中,那么他们也许不能掌握所教的新概念和新知识。在这种情形下,学生现在所学与以前的知识没有建立联系,虽然能参加考试,但其所学的内容可能主要是死记硬背或浅度理解,没有真正消化。

有关早期学习的研究表明理解世界的过程开始于婴幼期。儿童在学前开始发展他们对周围现象的复杂理解(不管正确与否)。这些初期的理解对新概念和信息的整合具有强大的影响。有时候,这些理解是正确的,提供了建构新知识的基础,但有时它们是不正确的。在科学上,学生常常具有对不容易观察的物理特征的错误概念。在人文科学上,他们的前概念常常包括刻板印象或简单化,如历史被理解为好人与坏人之间的争斗。有效教学的主要特征就是从学生那儿分析出所教学科知识的前理解,这些初期观念像一根根毫不相关的纱线,教师需要帮助学生把它们编织到一个更完整理解的结构中。②

2. 前概念(前理解)的教学意义

关于如何在教学情境中分析并充分利用学生的前概念(前理解),有学者提出了以下建议:

(1) 教师必须积极地探究学生的思维,创建可以揭示学生思维的课堂任务和条件。这样,学生的最初概念可以提供对建构学科知识的更正式理解的基础。

(2) 评价的作用必须拓展,使用经常性的形成性评价有助于学生把他们的思维展示给自己、同伴和老师。这就提供了修改思维和提炼思维的反馈。

(3) 从初任教师开始就要学习如何与学生的“前概念”打交道,承认学生可预见的前概念,抽取出不可预见的前概念。③

关于前概念(前理解)的深入研究,有利于教师对学生已有学习基础的分类把握,为寻找更加精准的“学习起点”或先决条件奠定基础。

(二) 学习过程的解释

关于“学习过程”的理论研究成果有助于教师对学生学习过程的合理把握,促进教师对学习状态的了解与分析。

1. 学习的三个维度

有的学者认为学习的过程具有三个维度:内容、动机和互动。

(1) 内容维度。内容维度主要包括知识、理解和技能等。如果没有学习内容,没有所学之物,那么谈论学习也就不可能有什么意义。学习总是某个人在学习某

① (美)索耶主编,徐晓东等译.剑桥学习科学手册[C].北京:教育科学出版社,2010.12.

② (美)布兰思福特等编著,程可拉等译.人是如何学习的(扩展版)[M].上海:华东师范大学出版社,2012.13—15.

③ (美)布兰思福特等编著,程可拉等译.人是如何学习的(扩展版)[M].上海:华东师范大学出版社,2012.17—18.

些东西，正是对这“某些东西”的获得，构成了学习的内容要素。学习者的能力、见识和理解是通过内容维度——学习者可以做的、知晓和理解的事情——得以发展的，内容维度是传统学习研究中主要的关注部分，而且这一维度也是我们日常谈论学习时的直接关注点。

（2）动机维度。动机维度指的是实现一个学习过程所需的心智能量，人类能量消耗的20%投入在心智过程上。这就是我们在日常用语中称之为诸如动力、情绪、意志等物。近十年来学习与脑研究取得的最重要成果之一就是对学习的动机基础的认识，诸如欲望和兴趣，或者受到必须性和外力强迫而激发的程度。我们彻底地将自己投入到学习所需的心智能量运用中，以能够持续地维持我们心智与身体的平衡。可能是不确定、好奇心或是未被满足的需要，使得我们追求新知识或新技能，从而能够重建平衡，同时发展了自己关于自身和环境的敏感性。

（3）互动维度。学习的互动维度指向的是个体与其所处社会性及物质性环境之间的互动。主要形式是活动、对话和合作等。它们在我们与所处环境的交流和联系中是非常重要的因素，而且与此相关的是，它们提升了个体在相应社会情境与共同体中的整合。通过这种途径，互动维度对学习者社会性的发展作出了贡献。①

把学习分为三个维度是基于学习科学和脑科学的研究成果，是综合了诸多学习理论对学习过程的解释。从学习活动的内容、动机和互动三个方面来理解学生的学习，既考虑了学生的学习对象与内容，学生进入学习中的学习动机，还考虑了学生学习的社会性与互动性。这有助于对学情的分类分析。

2. 同化与顺应

皮亚杰的同化与顺应机制理论在学习过程中的作用已经得到了证实，学情分析需要以这个理论为基础，沿着这两种机制去探查与分析学生的学习状态，获得的学情信息可以融入学生的学习过程中，有助于改进学生的学习。

（1）两种机制的原理。

皮亚杰认为，个体的每种经验都既包括同化也包括顺应。我们根据以前的经验对世界作出反应（同化），但每种经验都包含着不同于我们以前经验的一些方面，这些经验的独特方面导致认知结构的变化（顺应）。

同化使得有机体根据以前知识来对当前情境作出反应。由于情境的独特方面使个体无法在以前知识的基础上对之作出反应，因此，经验的这些新奇或独特方面导致轻微的认知失衡。由于存在朝向和谐（平衡）的先天需要，有机体的心理结构产生变化，以整合经验的这些独特方面，由此形成受欢迎的认知平衡。如同在格式塔心理学家那里一样，认知平衡的缺失具有动机属性，使得有机体处于活跃的状态，直到获得平衡为止。但除了恢复平衡外，这种适应还推动着有机体与环境进行新的不同的相互作用。上述顺应过程引起心理结构的变化，这样，如果再遇到先前

① （丹）伊列雷斯著，孙玫璐译．我们如何学习：全视角学习理论[M]．北京：教育科学出版社，2010．25—29．

环境独有的特征的话，就不会产生失衡了，也就是环境将会容易地同化到有机体已有的认知结构中。除此之外，这种新的认知组合形成了新的顺应的基础，因为顺应总是产生于失衡，而造成失衡的因素必定总是与有机体的当前认知结构有关。通过这种适应过程，无法一次同化的信息将逐渐最终得到同化。同化与顺应的双重机制，与平衡的驱动力量一起为缓慢而稳定的智力发展做好了准备。

(2) 学习的最佳条件。

对于将要发生的最佳学习而言，必须这样呈现信息：信息能够同化到当前的认知结构，但信息同时应该足够不同，以使得认知结构必须产生变化。如果信息不能得到同化，那么它就绝对得不到理解。然而，如果信息完全得到理解，那么就无须任何学习。在皮亚杰的理论中，同化和理解几乎是同一件事情。这就是多拉德和米勒认为的学习两难的含义，即所有的学习都依赖失败。根据皮亚杰的观点，先前知识未能使经验得到同化，由此产生顺应或者新的学习。为了激发认知的发展，经验必须具有适当的挑战性。如果仅有同化，就不会产生任何认知发展。

根据皮亚杰的观点，教育经验必须围绕学习者的认知结构而确立。相同年龄、相同文化的儿童往往具有相似的认知结构，但他们也完全可能具有不同的认知结构，因而需要不同种类的学习材料。一方面，无法同化到儿童认知结构的教育材料，对于儿童没有任何意义；另一方面，如果材料能够完全被同化，那么就不会产生任何学习。要想使学习发生，材料需要部分已知和部分未知。已知部分将会得到同化，未知部分将必然会导致儿童认知结构的轻微改变。这种改变被称作顺应，可以大约等同于学习。

因此，对皮亚杰而言，最佳的教育包括为学习者提供稍具挑战性的经验，以便同化和顺应的双重过程能为智力发展做好准备。要创设这种经验，教师必须了解每一个学生认知结构的机能水平。这样，我们就会发现，皮亚杰(认知范式的代表)与大多数行为主义者已经得出了相同的教育结论：教育必须个体化。皮亚杰通过认知到以下内容得出这一结论的：每个儿童的同化能力都不同，教育材料必须为每个儿童的认知结构量体裁衣。

皮亚杰的独特贡献在于，他能识别出学习的质的方面。具体来说，同化和顺应的概念区分出两种不同的学习经验。两者都是学习，它们都需要信息的获得和存贮。然而，同化是一种静态的学习，受到当前认知结构的限制；顺应则是认知结构的渐进发展，改变着所有后来学习的特征。①

3. 思考过程研究

对思考过程的研究成果有助于对学生学习状态的分析。皮亚杰、维果茨基和杜威都认为学生思维的形成在于思考过程的发生，这可能是理解学习特征的关键。这种思想在皮亚杰的"发生认识论"中显而易见。而维果茨基在他的"发生历史方

① (美)赫根汉，奥尔森著，郭本禹等译. 学习理论导论(第七版)[M]. 上海：上海教育出版社，2011. 242—251.

法”中也曾提及。杜威认为学生思考的形成，来源于探究的本质和探究与实用主义的联系。这些学者都认为，理解思考如何形成是理解知识如何获得的关键。

皮亚杰最重要的假设是：当儿童被置于某一环境中时，他会努力去了解这个环境。在包括“临床法”（clinical method）的新方法论中，皮亚杰提出三条主要见解：① 儿童的观点与成人的观点是不一致的；② 儿童经历一系列的任务，他们的理解通过认知重构、涉及同化和顺应过程协调的概念转变（包括克服普通的“迷思概念”或者类似的概念）而逐渐深化，这个过程是儿童获得认知熟达（cognitive proficiency）的过程；③ 为了让想法变得可行，儿童必须通过图式建构（schema construction）和反身抽象（reflective abstraction）的过程来衡量想法的可行性、可用性和持久性。皮亚杰最著名的格言是“人通过认识自己而认识世界”。他强调当描述涉及外部世界的知识时，总是涉及认识者与已知者之间的交互。因此，知识是相关的。

皮亚杰指出，临床法最大的敌人是，有些人不恰当地简化有疑问的结果；有些人全盘接受儿童作出的每个答案，认为都是金句；有些人全部否定，认为毫无作用。临床访谈的主要任务是揭示儿童的文化信念，这些信念必须包含先前形成的图式、思考的倾向性、思维习惯，这一假设就是主张儿童以某种方式创造自己的见解，这种方式是为了揭示他思维的本能倾向。关注这种图式对设计成功的教学至关重要。

维果茨基强调在社会文化背景中的个体发展。对于维果茨基来说，文化活动是认知的基本来源，塑造了人们最基本的思考方式。

他使用“分析单元”这一术语将思维和语言结合起来，在多数基本的形式中，分析单元是由言语思维的属性所构成的一个整体。

维果茨基进一步认识到要理解概念的发展，需要研究教师——“更有知识的他者”在学习中扮演的角色。维果茨基的最近发展区理论认为：今天儿童与他人一起合作完成任务；明天他则可以单独完成。因此，只有当教学走在发展前面并引导发展的时候，它才是最好形式的教学。让学生看到成功的希望，又不能一步实现，需要一步一步地发展自己，一点一滴地完善。这是学习科学研究教学的最初推动力。

杜威认为通过实践经验的协调，当理论指引我们得出该理论预设产生的事实时，理论会对事实作出回应，但是理论还要经过一些未知结果或被忽略的观察事实的检验，作出不断的修正。每个关于真实的论点真正在最后都是假设性和临时性的，尽管这些论点很多都被反复证明是正确的，且我们在使用这些论点时认为它们是绝对正确的。但从逻辑上说，绝对正确只是一种理想，是不可实现的，至少要等到存在的所有事实情况都接受过检验才行，或者如詹姆斯所说的“逃离”或直到不再可能做其他的观察或实践了。

这种理论观点促使杜威强调“探究”。“探究”是指将不确定情况变为确定情况的可控和直接的转换，确定的情况指的是清楚了解其特点和关系的构成，这样就可将原有情况的各要素变为一个统一的整体。杜威强调通过探究对实践中的假设进行转换。最初，只存在不确定的情况，需要将存在的问题转换为假设，通过一系列的探究活动，假设被转化为确定的情况，还产生一系列知识主张（knowledge claim）。

这些知识主张只有在其他的领域里也得到证实，我们才可以认为它们达到了真实的程度。也就是说，这种知识主张要经过实践检验，即随着时间推移，知识主张被证明在阐释多种情况时都是有效的。①

(三) 深度学习的理解

1. 深度学习的特征

学习科学家在课堂里发现，学校教育没有教授旨在促进智力发展的深层知识(deep knowledge)。早在20世纪80年代，认知科学家就已发现，当学生学习深层知识并且清楚在真实世界和实际情况中如何运用这些知识时，知识会在学生头脑中保持得更持久，他们也能够将这些知识运用到更广泛的情境中(如下表)。②

表4-1　深层学习与传统的课堂实践

深层学习(认知科学的发现)	传统的课堂实践(教授主义)
深层学习要求学习者在新旧知识、概念、经验间建立联系。	学习者没有在课程材料与他们的原有知识之间建立联系。
深层学习要求学习者将他们的知识归纳到相关的概念系统中。	学习者将课程材料视为不连贯的知识碎片。
深层学习要求学习者寻找模式和基本原理。	学习者记忆陈述性知识和程序性知识，却不理解为什么要这么做，也不知道怎么做。
深层学习要求学习者评价新的想法，并且能将这些想法与结论联系起来。	学习者遇到不同于课本中所讲述的问题时，不知如何解答。
深层学习要求学习者了解对话的过程，对话的过程就是知识产生的过程；还需要学习者能够批判地检查论据的逻辑性。	学习者将陈述性知识和程序性知识视为静态知识，认为这些知识只来自于权威著作。
深层学习要求学习者对其理解及学习的过程进行反思。	学习者仅仅记忆这些知识，并没有对目的和学习策略等进行反思。

当学习者参与到同某一学科专家研究相似的日常活动中时他们就能学到深层知识。近年来，真实的实践成为许多美国教育标准文件中的要旨。例如，历史科的改革提倡通过历史调查来学习历史，而不只是记忆事件的日期和顺序：运用历史学家们所用的历史分析和质疑的方法，来分析原始资料。自然科学方面，美国国家科学教育标准要求学生参与到科学调查的真实实践中：建构解释，并准备论据来证明那些解释的正确性。

2. 各领域对“深度学习”的研究

随着学习科学领域的发展，深度学习逐渐成为这一时代背景下一种重要而有效的学习理念，引起研究群体与学习者的广泛关注。

① (美)索耶主编，徐晓东等译.剑桥学习科学手册[C].北京：教育科学出版社，2010.159—162.

② (美)索耶主编，徐晓东等译.剑桥学习科学手册[C].北京：教育科学出版社，2010.4.

新媒体联盟《地平线报告》(2015基础教育版)指出,深度学习策略对课堂教学的影响日益深远,这是驱动学校应用教育技术的重要趋势。深度学习(Deep learning)也被译为深层学习,美国学者 Ference Marton 和 Roger Saljc 在1976年发表的《学习的本质区别:结果和过程》中首次提出这一概念。深度学习是指在理解学习的基础上,学习者能够批判性地学习新的思想和事实,并将它们融入原有的认知结构中,能够在众多思想间进行联系,并能够将已有的知识迁移到新的情境中,做出决策和解决问题的学习。

国外深度学习的研究热点主要涉及以下四个领域:

领域一:E-learning 环境下的深度学习研究。随着深度学习研究的不断深入与信息技术的飞速发展,国外研究者开始关注基于 E-learning 环境的深度学习研究,逐步探讨信息技术支持下的深度学习,所运用的信息技术包含网络课程、在线学习社区、教育游戏以及 SNS(Social Networking Services)平台与工具等。

领域二:计算机领域的深度学习研究。在计算机科学中,深度学习的概念源于人工神经网络的研究,是机器学习研究中的一个新的领域。其动机在于建立、模拟人脑进行分析学习的神经网络,它模仿人脑的机制来解释数据,例如,图像、声音和文本。

领域三:学习科学视域下深度学习的教学应用研究。国外深度学习在教学中的应用主要是围绕课堂教学中的深度学习研究以及促进深度学习的学习方式研究等内容展开。有研究表明,基于问题的学习、基于项目的学习等新型教学方法更能促进学生的深度学习。基于问题的学习研究在学习科学中处于核心地位。批判性思维可以作为学生深度学习参与的一个重要信息来源。本领域的研究主题主要包括新型教学模式支持下的深度学习研究、深度学习过程中高阶思维能力的培养研究、深度学习教学策略研究等。

领域四:深度学习过程与结果研究。该领域的研究主题可细分为深度学习过程研究、深度学习有效性分析研究、深度学习的影响因素研究。从整体来说,研究者对深度学习过程的关注还不够,缺乏具有代表性的研究成果,相较而言,对深度学习影响因素的研究较多,但多在传统学习环境中展开,随着信息技术对深度学习的影响不断加深,关注 E-learning 环境下深度学习影响因素研究对教学实践具有重要意义。

国内对于深度学习过程与评估关注较少且缺乏有代表性的实证研究成果。研究者应该在深度学习环境设计研究的基础上,进一步关注深度学习的过程与评价。对深度学习过程的研究应更加全面,在分析学习者外显学习行为的基础上,更深入地挖掘其内在认知过程,借鉴国外的研究设计,注重对学习者元认知、高水平思维的分析研究。

国内对于深度学习的研究多是教育学和学习科学的视角,缺乏技术支撑下的 E-learning 深度学习研究。①

① 张思琦、张文兰、李宝.国外近十年深度学习的研究现状与发展趋势——基于引文分析及共词矩阵的知识图谱分析[J].远程教育杂志,2016(2).

在技术支持下尤其是在人工智能突飞猛进的大趋势下，深度学习的研究在以上四个领域取得了重要进展，但也有学者指出，深度学习之“深”并不完全体现在技术层面。在“百度一下，你就知道”的时代，在人工智能时代，在芯片植入已经从科幻走向现实的时代，深度学习倍显迫切。可以说，无论在什么样的时代，通过教学掌握知识、技能，形成高级认知、高阶思维都毋庸置疑、理所当然。若教学的功能和目的仅限于此，则完全可以由人工智能来替代：既可以由人工智能来完成教学的任务，也可以废除教学，直接由人工智能替代这样的教学所培养的人。

人工智能的强大，逼迫我们不得不思考，我们有哪些是不能被替代不愿被替代而必须要由人自己来承担、承受、感受的？在教学活动中，有什么东西不能被替代？至少，学生成长的愿望、敏锐的感受力、理性的体验、思想的情感色彩以及为他人为社会勇于承担的责任感和历史感是不能被替代的，而这也正是教学不能被替代的理由。

因此，如何引起孩子们的兴趣，使学习成为一件富有吸引力的事情，如何激发学生全身心地投入到有思想、有情感、有创造力的活动中，这些是人工智能做不到而且教师不能被替代的部分，因为这里有教师对学生的爱与关怀，有教师对学生成长为一个更好的人的期待以及为此而做出的种种努力。而这些不能被替代的，是不能被程序化、不能被安排的，是虽有缺陷但不断努力变得更好、虽然稚嫩但在努力成长的，是与“人”有关的。深度学习之“深”，与人的心灵相关，不能被替代。[①]

3. *促进深度学习的方式*

(1) 脚手架。

为了解决浅层学习的问题，建构主义已经令人信服地证明：当儿童积极参与自我知识建构时，他们对知识的理解会更深、更概括，动机更强。而促进深度学习需要提供相关的活动支持。

为了便于描述促进深层学习需要提供哪些支持，学习科学家提出了“脚手架”(scaffolding)这个术语。[②] 脚手架专门为学习者定制，用来及时帮助学习者达到其学习目标。最好的脚手架应是能提供帮助以促进儿童学习的。例如，告诉某人怎样做某事或替他们做，这也许可以帮他们完成当前的目标。但这不是一个好的脚手架，因为儿童没有积极参与到知识的建构中。与此相反，有效的脚手架通过提供提示与线索来帮助学习者自己解决问题。有效的学习环境能给学生搭建脚手架，帮助其积极建构知识，就像工地上用脚手架支撑建筑物一样。当建筑工人为了登得更高时，需要搭建另外的脚手架，并且在竣工之后，可以拆掉脚手架。在有效的学习环境中，应根据学习者的需要逐渐增加、修正或撤去脚手架，直至最终完全拆除脚手架。

(2) 外化和表达。

学习科学家发现，当学习者外化并表达自己正在形成的知识时，学习效果会更好。这个过程听上去简单，做起来却很复杂，因为学习者并不是第一次学习某一知

① 郭华. 深度学习“深”在哪里[J]. 新课程评论，2018(6).
② (美) 索耶主编，徐晓东等译. 剑桥学习科学手册[C]. 北京：教育科学出版社，2010.12.

识后就能把它清晰表达出来。相反，最好的学习方式是，学习者在知识尚未成形时就开始尝试进行表述，并一直贯穿于整个学习过程，这样，学习与表达得以在反馈中相互加强，齐头并进。许多情形下，当学习者开始清晰表达某个知识时，他们才真正学会了——换句话说，学习者出声思考比安静学习学得更快、更深刻。

20世纪20年代苏联心理学家维果茨基最先研究了这个有趣的现象。70年代，西方教育心理学家也开始注意到同样的现象，于是维果茨基的著作逐渐被翻译成英语和其他语言，维果茨基也因此被认为是学习科学的理论奠基者之一。维果茨基对表达的教育价值解释是基于心智发展理论的：他认为所有的知识都始于可视化的社会交互，然后慢慢被学习者内化并形成想法。对于这个内化过程的准确属性，学习科学家争论颇多，但是不管这些争论的细节如何，有一点却是共识，即认为学习者之间的协作和对话是很关键的，因为它使学习者从清晰表达中获益。

学习科学研究中最重要的主题之一是，怎样支持学生的表达过程，哪种表达的形式对学习最有益。学习科学发现，如果表达是"以脚手架为渠道"的形式，效果会更好，这样知识可以清晰地表达出来，进而以某种确定的形式促进有效的反思。学生需要帮助才能表达自己正在发展的理解，他们还不知道如何对自己所思所想进行思考，也不知道如何谈论自己的想法。

表达对学习很有帮助，其中的一个原因就是：它产生了可能的反思或元认知(reflection or metacognition)——对学习过程和知识的思考过程。学习科学已经反复证明了反思在深层理解学习中的重要性。人们设计了许多学习科学课堂来培养反思能力，其中大部分通过为学生提供学习工具来培养他们的反思能力，这些工具使学生能更容易表达正在形成的观点。一旦学生表达了自己正在形成的观点，学习环境就应当支持学生反思他们刚刚表达过的知识。

(3) 抽象知识的具体化。

发展心理学家皮亚杰的一个著名发现是：学习的正常过程始于较为具体的信息，进而逐渐变得较为抽象。在19世纪60年代和70年代，皮亚杰学说对学校教育的影响，导致了"教具"的广泛使用，如在数学课堂中使用积木与彩色木棒。当然，并不是学校里教的每个重要的抽象概念都能用积木呈现，但是计算机图形软件可以使非常抽象的概念以一种复杂精致的可视化形式来呈现。

学习科学吸收了皮亚杰的原创见解，并开发了计算机软件以可视化的形式呈现更多类型的知识，甚至一些非常抽象的学科练习、科学论点的结构、科学探究的具体步骤过程，都可以在计算机里以可视化的形式呈现出来。

在使抽象知识具体化的过程中，计算机系统也会在学生表达抽象概念知识时提供脚手架；他们的表达可以可视化或图形化，而不仅仅简单地以言语形式呈现，并且在许多情形下，概念的可视化和空间理解先于言语化的理解，并能够帮助促进言语化理解。①

---

① (美)索耶主编，徐晓东等译.剑桥学习科学手册[C].北京：教育科学出版社，2010.11—14.

二、学习错误分析的理论

对学生学习错误的分析是学情分析的核心内容。关于“迷思概念”、“学习障碍”、“认知谬误”等理论的研究，有助于我们精准分析学生在课堂里的学习错误。

(一)“迷思概念”(misconceptions)研究

1. “概念转变”的研究

根据大量的教育经验，有些主题对学生而言显得格外难，这些内容的教和学是比较困难的，并且用传统的教学方式往往容易失败。

为了学好这些主题，学生必须经历概念转变(conceptual change)的过程。概念转变与疑难问题较少的学习(如技能和事实的获得)形成对比，技能和事实的获得也许一样存在困难，但显而易见的是通过大量的纯粹学习或必要的练习就可以快速、无误、高效地提高成绩。

“概念转变”旨在帮助学生在原有观点境脉下建立新的观点，强调的重点在于“转变”而不是简单的获得。许多证据表明原有观点在多方面束缚了学习。概念转变的“概念”不能停留在字面理解上，还包括“信念”(beliefs)、“理论”等。

2. 教师应如何对待学生的“迷思概念”

在早期的概念转变研究中，大部分研究都假定学生的观点是连贯的、完整的。在这种假定下，教师除了说服学生摆脱原有的观点，接受专家的观点外，没有其他选择。不过，有一种非常不同的观点逐渐形成并产生了影响。这种观点认为：与其说学生的想法是连贯的整体，不如说可能是由许多准独立(quasi-independent)的成分组成的。与否定学生的概念不同，教师可以仔细挑选学生原有想法中有益成分，通过改进，形成规范的概念。

即使是班里最聪明的孩子也会有错误观点，这些观点是以持久的迷思概念为基础的。传统教学方式难以转变这种迷思概念。

早期形成的不易改变但错误的观点干扰了学习。在许多实例中可以看到，学生用不规范的方式来回答简单、核心的概念问题，这种较差的表现往往会在教学过程中持续数年并“根深蒂固”，难以消除。这样一些事实推动了迷思概念的许多研究。①

“迷思概念”的研究有助于教师分析学生在学习过程中遇到的困难与问题，教师可以对学生的困难与问题进行分类，找出其理解的不正确之处，然后采取措施引导学生获得正确的理解。

(二)“学习障碍”分析

学习障碍分析指的是弄清楚学习过程中所期待的学习没有出现时发生了什么，或者学生没有学习期待中的内容而是学习了别的内容时发生了什么。“学习障碍”主要包括错误学习、学习防御等。

---

① (美)索耶主编，徐晓东等译. 剑桥学习科学手册[C]. 北京：教育科学出版社，2010. 306—310.

1. 错误学习

错误学习属于学习的内容维度,指的是这样一种学习:它在学习内容上与所希望学习或交流的并不对应。在很多情况下会出现单纯的错误学习,即不知怎么回事,出现我们平时所说的“错误理解”的状况,或者也许是未能集中注意力,使得个体没有充分理解或掌握正在进行的内容,或者在一个教育情境中,没有充分理解或掌握要求学习的东西。

美国心理学家罗伯特梅格发现了一个例子。他承担了一个开发小学电子学课程的任务。他通过对学生的预备测试发现,尽管他们都声称对电子学一无所知,但其实他们都对这门课程内容已经有了相当的知识和理解,其中某些部分是错误的知识和错误的理解。他们在没有正式学习电子学的情况下,都曾学习了有关电子学的一些知识——其中一些是错误的。

然而,这个例子还只是关注了最为切实和容易被强化的错误学习,如果我们察觉了这些错误学习的话,它们相对来说就比较容易去纠正。当然也有可能比较严重的,因为如果一个人在错误基础上积累了更多信息,就会自然而然地错误理解下去。举个例子来说,在诸如数学这样的一个学科中,我们很容易看到一个简单的错误学习是如何导向了另一个错误学习,因此大面积和错综复杂的正确与错误理解的矛盾结构就建立起来。这会强烈地促使学生最终放弃学习,他所学到的主要就是“我就是没法理解数学”。

不过如果我们去看看其他学科或领域,情况很快就变得更为复杂。例如,在对一个文本的解释有多种不同可能性的情况下,什么是错误学习呢?并且在个人层面,有着无穷多的发展可能性,没有什么可能性能够被断言是正确的,但有一些可能性,如果后来导致了当事人的严重困难的话,则可以被理解为错误的或有问题的。

在错误表现得明白无误的情况下,一个人当然能够努力去避免它们,并且在已经发生了错误的情况下努力去纠正它们。但学生所学到的总是有所不同的,因为学习总是新的东西结合到早已存在的东西上的——这种早已存在的东西在人与人之间是千差万别的。在大多数情况下需要共情、对话和宽容,才能充分把握学生的学习错误。

2. 学习防御

学习防御主要是与学习动机相关。它们可能会以下述方式发生:学习被阻止或被大量无意识心理机制所扭曲,这些心理机制是用以保护个体免于学习的,这些学习出于某种原因可能是威胁性的、限制性的或以其他一些方式对维持心理平衡添加了紧张压力。

在学习方面,防御机制首先伴随着拒绝,即一个人很简单地不把当前的刺激纳入到意识当中去;出于这样那样的原因,他不愿意接受它们,或和它们一起卷入进去,并且忽视它们。所以很自然地也就没有学习会发生。对主观上很重要以及也许不得不多次重复拒绝的场合,就会出现一种阻塞的性质,并且也许会呈现出诸如恐怖症这样的神经质特征,常常伴随着强烈的焦虑反应。

但是，比阻塞和恐怖症更为普遍的是这样一种反应，它在某种程度上更为精心加工了，可称之为扭曲，即不能接受的刺激不被感知为它本身的意义，而是扭曲为某种可以接受的东西。与此有关，我们应该提及一种皮亚杰称之为扭曲性同化的特殊现象，这个概念指的是儿童同化到他们的希望和幻想之中，而不是到现实之中。

这种扭曲性同化在大部分情况下将在后来得到纠正，没有什么大问题。但是另一种扭曲性同化的形式在成人与儿童中间都会广泛发生，发生在一个人偶然碰到与现有认知结构不相匹配的情境或刺激的时候。在这种情境下，根据皮亚杰的理论，他应该进行一种顺应，从而能够将认知结构与现实达成一致。但是相反，经常出现的情况是，个体会拒绝或扭曲这种刺激以使它们适合现存结构，从而以同化过程的手段"管理"它们，比起顺应来，这种同化过程要求比较少的能量，也比较少麻烦。

这种扭曲性同化，通常它的出现是与我们称之为偏见的东西联系在一起的。偏见伴随的是一种对某个特定主题建立起来的错误理解，个体要放弃它的话会耗费巨大的代价。因此，个体会系统性地扭曲那些与此相矛盾的刺激。

伊列雷斯指出，在教育情境中，这样一种防御机制可能会强烈地促使一些参与者拒绝教学。一般来说，防御也许是一种最能促使学习不发生或变成不同东西的心理机制。而且，作为一种规律来说，需要有高度的安全感、许可和动机来克服这种防御，因为在某种程度上需要它来维持自我价值和身份认同。①

(三) 错误的认知过程

班杜拉认为错误的认知过程的形成主要有以下几方面原因：

(1) 儿童倾向于根据表面现象评价事物，因此就可能形成错误的信念。因此，他们会得出结论，认为一个高而细的烧杯比一个矮而粗的烧杯能容纳更多的水，因为在他们看来，"更高"就意味着"更大"，儿童还没有习得守恒原则。

(2) 当信息来自有限的证据时，思维就会发生错误。班杜拉举了下面这个例子："从大众传播媒体传送的图像中学习是一个很恰当的例证。人们从电视对社会的表达中部分地形成了关于社会现实的印象，而对这些现实他们很少或没有接触过。由于电视中的世界充斥着很多的坏人和无耻之徒，它能歪曲对真实世界的认识。"错误信念一旦形成就成为永久性的了，因为持有这些信念的人会去寻找持有同样错误信念的个体和组织，不时出现的各种崇拜和异教组织就具有这种特征。此外，错误信念一旦形成，就成为自我实现的预言。例如，如果人们认为他们是愚蠢的，他们就会寻求经验并从事支持其信念的活动。

(3) 思维中的谬误可能来自对信息的错误加工。例如，如果人们认为所有的农民都缺乏智力，那么他们必然会得出结论，认为任何一个特定的农民都缺乏智力。

---

① (丹) 伊列雷斯著，孙玫璐译. 我们如何学习：全视角学习理论[M]. 北京：教育科学出版社，2010. 168—187.

因为前提是错误的，所以这个推论也是错误的。但是，一个人也可能从正确的信息中作出错误的推论。换句话说，即使人们拥有正确的信息，他们的推论也可能是错误的。有一个例子，黑人的失业率高于白人的失业率，但从这个事实得出结论认为黑人比白人缺乏动机就是错误的。①

三、个性差异分析的理论

对学生个性差异的识别与分析是学情分析的重要内容，只有在把握学生个性差异的前提下，教学才能增强针对性。

(一) 个性差异(Individual Differences)的分析策略

所有教育工作者在进行教育时都面临这样一个事实：没有两个学习者是完全相似的。在每个教室里，学生在许多方面各不相同，这影响到他们学习的好坏。学生在视力和听力的敏锐度、智慧和思考方式、兴趣和志向、动机、精力的充沛程度、感情的稳定性、家庭背景及其他许多方面各不相同。要使教学具有针对性，就需要对学生的这些个性差异进行分析。个性差异的分析策略包括以下四个方面：

1. 确定哪些差异是重要的

在生理特征、心理能力和知识、情感和社会文化条件等广阔的范围内，个人之间的情况可能千差万别，但是对于具体的课堂教学来说，只有有限的几个方面是重要的。因此，首要的任务是确定在促进学习者的发展方面，哪些差异是重要的。在作出决定的过程中，个别差异的影响可以是直接的，也可以是间接的。

当一个人的特征直接决定他学习或完成一项任务的好坏时，这种影响便是直接的。下面举出五个直接影响的例子，前两种差异能提高学习者的成绩，而后三种差异则妨碍成绩的提高：① 一个16岁的少年足球踢得比同龄人好，因为他生来体魄健壮，还因为他在过去10年内接受了足球方面的专门训练；② 一位姑娘歌声甜美，因为她对音调差别的感觉特别敏锐；③ 一个12岁的孩子掌握不了乘法，因为他的智力比大多数12岁的孩子差；④ 一个6岁的女孩不能玩需要跑动的游戏，因为她在婴儿时期左腿受到严重伤害；⑤ 一名大学生上不了微积分课，因为他以前没有学过为理解微积分所需要的代数概念。

当一个人的发展不是由他所具有的某些个别差异决定，而是受到别人对这些差异的反应的影响时，那便是间接影响。下面四个例子中，第一个例子表明个别差异有助于达到个人的目标，而另外三个例子表明这种差异妨碍达到目标：① 一名高中女生被邀请参加剧社并学习专门表演课，因为戏剧教师认为她是全校最美丽的女孩；② 一名黑人中学毕业生未能达到学电子工程的目的，因为国内的大学只招5%的黑人学生；③ 一名希望当警官的年轻妇女得不到这种机会，因为在她的国家的文化中，警察工作被认为对妇女是不合适的；④ 一个生来下巴畸形的孩子被家里

---

① (美)赫根汉，奥尔森著，郭本禹等译. 学习理论导论(第七版)[M]. 上海：上海教育出版社，2011. 289—290.

人长年关在家里,不许他与其他孩子一起玩耍或上学,因为他家里的人觉得,孩子的畸形面貌和口齿不清会使他们感到尴尬,所以这个孩子未能在社会上和学校里学到本领。

如果一名教师能认识到在某一文化背景下和在个人年龄阶段上哪些差异对个人的发展具有最大的直接和间接影响(积极的或消极的影响),那么他们就将大力提高教学的精准性和有效性。

2. *差异分析的方法*

(1) 测量差异程度。

要区分两种不同的差异分析:一是分析成绩或结果,即达到目的的情况;二是分析原因,即哪些因素有助于取得成绩或影响成绩。第二种分析是为了解释发生第一种情况的原因。

第一种分析,可以提出一个问题:“作为教师,我希望我的学生学些什么?”测量这种结果的典型方法是测验健康状况、学业成绩、基本技能等。除了这些测验以外,还有其他的估计方法,比如用计分手段来记录一个人表现某种看得见的技能(唱歌、运动、演讲、表演、主持小组讨论、解决问题)的情况或者估计某人创造的成果(文学作品、研究报告、音乐作品、绘画、农产品、科学展品、建筑设计)的质量。这些方法有一个共同的特点:都是测量个人本人,而不是测量他的环境。

第二种差异分析,可以提出下列问题:“个人或个人环境的哪些特点对一个人实现理想的目标或取得理想的结果会产生很大的影响?”估计这些特征有两种方法,第一种方法的重点是人,第二种方法的重点是人的环境。对人的特征的典型测量手段是测验智力和癖性、兴趣、个性或气质、态度和情绪的稳定性。此外,可以根据对个人的观察来测定同样的特征和其他特征(对现实的看法、社交技能、积极进取心、饮食习惯)。

对环境的分析,可以通过观察和谈话对重要的环境因素作出估计,在一张表上或单子上把结果以文字描述(叙事记录、谈话总结)或记分的方式记录下来。环境因素通常包括父母的态度和抚养孩子的方法、家庭的社会经济地位、学校教室的环境、教师的教育方法和实施纪律的方法、其他孩子的行为模式、个人的娱乐方式以及家庭的卫生和营养习惯等。

(2) 确定差异之间的关系。

主要是发现两种或两种以上的特征之间有多大的关系,比如智力和阅读技能之间有多大的关系。如果在一个孩子的发展中能够发现问题产生的原因,那么就有希望改变原因,以使问题得到解决,或至少将其影响降到最低程度。

在研究原因时,最重要的关系便是成绩(各种结果)和影响成绩的因素(各种输入)之间的关系。

确定原因这项工作的主要困难在于,取得的成绩几乎都不是一个原因造成的。因此,确定原因的任务不仅要寻找出有关的因素,而且还要确定哪些因素是最有力的。虽然要找出造成学生学习困难的所有原因大概是不可能的,但是,如果至少能找出最有力的因素，那么就有希望大大减少困难。近几十年来，为了帮助找出多种原因和确定其在造成个人差异方面的有关影响，已制定出了各种调查方法和统计方法。

在寻找原因时遇到的最头痛的难题之一是怎样区分因果关系和偶然性关系。仅仅发现两个变量之间有关系并不意味着一个变量的变化是由另一个变量的变化引起的，这两种变化可能只有偶然的或一时的关系。

因此，懂得两个变量之间的关系是不够的，还需要确立令人信服的论点，即一个变量是引出另一个变量的原因。在确立这种论点时历来应用的一个原则是，除非在某种结合中一个变量（效果）非等到其他变量（多种原因）都出现时才出现，否则其关系就不是因果关系。关于人的发展、学习和个性的理论基本上都是为了合理地解释各种原因及其明显的效果之间的联系方式而提出的建议。

3. 合理利用分析结果

估计结果的一种用途是利用估计材料来估计发展或学习困难的原因，以便克服困难。对估计结果的另外三种重要用途是：① 确立标准；② 对人进行挑选和编组；③ 测量在达到目标方面取得的进步。

从促进人的发展和学习的观点看，了解个别差异的原因的目的在于确定哪些因素是可以改变的和应当改变的。在考虑这个问题时，区分科学家的目标和实践者（教师等）的目标是有益的。前者谋求了解生活本身的性质，后者谋求帮助个人过更加圆满的和富有成就的生活。这种差别可以用哲学家所谓的原因无限后推法来解释。无限后推的观念是，在每一个原因的后面，都有一些可以无穷追溯的复杂的根本原因，“纯”科学的任务是对根本原因进行无穷的追溯，以解释宇宙和生活的全部性质。但实践者的任务是只在一定程度上追溯原因，即追溯到足以找出下列基本要素为止：① 可以适当地加以影响或改变的基本因素，以便促进个人的福利；② 不能合理地加以改变的基本因素，以使个人必须接受现实的因素，并在这些因素存在的情况下，尽可能地处理好自己的生活。①

总之，教师在进行学情分析时应对能改变的和不能改变的原因加以区分，并根据这种区分来分别对待，那将是大有裨益的。

（二）个性差异对教学设计的影响

学生中的个体差异对教学设计者提出了一个普遍而深刻的问题。学生的智力和能力，已有的一般和特殊的知识、兴趣、态度和动机，以及学习过程中个人的思维和工作方式，等等，各不相同，这转而会直接关联到他们的学习进步，且往往造成学习上的严重差异。这些关系意味着个体的先天条件在某种程度上是学生能否从所受到的教学中获益的条件。从古代开始，教学理论专家和实践者就注意到这些关系，其中一些人还开发了一些方案来让教学适应个体差异。但是，实际的教学实践

① 中央教育科学研究所比较教育研究室编译. 简明国际教育百科全书（人的发展卷）[C]. 北京：教育科学出版社，1989. 42—53.（1997 重印）

大部分仍然采用的是固定不变的格式，如果说还有适应性的话，也只在一些小方法上适应了个体差异。学生们通常被要求去适应给定的教学系统，一些人适应了，而一些人没有适应；一些介于两者之间，还有一些则被淘汰。

个体差异涉及认知能力、成就动机和意志定向、个人风格和策略的某些方面，所有这些相关的个体差异总称为"性向"(aptitude)，该术语表明一个人当前状态的基本方面，即为以后在某些特定学习情境下获得成就而作的准备。

必须注意到，在教学中学生性向的个体差异的最初两个基本点得到最新研究的有力支持。第一，个体差异比通常借助普通思维即可搞清楚的单一层面的智力和动机概念更为复杂。第二，性向的个体差异不仅预示着教学中的学习差异，也与不同的教学处理(instructional treatments)相互作用，就是说，它们分别与不同教学设计下的学习结果相关。

性向差异及其与教学处理的交互作用能被教学设计者潜在地用来理解、评价和改进教学，这样做是为了所有的在特定教育和训练情境下的学生。

学生个体的性向差异与教学设计的关联性可以转化成以下 5 个问题：

(1) 如果给定教学方案、学生数量、社会和制度背景，性向差异是否能预示在该情境下达到目标成就的个体差异？

(2) 教学目标是否适合所有学生，特别是，是否适合那些能力不足(inaptitude)并被认为无法达到这些目标的学生？

(3) 因为个体差异不受即时目标(immediate)的达成所控制，那么，尤其是在学习的保持、传递和丰富方面，这样的教学方案是否会维护或产生不公平？

(4) 相对于其他可选方法而言，是否有学生受到这个教学方案的特别伤害和负面对待？

(5) 是否存在其他可选的有助于达到相同教学目标的设计，而且会消除性向不足、失败、不公平或其他上述负面结果等问题？①

这 5 个问题提供了在教学设计和评价中利用个体差异的基础。我们的教学设计和实施缺乏"个体差异"这个向度，在确定教学目标和组织教学活动的时候没有去追问这 5 个问题。如果在教学之前的设计阶段能够思考这 5 个问题，就可以将学生的个性差异融入到教学目标和教学活动中，教学的针对性和有效性将会显著提高。

第二节 学情分析的课程与教学理论基础

学情分析与具体的课堂教学活动密切相关，因而其理论基础也涉及课程与教学理论。尤其是对学生学习状态的分析，需要以学习经验与学习活动的相关理论为基础。

---

① (美) 理查德·E·斯诺(Richard E. Snow). 个体差异[J]. 收入《教学设计的国际观》第 1 册，(美) 坦尼森、(德) 肖特、(德) 西尔、(荷) 戴克斯特拉主编，任友群等译，北京：教育科学出版社，2005. 241.

一、经验分析的内容

课堂教学中的“学情”主要体现在学生的经验活动中，“经验”是学情分析的核心概念。

经验以一种重要的方式，覆盖和集合了学习的三个维度（内容、动机、互动）。经验具有内容和知识的重要因素，即我们获得或理解某些我们认为对自己来说重要的东西。经验也拥有一种相当强的动机因素，即我们需要在动机和情感上确保学习得以发生。经验还拥有重要的社会和人际交往因素，即我们所学习的不仅仅对我们个人来说有重要意义，而且也是有关我们自己与所生活的世界之间的联系的。因此，经验的特征是通过以一种重要方式合并横跨学习的三个维度来体现的。

深入界定经验的概念可以通过讨论两种最为重要的视角来达成。首先是1900年代发展于美国的进步主义视角，哲学家和教育学家约翰·杜威对它作出了特殊的贡献。其次是德国社会学家奥斯卡·耐格特的视角，他的研究工作是对法兰克福学派批判理论的扩展。

杜威的大多数教育实践与理论发展于20世纪的最初10年，后来他在著作《经验与教育》中研究了经验的概念。杜威强调了经验的连续性与互动性原则，他认为经验的连续性原则意味着，任何的经验都是那些过去所发生的继续，同时也以某种方式修正后来之物。而经验的互动性则意味着在个体和与此同时构成他所处环境中的事物之间发生的一切。

不过，尽管提及了互动，杜威的经验概念还是常常受到诟病，认为它是个体主义的，缺乏一种社会性的维度。而且也正是在社会领域，耐格特的经验概念以一种决定性的方式超越了杜威。耐格特认为经验是一个过程，我们作为人类通过这个过程，以个别和集体的方式有意识地掌握现实，掌握对这个现实的不断生活化的理解，掌握我们与它的联系。经验是一种复数的存在。当我们作为个人获得经验的时候，我们也在通过一个社会建构起来的意识来获得经验。

杜威和耐格特经验理论间的不同并非存在于经验本身的实际本质上，而是存在于当下的社会结构实际上如何影响经验形成的问题上。

伊列雷斯认为，一般来说最为重要的是要检验出与学习有关的经验概念的整体性。这个概念原则上包括学习的所有方面，包括内部心理获得过程和社会互动过程、内容相关的方面和动机方面，以及所有形式的学习和所有形式的互动。但是要把学习描述为经验过程，就必须满足以下标准：

首先，学习在内容、动机和互动的学习维度方面，必须具备相当的主观性意义。

其次，学习必须是一个连贯过程的一部分——如杜威所指出的那样，必须有一种连续性。即使我们仅仅聚焦于单个经验，也只有当这单个事件能够在早期经验和未来经验的情境下加以理解时，使用经验学习的表达才会有意义，因为只有这样，单个的经验才获得了它的重要意义。

其三，个体与周围环境之间的互动过程必须具有这样的性质：个体可以说是处于环境中的一个主体，即他在现场并且是自我觉知的。在实践中，这个人是否在特定环境中如此行动显然很难确定。但是原则上，在那种学习者仅仅是扮演一个消极角色，并且没有主动承担任何义务的情境下，划出这样一道界限还是很重要的。在这样的情境中，学习者是不可能学到某些东西的——在日常学校教学中有大量的例子；但是这种类型的学习不能称为经验学习，因为如果你没有作为一个主体卷入进来，那么实际上将不会出现任何双向的互动过程，取代而来的通常是所谓的填塞过程。

第四，很重要的是，经验的形成总是以社会为中介的。它不会发生在孤立的个体当中，而是必须要求一个社会情境。①

这些标准为经验分析提供了重要参照，也为课堂学习状态分析奠定了重要的学理基础。

二、课程与学习经验

(一) 学生课程经验的分析方法

埃里克逊和舒尔兹对“课程中的学生”这一主题进行了综合研究，他们在相关研究基础上，提出了对学生课程经验进行分析的几种方法。

1. 传记和自传的分析

学生的自传或传记能够真实地反映他们的价值观和人生目标。自传和传记从20世纪80年代早期开始在课程文献中居于相当重要的地位。

关于学生课程经验的传记、自传和轶事，能帮助我们了解学习者在学习中所遇到的各种各样的影响因素(如社会、文化、政治、经济、地理和历史方面的)。虽然这种方式存在一种不足，即它具有特殊性，缺乏普遍性，但是这些作品能对一个人的状况进行深入的了解，而这种深入的研究可以为其他情景的研究提供研究视角。

2. 民族志的分析

研究者运用民族志和社会学中经常使用的田野研究方法，可以了解更多的学生生活经验。民族志研究人员通过花费大量的时间在学校、其他教育场所及社区进行研究。民族志研究不仅仅关注学生在学校的生活。如果一个人将群体中的学生当作“完整的人”来理解，就必须研究学生的生活，包括学生的语言、故事和游戏。在课程研究中，这也暗含了研究应该包括学生校外的学习以及一些隐性课程因素的影响，如家庭、同伴、大众传媒，以及从体育运动到街头帮派、业余爱好到职业等非学校组织因素。

3. 实证主义分析

以经验为基础的“实证主义”研究为理解学校课程提供了一个良好的研究视角。例如，泰勒(Talyer)在对课程目标、学习经验的选择、组织模式和评价四个因素

---

① (丹) 伊列雷斯著，孙玫璐译. 我们如何学习：全视角学习理论[M]. 北京：教育科学出版社，2010. 134—139.

研究的基础上构建了课程模式。沃克尔(Walker, 1971)自然主义理论强调要以“基本观念”为研究基础,并随着讨论的不断深入,通过人与人之间的交流和对话来设计课程及确定学习者应该学习的内容。根据泰勒对教师、学生、学科知识和环境四因素分析的影响,出现了另一种对教育环境的解释。运用第二种解释,一个人可能首先应该确定在学校外的学习场景中,谁是教师,谁是学习者,学科知识的本质是什么,以及人际环境和物理环境是如何影响环境中人的特征的。

非学校课程的各种因素都影响着人们观点的形成。当人进入学校,成为学生后,如果课程开发者能够了解学生的某些观点(如非正式课程对他们已经产生的影响),学生将可能得到更好的发展。了解影响学生的校外因素能够使教育者更好地促进学生掌握应该学习的知识。

另一种理解学生课程经验的实证主义研究方法是研究不适应学校生活的学生。在这一方面,魏斯等人的主要研究对象是辍学学生;佩奇探究分轨制体系中低水平班级的学生。以上两个研究都指出,必须从社会、文化、历史因素的重大背景中来探讨问题产生的原因。

4. 批判研究和现象学解释

我们常常发现人们对社会正义的高度关注,尤其是在对学生的批判性研究中,都涉及学生参与高质量的课程经验的教育机会的公正与平等。这些研究提出这样的问题:在学校应该讲授什么知识?谁将从中获益?这些问题反映了种族、阶级、性别、健康状况、能力、地域、外貌、民族和国籍等因素,它们都是影响问题答案的最主要的因素。巴西教育家和理论家弗莱雷(Freire)的著作《被压迫者的教育学》强调了被压迫社会阶层的批判意识,以及他们具有从自己有价值的生活经历中进行学习的潜能,从而开始了新的研究基础。他记录了他与巴西农民之间的工作,尤其是他让农民提出与他们经验相关的问题,以他们认识自己世界的方式来教他们文化知识。他的理论和方法自从20世纪70年代早期以来在世界范围内得到了广泛的应用。

教育学中的现象学观点包括凡·曼恩(Van Manen, 1991)提出的“教学机智与教学策略”,该方法主要通过深入了解学生生活中有意义的教育资源来进行教学。它强调了与学生的关系,包括学生的道德觉悟、向学生学习、即兴参与学生的活动以及在教育过程中不断进行反思。这也包括了塞德拉克(1991)提出的“存在的课程”。

5. “故事”分析

教育研究者日益认识到“故事”是了解学生的一个重要资源。威瑟雷尔和诺丁斯(Witherell and Noddings, 1991)指出在教师与学习者的生活中发生着丰富的故事。威利斯和舒伯特描写了教育者的故事,而教育者在艺术和文学方面又受到了故事的影响。舒伯特和艾尔斯(Schubert and Ayers, 1992)提供了教师在与学生相处时发生的一些故事,并将与学生相处的经验称为“教师的学问”。这些故事可能是真实的生活演绎,如格兰杰(Granger, 1986)所描写的故事来源于他们的孩子在特殊教育中所遇到的情况。故事可能是作者对学校教育的调查结果,也可能是虚构的(Hesse, 1968)。无论这些故事有无真实的成分,它们也都与“民族志”一样,具有一定的解释性。科莱什(Coles, 1989)探讨了历史中“故事的必要性”,他认为,故事是道德形象的基本来源,这些道德形象可以作为教学和课程的新形式。埃甘(Egan, 1986, 1992)提出故事和想象应该成为课程的中心,而且好的教学是适合学生经验的。①

以上五种分析与研究方法所获得的成果表明:在广泛了解学生生活经验并以此为基础来设计的课程更具有坚实性;要理解学生在学校的课程经验,必须进一步探究影响学校及其课程形成的社会和文化因素。

为了更好地理解以上研究主题,已经出现了许多可以被称为“学生学”的著作。仔细研究校内外的学生生活,能够进一步地了解有关政策制定的显性课程、教师所教授的课程以及学生所理解并应用的课程这三种课程之间的重要差异。

(二) 学生课程观的研究

学生的课程观是指学生对于某一课程最基本的、本质的看法和理解,即抽象于学生个体课程经验之上的观念。既立足于学生先前的学习和认识论,又随着具体学习过程中的经验感知而变化。

自20世纪80年代研究者发现并证明了学生对于学习本身的看法(即学习观)与其采用何种方式进行学习密切相关后,又进一步发现,学生的学习方式并不是一种简单不变的学习风格,而是会根据其自身对周围不同学习情境的感知而变化。面对同一课堂中教师的教学行为、教学的目标、布置的作业、学习的评估,等等,学生会出于其自身观念产生各种不同看法。就仿佛同一间教室中重叠着许许多多不同维度的时空一样,不同学生对所学习的课程与内容有着其独特的观念世界。它不仅直接影响到学生对课程价值的感知,学习目的的确定,以及学习方法的选择,还进一步影响学生的学习结果。对具体学科内的实证研究发现,学生个体对所学具体课程的观念与其学习的动机显著相关,并以此影响其对不同深层或表层学习方式的选择。

学生对具体课程的观念是在整个课程学习过程中个体认知和行为的关键。它既形成于对这一课程认识的本身,又受到其后续感知的循环影响,支配着个体的学习行为。立足于此来理解“教师的教”与“学生的学”,我们必然可以认识到“教师的教”要通过对学生观念的循环影响才能对“学生的学习行为”起作用。因此,学生对课程的观念应该是教师和课程沟通、协商的关键渠道,对教师与课程以及学生发展本身有着极其重要的意义。

对学生课程观的研究形成了三个方面的基本结论:②

---

① (瑞典) 胡森,(德国) 波斯尔斯韦特总主编. 教育大百科全书·课程卷[Z]. 丛立新等译. 重庆:西南师范大学出版社,2011(201—206).

② 吴扬,高凌飚. 国外关于学生课程观的研究及其启示[J]. 全球教育展望(沪),2013(4).

(1) 学生对于课程现象都会主动地去理解、阐释和定位,并逐步建立起其独特的观念系统。学生视角的加入可以丰富我们对课程的认识。

(2) 学生对于课程的观念是在其课程学习过程的经验中形成并支配着其学习实践。

(3) 学生对于课程的观念是较为稳定而持续影响其后续学习的,因而也是可以被研究的。

学生课程观的研究从课程论的角度促进了对学生学情的研究,尤其是对学生学习过程中形成的更深层次观念的探索有助于揭示影响学习的诸多内在因素。

(三) 课堂学习经验的研究

美国课程论专家泰勒认为,学习是通过学习者所具有的经验而发生的;就是说,学习是通过学习者对他所处的环境作出反应而产生的。因此,教育的手段是学习者已有的教育经验。在设计教育计划以达到某些特定目标时,我们面临的问题是:要决定提供哪些特定的教育经验,因为只有通过这些经验,才会产生学习,从而才能达到教育目标。

泰勒对"学习经验"(learning experience)进行了辨析,认为这个术语,不等同于一门学程所涉及的内容,也不等同于教师所从事的各种活动。"学习经验"是指学习者与他对作出反应的环境中的外部条件之间的相互作用。学习是通过学生的主动行为而发生的;学生的学习取决于他自己做了些什么,而不是教师做了些什么。因此,坐在同一个班级上的两个学生,可能会有两种不同的经验。假定教师正在解释某一问题时,一个学生对这个问题非常感兴趣,而且把精力集中在教师的解释上,因而他能看出事物之间的各种联系,并能根据教师的解释,从自己的经验中找出某些例证。与此相反,另一个学生可能正在一心想着即将到来的篮球比赛,他正全神贯注于筹划这场比赛。显然,尽管这两个学生坐在同一个班上,但他们并没有同样的经验。教育的基本手段是提供经验,而不是向学生展示各种事物。[①]

泰勒进一步指出,经验涉及学生与其环境的相互作用,这意味着学生是一个主动参与者,学习环境的某些特征吸引着他的注意力,学生所做的,正是对这些特征的反应。人们可能会提出这样的问题:由于学生必须自己从事某种行动(这是教育经验的基础),那么教师为学生提供教育经验有可能达到多大程度呢?教师可以通过安排环境和构建情境向学生提供教育经验,以激发所期望的那类反应。这意味着,教师必须对学生已有的各种兴趣和背景有一定的了解,以便能对某种特定情境引起学生反应的可能性,进而能对引起理想的学习所必不可少的那种反应的可能性作出某种预测。教师控制学习经验的方法,是通过构建情境——会引发学生作出所期望的那种行为的情境——的方式来控制环境。因此,教师要构建多方面的情境,以便有可能引发全体学生产生所期望的经验;或者是要使经验多样化,以便

① (美)拉尔夫·泰勒著,施良方译,瞿葆奎校.课程与教学的基本原理[M].人民教育出版社,1994.49—50.

提供对班上的每一个学生都可能有重要意义的经验。这样，选择学习经验的问题，是一个确定哪些种类的经验有可能达到既定教育目标的问题，也是一个如何构建将会在学生内部引发或产生所期望的那些学习经验的情境的问题。

三、“学习活动”的研究

课堂学习活动的设计与实施离不开精准有效的学情分析，同样，学情分析要获取有效的信息，也离不开学习活动。因此，对学习活动的研究就为学情分析提供了重要的支撑性理论。

（一）“学习活动”的内涵

1. 活动是发展的中介

杜威认为，发展并不是指仅仅从心灵里获得某些东西的意思。它是经验的发展，发展成真正需要的经验。发展的中介是活动。教育本身不能直接对儿童发生影响，而要间接运用环境的力量才能起作用。社会环境由社会任何一个成员在活动过程中和他结合在一起的所有伙伴的全部活动所组成。态度和倾向的发展，不能通过信念、情感和知识的直接传授发生，它要通过环境的中介发生，当青少年逐渐参与他们所属的各种群体活动时，他们的倾向不知不觉地得到更为深刻的和更为密切的教育陶冶。可见，儿童经验的发展是以活动为中介的。

杜威进一步指出，作为发展中介的活动，主要通过以下步骤促进儿童的发展：

第一，学生要有一个对活动本身感到兴趣的连续的活动；

第二，在这个环境内部产生一个真实的问题，作为思维的刺激物；

第三，他要占有知识资料，从事必要的观察，对付这个问题；

第四，他必须负责有条不紊地展开他所想出的解决问题的方法；

第五，他要有机会和需要通过应用检验他的观念，使这些观念意义明确，并且让他自己发现它们是否有效。①

这里给我们提供了很有借鉴价值的关于活动教学方法的一般模式。正如皮亚杰所言：“个体的发展实际上就是练习、经验、对环境的作用等意义上的大量活动的产物。”②一般来说，教育、教学目标不是直接指向学生，而是要指向学生的活动，然后再绕道迂回到实现学生全面发展这个最终目的。

我们可以从活动中介理论获得启示：为了增强教学的有效性，教师可以通过对学习活动这个中介的分析来把握学生的学情。

2. 活动是一种有目的的行为

美国心理学家和教育家克伯屈运用了“设计教学”这个术语来说明“活动”这个“有目的的行为”，它强调的是“目的性”。例如：学生写信，小孩全神贯注地听故事，

---

① 田慧生，郁波主编. 活动教学研究[M]. 武汉：湖北科学技术出版社，1999. 43—44.

② （瑞典）皮亚杰著，袁晖等译. 心理学与认识论——一种关于知识的理论[M]. 北京：求知出版社，1988. 44.

牛顿根据地球吸引力的原理解释月亮的运动，德摩斯梯尼企图挑拨希腊人反对菲力普，达芬奇画《最后的晚餐》，我正在写这篇文章，一男孩解决一道三角上的难题等，都是个体有目的的活动。但是，这并不排斥集体的设计活动，比如一班学生表演一场话剧，一群男孩组织一个棒球队，三名学生准备向他们的同学讲故事。很清楚，现实生活中的每一个有目的的行动都是一个设计。

根据目的强度和清晰度的变化，所有不同水平和不同类型的活动设计都有一个与它相应的目的。如果我们设想某人由完全被动从事某项活动转变为整个身心地投入这项活动，这里"设计"或有目的的行为就与完全被动和迫不得已的行动有严格的区别，要在这两者之间划定一条明确、具体的界线十分困难，并且随着注意成分的增加，心理价值的作用也增大了。

有目的的行为是意义生活的一个典型单元。虽然并非所有的目的都是积极的，但是，有意义的生活却是由目的行为所组成的，而不是由随波逐流的行为所构成的。

由于有目的的行为是民主社会中有意义生活的典型单元，所以它也应该是学校教育过程中的一个典型单元。把教育放在有目的的行为基础之上就是使教育过程与有意义的生活本身相一致，使二者成为相同的东西。

这样，有目的的行为就组成了教育过程本身。建立在有目的的行为基础之上的教育是对未来生活的最好准备，同时也构成当前有意义生活本身。①

3. *有意义的学习活动*

(1)"意义学习"活动。

奥苏贝尔教育心理学中最重要的观念之一，是他对意义学习的描述。他对接受学习与发现学习、意义学习与机械学习等进行了比较分析，强调指出，认为接受学习必然是机械的，发现学习必然是有意义的，这是毫无根据的。在他看来，无论是接受学习还是发现学习，都有可能是机械的，也都有可能是有意义的。如果教师讲授得法，并不一定会导致学生机械接受学习；同样，发现学习也不一定是保证学生有意义学习的灵丹妙药。如果学生只是机械地记住解决问题的"典型的步骤"，而对自己正在做什么、为什么这样做却稀里糊涂，他们也可能得到正确的答案，但这并不比机械学习或机械记忆更有意义。

奥苏贝尔认为，意义学习有两个先决条件：① 学生表现出一种意义学习的心向，即表现出一种在新学的内容与自己已有的知识之间建立联系的倾向；② 学习内容对学生具有潜在意义，即能够与学生已有的知识结构联系起来。这里要特别注意的是，这两个"联系"一定要是一种非任意性的、非字面上的联系，而应是实质性的联系。

任何学习，只要符合上述两个条件，都是意义学习。此外，需注意的是，意义学

---

① (美)威廉·H·克伯屈著，王建新译. 教学方法原理——教育漫谈[M]. 北京：人民教育出版社，1991. 330—332.

习与机械学习并不是绝对的，而是处在一个连续体的两个极端上，学习中的许多学习，往往处于这两端之间的某一点上。

奥苏贝尔认为，当学生把教学内容与自己认知结构联系起来时，意义学习便发生了。所以，影响课堂教学中意义接受学习的最重要的因素，是学生的认知结构。所谓认知结构，就是指学生现有知识的数量、清晰度和组织方式，它是由学生眼下能回想出的事实、概念、命题、理论等构成的。

从教学的角度看，研究认知结构，目的在于识别和控制影响意义接受学习的变量。奥苏贝尔认为，下列三种变量是须关注的：① 学生认知结构中能与新教材建立联系的有关概念是否可利用。如果可以利用这些概念，就为学习和记忆新教材提供必要的固定点；② 这些概念与要学习的新概念之间区别的程度如何，即：要防止新旧概念的混淆，使新概念能够作为独立的实体保持下来；③ 认知结构中起固定点作用的概念是否稳定、清晰。这将既影响到为新知识提供的固定点的强度，也影响学生能否对新旧概念作出区别。

可见，学生是否具有起固定作用的概念，对学习是否有意义起重要作用。在奥苏贝尔看来，对教材进行机械学习的主要原因之一，就是在学生还没有具备起固定作用的概念之前，就要求他们学习新内容。由于学生认知结构中还没有可以同新知识建立联系的有关概念，因而使得新知识也失去了潜在意义。①

(2) 先行组织者。

先行组织者是从“组织者”一词演化而来的。奥苏贝尔认为，促进学习和防止干扰的最有效的策略，是利用适当相关的和包摄性较广的、最清晰和最稳定的引导性材料，这种引导性材料就是所谓的组织者。由于这些组织者通常是在呈现教学内容本身之前介绍的，目的在于用它们来帮助确立意义学习的心向，因此又被称为先行组织者。奥苏贝尔认为，先行组织者有助于学生认识到：只有把新的学习内容的要素与已有认知结构中特别相关的部分联系起来，才能有意义地习得新的内容。

先行组织者在三个方面有助于促进学习和保持信息：首先，如果设计得恰当，它们可以使学生注意到自己认知结构中已有的那些可起固定作用的概念，并把新知识建立在其之上；其次，它们通过把有关方面的知识包括进来，并说明统括各种知识的基本的原理，从而为新知识提供一种脚手架；第三，这种稳定的和清晰的组织，使学生不必采用机械学习的方法。

先行组织者比起将要学习的新内容来，抽象性、概括性和包摄性的水平要更高些，以便为学生即将学习的更分化、更详细、更具体的材料提供固定点。除此之外，先行组织者的另一个功能是，清楚地表明同自身新的学习内容之间的联系。这一点很重要，因为仅凭认知结构中具有起固定作用的概念，并不能保证学习任务具有潜在意义，若要使学习有意义，除非学生能觉察到它们之间的联系。

由此可见，先行组织者的主要功能是在学生能够有意义地学习新内容之前，在

① 施良方.学习论[M].北京：人民教育出版社，2001.221—224.

他们“已经知道的”与“需要知道的”知识之间架设起桥梁。

由于先行组织者具有抽象性、概括性和包摄性等特征，因而，组织者对事实材料的学习，比抽象材料的学习更有促进作用。也许这是由于抽象材料本身已具有内在的组织者的原因。因此，在教学中，先行组织者的作用，部分取决于学习材料本身是如何组织的，如果学习内容本身已有内在的组织者、编排顺序是逐渐分化的（包摄性程度由高到低），那么就不必采用先行组织者了。

事实上，教材往往并不是像奥苏贝尔所设想的那样编排，但奥苏贝尔坚持认为，不论学习内容是如何组织的，只要使用包摄性水平适度的先行组织者，肯定能促进大多数学生的学习和记忆。不过，奥苏贝尔提醒人们注意：若要得到好的效果，先行组织者本身应是学生能够掌握的，因而必须用学生熟悉的语言来陈述。①

（二）学习活动情境设计

1. 活动情境的含义

情境概念是一个常见的词汇，它指称一个人或一群人和某个既定背景维系的关系。就是说，情境主要是指一个主体（一个人或一群人）和一个背景之间的互动关系。②

在学校教育中，“情境”一词在使用中常常有两种不同的含义：

一是教师和一组学生组织的某个活动（课堂情境），如一篇课文、师生之间的一次讨论、一项研究、一次评估、一次出游等；

二是针对某个既定任务，要求一个或一群学生联结起来的一组背景化的信息，如使用某些材料制作学校模型，以便在一次展览中介绍学校等。在这种情况下，“情境”一词的含义是“问题情境”，是按照一套学习来表现某个既定障碍、回应某个问题的一个情境。

学习活动情境主要是指第二种含义即“问题情境”。

而“问题情境”又有两种情形：自然的问题情境和建构的问题情境。自然的问题情境是指在日常生活中，我们每个人经常会遇到的那些真实的问题与事件，如安排几次约会的问题情境、丢了钥匙的问题情境等，这种情境又被称之为生活情境或职业情境。建构的问题情境，属于一组被计划的学习的一部分，即针对一组学习来利用情境和问题做一些事情，是在自然情境下的一种建构和改造，具有一种教学论的意图，其中有一个把问题加以教学论化的过程，比如，情境中出现的干扰性信息没有生活情境中的那么多，或者按照某个顺序向学生呈现一些信息，以让学生按照某种进度逐步克服困难。

因此，学习活动情境主要是指建构的问题情境。

---

① 施良方.学习论[M].北京：人民教育出版社，2001.239—241.

② （比）罗日叶著，汪凌译.为了整合学业获得：情境的设计和开发[M].上海：华东师范大学出版社，2010.6.

2. 活动情境的构成

在问题情境中，“情境”和“问题”是两个互为补充的概念，一方面是情境，它带来的主要就是一个主体和一个背景；另一方面是问题，它主要是通过一个障碍、一个有待完成的任务、一些要联结起来的信息来定义。在学校里，问题情境有一个明确具体的功能——为学习服务。新学习的发生正是通过让学生克服一个或一些障碍来实现的。

基于问题情境的内涵，一个活动情境主要包括两个组成部分：支持工具和命令。

支持工具是一组呈现给学生的物质因素：书面文章、插图、照片等，它包含三个因素：① 一个背景，描述学生置身于其中的环境；② 一些信息，学生将在此基础上行动，信息可以是完整的或不全的，可以是恰当的或干扰性的；③ 一个功能，表述学生作业的目的。

命令是从既定的支持工具(背景、信息、功能)出发，明确向学生提出的一组学习指示，是对学生下达要完成的任务或要解决的问题。这个任务或问题就是活动情境中的核心活动。它可以有多种形式：撰写一篇文章、完成一个方案、找出解决某个问题的方法、提出一些建议、完成一篇原创作品等。

下面的案例《自由》就包含了活动情境的构成要素：①

内容	要素
你是记者。你工作的日报着手围绕“美国，自由之地?”这一主题发表系列论文。	背景
你负责撰写一篇关于18世纪末到19世纪末这一时期的历史文章。为此，你想采访一位著名的美国历史学家。	功能
你收集了一些有关这一时期历史的恰当资料，用心地准备这次访谈。	背景
1. 在分析和比较这些资料之后，提出五个问题，并按照逻辑把这些问题组织起来，以更好地准备你的访谈。实际将向历史学家提出的问题将以这第一份问卷为基础来建构。 2. 不要忘记在其中使用在课堂上看到的一个概念(殖民、危机、增长、人口流动……)	命令
资料1 资料2 资料3 资料4 资料5	信息

① (比) 罗日叶著，汪凌译. 为了整合学业获得：情境的设计和开发[M]. 上海：华东师范大学出版社，2010. 63.

这个学习活动情境的设计，先提出一个活动的背景——假设你是一家日报的记者，报纸要围绕“美国，自由之地?”这一主题发表系列论文；然后提出要完成的这项活动的功能(目的)——你准备撰写一篇历史文章，准备访谈一位历史学家；接着进一步提供了活动的背景——你收集了一些资料，着手准备这次访谈；并提供了活动的更充分的信息——列出了你收集的五份资料。以上这些都是活动情境的支持工具部分。在此基础上，提出了两个“命令”，一是需要针对这五份资料提出五个问题，并有逻辑地组织这五个问题，准备访谈历史学家；二是需要在访谈提纲中运用课堂所学的历史学的概念。

这是一个综合性学习活动情境，以语文与历史两个学科的内容为基础进行设计，材料用的是历史知识与文章，但学生的核心活动指向的是语文，训练学生的阅读(分析文章)、写作(提炼出观点与问题)与口语交际(访谈)能力。

3. 活动情境是“心理”与“逻辑”的综合

学习活动情境一方面要体现学生的兴趣与学习心理，另一方面也要体现学科知识的学习，一个好的活动情境应该是这两方面的高度契合。杜威(1902)指出：能最好地服务于“教育即生活”的课程组织是从“心理”化向“逻辑”化发展的。杜威所认为的“心理化”是指个体或群体的兴趣、爱好、价值观和目标；“逻辑化”是指构成既有的广泛的知识和学科(正式或非正式)在人类发展的历史中所积累的知识。他认为教育在“心理”和“逻辑”之间的连续体内来回移动，而心理是课程研究中最为恰当的教育学研究起点。因此，课程设置不应该以成人所认为的学生所需要的知识为基础，而应该从学生自身的经历、需要、兴趣、爱好和疑虑入手。简而言之，应该承认，来自学生经验的问题才是真正值得研究的。

我们发现，已有的很多课程史著作都试图将学生的兴趣和爱好作为课程的重要环节，其中大多数著作都受到杜威的影响。如基尔帕特雷克(Kilpatrick, 1918)描述了能够吸引学生参与课程的“设计教学法”，在该方法中，学生以小组合作形式共同分析他们在校内外所遇到的问题。鲁格和舒马克尔(Rugg and Shumaker, 1928)提出为让学生在学习中做出重要决定所应该创造的良好环境和应该采用的方法。进步主义教育家(受杜威影响)认为，应该在充分真实了解学生的学习经验的基础上设计课程内容和方法。

霍普金斯(Hopkins)将之称为“整合”(1937)，并称整合的社会工具是“互动”。他认为整合不仅仅是学科的简单相加，而是对学校经验和学习的生活经历进行整体考虑。简而言之，整合也是杜威所认为的“心理”和“逻辑”的综合。这种互动通过学习者在对校内外的生活经历进行交流，从而促进学生经验与课程内容的整合。这种互动是建立在学生各自的生活经历基础上的，可以提高学生解决以后所遇到问题的能力。①

因此，学习情境设计的重点和难点在于促进学生“心理”和知识“逻辑”之间的“互

① (瑞典)胡森，(德国)波斯尔斯韦特总主编. 教育大百科全书·课程卷[Z]. 丛立新等译，重庆：西南师范大学出版社，2011. 201. 206.

动”或“整合”，尤其是在这种“互动”或“整合”中设计出引导学术思考的综合性问题。

4. 活动情境的三类基本参数

比利时学者罗日叶认为，合宜的活动情境应该合理设置三类参数：辨别参数、内容参数和装扮参数。① 根据这一理论，我们认为学习活动情境的设计需要处理好以下三类参数的关系：

第一类参数是辨别参数。这些参数涉及我们可以从外部观察到的情境特征：真实或模拟特征、学科领域、所寻求的教学功能、所致力发展的学生能力、所期待的作业形式、已知条件的性质、情境的开放等级；也就是说，辨别参数是可以在一个活动情境的形式上直接看到的，直接呈现在活动情境的支持工具和命令之中。

第二类参数是内容参数。这类参数一般在形式上不是直接呈现出来，而是隐含在辨别参数之后，渗透在支持工具和命令之中，只有当学生解决情境问题或完成情境的任务时才会显现出来。内容参数主要包括学习的目标，需要运用的知识、技能和态度，解决问题的方法和步骤。这类参数指引着教师对学生学习活动过程的指导与评估。就学生而言，它涉及两个方面，一方面是围绕主要任务或问题，充分调动自己已有的知识与能力去解决问题；另一方面是对最后解决问题或完成任务的质量进行自我监控。当学生在活动过程中遇到困难或出现问题时，教师需要加以引导，给予帮助。就一项具体的学习活动来说，内容参数更多的是指教师和学生需要带入活动情境中的东西，但这些东西不是随意带入的，而是要受到具体情境问题或任务的制约。

第三类参数是装扮参数。这类参数体现的是活动情境的建构特征，即为了更有效地促进学生的学习，活动情境一般都是需要对自然情境加以限制、改造与简化处理。装扮参数主要有两类，一是和情境的呈现方式有关的参数，包括图表等呈现方式、情境的表述架构、各要素之间的安排顺序、对信息和已知条件进行的处理；二是和情境激发动机的特征有关的参数，包括情境在学生看来是否有趣、他是否认识到解决问题情境的好处，等等。

依据罗日叶的情境参数理论，在课堂教学中，对一位教师而言，创造一个学习活动情境，实际就是指要完成以下任务：

(1) 提出活动所要解决的问题；
(2) 使学生明确活动的目的与意义；
(3) 提供活动的社会与生活背景；
(4) 供给活动的实物或文字材料；
(5) 激发学生的活动兴趣；
(6) 明确成果方式与评价方式。

---

① (比) 罗日叶著，汪凌译. 为了整合学业获得：情境的设计和开发[M]. 上海：华东师范大学出版社，2010. 155. 171.

这些任务就包含了三类参数，其中(1)、(3)、(4)涉及辨别参数，(2)、(6)涉及内容参数，(5)涉及装扮参数。完成了这几项任务，就给学生创造了一个“学习活动情境”。

5. 学习情境设计的四个视角

(1)“学习者中心”视角：“学习者中心”这个术语指这样一种环境，学习者们将他们的知识、技能、态度、信仰带到其中，这些学习者带来的东西在这里都必须得到足够的注意。学习者中心环境要求教师有这样的意识，即学生一开始就将他们的信念、理解、文化实践带进学习中，并且在学习的过程中建构自己的意义。如果把教学看作是在学生与教学内容之间搭造一座桥，那么以学习者为中心的教师就会时刻注视桥的两端，教师们试图了解每个学生都知道些什么、关心什么、能做什么、想要做什么。

(2)“知识中心”视角：完全以学习者为中心的环境并不是一定就能帮助学生获得他们所需要的能够在社会上立足的知识和技能。专家思维和解决问题的能力并不是由于他们有一套一般的“思维技巧”或思维策略，而是因为他们有一整套组织得很好的知识，这些知识支持他们进行计划和有谋略的思维。知识中心的环境非常认真地对待学生的需要，引导他们理解并继而使知识得到迁移，最终使他们成为有知识的人。如果教学以学习者对所学内容的最初理解作为起点，知识中心环境和学习者中心环境相互交叉。“鱼就是鱼”的故事说明了人们是怎样在原有知识的基础上建构新知识的。如果无视学生的先前知识，就很难预测他们对呈现出的新的信息会有什么样的理解。

对于孤立部分的强调，能够系列地训练学生的常规知识，但并没有教育学生理解知识的全貌，而掌握知识的全貌才能保证整合知识结构和了解知识应用的情境。摒弃通过范畴和顺序图表之类练习来学习这种单一的渐进方式，取而代之的是将学生暴露于自然的问题情境中，从这些情境中产生出学科领域的主要特点，组织一些活动，使学生能够探索、解释、扩展、评价他们的进步。

(3)“评价中心”视角：除了学习者中心和知识中心以外，有效学习环境的设计还应该包括评价中心，评价的关键原理是评价必须提供反馈和回溯的机会，而且被评价的内容必须和学生的学习目标相一致。很重要的一点是应区分两种主要的评价方式的用途。其一是形成性评价，涉及将评价(通常是在课堂教学情境中使用)作为改进教与学的反馈信息的来源。其二是终结性评价，主要测量学生在某些学习活动结束时已经学到了些什么。

适应性专门知识、学习、迁移等的研究和早期发展的研究都显示了反馈尤其重要。学生的思维要能够被观察(通过讨论、论文、测验等)，观察结果应反馈给学生。如果学习的目标是理解，评价和反馈就必须是理解。

(4)“共同体中心”视角：学习科学新近发展表明环境以共同体为中心的程度对学习也很重要。尤其重要的是人们相互间学习的标准以及持续不断地试图改进提高。我们用共同体中心这个词语表示共同体的几个方面，包括把班级作为一个共同体，学校作为共同体，学生、教师、管理人员认为与之联系的更大的共同体还包括家庭、行业、州、国家甚至整个世界。①

这四种有关学习情境的视角(即学习情境中以学习者、知识、评价、共同体为中心的程度)可以分开一一予以讨论,但是最后却需要一致起来,以它们之间相互支持的方式加以联合。如果缺乏一致性,人们就很难知道学生在学什么。学生也许在学习有价值的信息,但人们无法知道,除非学生们所学信息和评价这一信息之间相一致。

在实际的学习活动中,需要在学习情境的四个视角之间保持一致,它们之间本身是相互交叉和重叠的,互相影响。只要能保证它们之间的一致性,学生的学习无论是在校内还是在校外都能得到促进和提高。

第三节　学情分析的教育技术理论基础

20世纪50年代,斯金纳开发了教学机器。依据斯金纳的行为主义理论,第一个教育软件在60年代被设计出来。这些系统被称为计算机辅助教学(CAI),今天仍在使用。90年代期间,计算机和互联网进入了教室。

可是,直到2000年还没有一个研究能够证明,学生成绩的提高确实是因为应用计算机的结果。学习科学研究者解释了为什么教育对计算机的期待和现实相差甚远。因为大部分教育软件都是基于教授主义和行为主义学习观的,计算机起到的作用和传统教师的作用一样,软件作为专家权威传递信息给学习者。相反,学习科学认为计算机最好能够支持学习者经历和体验深层学习行为。例如,帮助学习者与他人协作,反思知识发展。教育软件是学习科学的中心,因为个人电脑的可视化功能和处理能力可以支持深层学习:

> 计算机能够把抽象的知识用具体形象的形式进行表征;
>
> 计算机工具可以让学习者以可视化、言语化的方式表达自己的知识;
>
> 计算机能让学习者通过用户界面运用和修改他们正在学习的知识。计算机以一种复杂的设计过程支持同步的表达、反思和学习;
>
> 计算机能支持视觉、听觉相结合的反思模式;
>
> 互联网能让学习者分享、整合他们的理解,并从协作学习中获益。②

在教学中应该充分发挥计算机的功能,促进学生的深度学习,而不是仅仅用计算机来进行传统的机械训练式的教学。同时也需要利用计算机来辅助教师对学生学情的分析。

---

① (美)布兰思福特等编著,程可拉等译.人是如何学习的(扩展版)[M].上海:华东师范大学出版社,2012.118—136.

② (美)索耶主编,徐晓东等译.剑桥学习科学手册[C].北京:教育科学出版社,2010.9.

一、通过计算机技术分析学情

(一) 斯金纳的程序教学

斯金纳很关注其学习理论如何运用于教学过程，他认为要想使学习过程最有效，就必须做到：① 小步骤地呈现要学习的信息；② 给予学习者关于他们学习准确性(即在一次学习体验后立即告诉他们是否正确学会信息)的快速反馈；③ 学习者能按自己的速度进行学习。

斯金纳认为使用程序教学不仅会促进学生的学习，而且能提高对教师的尊重：让教师在相同时间用相同努力教授两倍的内容，他们就会获得更多尊重。为此，斯金纳发明了一种用于呈现程序学习材料的装置，称为教学机器。斯金纳(1958)概括了使用这种教学机器的优点：

> ① 程序与学生之间存在着不断互动的情况。不像演讲、课本和一般视听教具，教学机器会诱发持续的活动。学生总是处于机警和忙碌的状态；② 像一个优秀教师一样，教学机器坚持在学生继续学习之前，必须充分理解任一给定的学习要点，无论是一个框架一个框架还是一组一组地进行。相反，演讲、课本和其他机械化等价物，在进展过程中不能保证学生是否准备好接受的知识。它只会在学生准备得最好且最愿意的时刻让学生学习。③ 如同一个有经验的教师，教学机器帮助学生找到正确答案。它部分通过程序有顺序的建构，部分通过由对口语行为的分析而得出的暗示、激励、建议等技巧来实现这一目标。④ 教学机器会如同私人家庭教师一样对学生的每一个正确反应都进行强化，通过这种及时反馈不但非常有效地塑造他的行为，而且它以某种方式保持住这种行为的强度，外行人将这种方式描述为“保持学生的兴趣”。

斯金纳的程序学习体现出以下主要特征：

> (1) 小步骤。向学习者展现少量信息，然后从一个框架或一项信息有序地向下一个发展，这就是线性程序的含义。
>
> (2) 外显反应。外显反应是必需的，这样就使学生的正确反应能得到强化，错误的反应也能被纠正。
>
> (3) 即时反馈。作出反应后，学习者立即被告知他们的反应正确与否。如果答案是正确的，即时反馈就是一种强化物，而如果答案是错误的，即时反馈就是纠正的措施。
>
> (4) 自定步调。学生按照自己的步调安排他们的学习进程。

施拉姆(1964)回顾了关于程序学习的165项研究，在其中36项关于程序教学与更传统的教学方式的比较研究中，17项研究发现程序教学更有效，18项研究发现这两种教学方式效果相同，只有1项研究表明传统教学方式更有效。因此，可以说，程序学习是有效的，至少在它被实验过的领域是这样的。①

斯金纳的程序教学为教师的学情分析提供了重要的支持，这些支持是人力较难做到的。例如，程序教学注重学生学习的“外显反应”，并能依据不同的“外显反应”调整学生的学习状态，使学生的正确反应能得到强化，错误的反应也能被纠正。还有就是程序教学能够提供即时反馈，作出反应后，学习者立即被告知他们的反应正确与否，即时呈现学生的学习状态，这也是人力所难以做到的。

(二) 个性化教学系统

斯金纳的程序教学为后人打开了一道大门，可以说利用机器或电化手段来提高教学针对性的努力在斯金纳之后一直没有停止过。

凯勒在1974年开发了个性化教学系统。像程序教学一样，个性化教学系统的方法也是个性化的，而且包括关于学生表现的快速频繁的反馈。一次个性化课程学习通常包括四个步骤：

(1) 确定课程中需要涉及的材料；
(2) 将材料划分为独立的部分；
(3) 创造评估学生掌握特定部分中的材料的程度的方法；
(4) 允许学生按自己的步调从某一部分移至另一部分。

个性化教学系统课程强调对课程部分内的材料的掌握，这通常可以通过短时集中的测验来得到论证。指导者可以要求学生在学习下一部分知识之前彻底掌握所学的知识。或者，指导者可以制定一个最低标准，例如要求学生在进行下一阶段的学习前必须掌握90%的材料内容。甚至当不要求完全掌握时，个性化课程中的学生在最后考试中一般都能得A或B，这是因为在个性化课程中，许多影响测验分数的个人因素都被排除了。如果某个学生生病了、情绪混乱、其他工作过忙或者由于任何原因而未准备好测验等，他们只需推迟关于个性化课程部分的测验。在学季制或学期制规定的时间限制范围内，学生可以按照自己的时间表自由掌握课程，而不是按照指导者规定的最后期限掌握课程。②

个性化教学系统由于突出了学生个人学习的自由度，便于教师对学生个体的差异性进行具体而详细的分析，因而增强了教学的针对性。

(三) 计算机辅助教学

当用一台计算机来呈现程序或其他种类的教学材料时，这个过程就可以被称为计算机辅助教学。接受个别指导的计算机用户可以通过设计用来传授特殊技能与应用的

---

① (美) 赫根汉，奥尔森著，郭本禹等译. 学习理论导论(第七版)[M]. 上海：上海教育出版社，2011. 97—99.

② (美) 赫根汉，奥尔森著，郭本禹等译. 学习理论导论(第七版)[M]. 上海：上海教育出版社，2011. 100.

小单元来按照自己的步调进行学习。个别指导学习要求作出外显反应并主动参与到学习材料中。只要按一下键，帮助就会出现，而且反馈是即时的。在斯金纳的程序学习和凯勒的个性化教学系统课程中发现的学习原则，也能在计算机辅助教学中发现。

计算机不仅可以用来呈现教学材料，还可以用来评估对材料学习的程度。在完成程序的某一部分后，计算机就会提供一个成就测验并进行评分，将个体的分数与学习此程序的其他考试者的分数进行比较。因此，计算机不仅能在学习过程中提供即时反馈，而且能向学生和教师提供成就测验的即时结果。根据学生的表现，教师就可以确定教学材料的效果如何并采取任何必需的矫正措施。当用教材和演讲来呈现材料并且用期中、期末考试来评估学生的学习状况时，这一步是很难轻易做到的。

通过提供即时反馈、个人注意、生动的视觉呈现和一种如同游戏一样的氛围，计算机辅助教学能够促进学生以在传统教学中无法做到的方式进行学习。有大量的证据表明，学生在计算机辅助教学中比在传统教学中学得更多，而且所用的时间更短。

事实上，计算机辅助教学正变得如此复杂，以至于很多人都认为，它能教授任何优秀教师都能教的内容。有人宣称，如果能明确规定其教学目标，即使像哲学、宗教、艺术欣赏、创造力等课题都能由计算机辅助教学来教授。热心于计算机辅助教学的学者认为，如果能让教师清楚地描述出当学生变得富有创造力或欣赏艺术时他会做什么，我们就能编制出教授这些行为的程序。

一个与计算机辅助教学相关的教育模式是“虚拟课堂”，有时称为在线教育。现在，利用计算机、调制解调器和因特网的复杂技术实现了这种可能，即让学生在离指导者或信息源很远的计算机终端，通过计算机键盘与现实的教师或程序材料进行互动。在这种教育的“远程学习”方法中，学生可以有机会阅读由指导者准备的文本材料或演讲报告，运用计算机来做练习和完成实验室任务，与指导者和其他学生在计算机“聊天室”进行互动，或者参与到由指导者准备的计算机辅助教学中。计算机技术的进步使得视听课堂的进展以及口头参与成为可能。关于在线课堂有效性的评论指出，它们与传统课堂同样有效。

不过，也有许多批评家认为，最崇高的和最想实现的教育目标是不能被轻易测量的，而且也许永远都无法完全实现。例如，米克坚持认为，正因为个性化的课程需要明确细化和可测量的课程目标，它们通常没有非常重要的目标。米克(1977)指出：

> 课程的主要目标应包括尝试着去培养学生批判性思维的能力以及分类、排序、选择、评估和将互相冲突的理想及思想联系起来的能力。学生必须学会如何学习，如何评价观点和数据，如何将所获得的信息与他/她自己的价值观以及更大团体中所出现的价值观相联系……谈论对这些目标的“掌握”程度从根本上是无意义的。[①]

① (美) 赫根汉，奥尔森著，郭本禹等译. 学习理论导论(第七版)[M]. 上海：上海教育出版社，2011. 101—102.

由此我们可以看到，计算机辅助教学目前只能帮助教师指导学生完成相对比较容易细化的具体任务，教师凭借计算机辅助教学能够分析的学情也主要是学生学习的外显状态，那些深层次的较为复杂的内隐学习状态可能还是只能靠推论来把握。

二、大数据时代的学情分析

近年来，随着互联网的飞速发展，人们越来越多的行为在网络中发生，这直接导致互联网中人类行为相关数据呈爆炸式增长的趋势，人类在不知不觉中已经进入了一个“大数据”时代。联合国在2012年发布的大数据白皮书“Big Data for Development：Challenge & Opportunities”中指出，大数据时代已经到来，大数据的出现将会对社会各个领域产生深刻影响。

在教育领域，耶鲁大学、哈佛大学、斯坦福大学等世界知名高校也启动了教育大数据相关研究计划；另外，美国学校管理者协会（AASA）携手学校网络联合会（COSN），以及全球性的信息技术研究和咨询公司Gartner共同实施了一个名为“Closing the Gap：Turning Data into Action”的项目，旨在促进学校对学生信息系统和学习管理系统中大数据的使用。为了更好地促进美国国内“大数据”教育应用，为美国高等院校及K-12学校在“大数据”教育应用方面提供有效指导，美国教育部在2012年10月发布了《通过教育数据挖掘和学习分析促进教与学》的报告。该报告从教育数据挖掘和学习分析两个方面强调了对学生学习状况分析的重要性，并指出依托大数据进行学情分析的路径与方法。

（一）教育大数据的定义

国际著名的咨询公司麦肯锡在2011年对大数据进行了定义，认为大数据是指数据量极大，以至于无法使用常规数据软件进行获取、存储、管理和分析的数据。“大数据”具有数据量大、数据多样和数据产生速度快三大特征。教育领域中的大数据有广义和狭义之分，广义的教育大数据泛指所有来源于日常教育活动中人类的行为数据，它具有层级性、时序性和情境性的特征；而狭义的教育大数据是指学习者行为数据，它主要来源于学生管理系统、在线学习平台和课程管理平台等。

（二）通过教育数据挖掘进行学情分析

通过对教育大数据的获取、存储、管理和分析，我们可以构建学习者学习行为相关模型，分析学习者已有学习行为，并对学习者的未来学习趋势进行科学预测。

1. 教育数据挖掘

教育数据挖掘是综合运用数学统计、机器学习和数据挖掘的技术和方法，对教育大数据进行处理和分析，通过数据建模，发现学习者学习结果与学习内容、学习资源和教学行为等变量的相关关系，来预测学习者未来的学习趋势。

研究者主要采用以下五类技术方法：① 预测。通过在线学习环境中学习者参与在线讨论的情况、测试情况等，预测学习者在该门课程的学习中是否有失败的风险。② 聚类。根据学习者在在线学习环境中学习困难、交互模式等将学习者分成不同的群组，进而为不同的群组提供合适的学习资源和组织合适的学习活动。③ 关系挖掘。利用关系挖掘，探索在线学习环境中学习者学习活动和学习成绩的相关关系，进而用于改进学习内容呈现方式和序列，以及在线教学方法。④ 人类判断过程简化。用一种便于人类理解的方式描述数据，以便人们能够快速地判断和区分数据特征，该方法主要以可视化数据分析技术为主，用以改善机器学习模型。⑤ 模型构建。通过对数据集的聚类、相关关系挖掘等过程，构建供未来分析的有效现象解释模型。

2. 学习分析

学习分析是近年来大数据在教育领域较为典型的应用，学习分析是综合运用信息科学、社会学、计算机科学、心理学和学习科学的理论和方法，通过对广义教育大数据的处理和分析，利用已知模型和方法去解释影响学习者学习的重大问题，评估学习者学习行为，并为学习者提供人为的适应性反馈。例如，教师和学校根据学习分析的结果，调整教学内容、对有学习失败风险的学生进行干预等。学习分析一般包括数据采集、数据存储、数据分析、数据表示和应用服务五个环节。

教育数据挖掘和学习分析应用领域主要包括：学习者的知识、行为和经历建模；学习者建档；领域知识建模；趋势分析。[①]

(三) 大数据分析使教学有效性显著提高

大数据为学习带来了三大改变：我们能够收集大量的反馈数据，追踪即时学习状态；满足真正的个性化学习的需求；基于大数据，我们可以通过概率来预测优化学习内容、学习时间和学习方式。[②] 这就是大数据改善学习的三大核心要素：反馈、个性化和概率预测。

首先是反馈数据使教学针对性得到了增强。在过去小数据时代，反馈几乎是单向度的，针对的主要是学习的结果，而不是学习的过程。大数据能够收集到过去无法获取的学习数据，并用于学习过程的处理。

其次是更好地满足个性化需求。大数据可以追踪学生的学习过程，并依据过程与历史的数据，为每一个学生的特殊需求而量身定制学习方案。

再次是对学习状况的概率进行统计分析，用来预测未来的学习。例如通过大数据绘制学习的“衰减曲线”，可帮助学生在特定时段提高学习效率。

---

① 徐鹏，王以宁，刘艳华，张海. 大数据视角分析学习变革——美国《通过教育数据挖掘和学习分析促进教与学》报告解读及启示[J]. 远程教育杂志，2013(6).

② (英) 迈尔·舍恩伯格等，赵中建等译. 与大数据同行：学习和教育的未来[M]. 上海：华东师范大学出版社，2014. 104.

第五章　学情分析的路径与方法

学情分析是教师应该具备的一项专业能力，这项能力主要表现为能够在课堂教学中基于对具体学情的诊断而改进学生的学习。学情分析与课堂教学是合二为一、一体两面的关系。在课堂教学实践中，对一位教师来说，学情分析即教学，同样，教学即学情分析。众多学者的理论研究与中小学一线教师的教学实践经验表明，通过对具体课堂教学情境中的“学情”加以分析，可以有效促进课堂教学形态的转变。与教学合一的学情分析主要有通过书面信息分析学情、通过口头谈话分析学情、通过课堂观察分析学情三条基本路径，每条路径之下均可运用大量的分析方法。

第一节　通过书面信息分析学情

课堂教学中的学情可以通过书面信息获得。书面信息包括学生课前的预习内容、教师上课过程中要求学生书写出来的内容以及学生完成的作业等，既有文字形式，也可以是图画方式。书面信息获得的学生学情状况比较稳定，便于教师通过对其中隐含的信息作出梳理与推断，为改进学生的课堂学习提供更加精准的措施与策略。通过书面信息分析学情的主要方法有书面质疑分析法、书面作品分析法、书面测试分析法。

一、书面质疑分析法

书面质疑分析法指的是先让学生在课前预习中把自己的疑难问题写在纸上，老师收集起来加以归类分析，从中发现与课堂教学内容相关的核心问题。然后在课堂上逐一加以讨论。

例如，著名特级教师钱梦龙在教学鲁迅《故乡》这篇课文的时候采取了一种书面呈现学情信息的方式——课前让学生写下自己对这篇课文初读之后的“疑难或困惑”。① 1981 年钱老师在上海市曹杨中学讲授《故乡》，课前让学生书面提出了100 多个问题，这些问题反映的是一个班级几十个学生各自的疑难与困惑，他把这

① 钱梦龙. 导读的艺术[M]. 北京：人民教育出版社，1999. 158. 160.

些问题梳理成五类：

回乡途中的“我”
关于闰土
关于杨二嫂
关于水生和宏儿
离乡途中的“我”

钱老师将学生的这些问题纳入课堂教学内容中，逐一与学生进行讨论。钱老师这种做法也充分体现了“学情分析与教学合一”的思想。在研究中我们发现，钱老师这一思想还在另一次教学中得到了印证，后来他在浙江金华四中任教同一篇课文《故乡》，让全班50多个学生在课前书面提出了600多个问题，他把这些问题归为七类：

一般疑问
回乡途中的“我”
闰土
杨二嫂
宏儿和水生
离乡途中的“我”
写景

课堂教学依据这七类问题展开。有意思的是，我们对钱老师前后两次教学同一篇课文的具体学情加以比较，发现不同地方的不同学生提出的各自不同的疑难或困惑竟然可以归为大致相同的类型。这表明，班级授课中的“因材施教”“以学定教”并不意味着一定要进行传统意义上所谓的彻底的“个别教学”，学生在面对相同内容的学习时“个体差异”是可以类型化的。换句话说，学生在教学中的“个体差异”并不是无穷尽的。对学生的课堂学习经验加以“类型化”，可以为梳理与分析书面的学情信息提供一个基本的框架。

很多研究也指出，①虽然作为独立个体的学生在学习同样内容时的差异性是显而易见的，但从“质”的方面来说，他们对特定事物的理解方式是有限的，常常可以归纳为有限的几个类别。只要教师保持一种敏感性和洞察力，密切关注学生的“学习状态”，完全有可能梳理出学习类型，并针对不同的类型加以引导，帮助识别并掌握核心的学习内容。对学生课堂学习经验的类型化的寻求自然会引发教师因应学情开展教学时的类型化处理，若能对教师从“寻求”到“处理”这一连续的过程加以

① 卢敏玲，庞永欣，植佩敏著，李树英，郭永贤译. 课堂学习研究：如何照顾学生个别差异[M]. 北京：教育科学出版社，2006. 28.

更多的观察，从中提炼出相应的类别，那么基于“学情”的课堂教学形态就会得到更加稳定而清晰的呈现。

二、书面作品分析法

书面作品分析法指的是教师给学生布置任务，让学生写一段文字或一篇作品，教师收集起来进行分析，从中发现与课堂教学内容相关联的问题，并将其融入教学过程中。

例如，有位教师任教人教版初中一年级课文《喂——出来》时采用了让学生课前“续写故事结尾”的办法来探查学情。① (详见本书第七章)这是一篇科幻小说，故事本身很有趣味性，尤其是故事的结尾“意犹未尽”，创造了“耐人寻味”的艺术效果。教科书中在这篇课文之后的“思考与练习”要求学生学完课文之后“续写故事结尾”。大多数教师在教学中通常是按照教科书的要求，把“续写”作为课后“延伸与拓展”来处理。但这位教师把这个要求作了“前置”处理，让学生在教学之前“续写故事结尾”，通过对学生依据自身阅读经验各自写出的“结尾”的分析，梳理了好、中、差三种不同的类型，并将这些凝结了学生初始阅读经验的“结尾”纳入核心教学内容，组织了一个核心环节来讨论交流。在讨论与交流中针对不同的学情来提升学生的阅读经验。这位教师认为通过这个“前置”处理，既可以激发学生探究情节的兴趣，让学生完成情节梳理的教学内容；又可以通过学生补写的情节，真实窥探学生对小说理解的程度和层次。这位教师的做法其实就是“学情分析与教学合一”理念的实践方式，教学活动中体现了对学生学情的充分关注，而对学生学情的探查又是通过教学来完成的。只有对学生在课堂里的“学情”探查到位，教师组织的学习活动才具有针对性，真正以“学”为基点的课堂教学形态才能形成。

三、书面测试分析法

书面测试分析法指的是教师依据教学目标和教学内容编制测试或作业题，让学生在课堂学习之后完成相关的测试或作业，从测试结果中分析学生的学习情况。

(一) 从测试中分析学情

例如下面的案例《教了也不会，为什么》②，教师对一道测试题的完成情况进行分析，发现了与教学相关的问题。这道题如下：

埃及的金字塔(节选)

埃及各个王朝修建的大大小小的金字塔共有70多座，其中最大的是开罗近郊的胡夫金字塔。这座金字塔高146米，相当于40层高的摩天大厦。绕金字塔一周，差不多要走1千米的路。塔身由230万块巨石砌成，这些石块平均

① 陈忠文. 让学情分析走进文本解读与教学设计[J]. 语文学习，2015(2).
② 王祥连. 教了也不会，为什么[J]. 人民教育，2011(18).

> 每块重 2.5 吨。有人估计，如果将这座金字塔的石块铺成一条三分之一米宽的道路，可绕地球一周；如果用火车装运，需要 60 万个车皮。这些石块磨得很平整，石块与石块之间砌合得很紧密，几千年过去了，这些石块的接缝处连锋利的刀片都插不进去。为了建造这座金字塔，经常有 10 万人在烈日暴晒下干活儿。全部工程用了整整 30 年时间。
>
> 题目：开罗近郊的胡夫金字塔具有__________的特点。[参考答案为"宏伟、精巧"]

任课教师表示，这段材料是课文的重点段落，教师在课堂上都带领学生精读学习过；另外，课文中紧接着这段材料的过渡句是"如此宏伟而又精巧的金字塔，是怎样建造起来的呢?"中就有"宏伟、精巧"这两个词，老师上课时都"点击"到此句并突出了这两个词，有的教师就是抓这句进行第三自然段的"精读"。按常理推测，此题正确率应当不低于 80%，可结果却让人大吃一惊。

年级组的老师调查统计了四个班的答题情况，大多数的学生只能写出"高大宏伟"这一点，能够完整地写出"宏伟(高大)、精巧"这两方面答案的比例最高也就 42%，最低则只有 14%。与预期结果相差如此之大！明明都已经重点讲过，还不会做，为什么?

任课教师通过对学生的调查发现，学生之所以答不出来，除了粗心、随意等惯常原因外，其主要原因在于学生缺乏独立阅读和对信息整体把握、有效整合的意识、习惯和能力。

任课教师把这些情况与课堂教学联系起来分析。以下是三位老师在讲授本段课文时的教学过程：

> 教师 1(学生答题正确率 14%的科任教师)：① 找出过渡句"如此宏伟而又精巧的金字塔，是怎样建造起来的呢?"② 让学生找出表现金字塔"宏伟"的语句，品析。③ 让学生找出表现金字塔"精巧"的语句，品析。
>
> 教师 2(学生答题正确率 42%的科任教师)：① 请学生自读这一自然段，说说金字塔有什么特点?（试着概括）② 学生只说出了"高大宏伟"这一特点，教师追问：你是从哪里体会到的? 于是学生找到有关语句阐述。③ 教师再问：你还从哪儿体会到金字塔的其他什么特点? ④ 学生再次阅读，回答：从"这些石块磨得很平整……连锋利的刀片都插不进去"体会到"石块砌合得很紧密"。老师要求用文中的一个词来概括这一点，学生找到了"精巧"一词。教师小结，练习朗读。
>
> 教师 3(学生答题正确率 25%的科任教师)：① 请学生自读这一自然段，说说金字塔给你留下的印象。② 学生说出了金字塔"多""高""大""雄伟壮观""工程浩大""坚固""耗时长，付出的艰辛大"等，老师请同学一一说出自己从哪儿体会到的。③ 当教学到第 4 自然段时，请同学画下这段的第一句，说说有什

么特点。④ 当学生体会到这是过渡句时，教师让学生再去第 3 小节找写金字塔“精巧”的语句，简要说说体会，分析讲解。

结果发现，不同教师不同的教学过程产生了不一样的教学效果。最后分析到主要问题为：阅读课上，注重的是“教课文”，而不是“教阅读”。教师忽略了以课文为载体，培养学生的阅读能力。让学生围绕老师提出的一两个主问题去课文中寻找印证的“点”，学生满足于找一个个零星的“点”，如教师 1。老师让不同的学生谈不同的点，等到所有的“点”由不同的学生谈完，教师就认为完成了教学任务，教师往往不注重教学内容的事例，更谈不上让学生进行整合训练。长期下来，学生学习行为就是“点状思维”训练。

从这个案例中我们可以看到，把学生课后作业或测试的情况与教师的课堂教学关联起来加以分析，有助于教师找到课堂教学问题的症结，有助于教师改善课堂教学。

（二）从作业中分析学情

语文作业是语文课堂教学过程的一个重要环节，一方面，它具有对知识的复习、巩固、深化的作用，是课堂教学中培养学生语文能力的一个重要的关节；另一方面，它也是对学生学习情况的检测与评估的一种重要手段。然而，在现实生活中，作业的检测和评估作用往往被忽视。如何正确发挥作业的检测评估作用，通过作业的反馈来观照阅读教学的改进，是需要我们在实际教学过程中不断探索的问题。下面是胡瑛老师对人教版初中语文课文《老王》教学中的学生作业进行分析的案例，[①]从案例中我们可以看到学生的作业状况与教师教学之间的关联。

1. 学生“作业样本”的基本状况

胡老师在教授《老王》这一课后，布置了两道作业题目：

(1) 文章第 10 段中写到鸡蛋时，作者说：“我记不清是十个还是二十个，在我记忆里多得数不完。”老王送的鸡蛋真的“多得数不完”吗？作者这样说有什么含义？

(2) 老王送东西给“我们家”表达谢意，本“不是要钱”的。可他为什么又收了“我的钱”？请你揣摩一下老王当时可能的想法，并说说老王是否知道“我”是否领受他的谢意？

两个班一共 89 人的答题状况如下表：

表 5-1　答题状况统计表

	回答内容完整	回答部分正确	回答不正确
第一题	25%	45%	30%
第二题	22%	40%	38%

① 本案例由浙江省宁海县潘天寿中学胡瑛老师施教完成，详见：基于“作业样本”分析的阅读教学反思[J]. 语文学习，2015(12).

第一题的回答，只有 25%左右的学生能够比较清晰而完整地回答出问题，大部分学生仅仅只能答到“老王没有多得数不完的鸡蛋”，却无法说清楚作者说老王有多得数不完的鸡蛋的意图，多数学生只会笼统地回答“这体现了老王的善良”。而第二题的答题，仅 22%的学生能够清楚老王收钱举动的内涵和适当揣摩老王的心理，大部分学生只能停留在老王是知道我领受他的谢意的，但是没能够讲清楚老王收钱的初衷，并在揣摩老王心理的表述上不够贴切。

从两个班级学生作业中抽取的三个梯度作业样本如下：

第一题：

回答内容完整：老王生活困窘，没有“多得数不完”的鸡蛋，作者这样说，指的是鸡蛋凝聚了老王真挚的心意，数不尽的是“心意和情谊”。

回答部分正确：老王都病成这样了，还给我们送鸡蛋和香油，还记着我们，写出了老王对我们一家的好。

回答不正确：这表明了作者的善良。

第二题：

回答内容完整：老王知道杨绛领受他的谢意，他拿钱，是想让杨绛能够心安理得地接受这些东西。他心里会想：唉，我时日无多了，我也早已把你们当作我的亲人了……

回答部分正确：老王知道杨绛接受谢意，知道他的举动没有恶意。

回答不正确：老王拿钱也许是出于对我的同情吧！

按照常理推测，这两道题对学生来说应该不算难题，而且在教学中也讨论到了相关内容，但是为什么准确率这么低？

胡教师回顾与反思了自己从备课到教学实施的整个过程，发现了“教”与“学”之间的诸多不对称现象。

2. 教学过程回顾

(1) 学情分析。

胡老师通过收集和整理学生课前的提问，以学生的提问和困惑为基础，分析学生的学习起点，然后将学生的困惑穿插进教学过程之中。

学生提问：① 老王的善良体现在哪里？② 如何理解最后一句话？③ 老王临死了还为什么要送香油和鸡蛋，却不跟“我”道别呢？④ 我想起老王会感到不安，“不安”从何而来？⑤ 第六段，为什么老王不肯收钱？⑥ 作者一家是如何对待老王的？⑦ 老王为什么执意不肯要“我”的钱？⑧ 作者为什么说自己拿钱去侮辱他？⑨ 为什么对老王进行这么深刻的外貌描写？⑩ 本文的语言特色是什么？

从学生的提问中，可以知道学生能够对老王的善良有所体察，明白从语言的层面对文章进行剖析，了解作者对老王的一种愧怍的情感，但是学生对于作者沉淀在言语和行为背后的情感的把握不到位，语言的品味还是需要再引导。

依据学情和体式确定了教学目标：① 学生能够抓住关键语句进行品味，感知老王的不幸和善良；② 学生能够通过作者对老王的言行，体认作者饱含的复杂情感。

(2) 教学过程中的“重点镜头”回放。

片段一：

师：老王的“不幸”体现在哪里？请同学们找出具体的语句加以分析。

生1：文章的第二段“他是单干户，他靠着活命的只是一辆破旧的三轮车，有一个哥哥，死了，有两个侄儿，没出息，此外，就没什么亲人了”。可以看出，他孤苦无依，生活贫困。

师：是的，从这里看出了老王孤苦无依，生活贫困。

生2：文章的第三段：老王只有一只眼睛，另一只是“田螺眼”，瞎的，乘客不愿坐他的车，怕他看不清，撞了什么。可以看出，老王残疾，并且生意惨淡。

师：嗯，对的。从这里我们又看到了老王有眼疾，而且生意惨淡，没什么人愿意光顾他的生意。

生3：文章的第三段：有人说，这老光棍大约年轻时不老实，害了什么恶病，瞎掉了一只眼。从这句话中，我可以感受到周围的人对老王的一种嘲讽和蔑视，周围的人的冷漠，大家都不理解他。

师：这一点品析得很到位，我们从这个句子中看出，他周围的人都好像戴着有色眼镜，怀着嫌弃的态度来看待老王的，他的不被大部分人所接纳，所以也是不幸的。

片段二：

师：联系全文，请说说老王的“善良”表现在哪里？

生1：文章的第5段：老王给我们家送冰，分量多，还帮助我们搬冰，从来不欺负主顾。

生2：文章的第6段：老王送默存去医院，坚决不要钱，我一定要给，他拿了钱还不太放心。从这里看出，他很会为别人着想。

生3：从老王临死前还拖着病体，来给我们一家送鸡蛋和香油，可以看出，他把我们一家看得很重，对我们很好……

3. 作业样本与教学状况关联性的反思

从学生不同层面答题情况看，为什么教学结果和教学目标相差甚远？在重新审视教学过程时，胡老师发现：

(1) 教学过程中，教学目标的落实不到位。反观教学过程，虽然教学目标写明是通过语言的品味，体悟作者情感。但是，在实际教学过程中，缺乏对文本语言的品味和有效朗读，教学手段单一，学生只是筛选出相关的句子。朗读是进入文字肌理的重要方式，通过对句子中的文字的轻重音、停顿等的处理，引导学生慢慢去触摸文字，从而感受作者情感。如在镜头回放中，老师问到“老王的不幸体现在哪里？结合语句分析”时，学生找出了相关语句，但是老师没能进一步追问：哪些字词让你觉得老王是不幸的？也没能够抓住重点的词句进行朗读训练，在朗读训练中深入语言，体会情感。因此，学生缺少独立自主地品析语言的机会。所以，在教学过程中，应该紧紧抓住语言的品味，扣住字词句的赏析，注重引导和点拨，通过朗读等不同方式来加深情感的体味。

(2) 主干问题的设置偏向于筛选、概括等显性功能层面，品味和鉴赏的能力培养是缺失的，所以学生在课堂上缺少思维的挑战。从问题的设置上看，执教者设置的都是寻找类的问题，如“老王的善良体现在哪里”“老王的不幸体现在哪里”“杨绛一家对老王怎么样”等，即停留在学生找到相关语句的程度，而不是深入文字进行细致的品析，对学生回答的进一步追问不够，品味和鉴赏的能力得不到训练。

(3) 对学生零碎回答的整合和归纳不足，缺乏阅读方法的训练。在镜头回放中可知，学生的回答是零散的，作为执教者，应该及时对学生的回答进行引导，帮助学生完整准确的表述，在多个学生讲述的时候，能够及时有效地将感受整合，并且提升，而不是简单地重复学生的回答。在提出问题之后，应该给予充分的时间让他们思考，让他们尝试表达，通过教师的帮助，提升言语表达的能力，执教者适当小结，促进学生对信息的整合与理解。在阅读教学过程中，最终的目标之一是让学生学会阅读，而不仅仅停驻在读懂文本的层次。所以，在教学中，要不断渗透阅读方法，指导学生多角度阅读，抓住关键词和关键处阅读，引领学生读懂文本，学会阅读。

4. 要充分关注“作业样本”透露的教学意图①

探讨语文课堂的教学效果，可以从“学习结果”进行反思。在学生的“学习结果”中，抽取“作业样本”进行分析，能有针对性地提高教学的有效性。

(1) 教学目标与作业设计的一致性。

2011 年版《义务教育语文课程标准》提出语文课程评价的目的是为了考查学生实现课程目标的程度，检验和改进学生的学习和教师的教学，改善课程设计，完善教学过程。可见，作业设计要考虑教学目标的设置。在上述案例中，基于对《老王》文本的解读，胡老师的教学目标有两个：① 学生能够抓住关键语句进行品味，感知老王的不幸和善良；② 学生能够通过作者对老王言行的刻画，体认作者饱含的复杂情感。她设计的作业也是两个：① 文章第 10 段中写到鸡蛋时，作者说：“我记不清是十个还是二十个，在我记忆里多得数不完。”老王送的鸡蛋真的“多得数不完”吗？作者这样说有什么含义？② 老王送东西给“我们家”表达谢意，本“不是要钱”的。可他为什么又收了“我的钱”？请你揣摩一下老王当时可能的想法，并说说老王是否知道“我”领受他的谢意？仔细斟酌，胡老师是从达成教学目标的“需要”出发设计语文作业的。教学目标的第一点对应第一个问题，“我记不清是十个还是二十个，在我记忆里多得数不完。”这是个矛盾点，通过品味这个矛盾点(关键语句)，感

① 本小节由浙江省三门县亭旁镇初级中学朱汉芬老师执笔。

知老王的善良。这个题目的设置是教师为了检测目标达成与否而设计的相应的问题。第二个问题是从老王的动作描写,感受老王被命运捉弄的不幸,以及杨绛因为这件事而引发的“愧怍”之感,对应教学目标的第二点。总体来说,教师是有意识地往教学目标上靠的,关注到作业是课堂教学的延伸,更是教学目标达成与否的检测工具。

(2) 作业批改和作业设计的一致性。

作业批改是教师了解学生学习情况的最好的方式,是教师在学习结果评估中进行“学情分析”的实质性途径,通过对学生作业样本的批阅和分析,能够深入探测到真实的学情。教师能够从学生的书写质量、答题准确率等角度,观察到学生的学习状态,以及教学目标的达成状况。

胡老师很注重总结和反思,能从学生的答题状况,反思整个教学过程中出现的问题,这是难能可贵的。她认为学生答题质量差的原因是:“教学过程中,教学目标的落实不到位”“主干问题的设置主要偏向于筛选、概括等显性功能层面,品味和鉴赏能力的培养是缺失的,所以学生在课堂上缺少思维的挑战”、“对学生零碎回答的整合和归纳不足”等,她特别提出,对文本品味、朗读得不够,学生没有真正沉到文字中去玩味,都只是表面的筛选信息,无法感受到老王所处的环境,以及杨绛内心的“愧怍”。而且上课给学生表达的机会不多,因此,这两个以自我表述为主的题目,学生做的就不理想。作业批改的方向和作业设计是一致的,统一的。从作业的批改(终点),反观作业的设计(起点),这是非常严密的教学细节。揣摩胡老师两个教学片段,教师提出“老王的‘不幸’体现在哪里?请同学们找出具体的语句加以分析”,既然是“分析”,就离不开散文教学特有的方式:朗读和品味字词。正如胡老师在“学情分析”里说的一样:因为年代相差久远,这类文本对于学生而言,很有距离感。王荣生老师说,我们无法拥有散文作者的情感,因为这是“这一个”特有的,作为读者,我们只能借助朗读、沉浸到文字中,才能体味。而胡老师实际的操作是:“是的,从这里看出了老王孤苦无依,生活贫困”“嗯,对的。从这里我们又看到了老王有眼疾,而且生意惨淡,没什么人愿意光顾他的生意”等比较笼统的总结,用孙绍振老师的话来说,学生只是在文字表面“滑行”,并没有真正的体味。“有一个哥哥,死了,有两个侄儿,没出息,此外,就没什么亲人了”,我们可以用孙绍振老师的“还原法”,品味两个“了”字背后的无奈和叹息。可以品味“死了”“没出息”背后,老王的无依无靠,通过朗读,体味老王的不幸,也能明确老王把我们家当作亲人一样来对待的原因。那么作业中,就能体会到“多得数不完”中杨绛的“愧疚”也数不完。所以,胡老师在品味文字方面引导欠缺,没有到达“情感触动”,学生的作业也就“无话可说”。

(3) 学生的需要与作业设计的不一致。

我们观察语文作业的现状,可以发现许多教师不再关注“我教的是什么”“学生学了什么”,不设计合理的作业,更多的是用课外配套的练习,来提升学生应试的能力。教师只关注应试的需要,却不关注教学目标达成的需要,不关注学生在课堂学习过程中感到的需要,导致不同层次的学生,无法得到获得知识的满足感。

胡老师在学情分析中说,“因为年代相差久远,这类文本对于学生而言,很有距离感”，所以在学生自主预习后，就这篇文章提出自己的问题，这是基于“学生主体”的做法，了解学情，是值得提倡的。但是学生的问题很散乱，胡老师也没有统计出大部分学生的疑惑在哪里，在课堂教学中，没有进行有重点的教学。在最后的作业设计中，没有对学生的问题进行反馈性的解决，只有起点，没有终点。如果能按照学生的提问，巧妙设计几个问题，了解学生学习情况，学生自己提的问题，在上完课后，自己来解决，不是很好吗？当然，他们或许在上课的时候已经解决了，但是口述和文字表达又是不一样的，让学生把自己的理解写出来，不就锻炼书面表达能力了吗？每个班级都会有层次不同的学生，教师应该针对不同层次学生的差异性来设计和布置作业，这样学生才会感觉到攻克难题后的满足，以及学习的乐趣。而胡老师在对班级答题情况进行统计的时候，“能够准确完整地答出来的人数比例只有25％”，却没有分清楚，是哪个层次学生答题的情况如此。所以，“作业样本”分析不够严谨，不能全面地反映课堂教学实际中出现的问题。

胡老师基于作业批改的反思情况提示我们，要关注“学习结果”，通过精心设计作业，对“作业样本”进行评估，分析作业与教学过程和教学目标之间的关联性，有针对性的、有方向性的思考课堂教学的缺漏之处，思考教学改进的方法，这将大力提高语文教学的有效性。

第二节　通过口头谈话分析学情

课堂教学中的师生“谈话”可以呈现大量的学情信息，教师通过这些信息可以充分把握学生“学习状态”中呈现的“个体差异”，并依据这些“差异”推进学生的深度学习。

一、通过谈话把握学生的个体差异

小学特级教师支玉恒在任教《只有一个地球》这篇课文时，采取了让学生“猜”老师的“提问”这种谈话方式，使学生在学习中的个体差异得以呈现，然后通过“读了这篇课文你心里是什么滋味，酸甜苦辣哪一味？”这个主问题进一步引导学生确认与澄清自身对课文阅读的独特经验。①

学生在“猜”的过程中分别提出了这些问题：“为什么说只有一个地球？为什么说地球被破坏了我们别无去处？有哪些关于地球的知识？为什么说我们要保护地球的生态环境？读了这篇课文有什么感想？我们今后要怎样做？这篇文章表达了作者怎样的思想感情？”支老师在与学生的谈话中帮助学生一一澄清这些问题，让学生认识到他们提出的这些问题都不是学习这篇课文的核心问题。因为这是一篇科普小品，文章内容本身（介绍的知识）并不难理解，学生学习不会有问题。困难在于这篇

---

① 郭娟，支玉恒.《只有一个地球》（太原）课堂品译[M]. 见百度文库 https://wenku.baidu.com.

课文所包含的忧患意识，学生要体会到其中的“忧患”意识可能有困难。而这个困难的解决又是因人而异的，每个学生对字里行间传达出来的“忧患”的体验是不一样的。因此接下来，支老师引导学生去说说各自读了这篇课文心里的“滋味”。“滋味”是要个体自身体验出来的，落实在文本阅读中就是要让学生“读”出心里的滋味。

在引导学生“说”并“读”出滋味的过程中，第一位学生说心里是“酸酸的”，老师让她“读”出“酸酸的地方”，但这位学生没有通过语气、停顿、节奏“读”出“酸味”，于是老师进行了朗读指导，终于让这位学生通过语言的朗读传达出了自己体验到的“酸”。第二位学生说心里是“甜味”，但没有读出“甜味”，于是老师又加以了朗读指导，同时老师认识到这位学生指向的是局部描写，从局部描写中体验到的“甜味”并不符合“全文”的基调，为了让学生有更完整的体验，于是引导学生读后面的语段，学生读了后面内容之后，“滋味”开始由“甜”转向了“酸”。

支玉恒老师在这节课上述环节的教学中采用的就是通过“谈话”方式了解学情信息来把握学生之间的“个体差异”。这些学情信息不是以独立的方式存在的，而是与教学进程合一。“个体差异”为教学提供了机会，“教学”又推动了“个体”的深度学习。无论是对第一位学生的了解与指导，还是对第二位学生的了解与指导，教师又都是在班级集体教学背景中进行的，其他同学也没有闲着，教师在引导个体的同时要求其他同学进行分享、比较、揣摩。

二、通过谈话发现思维状态

教师在课堂上采取谈话的方式，可以探查到学生的基础和思维的起点，进而有效促进学生的思维发展。

例如，薛法根老师任教《雾凇》这篇课文时，第一环节采取了“听写”与谈话相结合的方式来探查学情与将要学习的内容之间的关系。① 他让学生听写“饱和的水汽、雾气、霜花、遇冷凝结”等词语，听写的这些词语都是课文解释或说明“雾凇”这一自然现象的关键概念，理解了这些概念，才能顺利地把握“雾凇”这种现象的形成原因。下面是课例片段：

师：每位同学在上语文课前要准备好一个笔记本、一支钢笔。（生纷纷拿出笔记本和笔）

师：现在，请你在笔记本上听写词语，听清楚，记住了，再默写：饱和的水汽、雾气、霜花。（一生在黑板上默写，教师巡视检查。）

师：同学们写得很认真，老师决定奖励一下（生期待），再默写一个（生大笑）：遇冷凝结。（发现有学生默写不出）当然，如果默写不出也允许你偷看一下。只能看自己的课本哦！

师：一起来检查一下这位同学默写的词语。（指着“饱和的水汽”，众笑，因

① 王荣生，陈隆升．实用文教学教什么[M]．上海：华东师范大学出版社，2014．173．

为字越来越小，最后一个小得几乎看不清了。）你看，这水汽就是这样，看不清。（众大笑）“遇”字写对了吗？你仔细看一下课文，自己的错别字自己改正。（生重写，仍然写错）你再看一看，写大一点就不会错了。（生写大字，发现中间部分是“竖提点”）啊，这次写对啦！你看，难写的字，容易写错的字，放大一倍，就看得清楚、写得正确了。

（生齐读词语）

师：课文中出现了这几种事物：水汽、雾气、霜花。根据课前的预习，你能说说“雾气”是怎么回事吗？

生：雾气是饱和的水汽遇冷凝结后飘浮在空中的小水滴。

师：雾气是飘浮在空中的小水滴。那么“霜”是怎么回事呢？

生：霜是在气温降到零度以下时，水汽遇冷凝结的冰晶，这就是霜。

师：霜，霜花是小小的冰晶。那么“雾凇”又是怎么回事呢？

生：寒冷的水汽在树枝上结成了冰花，就是雾凇。

师：雾凇实际上也是一种霜花，但是这种霜花不是结在地上，而是结在哪里？

生：结在树上。

师：凝结在树上，树枝上就挂满了洁白晶莹的霜花，就形成了“树挂”，那便是——

生：（齐）雾凇。

师：谁能将饱和的水汽、雾气、霜花、雾凇之间的关系用几句话说清楚呢？

生：空气中饱和的水汽遇冷凝结成小水滴，飘浮在空气中，就成了雾；这些水汽如果遇到很冷的空气，零摄氏度以下，就凝结成小水晶，成了霜花；一般的霜花是结在地上的，而结在树上的霜花就成了雾凇，俗称树挂。

师：你这样一说，就把本来模模糊糊的事物说得清清楚楚了。其实，这就是雾凇形成的科学原理。这些都藏在这篇说明文的课文当中。

这里探查的就是学生的“学习起点”。包括两个方面的起点，一是对疑难词语的理解，如饱和的水汽、雾气、霜花、遇冷凝结等这些词语，通过听写来检查；二是对这些词语（概念）的内涵及其相互之间关系的理解，通过让学生讲述的方式来检查。通过检查与交流，教师基本可以把握到学生的思维状态和已有基础（起点）。

从学生的反应来看，薛老师对学生的思维状态和学习起点有了较清晰的判断，这将有效引导学生对课文的深入学习。由此我们可以看到，“听写”本是小学语文教学中的一项使用很频繁的教学方式。薛老师在这里不是为听写而听写，即不是把听写当作一个字词教学的独立环节，而是把“听写的内容”与课文核心内容关联起来了，“听写”与谈话相结合的方式在这里无疑已经成了一项把学生引向课文的策略。

三、通过谈话发现学生的理解状况

谈话的方式有助于发现学生对所学内容的理解状态，既让学生明白理解的不当之处，也为下一步有针对性的教学提供了良好的先决条件。

例如贾志敏老师在教《给予树》这篇散文时，就采取了“朗读＋谈话”的方式，发现了学生理解上的缺陷，进而引导学生加以正确的理解，在理解的基础上对语言进行朗读与品味，就收到了很好的效果。

贾志敏老师在这节课最大的特色是注重引导学生，让学生自己来读课文，让学生从读出语气、读顺句子入手，逐步把握作者在文中所渗透的情感。

如下面这个片段：

> 师：现在我再请同学读第一段。
>
> 生：“圣诞节快到了……”
>
> 师：从你读的过程，可以看出一种高兴的语气。圣诞节快到了，该选购圣诞礼物了，你读得很高兴。可是，妈妈高兴得起来吗？为什么高兴不起来？
>
> 生：因为她只攒了 100 美元，却要由 5 个孩子来分享，她怕不够买很多礼物。
>
> 师：这是一个原因，还有吗？她家境怎么样？（生答“不宽裕”）
>
> 师：妈妈负担很重，很无奈。因此读到这里的时候，不应该读得很高兴（教师用欢快的语气读），而应该这么读（教师用低沉的声音范读）要体现出无奈，你再读读看。（学生用低沉的语气读）
>
> 师：不错，不错，你很聪明！①

他通过反复纠正学生的错误读法，并通过自己的示范，让学生读出了课文开头作者的一种“无奈”的心情。这样学生在对语言的品读中自然把握到了作者的情感。

还有下面的一段：

> 生：我读的是第三段，“回家途中……”
>
> 师：“只有八岁的小女儿金吉娅沉默不语。”再来一次，从前一句读起。这里要有起伏，前面是写高兴的。语气在这里有变化，读到“只有”马上就低调了。很好，再来一遍。
>
> 生：回家途中，孩子们兴高采烈。你给我一点儿暗示，我让你摸摸口袋，不断让别人猜测自己买了什么礼物。（声音低了下去）只有八岁的小女儿金吉娅沉默不语。（声音逐步抬高）透过塑料口袋，我发现，她只买了一些棒棒糖——那种五十美分一大把的棒棒糖！（声调再高一度）我有些生气：她到底用这二十美元做了什么？
>
> 师：很好。（鼓掌）②

---

①② 贾志敏，徐晓美.《给予树》课堂教学实录[J]. 小学语文教师，2007(1).

从上述课例的分析中我们可以看到，课堂“谈话”是立足于动态教学过程了解学情信息的重要方式，通过这种方式教师把“个体差异”与“集体教学”融合在一起，较好地促进了全体同学的学习。

第三节　通过课堂观察分析学情

教师在课堂教学中的学情观察主要有两种情形，一种是对同行课堂的观察，另一种是对自己课堂的观察。

一般情况下，教师的课堂教学是由两个相互关联的过程组成的，先是对学生学习状态的观察，而后是依据学习状态调整教学。这两个过程是紧密联系在一起的，而且是相互循环的，构成一个“学习状态观察——教学调整——学习状态观察”的循环圈。通过课堂观察分析学情主要有课堂非正式观察法和课堂正式观察法两种方法。

一、课堂非正式观察法

课堂教学过程中的“学情”（这里主要是指学生的学习状态）隐含在菲利普·杰克逊(1968)所揭示的复杂的“课堂生活”中。① 这种“课堂生活”具有多维性、同时性、即时性、开放性。因此，对课堂“学情”的观察是不容易的，需要教师的洞察力和判断力。我们观察过许多优秀教师的课堂，发现他们在教学过程中无一例外都是具有深刻的洞察力。以往我们更多的是从“教”的角度来分析他们的教学艺术，认为他们具有纯熟的驾驭课堂的能力。其实我们换个角度来看，即从学生“学”的角度来看，所谓“驾驭课堂”实际就是“驾驭学情”，即能对课堂中即时出现的学习状态加以洞察，及时作出判断并调整自己的教学。

例如，著名语文特级教师于漪就对课堂教学过程中出现的学生学习状态表现出高度的敏感性和洞察力。她在《“窗户”的学问》一文中介绍了自己在课堂上对学生学习状态的观察。她在课堂上提问时发现一位学生总是“把头埋得低低的”，在其他同学回答了问题才慢慢地抬起了头，目光时聚时散，时而恍恍惚惚。从这双眼睛中，她看到了这位学生学习漫不经心，对语文缺乏兴趣。后来她打开这位学生的作业本进行分析，课后又不断找他谈话，鼓励他积极思考。大概半年左右，她发现这位学生上课时目光凝聚了，集中了，稳定了。终于有一次在上课提问之后她碰上了这双期待着的眼睛，这位学生正确流利地回答了问题。于漪老师在总结其中甘苦时说：“眼睛，心灵的窗户。面对着几十扇各具特色的‘窗户’，我必须精心地加以观察，透过它们洞察小心灵的秘密。”②于漪老师在这个案例中使用的就是非正式观察法。所谓“非正式”是指这种观察没有经过系统设计，而是随着教学的进展对学

---

① (美)古德，布罗菲著，陶志琼译．透视课堂(第10版)[M]．北京：中国轻工业出版社，2009．1—2．

② 于漪．我和语文教学[M]．北京：人民教育出版社，2003．437—438．

情加以即时观察。

杜威认为教师的教学有效性一定要体现在学生的经验发展中，而这首先是需要教师密切观察学生的经验变化。他所谓的“观察学生的经验变化”指的就是课堂情境中的非正式“学情观察与分析”。他指出：“教师不仅要感受到儿童用文字表达出来的意义，而且要注意到身体所表现出来的各种理智状况，像迷惑、厌倦、精通、观念的醒悟、装作注意、夸耀的倾向、以自我为中心把持讨论等情况。教师不仅要了解这些表现的意义，而且要了解学生思想状态所表现出来的意义。”[①]可见，课堂非正式学情观察对洞察学情具有无可替代的作用。

二、课堂正式观察法

课堂正式观察主要是指事先进行了观察设计、通过正式的观察工具收集数据并对数据进行了正式统计分析的观察方法。

下面结合笔者课题组的一个观察案例来阐述课堂正式观察法的要领。

(一) 确定观察的目标与任务

这次观察的对象是高一年级课文《神的一滴》的教学情况，我们准备以“教学内容”为核心来考察学生的学习状况。

观察之前我们为“教学内容”下了一个操作性定义，以明确本次所需要观察和发现的课堂教学事实的性质与范围。按照学界目前对语文教学内容的研究成果，“教学内容”主要指的是教师依据教学目标所确定的需要让学生学习的主要内容。一般来说教学内容的确定原则有两个，一是依据文章体式选择教学内容，二是依据学生学情确定教学内容。因此，我们的观察视角聚焦于课堂上任课教师给学生提供的教学内容的合宜性，具体来说，“合宜性”的观察可以从三个方面入手：

(1) 教学目标的来源。考察教学内容的前提是了解课例中包含的教学目标，弄清教学目标的来源。目标的来源一般有两个方面，一是课程标准，二是教科书。因此对教学目标的观察需要结合教师的教学设计中陈述的教学目标，也需要结合教师的教学实施环节。重点要观察教师的课堂教学过程，在教学内容的展开过程中，有哪些行为和事实表明了教学目标的来源。这个角度观察的难点在于教学目标在过程中是潜藏着的，潜藏在师生互动中，我们只能通过师生互动的内容加以辨识与分析。

(2) 教学内容的确定。主要观察任课教师在教案中呈现的教学内容以及在课堂里组织学生学习的内容。从这些材料和行为中寻找相关证据，来分析教学内容的合宜性。所谓合宜性，主要指的是教师的教学内容是否依据了文章体式，是否依据了学生的学情。文章体式与学生学情这两个依据是我们在观察中始终要重点关注的。而两者的契合点应该是体现在学生的学习困难(对教师来说就是“教学重点和难点”)上。因此在观察过程中我们要花相当的时间和精力去考察学生的学习困

---

① (美) 杜威著，姜文闵译. 我们怎样思维·经验与教育[M]. 北京：人民教育出版社，2004. 224.

难(教师在教学设计时是如何预估学生学习困难的,在教学过程中又是如何解决学生学习困难的,学生的学习困难最后的解决程度等)。

(3) 教学内容的展开过程。教学内容的展开过程主要体现为师生的对话与互动,具体情况如下图(教学内容的展开过程示意图)所示,从这个示意图可以看出,教师的课堂教学主要是由一系列互动行为构成,在这些行为中,从初始环节开始,教师每发出一个"教"的行为都是指向学生学的行为,教师依据学生的反应作出调节,一般有两种情况,一是学生的学习行为满足了教师预设的学习内容要求(或者说是教师的教学依据了学生的学习需要,解决了学生的困难),则进入下一个环节;二是学生的学习行为没有满足教师预设的学习内容要求(或者说是教师的教学没有依据学生的学习需要,没有解决学生的困难),那么教师需要重新回到起点,对内容作出调整,或者重新解释所提的问题,或者补充相关资料让学生更容易理解教师的问题,目的是让所教的内容适合学生的需要,进而让学生顺利进入下一个环节。

在这一个接一个的互动行为中,我们可以观察到学生的学习状态,这些学习状态正可以揭示教师所提供的学习内容的合宜性。教学内容太难,学生的回答错误率会明显上升;教学内容太容易,学生的学习需要很快就会得到满足,思维得不到挑战,学生很快就会产生厌倦感。这些不仅可以通过质性方式观察记录下来,而且也可以用量表进行记录统计。

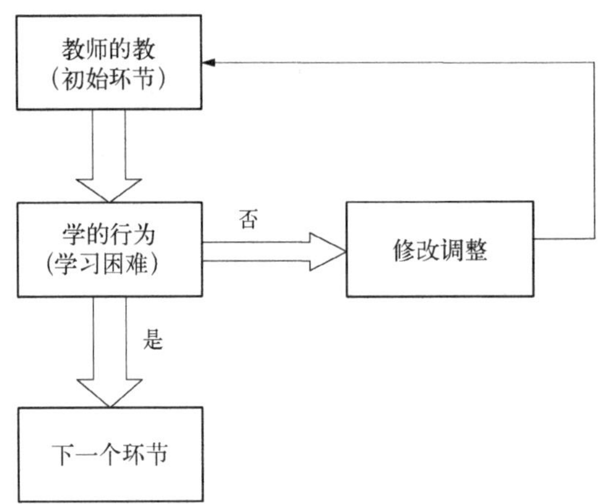

图 5-1 教学内容的展开过程示意图

(二) 观察工具的选择与运用

为了在"教学内容"视角的三个方面搜集到有效的学习证据,我们选择、设计了以下几种观察工具:

1. 任课教师的详细教案

观察者在观察之前需要认真细致地研究任课教师的详细教案,做到对任课教师预设的教学内容心中有数,这样在观察过程中就不会花过多的时间去揣摩教师将要呈现的教学内容和教学环节,而把主要时间和精力放在观察学生的反应上面,搜集到尽可能多的学习证据。

2. 班级的空白座次表

在课堂上，学生总是具体的。观察者需要关注到每一个学生的学习状态，尤其是在课堂上回答了教师提问或参与了课堂讨论的学生，要作为重点观察对象。在这方面，使用空白座次表是有好处的。观察者可以把观察到的具体学生的学习情况直接记录在座次表上。

表 5－2　班级座次表

__________班座次表

讲台

3. 教学内容观察质性记录表

表 5－3　语文课堂教学内容观察记录表

观　察　项　目		观察到的证据	未观察到	观察者推论
教学目标的来源	来自课程标准			
	来自教材体系			
教学内容的确定依据	文章体式与主题			
	学生的共同学情			
核心教学内容的展开过程	核心学习活动一			
	核心学习活动二			
	核心学习活动三			
	核心学习活动四			
学习结果	口　头			
	书　面			

4. 教学内容观察量表

表 5-4 语文教学内容观察量表

学生的回答	正确（教师认可）	部分正确（部分认可）	错误（不认可）	没有回答
1				
2				
3				
4				
5				
6				
7				
8				
9				
10				
总　数				
百分比				

5. 辅助工具：录音笔、微型摄像机

(三) 观察与搜集证据

1. 前测及分析

观察之前我们对要观察的班级做了一次前测，前测的目的主要是想弄清学生对《神的一滴》这篇课文学习的基础和主要困难，为教师的教学寻找合宜的起点。同时也为观察与分析教师在课堂里提供的教学内容建立一个基本的参照点。基于前测题，我们把学生对这篇课文的学习困难作为观察重点。

前测题如下：

> 《神的一滴》前测题
>
> (1) 你认为这篇课文写了一个怎样的主题，请用简洁的词语或句子写出来。
>
> (2) 读了这篇课文，你有哪些问题或困难？
>
> (3) 你最感兴趣的是哪些地方？

班级学生人数为 55 人，有 45 人回答了前测题。前测结果表明，学生在这篇课文的学习中存在着一些共同的困难。这些共同学习困难的内容与出现的频次和百分比如下表：

表 5-5　学习困难统计表

学习困难的内容	课堂人数与百分比	
1. 文中这首诗歌内容及其作用的理解	21	46.7%
2. 如何理解"神的一滴"?	19	42.2%
3. 作者对圆形剧场的描写及思考(在湖中挥霍光阴怎么是一种富有?)	8	17.8%
4. 瓦尔登湖为何依然保持了纯洁?	5	11.1%
5. 为什么只是一瞥,也已经可以洗净污浊和油腻了?	5	11.1%
6. 为什么望着它的人可以测出自己天性的深浅?	3	6.7%
7. 作者为什么会在康科德河的水面上又看到了同样的倒影?	2	4.5%

学生在这篇课文学习中出现的学习困难有两大焦点,一是"文中这首诗歌内容及其作用的理解",班级的频次为 21 人,所占百分比为 46.7%。这意味这个问题是近半数学生的学习困难。二是如何理解"神的一滴"? 班级的频次为 19 人,所占百分比为 42.2%。说明这也是相对比较集中的一个学习困难。

这意味着,这两个相对集中的学习困难的预设与解决可以作为考察任课教师教学内容合宜性的重要标准。这样,我们从教学内容视角的观察可以形成这么一个基本假设:教师关注并解决了这两个学习困难,教师确定的教学内容就是合宜的。整个观察过程需要紧紧围绕这两个学习困难来搜集教师"教"与学生"学"的证据。

2. 观察者的要求(译自美国《课例研究指南》)

(1) 观察者的任务:

收集学生学习的证据;依据教学方案和实际的教学环节收集学生对"教"的反应数据。

(2) 以"学"的研究姿态进行观察:

聚焦课堂上学生的反应,而不是教师的行为。课例研究的特质是努力从学生的视角看课堂,通过观察学生的活动,反过来分析教师的"教"。

学会换位思考。不仅要描述你站在学生立场获得的经验,而且要试着去将采用新的眼睛看到的东西与你的假设进行比较。

记录学生个体是怎样通过课堂活动建构他们的理解。

写下学生个体运用的不同解决问题的方法(包括错误和误解)。

在你的记录里复制学生描绘的图形和解释。

直接在课例计划、座次表和分发的印刷品上作记录。

记录个体学生的反应时应把名字一起记下来。

指定专人记录课堂各部分内容的用时情况。

3.《语文教学内容观察记录表》的证据及分析

在《教学内容观察记录表》上做记录,注意用关键词写下观察到的学生回答或书写内容,并把这些内容与自己的推论区分开来。

主要证据分析如下：

一、教学目标与教学内容之间的关联

教师在具体的教学中，先从修辞的角度让学生明确题目中“神的一滴”指的是“瓦尔登湖”，然后再让学生在课文中找出还有两个类似的比喻“大地的眼睛”和“圆形剧场”，然后以这三个比喻为线索，逐个地让学生体会和这三个比喻有关的含义丰富的语句，尤其在鉴赏“圆形剧场”这个比喻中，重点让学生摹写其中上演的“山林舞台剧”以及作者在其中的演出情况，这样，无论是从课文的切入角度还是具体的教学内容，都体现了本堂课“在朗读、探讨中体会精彩语句的表现力，提高学生的鉴赏表达能力”的教学目标。

同时，在鉴赏精彩语段的过程中，教学始终围绕着作者的自然观，从“瓦尔登湖的自然美”到“人类破坏后的瓦尔登湖”，等等，我们可以感受到，整节课还是努力地去实现“通过阅读思考，体会梭罗自然观对我们人的存在方式的意义”这个教学目标。

二、教学环节的设置与教学内容的展开

教学环节的设置上，始终都能以文本为依托，不断展现教学内容。而且在这些环节中，学生都能够积极地参与其中。能够紧紧围绕两大学习困难(对“神的一滴”的理解和对文中那首诗歌的理解)展开。

三、观察者推论

1. 教师确定的教学内容较好地契合了学生的学习困难，能够把学生对这篇文章学习的困难作为教学的重点。

2. 从“大地的眼睛”到“圆形剧场”或“神的一滴”的教学环节先后的选择上没有引导好。在教学过程中，当教师讲完“大地的眼睛”这个部分的时候，老师的意图是想将“圆形剧场”作为自己的第二个教学环节，但是她问到“‘圆形剧场’和‘神的一滴’哪个更为形象”这样的一个问题，然后底下的很多学生就认为是“神的一滴”，而教师却讲到了“圆形剧场”，这个时候教师没有作必要的引导或者解释。

3. 教学的最后提出的“梭罗的自然观对我们人的存在方式的意义”中间铺垫不够。整节课后半部分，教师问到“当村民、伐木人、商人等都参与到这个山林舞台剧中的时候，瓦尔登湖还是那样清澈、宁静”的问题时，学生也能够找出文中的语句。然后教师又问了个问题，说“那这个美丽的湖就这么在作者的愤怒和惋惜中消失了吗”？学生也回答说没有。文中作者也说，“它依然顽强地生存着，还是我在青春时代所见的湖水……它永远年轻……正和从前一样”。在这里，我们要明确的是“瓦尔登湖”也许还是原来的那个瓦尔登湖了，但它更是我们内心中一种抽象的东西，也许是我们内心的一种信念，也许是我们内心的一个原则，也许更是我们内心永远要坚守的一方净土。正如文章开头所说的“望着它的人可以测出自己天性的深浅”。在这样的铺垫之后，教师再补充拓展，从而实现“通过阅读思考，体会梭罗的自然观对我们人的存在方式的意义”这个教学目标上。

4.《语文教学内容观察量表》收集的数据与分析

(1) 在观察中,依据教学内容观察量表的要求,在空白座次表上用数字记录相关内容。主要包括:回答的问题序号(1、2、3、……)、回答情况(完全正确 a、部分正确 b、错误 c、不做回答 d)。

(2) 空白座次表上记录的学生学习数据。

具体数据见图 5 - 2。

(3) 对这些数据进行统计分析。

主要分析方法是把完全正确的次数加上部分正确的次数除以学生回答的问题总数,可以算出一个百分比。这个比率可以用来作为检查语文教学内容合宜性的参考。

课堂里学生共回答 19 个问题,其中回答完全正确 5 个,部分正确 10 个,错误 4 个。根据这个公式,我们得到一个百分比为 78.9%。

已有的相关研究表明,一般学习成功的水平正常范围为 60%—80%,如果低于这个范围,则表明教学内容太难,超出了学生的接受水平;如果高于这个范围,则表明教学内容太容易,对学生构不成一定程度的挑战,其结果必然是他们在学习过程中感到兴趣索然,进而使自身游离于学习过程之外,学习经验得不到发展。

从课堂的 78.9%百分比来看,这节课的教学内容比率在正常范围。这表明老师所上的这节课的教学内容是相对合宜的。对学生来说,老师提供的教学内容稍微容易。

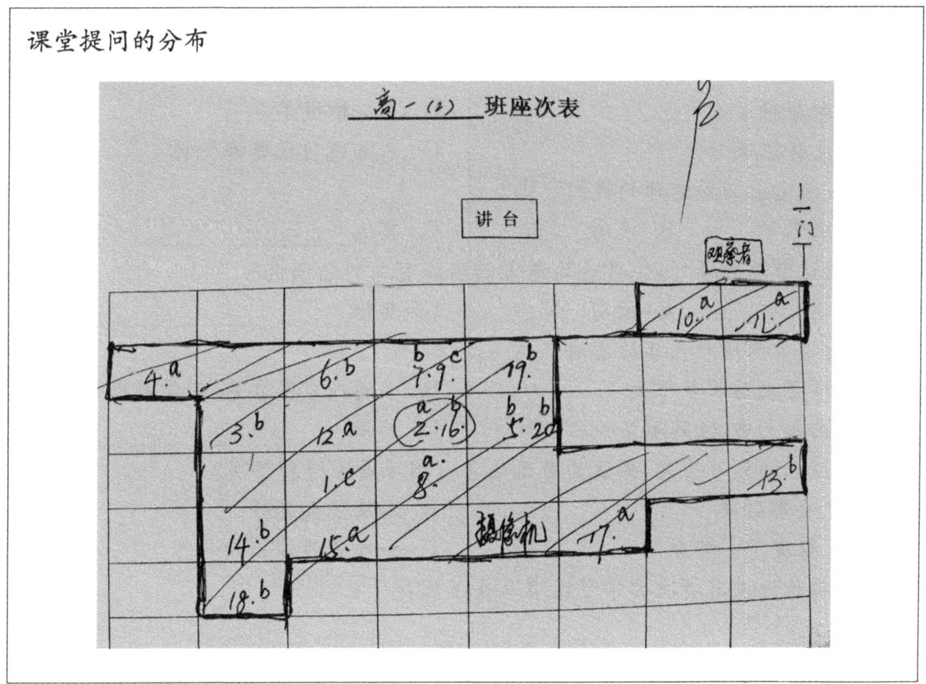

图 5 - 2　课堂提问分布图

5. 课堂教学后测的基本情况

为了使我们观察中获得的数据得到有效的验证，保持较高的信度，我们在教师任教之后的当天中午，在这个班级进行了教学后测。参加后测的学生样本55人。

《神的一滴》课堂教学后测问卷(学生版)

(每题只能选一个答案，请在你确认的答案前打√)

你的基本情况

1. 你的年级：

A. 初一　B. 初二　C. 初三　D. 高一　E. 高二　F. 高三

2. 你的性别：

A. 男　B. 女

3. 这节课你的座位在教室中的位置：

A. 前两排　B. 中间　C. 后两排

4. 通常情况你在班级的语文成绩：

A. 好　B. 中　C. 差

你的课堂学习情况

5. 这篇课文你在课前预习过吗?

A. 预习过　B. 没有预习　C. 其他________

6. 在老师未教之前，你读了一遍课文之后，对课文的主要内容和作者的情感是否把握?

A. 把握住了　B. 基本把握了

C. 没有把握　D. 不知道自己是否把握

7. 你在课堂上回答老师的提问了吗?

A. 回答了　B. 没有　C. 其他________

8. 通过这节课的学习，你对这篇课文的内容有新的领悟吗?

A. 有　B. 没有　C. 其他________

9. 你对这节课所教内容的看法：

A. 学了之后收获很大　B. 学的内容很容易，不学我也知道

C. 内容太难，理解不了　D. 其他________

10. 对照你的预习情况，你认为自己的学习困难是否得到解决?

A. 全部解决　B. 解决了大部分

C. 解决了一部分　D. 一个也没有解决

11. 请将你还没有解决的学习困难写在下面：

____

____

请简要写下你对这节课的大致印象：

____

____

____

____

____

《神的一滴》课堂教学后测分析

学生的预习情况：该班级学生作了预习的比例达92.7%。

学生在开始课堂学习之前对教学内容的掌握情况：在老师未教之前，读了一遍课文之后，对课文的主要内容和作者的情感基本把握了的占54.5%。

学生回答提问的情况：在课堂上有机会回答了老师提问的占32.7%，没有机会回答的占61.8%。

学生对课文内容的新领悟：认为通过这节课的学习，对这篇课文的内容有新领悟的学生占83.6%。

学生对教学内容的看法：认为这节课的教学内容学了之后收获很大的占70.9%。

学习困难的解决情况：认为全部解决了的占32.7%，认为解决了大部分的占40.0%，认为解决了一部分的占12%，认为一个也没有解决的占5.5%。

从学生的后测情况看，教师对学习困难的处理与解决较好，学生认为学习困难全部解决和大部分解决两项加起来占72.7%，这表明大部分学生的学习困难得到了解决。

6. 学生访谈

在观察之后我们还做了一次学生访谈，想从访谈的角度对观察的证据加以进一步的验证。

从学生访谈中，我们了解到学生在课堂上收获较大，学习困难(主要是“神的一滴”的理解和文中诗歌的理解)基本得到了解决，学生对课文的理解具有了一定的深度。

(四) 基本结论

我们以“教学内容”为核心对《神的一滴》的学习状况进行了观察，观察主要围绕“教学内容的合宜性”基本假设，聚焦于教师的教学内容与学生学习困难的契合度上。从观察中获取的证据来看，我们可以得出以下结论：

(1) 教师在教学内容核心构成中较好地预测了学生的学习困难。我们从前测中发现了学生的两大较为集中的学习困难——对“神的一滴”的理解和对课文中那首诗歌的理解。经过教案分析、课堂观察、后测与访谈，我们发现教师的教学内容的核心部分也正是这两大学习困难的内容。

(2) 教师在教学内容的展开过程中,“学习困难”成为核心环节。教师在教学中较为充分地关注了学生的困难,并且致力于通过讨论、写作等方式推进学生对困难内容的理解。例如在课堂上的以下片段:

T(教师):那么与“大地的眼睛”这个比喻相似的是哪个呢?(1a)
S(生众):圆形剧场。
T:知道什么是“圆形剧场”吗?(2a)
S(众):沉默。
T:不知道?我们来看一张图片(解释什么是圆形剧场)。(3b)
S(众):观看、了解圆形剧场的含义。
T:圆形剧场的本体,观众席由哪些东西构成呢?(4a)
S1(6 号同学,第二排,第 4 列):松树、橡树。
T:对的,还有吗?(5a)
S1:船只。
T:是吗?再看看。(6b)
S1:有山。
T:对,湖岸边的山。还有吗?(7a)
S(部分小声):葡萄藤。
T:对,还有葡萄藤。(8a)

T:(读这句话),注意“水上”这两个字,同学们在前测中也反映说这个地方不是特别理解。那么下面请大家想象一下圆形剧场可以进行怎样的表演,请拿出笔,描绘一下这个山林舞台剧。这里我补充一张图片。(呈现在多媒体屏幕上)(9a)

(学生开始根据课文情境描绘山林舞台剧)
T:注意观众席上是什么?上演的又是哪些东西?(10a)
(学生继续描写,约 1 分 55 秒之后教师让学生发言)
T:请一位同学来读一读你的描写。(11a)
S2:(读自己写的描写文字,同学在听)
T:大家说,她写得怎样?(12a)
S(众生):好。
T:好就应该有所表示呀!(13a)
(大家鼓掌)
T:再请一位同学来说说。(14a)
S3:读自己的描写文字。

T:不错。我们看,两位同学展示了自己的描写文字,不仅写了这个圆形剧场的观众席及布景,还写了表演的主角,主要有浮萍、鱼儿、燕子、青蛙,非常美妙,富有诗意,让人心驰神往。(15a)

T：我们来看，在这里表演的除了这些动物之外，还有谁？(16a)
S(众)：作者。
T：对，还有作者梭罗。他也在演出。(17a)
T：他是如何演出的呢？请大家找一找。(18a)
S4：(读“一个夏天的上午……”这段话)
T：好，下面请女生来齐读，男生欣赏。(19a)

在这6分钟时间里，老师一共做了19个决定(决策)，主要包括提问、补充、纠正、确认、鼓励等。通过这些决定组织了一个“写作”活动，这都是为了推进学生对“圆形剧场”的理解，而对“圆形剧场”的理解是把握作者主旨进而理解“神的一滴”(第二大学习困难)的关键。

(3) 学生的学习困难得到了较好的解决。学生认为学习困难全部解决和大部分解决两项加起来占72.7%，这表明大部分学生的学习困难得到了解决。

简言之，我们从“教学内容”视角所观察到的证据表明，教师的教学内容是相对合宜的。

总体来看，通过书面信息分析学情、通过口头谈话分析学情、通过课堂现场观察分析学情这三条学情分析的基本路径，在具体课堂教学中并不是割裂的、毫不相干的，实际上它们之间是相辅相成的。很多情形下，教师为了完成具体的教学任务，往往是把这些路径综合在一起的。基于学情的课堂教学应该是根据具体的课堂情境灵活运用相应的学情分析方法，把学情分析与具体的教学内容关联起来，在了解学情、分析学情的基础上采取有针对性的教学措施，促进学生对教学内容的深度理解和灵活运用。

第六章　学情分析与学习经验发展

本章主要阐释学情分析与学习经验发展之间的内在关联，重点研究课堂情境中的学习经验，并从阅读经验与写作经验两个角度，结合具体的课例，详细分析课堂情境中的阅读经验发展和课堂情境中的写作经验发展。

第一节　课堂情境中的学习经验

课堂情境中的学习经验是在课堂互动中发展起来的，其中蕴含着学生对课堂教学内容的理解、课堂学习过程中的动机状态、对教师与同伴优秀经验的吸收、对已有学习经验的改造等内容。

一、课堂学习经验的生成方式

语文课堂情境下学生之间的"互动"状态有三种基本结构：纠错与共享、相互触发、共同推进。这三种互动方式对学习经验的发展具有促进作用。下面主要通过三个案例的分析对这种促进作用加以揭示。

（一）"充分的过程化"：获得理解文本的正确路径

阅读教学中，教师要善于引导学生通过相互之间的交流来"纠正错误、分享经验"，达到对文本的正确理解。学生对文本内容的正确理解需要经历一个不断克服错误认识、改进不良阅读习惯的过程。这样一个过程，杜威称之为拥有"一个"经验[①]。杜威在这里强调的是经验的完整性、连续性、活动性等特征，落在具体的阅读教学活动中，我们可以称之为"充分的过程化"。阅读和阅读学习是由一个又一个经验构成的。这一个又一个的经验就构成了学生在一节课或一篇课文里的阅读经验。

课堂观察中我们发现，虽然课堂整体是由教师主导，但学生在教师主导的"教学内容"的学习中相互之间的纠错与共享，对学生课堂阅读经验的形成具有较大的帮助。下面是我们对一位教师任教高一年级《金岳霖先生》一课的观察记录片段（发言的学生统一用S加序号标注），呈现了一节阅读课中的"一个"经验的发展过程：

---

① （美）杜威著，高建平译. 艺术即经验[M]. 北京：商务印书馆，2005. 37—61.

（老师继续引领学生讨论金岳霖先生的“有趣”：好，他的有趣还表现在哪里？S9 你来谈谈。）

S9：金先生的朋友很多。（该生回答时低着头，声音很小。老师告诉他站起来回答问题时姿势要正确，头抬起来，声音发出来，让每一位同学都听见。然后问他：你从哪里看出来的，说给大家听一听。）

S9：文章的第十一段说，金先生朋友很多。（老师：嗯，这一段是否真的只是告诉我们他的朋友很多？你再来看一看。）

S9：（看了会儿）哦，是说金先生的人缘很好。

同学们都笑了。（老师引导：你说的朋友很多其实也就是人缘好，而人缘好的人才能交到很多朋友，其实说的都是同一回事儿。再给你第三次机会。再仔细看看，这段的主要意思是什么？）

过了一会儿，S9 低着头，还是没回答上来。（老师请 S9 的同桌 S10 来回答，S9 仍然站着，听着 S10 的回答。）

S10：是说金先生和林徽因的关系很好。（老师追问：嗯，你是从哪里看出来的？）

S10：有一次金先生请吃饭，老朋友都很纳闷他为什么请客，后来金先生宣布说：“今天是徽因的生日。”（老师确认：嗯，“今天是徽因的生日”，看一看，说这一句话的时候，林徽因已经怎样？）

生齐说：去世了。（老师追问：想一想，一个人能够为自己已经去世的朋友过生日，你可以感觉到这个人怎样？）

S10 没有回答出来。（老师提问 S11。）

S11：感觉金先生是很有感触的，很重感情。（S11 回答时，S9、S10 仍然站着，听着 S11 的发言。）

（老师确认 S11 的回答：嗯，金先生的有趣还体现在他是一个重感情的人。之后，S9、S10、S11 同时坐下。老师又问大家知道金先生和林徽因的关系吗？）

S12（低声）说：她是旧情人。

同学们爆发出笑声。（老师也笑了，接着追问：你是怎么知道？）

S12：参考资料里看到的，《导学大课堂》。

老师要求 S12 给同学们具体说说。

S12：金岳霖追求林徽因，后因林徽因嫁给梁启超之子梁思成而终身未娶。

在 S12 陈述的同时，同学们纷纷翻开《导学大课堂》寻找有关内容。（老师确认：嗯，在我们的《导学大课堂》有介绍，终身未娶。）

这个互动结构呈现了 S9 拥有“一个”经验的过程，S9 对文章第十一段内容的概括，第一次概括为“金先生朋友很多”，第二次概括为“金先生的人缘很好”，两次概括的意思实际是一样的，都是不准确的。这时他的同桌 S10 站起来帮助他回答，S10 概括为“金先生和林徽因的关系很好”并陈述了是如何从语段中寻找到线索的，

S10概括是准确的，陈述的理由也是充分的，得到老师的确认。这时老师希望学生能进一步去发现文章这一段写"金先生和林徽因的关系很好"这个细节是为了表现金岳霖先生的什么特点。结果S10没能作出深入一步的理解，而是由坐在S10后面的S11来补充回答的，S11回答为"感觉金先生是很有感触的，很重感情"。在S9、S10、S11三位同学之间的相继纠错与补充中，学生对教学内容的理解得到初步完善。课堂教学中形成的这种学习结构可以称之为"纠错与补充"结构方式。为印证这种方式的效果，我们对S9作了访谈：

问：听到老师提问，你当时是怎样来组织回答内容的？

S9：我养成了一个习惯，概括时主要是看这段话的第一句，或者前几句，后面的内容基本没有看。

问：你当时觉得自己的回答内容是合理的吗？

S9：开始觉得是对的，后来就不敢确信了，心里有些慌乱，越错越紧张。

问：同桌代你回答，得到老师确认之后，你的感觉怎样？

S9：听了同桌和老师的意见后，我又看了书，终于明白了这段话讲的是金岳霖先生与林徽因感情很好。下次概括时我不会只看第一句话了，要看懂整段话，才能作出概括。

在这样的互动结构中，学生拥有了"一个"阅读经验——对一个具体段落的正确理解。这样一个阅读经验的发展过程带给我们诸多启示：教师在阅读教学中，当学生概括不准确甚至错误时，不要轻易给出所谓的正确答案，需要适当加以讨论，让学生之间进行交流，让学生的阅读"充分的过程化"，获得一种经验，这样可以促进后续的进一步思考。这时学生需要的不是一个答案，而是一个互动的经验，一次能够促进其思考的讨论。学生正是在这样的经验中真正学会理解文本的正确路径。这样的经验情境在日常阅读课堂中很常见，关键在于教师有没有重视与关注。

（二）"相互触发"：领略文本蕴含的滋味

在课堂里观察到的另一种经验互动结构，我们称之为"相互触发"方式。在《听听那冷雨》一课出现了这样一个环节：

（老师引导学生感悟散文的意境。品味"大陆上的秋天，无论是疏雨滴梧桐，或是骤雨打荷叶，听去总有一点凄凉、凄清、凄楚，于今在岛上回味，则在凄楚之外，更笼上一层凄迷了"这句话。老师说：这里作者将大陆听雨和岛上听雨作了比较，而得出的结论是"和大陆相比，在岛上更多了一层凄迷的感觉"，那么，作者为什么这样说呢？凄迷和前三者相比有什么不一样呢？）

S7："凄凉、凄清、凄楚"都给人悲凉和伤愁的感觉，而"凄迷"比前三者多了另一份感觉，有点迷蒙。（老师确认并阐发：是的。"凄迷"带有游子特有的感觉，因为身在岛上，对家乡十分牵挂，却又不能回来，只能将这种哀愁和对未来迷茫的感觉寄托在听雨中，因此有了“凄迷”。）

S8：“凄迷”除了凄凉、凄清、凄楚之外，又多了一份迷离和迷惘。作者身处台湾，与当年听雨的大陆遥遥相望已25年，他的心境已上升到了思乡爱国，凄迷是游子才能感受到的，它的内涵更丰富，更深刻。

S9：凄迷是前三个词语的递进。凄迷有凄凉、迷茫的意思。如今作者身在台湾，因为思乡情结，思念故乡而无法落叶归根回故乡，感到迷茫、凄凉。

在这“一个”经验中，学生集中从句子中品味诗人的情感，领略文本的滋味。S7有了一些初步感知，只感知到“凄迷”比前三者多了另一份感觉，有点迷蒙。但对文中作者情感的理解还不到位。S8则在S7的基础上加上老师的确认与阐发，联系作者的身世与处境对“凄迷”有了更加深入的理解。S9显然受到了S7和S8两位同学的触发，进一步揭示出了作者在文中“情感”发展的“逻辑思路”，理解到“凄迷是前三个词语的递进”。

在访谈中，三位同学的解释也印证了我们的这种观察判断：

问：你们当时是怎么来组织答案的？

S7：我当时比较了四个词语，然后感觉到“凄迷”表达的情感和前四个词语有些不同，所以就根据这种感觉作了回答，后来听了后面两位同学的回答和老师的解释，我意识到自己当时其实没有把课文语境和作者的身世结合起来理解，理解比较模糊笼统。

S8：听了前面同学的发言，我觉得应该再结合作者的心境来理解，所以从作者在台湾这么一个处境来理解一个游子对大陆的思念之情。

S9：主要是听了两位同学的发言，又看了前后的句子，找到了“凄迷”，然后理解到前后情感有递进关系。

从这“一个”经验的发展过程，我们可以看到：正是学生之间的相互“触发”才让学生真正领略了关键词语中所蕴含的真滋味。

（三）“层层推进”：共同抵达文本的深处

在晏殊《蝶恋花》这一课的教学中，我们观察到，在教师提供的教学内容的主导下，学生之间共同推进的痕迹。观察记录如下：

（老师让学生思考：词中的女主人公是一个怎样的形象？）

S9：是一个比较孤单的形象，有一定的知识修养，（老师可能觉得学生的回答有点偏，于是打断他的话，提示：是一个懂得怎样的人？）懂得生活的人。（这位学生还想说。老师没让这位学生继续说，点另一位学生回答。）

S10：能及时排解自己的忧愁，是一个看得开的人。（老师肯定：对，是一个理性的人。这是一个理性的女主人公。其实晏殊也是一个理性的词人。）

(教学进入下一个环节,老师打出幻灯片,呈现叶嘉莹的观点:晏殊也是一个理性的词人。所谓“理性”是指对情感加以节制、净化、操持。)学生看幻灯片。

(老师用幻灯片呈现晏殊的另一首词《浣溪沙》,请大家来看看词中是怎样体现出一种“理性”呢?)

S11:应该是比较看得开的,理性的。离别总是容易伤感,所以不要去多想它。“春无伤春。”

S12:“空”与“更”可以互换。诗人说,这样的景,就要伤春。这种情感就没什么太大的意义了,所以一个“空”字。这就体现出一种节制。

(接着老师又出示李煜的一首词《相见欢》让大家比较。)

S13:李煜的情感得不到控制,放纵愁绪,就像一江春水哗啦啦地流。词给人一种“惜美”的心痛感觉。而晏殊的词给人是一种理性的节制的感觉。两人是完全不同类型的词人,即一个是感性的,一个是理性的。

(对S13的回答,同学们给予了掌声。从老师的神情可以看出,这位学生的回答令老师很满意。老师也给予了表扬。然后加以了阐发:李煜是一个“纯情的词人”,没有节制。他做词人是成功的,但他的人生是不成功的。而晏殊是将相之才,是有理性的。并补充了晏殊的生平资料。)

在这个环节中,教师为了让学生结合词的鉴赏领会晏殊词作的理性色彩。学生在达到目标的过程中,相继学习了词中女主人公的形象、叶嘉莹的评论、晏殊的另一首词《浣溪沙》、李煜的词《虞美人》。在这个相继进行的学习过程中,我们观察到,学生首先从理解词中女主人公形象出发,S9认为“女主人公是一个比较孤单的形象,有一定的知识修养”,S10作出了补充:“能及时排解自己的忧愁,是一个看得开的人。”S10的补充推进了S9对“知识修养”的理解,开始触及“词中的理性”。在得到教师确认的情况下,学生继续学习了叶嘉莹对晏殊词作风格的评论,进一步澄清了对“词中理性”的涵义,所谓“理性”是指对情感加以节制、净化、操持。于是在对晏殊另一首词《浣溪沙》的学习中,S11很快就领悟到了词中的理性色彩:“应该是比较看得开的,理性的。离别总是容易伤感,所以不要去多想它。”而S12则在此基础上切入到词作的语言深处,从“空”与“更”两个字互换的角度,领悟到词中体现出了一种对情感的节制。学习进行到这里,应该说在同学之间前后相继的推进下,同学们已经十分接近“领悟词中理性”这个内容目标了。因此接下来,在与李煜《相见欢》作比较鉴赏时,就出现了一个高潮。这个高潮是由S13的发言引发的,S13认为:李煜的情感得不到控制,放纵愁绪,就像一江春水哗啦啦地流,词给人一种“惜美”的心痛感觉;而晏殊的词给人是一种理性的节制的感觉。两人是完全不同类型的词人,即一个是感性的,一个是理性的。S13的鉴赏从比较的角度,在与“感性”之词相比较之下,“理性”的涵义就清晰地展现出来了。在大家的共同推进下,学生对教学内容的学习达到了相当的深度,所以当时课堂气氛非常热烈,很多同学鼓掌。

这“一个”经验的发展过程表明,学生之间的互动状态使各自的阅读经验得以交融，构成了一个层层推进的发展路径，最终推动学生的阅读抵达了文本的深处。

二、基于学情分析的学习经验发展案例讨论

下面是一位中学教师依据学情分析视角尝试的学习经验发展教学案例，[①]该案例主要包括依据学情分析进行教学设计、课堂关注学生的学习经验发展状态、课后进行反思分析等三个部分。

（一）依据学情分析进行教学设计

1. 依据文章体式确定教学的目标和内容

《声声慢》是宋代婉约词的代表作。在李清照看来，主情致、协音律、尚典雅应该是词的主要特点，而她晚年的代表作《声声慢》则集中体现了这三方面的特征：① 主情致。《声声慢》一词蕴藉而又充分地表达了“这次第，怎一个愁字了得”的复杂情感体验。这首词既“从内容到形式、从情绪到话语”通过五个层次来充分传达复杂的愁绪，又表现了她对不幸命运的执着、不屈的抗争。② 协音律。李清照特别强调词要“协音律”，她在《词论》中指出：“盖诗分平仄，而歌词分五音，又分五声，又分六律，又分清浊轻重。”如此精通音律的李清照，必然在词的创作上力求声调和谐，音韵流转。概言之，古今评论家对《声声慢》一词音韵特点的概括主要集中在三个方面：一是叠词的运用；二是大量使用齿音、舌音，如“梧桐更兼细雨，到黄昏点点滴滴，这次第，怎一个愁字了得！”二十多个字里舌、齿两声交加重叠，“与人物的凄苦的心情相符合”，“逐层深入的内容与紧凑的语言相协调，凄凉、落寞的心情用一个四字的纯齿音表现得十分充分”；三是押仄声韵，这首词一改先前《声声慢》曲调押平声韵的舒缓曲调，改押入声韵，读起来重、强烈、急促，读起来非常焦躁、压抑，表达了词人难以排解的愁情，满纸呜咽，撼人心弦。③ 尚典雅。李清照特别善于点化关键词句，使词作呈现出雅致厚重的特点，如词中“雁过也，正伤心，却是旧时相识”一句与其前期词作《一剪梅·红藕香残玉簟秋》“云中谁寄锦书来，雁字回时，月满西楼”照应。想昔日与丈夫赵明诚鸿雁传情，“雁”不仅传递相思之情，更传递一种心心相印的默契，虽有忧愁，却满透着爱情的甜蜜。因此，善于用典，是作者不着痕迹地把相关词作融于自己的词作中，含蓄蕴藉而又深沉地表达了自己的心情。

依据《声声慢》的上述文体特点，任课教师设置了三个教学目标：① 理解课文，感受并体验作者传递出的复杂多样的愁绪；② 领悟全词通过不同场景层层推进来聚焦“亡国之痛、丧夫之哀、孀居之悲、沦落之苦”等多层愁绪及其与不幸命运抗争的执着与不屈精神；③ 品味“淡酒”“雁”“黄花”“梧桐更兼细雨”“寻寻觅觅”“点点滴滴”等关键词句细腻而又典雅的文学表现力。第三个目标是本篇课文教学所要达到的终极目标。

---

① 本案例由江西省赣州中学钟丽萍老师施教完成，详见：“学情”视角中的课堂阅读经验发展——以《声声慢》的教学为例[J]. 语文学习，2015(9).

为了达成这三个目标，本节课选择的主要教学内容有：① 反复默读课文，运用批注法，抓住相关语句感受并体验作者丰富复杂的愁绪；② 梳理全词的结构，理清复杂情感的层次，领悟作者在词中传递出的复杂情感及其不屈抗争的精神；③ 任选“淡酒”“雁”“黄花”“梧桐更兼细雨”“寻寻觅觅，冷冷清清，凄凄惨惨戚戚”“点点滴滴”等关键词句，通过写一段鉴赏性文字来品析《声声慢》一词细腻而又典雅的文学表现力。这三个教学内容是层层推进的，其中第③方面是本课教学的核心内容。

2. 依据学情，确定课堂教学的起点

《声声慢》是人教版教材必修四第二单元的第八课，高一学生已经熟悉了宋词的基本文体特点。他们初中时已经学过李清照前期的代表作，如《如梦令》《一剪梅》等课文，并且刚刚学过《醉花阴》一词，对李清照生平及其前期词作比较了解。教师任教的学校是省级重点中学的普通班，共有学生 55 人，大部分同学在自我阅读的基础上，基本能够读懂全词，能够抓住词眼句“这次第，怎一个愁字了得”，初步感受到晚年李清照复杂多样的“愁绪”。但对于这首词流露出的复杂多样的“愁绪”理解不全面，体验不深入，部分同学不能分辨《醉花阴》和《声声慢》中“愁”的差异。

表 6-1　高一某班《声声慢》学情调查分析表

序　号	问　　题	回　答　情　况
问题 1	说一说你对“声声慢”三个字的理解。	所有同学都能回答出如下答案：词牌名，规定一首词的字数和句数。
问题 2	《声声慢》这首词的情感基调是怎么样的，“哪一句话”集中传递了这种情感？	分别用了“悲伤”“忧愁”“哀怨”等词语概括词的情感基调，都能找出“这次第，怎一个愁字了得”是集中表情的句子。
问题 3	这首词与《醉花阴》一词表达的情感一样吗？说说你的理由。	所有同学的回答都是“不一样”，有 48 位同学认为“虽然表达的都是孤独寂寞之愁，但《声声慢》一词表达的感情更强烈”。但有 7 位同学认为“《声声慢》一词表达的感情更复杂”，至于如何复杂几乎没有做出解释。
问题 4	这首词的情感主要是通过哪些词句表达出来的，是如何表达的？	54 位同学能够找出相关词句是“寻寻觅觅，冷冷清清，凄凄惨惨戚戚”，“正伤心”，“憔悴损”等直接抒情的句子。对于如何表达的大多语焉不详。
问题 5	有人说，这首词委婉细腻地表达了作者的情感，你认同吗？为什么？	54 位回答“认同”，但对如何表达的回答是“不知道”。1 位同学的回答是“选取典型景物‘雁’‘黄花’‘细雨’等意象。”

在课前调查中（见上表），超过 90％的同学不能理解作者复杂多变的“愁绪”所表现出来的执着抗争精神，95％以上的同学对“这首词是如何委婉细腻地表达作者情感”的回答是“不知道”，其他 5％的同学也是答非所问。基于此，我们确定的教学起点是全面感受并体验作者复杂多样的愁情，然后带领学生以小组为单位梳理全

词的结构，理清复杂情感的五个层次，并能领悟作者与不幸命运的抗争精神，在此基础上，指导学生抓住关键词句，自主讨论交流《声声慢》一词细腻而又典雅的文学表现力。

（二）教学过程关注学生的学习经验发展状态

作为自读课文的《声声慢》的教学应以学生自学为主，与此同时，教师需创设学习的情境，并适时予以点拨，引导学生在反复的阅读中，逐渐深入到文本中，并能跳出文本，赏析李清照婉约词的艺术特色。

1. 新课导入时，适时创设情境

新课导入的目的是创设情境让学生把自己对李清照生平的了解初步运用到对具体词作的理解上。本节课上课伊始，教师出示《武陵春》一词，告诉同学们这首词是李清照晚年的词作，让学生说说李清照晚年的境遇，猜一猜"载不动许多愁"的"愁"的含义。这个活动的目的是让学生运用"知人论世"的阅读方法，把李清照晚年的人生经历和词中"物是人非事事休"一句建立链接，理解词人对故人故国的哀思和孤独无依的哀愁，这为第一个教学环节的学习作了有效的铺垫。

2. 在学习过程中，适时为学生提供帮助

在这节课教学过程中，我们发现学生存在的主要问题体现在三个方面：① 大部分学生作的批注较凌乱，缺少条理，而且不够深入；② 很难理解词中体现出的作者对不幸命运的抗争；③ 对关键词句的欣赏不深入，就词句论词句，大多是停留在文字表面，且是碎片化的欣赏。针对问题①，指导的办法是出示《宋词鉴赏大辞典》中对"满地黄花堆积，憔悴损，如今有谁堪摘"的赏析，"园中开满了菊花，秋意正浓。这里'满地黄花堆积'是指菊花盛开，而非残英满地。'憔悴损'是指自己因忧伤而憔悴瘦损，也不是指菊花枯萎凋谢。正由于自己无心看花，虽值菊堆满地，却不想去摘它赏它，然而人不摘花，花当自萎；及花已损，则欲摘已不堪摘了。这里既写出了自己无心摘花的郁闷，又透露了惜花将谢的情怀"。[①] 然后对这段文字进行分析，指出这段话共包含两部分内容：一是注，包括解释重要词句，说明几句话之间的关系；二是批，即揭示这几句话表达了作者怎样的情感。进而指导学生作好批注，为感受和体验全词传递出的复杂情感做好铺垫。针对问题②，采取的解决办法是梳理出五层愁情之后，让学生展开讨论：作者内心情感的变化与外在动作行为的变化有何关联，从而引导学生理解作者不断排遣内心苦闷的努力，进而领悟其与不幸命运抗争的不屈精神，并不失时机地引导学生背诵全词。以下是教学实录片段：

师：总结大家的发言，我们可以看出，这首词主要表达了五种情感（出示PPT），大家齐读一遍。

寻寻觅觅，冷冷清清，凄凄惨惨戚戚。（由外而内的忧伤）

---

① 夏承焘. 宋词鉴赏大辞典[C]. 上海：上海辞书出版社，2013. 521.

我饮酒御寒却酒淡风急，境遇艰难，无尽凄苦！

我抬头望雁却旧时相识，物是人非，伤心不已！

我低头看花却飘零憔悴，韶华已逝，顾影自怜！

我倚窗独坐却梧桐细雨，度日如年，孤苦煎熬！

（生齐读。）

师：请同学想一想，作者内心情感的变化与外在动作行为的变化有何关联？想象自己是晚年的李清照，孤独的住在浙江杭州的一个庭院中，你的情感经历了一个怎样的变化过程？

生：感受最深的句子“寻寻觅觅，冷冷清清，凄凄惨惨戚戚”。七个叠词写出了孤独、忧郁的李清照无所事事的苦闷以及急需摆脱这种情感的努力，所以才有下一句的借酒消愁。

师：说得怎样？

生：好！（自发的掌声）

生：我认为“守着窗儿，独自怎生得黑？”中的“独”字写出了自己孤身一人，凄凉无依的老年形象，她内心在想：“我怎么才能把这漫漫无际的余下岁月度过啊？”

生：我认为这一句“守”字用得好！原因是上一句“满地黄花堆积，憔悴损，有谁堪摘？”有花不能摘，所以只能守着窗儿。表现作者想摆脱孤独寂寞之情，但又无法摆脱的痛苦。

师：刚才几位同学能抓住关键词句来分析作者内在的情感和外在动作变化的联系，很好！现在我们按照课文的先后顺序，参考投影的内容，把全词中的情感和动作变化的关键词抽取出来，重新组合，你们会有怎样的发现？

生：动作：寻寻觅觅，……；情感：孤独无聊——动作：饮酒；情感：凄苦——动作：望雁；心情：更伤心。我发现作者想要摆脱一种情感，结果却陷入了一种更痛苦的情感中。

师：说得很好，大家同意这位同学的说法吗？

生：同意！

师：很好，我们看，作者在抒发自己情感的同时，不经意间把自己同不幸命运的抗争表露出来了（出示PPT），同学们自由朗读一遍。

这首词在艺术方法上的主要特点，是把握了女主人公内在心绪和外界事物之间的矛盾关系，进行了“滚雪球”般的推进描写。女主人公的主观情感和心理活动的每一个波澜起伏，全与客观景物的更迭发生密切的配合，一句扣紧一句，一事粘连一事，在心境与物境的相互作用和相互矛盾的不断扩大过程中，把愁绪愈积愈浓、愈结愈大，最后达到难以遏制的地步，而使人有九曲回肠、愁肠百结之感。

针对问题③，采取的办法是指导学生从不同角度欣赏关键词句，仍以“满地黄花堆积，憔悴损，如今有谁堪摘”为例，指导学生分别从词句的表现力、在全词中的地位和作用、与李清照早期词《醉花阴》中“人比黄花瘦”进行对比等不同角度进行品读。通过上述努力，学生能够比较深入地赏析词中的关键词句。

3. 及时对学习效果进行评估

学情视角的阅读教学必须关注学生阅读经验的获得。本节课学习的核心内容是“抓住关键词句，品析《声声慢》一词细腻而又典雅的文学表现力”。为了全面了解学生本节课的学习效果，我们让学生课后以“这首词意象和音韵在表达情感上的作用”为题写一篇不少于300字的评论文章。从收交上来的作业样本来看，大部分同学对这首词如何表达复杂的愁情和与不幸命运抗争的精神有了一定程度的领悟，对词中的重要意象与叠音词的表达效果基本能从三个方面(词句自身的表现力，在全词中的地位和作用以及对比阅读)展开赏析，能够具体深入地阐释这首词“细腻而又典雅的文学表现力”。但不无遗憾的是学生对这首词中大量使用“唇齿音”以及押“仄声韵”的表达作用几乎没有提及。下面呈现的是两位学生的作业样本：

作业样本1：学完《声声慢》，耳畔一直回想着“寻寻觅觅，冷冷清清，凄凄惨惨戚戚”这些平平仄仄的词句。这首词开头用了七组十四个叠字，看似平平淡淡，实则显示了作者高超的文字功底。十四个字无一愁字，但平平仄仄的变化表达的分明是声声哀愁，造成了一种如泣如诉的音韵效果。“寻寻觅觅”，写的是作者的动作，为了排解哀愁，作者开始了漫无目的的寻觅。找啊找啊，究竟想寻找什么呢？她是不太清楚，一切都是那么茫然，一切都是“冷冷清清”。这是作者的心境使然，“一切景语皆情语”，在一个悲伤凄凉的人眼中，所有的事物都是暗淡无光的。因此，寻觅的结果只能是“凄凄惨惨戚戚”，它不但没有减轻内心的伤痛，反而使其由这清冷之景更生一种凄凉、惨淡和悲戚之情。这就为全词定下了一个感情基调，使全词笼罩在一种凄惨愁苦的氛围中，为下文不断摆脱痛苦而又陷入新的痛苦埋下伏笔，真是“这次第，怎一个愁字了得”。

作业样本2：《声声慢》犹如我心灵中掠过的一只飞雁，留下无尽的孤独、忧愁。“雁过也，正伤心，却是旧时相识”，多么销魂啊！那一只离群的孤雁啊，你是从哪里飞来的？你的到来，反而让本就伤心不已的才女李清照勾起了许多伤心的往事。正当作者独自对酒伤心伤神之时，猛然间抬头看到南飞的大雁，再细看，那大雁不就是自己以前曾多次看到过的大雁吗？不就是曾为她和丈夫捎过信笺的大雁吗？而今大雁依旧，人却不是那两人了，也不会再有什么书信捎来了，真乃“物是人非事事休”。往事已不可追，一味伤心不止也不是办法，且去看看“黄花”听听“细雨”如何呢？只有苦熬岁月罢了，只有独守窗前罢了。“寻寻觅觅”的李清照，饮“淡酒”、看“雁过”、对“黄花”、听细雨，满眼的是伤心之物，让人情何以堪啊！

(三) 基于学情的教学反思

“阅读教学，就是建立学生与‘这一篇’课文的链接，以帮助学生克服现有的语文经验与课文理解(感受)所需要的语文经验之间的落差。”[①]高一学生要达成本节课阅读教学的目标,遇到的障碍主要是生活经验的不足和阅读量的不足。李清照早年接受了良好的教育,后来嫁于才子赵明诚,生活甜美。然而靖康之难后,夫妻逃难,金石典籍散失,丈夫去世,境况极为凄凉,一连串的打击使作者尝尽了颠沛流离的苦痛,亡国之恨,丧夫之哀,孀居之苦,凝集心头,无法排遣,在此背景下创作了这篇《声声慢》。由于学生缺少这种人生经验,很难透过表面的文字深入到文本深处与作者的灵魂进行对话,并欣赏这首词独特的艺术表现力。因此本课例从文本独特处入手设定教学目标,以学情为起点选择教学内容,建构课堂教学过程的逻辑,基本达成了教学目标。本课例的成功之处在于针对学生学习的问题与困难,及时提供有效的帮助,以学生自学为主,教师点拨指导为辅,促进学生建立与这一篇课文的有效链接。本课例始终把学情和语文教学设计、教学实施、教学评估的整个过程有机结合起来,基本达成了促进学生语文经验的习得的目的。但是这节课也还留下很多问题,值得进一步探究:① 如何处理好古诗文诵读教学与欣赏的关系。一般而言,学习古典诗文,一定要加强诵读。学生在反复的诵读中,才能进入诗的意境,读出韵味来。这节课的诵读指导显然不足。② 如何处理课文阅读与拓展阅读的问题。本课例在教学过程中,引入了与《声声慢》相关文章的阅读,这会不会是拓展过度,或过度解读。③ 课堂内容选择适度的问题。本课例安排了三块教学内容,从理解到领悟再到赏析逐层展开,但是与之相伴相生的问题是,上述三个层次阅读体验始终粘合在一起,以至于有些教学环节不能充分展开。

第二节　课堂情境中的阅读经验发展

阅读教学应致力于发展学生的阅读经验,而课堂情境中的“阅读经验”发展依赖于一定的生成条件和合宜的发展路径。对“条件”和“路径”的研究,语文教学领域向来是处于“暗中摸索”状态,“明里探讨”的研究比较少。近年来,这种情形有所改善,有从“阅读教学内容确定”角度出发的研究,也有从“学生学习起点”角度出发的研究,两种角度的研究不断发展,推动着学生“阅读经验”的探讨逐步深入。

一、何谓“阅读经验”

阅读经验指的是学生(读者)与文本之间的相互作用。阅读经验一般可以分为两个前后相互关联的组成部分,一是指学生(读者)在阅读文本时经验的过程,二是指这个经验过程结束后获得的结果。

---

① 王荣生.阅读教学的基本任务与路径[J].课程·教材·教法,2012(7).

从过程性经验来看，学生始终应该是阅读的主体，阅读的过程本质上是一种学生经验的发展过程，即从不成熟的经验逐步发展提升到一种成熟或较为成熟的经验。这个过程是学生阅读经验的建构过程。

从结果性经验来看，学生对文本的理解最终要凝注为一种意义。意义的形成意味着一种经验的重建与改造，当阅读活动结束之后，学生会以"意义"的形式自觉地将新经验纳入自己的知识结构中。而这些生成的新经验又成为新的理解活动的背景和参照体系。

因此，要理解"阅读经验"，最根本的是要理解学生怎样从一篇课文中获得"意义"。一篇课文的"信息"与一篇课文的"意义"是有区别的。在读者反应批评理论看来，"意义"不在课文本身，课文本身能够呈现的只是一些相对客观的语言信息，课文传递的这些信息只是构成意义的成分，但绝对不等于它的意义。意义不是一种人们可从一首诗或一篇小说中获取到的东西，不像从硬壳里剥取出果仁那样，一篇课文的"经验"才是它的"意义"。换句话来说，"意义是人们在阅读过程中的一种经验"，"能使一本书具有意义或没有意义的地方，是读者的头脑，而不是一本书从封面到封底之间的印刷书页或空间"。①

要获得课文言语信息之外的意义，我们需要指导学生在阅读中转变针对文本的姿态，以往面对文本主要是问"这句话是什么意思呢?"，现在要转变为问文本"这句话做了什么?"。第一种问法是传统的"文本中心"阅读姿态，似乎文本中有一个"意义"等着你去拿取，这样文本就是一个静态的客观存在，读者的主体性没有得到发挥。而第二种问法则是读者反应的立场，强调了"文本的阅读是一项活动，是一件你正在做的事"，读者的经验是随着文本的展开而形成的，在这个经验过程中"意义"得以生成。美国学者费什由此提出了一种基于时间流意义上的一种不间断的反应式批评/阅读体验，即读者是按照阅读经验中的时间流动而不是对整个文字作出反应：读者总是在某一时刻读到第一个词，然后又在其他时刻读到第二个、第三个词，一直如此下去；正是发生在词与词之间以及读者头脑中的非肉眼所看见的事件以及由此产生的"这话做了什么"构成了其意义。②

下面我们以孙绍振一篇介绍自己阅读经验的文章(《对话背后的个性和难得的抒情》,《语文建设》2013.1)为例展开分析。他在文中描述了自己阅读《子路、曾皙、冉有、公西华侍坐》的经验过程，认为读经典不但要看字面上已经写出来的，而且更要看其没有写出来的，留在空白中的。空白不在字面上，只能从深层意脉中去探索。很显然，在孙绍振看来，一篇课文的"意义"主要体现在课文的"空白处"或"深层意脉"中。他所指的"空白"或"深层意脉"显然不是在课文字面上找得到的，而只

① 张爱东. 读者与文本[J]. 见宋耕编著,《重读传统——跨文化阅读新视野》, 外语教学与研究出版社, 2005.24.

② (美)斯坦利·费什著，文楚安译. 读者反应批评：理论与实践[M]. 北京：中国社会科学出版社, 1998.2.

能出现在读者的经验中，是读者的经验使它具有了“意义”。在我看来，他所谓的“深层意脉”显然只能靠作为读者的他去组织与重构的。意义生成于他与文本的相互作用的空间里。

从他的阅读过程，我们可以看到其“意义”之组织与建构主要体现为三个方面，一是借助特定的“体式知识”读出文字信息背后的空白处，例如借助“寓褒贬”的体式知识，对文本的“意义”加以正确而深入的理解，理解到“哂之”的更深刻原因在于子路的治国观念与孔夫子的大相径庭。这些更深刻的原因在文本字面信息中是没有的，它只能依靠读者结合体式特点和相关背景加以建构，因而在某种程度上我们可以说这些获得的经验并不是在文本中的。只有在读者与文本发生相互作用时，读者对文本“意义”的经验才能够呈现出来。

二是要建构文本中深层意脉的逻辑联系。孙绍振所说的“空白”处，也包含了文本中的逻辑联系。因为课文体式特点，文本中的带有倾向性的语言比较少，所以其中的逻辑关联需要读者来建构。例如，他发现从表面上看，子路、冉有、公西华好像是各说各的话，他们的话语似乎互不相干。但从深层意脉来说，他们之间是有联系的，冉有看出了子路的弱点，公西华看出了子路和冉有的弱点，都在有意回避，讨孔子的欢心。但所有这一切，从文章的整体意脉来说，都还只是铺垫，是为了引出孔子大力褒扬的曾皙的理想。这些深层意脉之间的逻辑联系在文本字面信息中也是找不到的，它也是呈现为一个动态的阅读活动，通过这个阅读活动作为读者的孙绍振发现了这个深层逻辑。

三是要发现文本“写法”转折处的“意义”。要善于从写法的转变处建构其与文脉之间的关联，进而在这种关联中发现“意义”。例如孙绍振认为课文写到曾皙的时候，因为这是文章意脉的高潮，因而写法也就大大不同。就文章“写法”方面的阅读，前文没有的这里有了，就要更加关注；或者前文少的，这里多了，也要更加关注。“写法”的转变往往是“意脉”变化的需要。例如这里需要重点写曾皙的对话，因此，这里不仅一改前文的写法，而且也改变了中国古代经史的内在规范（以记言记事为主，一般是没有抒情和描写的）。突然出现了两个形容词和三个动作描写。这种写法的转变是为了引出重点人物曾皙，这样就推动情景出现了转折。

在经历三个方面的过程性经验之后，孙绍振的阅读最后凝注为一种结果性经验。他认为这篇文章最后的语言，不但提供了一幅逍遥的图画，而且构成了一首乐曲：三五成群，老老少少，沐浴着暮春的水温，迎着扑面的春风，歌唱着，享受着大自然的恩惠，体验着人际的和谐。这样的情境，带着很强的抒情性，构成一种诗化的情调，这样的诗意，和《季氏将伐颛臾》中锋芒毕露的雄辩形成鲜明的对比，在先秦散文叙述理性以回避抒情为务，连倾向性都要隐蔽的传统中，可以说是空前的审美艺术瑰宝。至此，作为读者的孙绍振完成了对课文“意义”的建构。我们可以从孙绍振陈述的“阅读经验”案例中提炼出以下经验生成结构图：

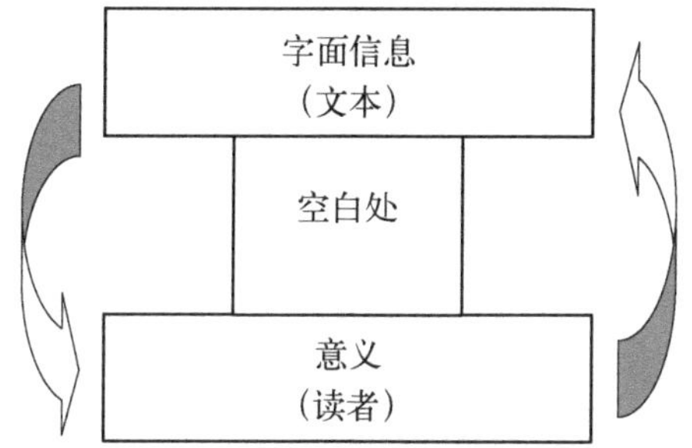

图 6－1　阅读经验生成结构图

孙绍振这个案例呈现出阅读经验过程与结果的典型特征，从图示我们可以看到，阅读起于文本字面信息对读者的刺激，然后读者经过内在的加工与建构，重返文本与文字信息交互作用，在依托“空白处”获得了“意义”。

同时孙绍振的阅读经验也较为充分地佐证了费什提出的“意义不在作品本身”这一观点。“意义不在作品本身”，为读者的经验反应打开了一个空间。也就是说，意义生成于读者与文本的交互空间——具体指文本的所谓“空白处”“言外之意”或“深层意脉”等，在这个空间里，读者的阅读经验得以生成与凝注。

孙绍振的阅读经验案例也启发我们，阅读经验的发展是有不同层级的，就他自身来说，这个案例呈现的阅读经验是一位学者的高级阅读经验，一般的初级读者（学生）是难以获得的。初级读者（学生）获得的只能是初级阅读经验，但可以通过训练逐步获得高级阅读经验。这就需要阅读教学发挥相应的功能，通过提供相应的学习情境促进学生获取更高层面的阅读经验。这样，在教学情境中，像作为专业研究者的孙绍振的这类阅读经验就成了学生阅读经验发展的一个目标和参照系。

二、学生阅读经验的生成条件

作为初级读者的学生的阅读经验的发展，主要是指通过文本的字面信息穿越“空白处”而生成“意义”的过程。学生的阅读总是从文本字面信息开始的，因此其中最具启发意义的是学生在阅读过程中到底发生了什么，即从对字面信息的感知开始到“意义”的获得这个过程中到底发生了什么，弄清这个问题是教师帮助学生发展阅读经验所需要做的最基础性的工作。这实际上就是去弄清学生阅读经验的生成条件，只有弄清了阅读经验的这些生成条件，才能有针对性地发展学生的阅读经验。这里的生成条件主要包含两个方面，一是提供给学生阅读的材料，二是学生已有的阅读基础。

1. 阅读材料对阅读经验的塑造

阅读的材料可以塑造一个学生的阅读经验，国外大量的实验研究表明，学生的阅读经验在相当程度上是由所阅读的材料所规划和塑造的。也就是说，读什么样的材料你就会成为什么样的人。一直读传递信息的简单的材料，阅读能力就会与那些材料一样一直处于低级水平。所以阅读的材料难度不能太低，要有一定的难度，给学生一定的挑战，这样才可能实现从初级阅读经验向高级阅读经验的转化。正如美国学者艾德勒所说："为了讯息而阅读，就跟为了娱乐阅读一样，没法帮助你心智的成长。也许看起来你会以为是有所成长，但那只是因为你那脑袋里多了一些你没读这本书之前所没有的讯息而已。然而，你的心智基本上跟过去没什么两样，只是阅读数量改变了，技巧却毫无进步。……你想要用来练习阅读技巧，尤其是分析阅读技巧的书，一定要对你也有所要求，这些书一定要看起来是超越你的能力才行。"①因此，经典作品就成了发展阅读经验的理想材料，因为"经典作品是一些产生某种特殊影响的书，它们要么本身以难忘的方式给我们的想象力打下印记，要么乔装成个人或集体的无意识隐藏在深层记忆中"。② 尤其是学生时期的阅读，经典可能(也许同时)具有形成性格的实际作用，因为经典作品可以形塑学生的未来，赋予学生未来人生经验的一种形式。所以在精读经典获得经典阅读经验之后，其影响力不会消失，它将继续在学生身上起作用，哪怕他们已忘记或完全忘记所读书的具体内容，经典的经验还是会以不同的形式反映在一个人的衣食住行中。这就是经典作品的特殊效力：它本身可能会被忘记，却把种子留在我们身上。

因此，阅读材料就成为学生阅读经验生成的一个重要条件。但到目前为止，我国语文教学领域对阅读材料与阅读经验发展之间相关性的研究却并不充分，不同类型的阅读材料会对读者尤其是初学阅读的学生产生不同的制约，学生在阅读不同类型的材料之后会形成相应的不同经验。这样一个浅显的道理却往往被我们忽视了，我们在缺乏对材料进行清晰分类和精细加工的情况下，很多时候是把不同类别不同程度的材料"一视同仁"让学生学习，这样处理的结果，就是我们常常在材料方面有意或无意地"矮化""幼稚化""庸俗化"我们的学生。尤其是教材编写者，在这方面问题更加突出。何平(《"童年重临于我的心头"——兼及〈爸爸的花儿落了〉的几个问题》，《语文教学通讯》2013.2B)就指出了教材编写者对教材内容处理中存在的问题。他以《爸爸的花儿落了》这篇课文为例，认为课文编写者的设计("教学提示"和"研习与思考")没有充分尊重"人"的细致深婉的内心世界，也没有尊重课文作为"文学作品"具有的独特审美属性。

何平认为课文编写者可能受到"苦难是人生财富"的"心灵鸡汤"式的人生哲思的影响，对属于"我"也属于作者林海音个人的那些深刻的创伤记忆习焉不察，而作出了"轻盈化""庸俗化"处理，这是对"人"生命渺小脆弱的漠然——这使课文对更深刻和更沉痛的"花落""人逝"和"我不得不长大"的无奈、悲切和哀痛被掩埋。而这被掩埋的部分，恰恰是课文最重要的生命体验和最富文学魅力的部分。因此，何平建议教师在教学中应该修正教材编写者的教学预期，让学生即使不能抵达生命的深处，也能朦胧地触及生命无可把握的无奈、悲切和哀痛。这样，一篇经典课文

① (美)莫提默·J·艾德勒等著，郝明义等译.如何阅读一本书[M].北京：商务印书馆，2004.292.
② (意)卡尔维诺著，黄灿然等译.为什么读经典[M].南京：译林出版社，2006.3.

才能真正发挥其功能，在阅读经验中塑造学生健全的人格。

2. 学生已有的阅读基础

对学生在阅读经验发展过程中的已有基础的探讨得到了研究者的较大关注，研究大体有这几种情况，一是从分析学习起点确定合宜教学内容角度进行的讨论，二是从班级学困生角度延伸的讨论，三是从所谓“高效课堂”展开的讨论，四是从预习与经验发展的关系展开的讨论。

阙银杏(《以学情分析为教学的依据》,《语文教学通讯》2013.12B)以陈隆升《语文课堂“学情视角”重构》一书中的“起点分析”实践操作结构为框架探讨了学生阅读经验生成的内容条件——“合宜教学内容的落点”。并以《爸爸的花儿落了》为例对七年级与八年级学生进行了阅读经验条件的比较分析。尤其值得一提的是作者分别就七年级和八年级进行了学情调查，并将调查的结果作为学生阅读经验发展的基础和依据。例如对七年级学情的调查显示，大多数学生对“父爱”没有因文生情，虽然有一定的体会，但只是泛泛而谈，流于简单表面。这样一个学情状况对促进阅读经验发展有什么作用呢？作者认为针对这种情况，教学时就很有必要选取一个片段或细节，引导学生慢慢走进文字中，通过细微处体味简单的字词背后满含着的一腔不易言说的深情。像这样的学情分析找出的就是学习起点，作者这样处理就有助于弄清学生对这篇课文阅读的已有基础，使得学生阅读经验发展有了相应的学情依据，教师的教学针对性就比较强。

班级已有的平均学习水平为实施课堂教学提供了学情参照，但这其中可能没有关注到那些“学困生”的状况。王君(《不能冷落了学困生》,《语文建设》2013.3)探讨了课堂阅读经验发展的差异性问题，揭示了在阅读教学中课堂对话过于流畅的两大原因：一是课堂提问的质量不高；二是优生主宰着课堂，大部分中等生和学困生主动或被动边缘化。为此作者指出，由于学困生基本素质差，缺乏良好的思维习惯，与他们对话一定是艰难的，课堂教学应该直面这种艰难。教学内容的确定要考虑到为学困生服务，课堂对话不能冷落了学困生，课堂的“最亮点”一定是学困生的转变。

对目前甚嚣尘上的所谓“高效课堂”，胡家曙(《高效语文教学的行动起点》,《中学语文教学》2013.7)揭示了其中的“三全一快”现象，即内容全、目标全、方法全，节奏快。指出“三全一快”现象的产生实际上是“把教得多当作学得多，把学的内容和目标当作学的效果，把眼前的显性的效果当作语文教学的全部目的”。从“教学”看，让学生自己摸索发现，速度可能慢一些，但这样的收获更容易建构到学生的经验里。如果课堂一味求快，结果跟得上的只能是一小部分学生，大多数学生一定是苦不堪言。作者的观点对盲目追求“高效”者无疑是一针清醒剂。

对于课堂阅读经验发展来说，学生的“课前预习”是教师弄清学生已有经验基础的有效方法，但这一方法在目前的语文阅读教学中却陷入了“名存实亡”的困境。方关军(《“理想化预习”使语文教学冷落了多少学生》,《语文教学通讯》2013.10B)从“预习”的角度探讨了阅读教学中的经验生成条件，作者对学生进行了问卷调查，认为语文课堂教学中的"课前预习"这一环节没有达到应有的成效,给教学起点把握造成了很大的困难。作者最后得出的结论是,当大多数学生不能经常性地完成课前预习作业的时候,"课前"预习就已经失去了它存在的意义,而应该把课前的预习变为课堂上的"先学",把少数人的"预习"变为所有学生的"先学",以确保课堂教学的公平性。作者的结论有一定的合理性,而且这种想法也正在许多学校加以实施,但把"课前"的功课转移到"课上",必须先要能够回答一些质疑:"课上"包揽了一切,那学生在"课前"该做什么了呢?学生在"课后"和"课前"不需要学习语文了吗?语文"课堂"真有那么大的能耐,连"预习""巩固""迁移"等学习环节都能够在40分钟里得到解决吗?

三、阅读经验的发展路径

阅读经验发展的主体是学生(读者),因此在课堂情境中教师的主要责任是帮助学生从一个经验缺乏的不成熟的读者成长为一个训练有素的具有丰富阅读经验的读者。

在这里,可能需要对"读者"做一个界定。一般说来,"读者"可以分为两种类型:假想的读者(hypothetical reader)和实际的读者(real reader)。伊瑟尔所主张的"隐在的读者"(implied reader),美国批评家吉布森所提出的"冒牌的读者"(mock reader),都并非真实存在的读者,而是作者在其作品中所要求的那种能够体验文本"意义"的读者。乔纳森·卡勒提出的"有能力的读者",斯坦利·费什所主张的"有知识的读者",实际上是一种学者化的读者。与此相反,另一类读者反应批评家则强调日常生活中司空见惯的实际存在的读者,即阅读作品文本的普通读者。他们对作品的反应与阅读经验也许更有实践意义。

真实语文课堂情境下,作为阅读主体的学生无疑主要是一种实际存在的读者,有别于假想的读者和学者化的读者。学生作为读者,其阅读经验是不成熟的或不完整的,这需要教师采取相关的措施引导其不断发展,发展的路径主要有两个,一是补充生活经验的不足,以理解文本中所涉及的题材和内容;二是提供阅读能力所需要的知识与方法,以改造其现有的不成熟或不完整的阅读经验。下面主要从这两个方面加以分析:

1. 创设情境,扩大生活经验的"重合面"

对文本中涉及的生活经验的理解一般来说是需要读者具有相应的生活经验,这样文本的内容才可能得到理解。一方面是文本的生活经验,另一方面是读者的生活经验,这两个方面常常是不对称的。所谓不对称,指的是两个方面不能完全重合。优秀的读者,两者的重合面会比较大,而较差的或不成熟的读者则重合面很小。尤其是生活阅历较浅的学生与揭示了深厚生活经验的经典作品之间的重合面是很小的。

那么应该如何增大生活经验的"重合面"呢?汪政(《创设情境　还原经验》,《语文教学通讯》2013.2B)认为,理解文本,克服人与文本的阻碍,关键在于经验,因为拥有了经验就站到了文本的根基上。因此，学习年代久远的作品时，可以从挖掘日常生活中与此相似的或相关的经验入手。将过去的文本还原为经验，再依此寻找它们在当下的变异，将文本融入当下的生活，以当下的生活去理解文本，文本就会变得生动具体，人与文也会了无间隙。

汪政提出通过提供与过去经验相似的情境来增大学生与文本经验之间的"重合面"，进而提高学生对文本的理解能力。这种观点对我们很有启发意义。因为学生要理解文本中作者呈现的生活经验，靠外在的力量是很难做到的，只能通过学生自身在一定情境的诱导下加以比较和反思才可能实现。因此，创设情境是一条比较可行的途径。但汪政在这里却并没有给我们呈现这条途经的详细内容和做法，可见情境的设计与开发是有难度的，对广大一线教师来说，这是一项具有一定挑战的工作，但同时也是一项非常有意义的工作。一般来说，我们原来的教学主要是通过提供课文相关的"背景知识"来弥补学生生活经验的不足，但无论"时代背景"还是"写作背景"都难以精准地建立学生生活经验与文本生活经验之间的关联，尤其是时代越久远的作品，如古代的文言文作品，对学生来说越难以理解其中的生活经验。所以就需要我们对所提供的"背景知识"加以选择与编排，纳入一定的情境中，可能更容易引发学生的注意力和兴趣。这样，把文本所涉及的生活经验加以"情境"化设计就成为问题的核心。

依照比利时学者罗日叶的理论，情境常常是指在某一环境中实现某一活动或发生某一件事情。学习情境一般指的是"问题情境"，就是针对某一既定任务而需要联结起来的一整套背景化了的信息。要设计好一个学习情境，一般要注意其中的三种参数：类别参数(或称辨别参数)、内容参数、装扮参数。①

只有把"这一篇"课文所涉及的具体生活经验加以"情境化"，设置合适的参数和问题，才有可能驱动学生自己主动进入情境中加以相应的体验、反思，逐步增大学生与课文之间生活经验的"重合面"，使课文对学生来说逐步变得亲切起来。但目前我们这方面的研究还不多，在一线课堂教学实践中倒是出现了一些所谓"教学情境"，但这些情境往往追求的是一种新鲜刺激，其教学意图不清晰，需要我们从学理层面加以审议和改造。

2. 以知识与方法为导引，改造现有阅读经验

学生对课文的现有阅读经验的不到位或偏失，往往是由于缺乏相应的知识和阅读方法。因此对学生阅读经验的改造，就需要补充相应的知识和阅读方法。但知识与方法不能采取灌输的方式，只能与具体的阅读内容的学习关联起来。这里的"关联"主要体现在两个方面，一是知识与方法的学习要以学生的感受体验为起点，二是知识与方法的学习要引导学生到达课文的关键处。有许多教师对这两种"关联"作了理论思考和实践探索。

---

① (比)易克萨维耶·罗日叶著，汪凌译. 为了整合学业获得——情境的设计和开发[M]. 上海：华东师范大学出版社，2010. 154. 155.

(1) 以感受与体验为起点提升学生的阅读经验。

在指导学生阅读的过程中，教师需要提供相关的知识和方法。但这些知识与方法的学习需要以学生自身对文本的感受与体验为前提。如果学生对课文没有感觉，提供的知识或方法就难以起作用，难以引导学生在文本字面文字信息的基础上获得“意义”。

这个道理并不深奥，但在语文课堂上却被教师们严重忽视了。学生(读者)的感受和体验完全被搁置一旁，以老师的阅读感受代替学生的阅读感受，这是严重忽视学生主体性的做法。所以语文课堂应当从“知识内容”讲授向“学生感受和体验”转移。努力建立“知识内容”与学生“感受体验”之间的关联，以学生对作品的“感受体验”为前提展开阅读指导，学生的阅读经验才有可能真正得到改造与提升。

贾桂强(《以“学生的解读逻辑”为教学起点》,《语文学习》2013.11)认为教学的重心应该放在弄清学生的感受体验上，并应把学生的感受体验作为教学的出发点，他称之为“解读逻辑”，面对同样的一篇作品，教师有自身的解读逻辑，学生也有自己的初步感知逻辑，两者之间并不一致。从前，备课往往以教师的解读逻辑为起点，新课程改革以来，教师多力争以“学生的解读逻辑”为起点。他以《流浪人，你若到斯巴……》这篇小说的教学为例，探讨了面对较长的小说怎么来引导学生阅读。他认为应该找到一个突破口，要重点去探究的是那些学生看了不理解的地方。因此，教学过程就围绕学生提出的两个疑难问题展开。

贾桂强的做法给我们启发的地方在于：教师在课堂上帮助学生发展阅读经验时所提供的知识与方法需要以学生自身的感受与体验为起点。课堂讨论的“问题”主要来自学生初读作品时产生的困惑，在解决“问题”的过程中以尊重学生的解读方式为前提。在这个课例中，阅读经验是以学生“提问”的形式呈现出来的。因而学生所提的“问题”实际上就揭示了学生正在生成的阅读经验。教师让学生把这些问题提出来，就可以较好地把握其阅读中的经验起点和经验过程。教师需要依据这些经验作为起点展开教学，帮助学生发展阅读经验，而不是以自己的经验去替代学生的经验。让学生的阅读经验以问题的形式呈现出来实际上就是把学生在阅读中产生的“张力”呈现出来。因为在阅读过程中学生与文本之间的交互作用会产生一种张力，这种张力的形成是由于学生(读者)的已有经验(前经验)带入到了文本阅读中，与文本中呈现的经验会形成一种紧张关系。一般来说，“文本设定的角色的制约力较强，但读者自己的观点也不会完全消失，它形成了理解活动的背景和参照体系。……有了这个背景，人们才能想象地生成意义。意义生成的过程是本文结构通过感知实现活动转化为个人经验”。① 从本质上看，意义的生成过程是学生(读者)与文本之间的来回“争斗”，教师的责任就是想方设法去捕捉这个争斗过程

---

① (德)沃尔夫冈·伊瑟尔著，金元浦等译.阅读活动——审美反应理论[M].北京：中国社会科学出版社，1991.48.

所形成的张力，进而给学生提供相关的知识与方法，使其与文本之间达到一个最佳的“契合点”，获得阅读中的“意义”。

(2) 知识与方法的学习要能够引导学生到达文本的关键处。

阅读教学中知识与方法的学习要以促进学生的理解为目的，也即给学生提供的知识与方法要能够引导学生去突破文本理解上的难点，进而到达“这一篇”课文的关键处。

童明辉(《叙事学视角下的小说教学》,《语文学习》2013.3)以《最后的常春藤叶》教学为例，尝试从叙事视角出发引导学生去感受第三人称全知视角与限知视角有效结合的妙处以及“错位”的叙事艺术。在这个课例里，教师提供的知识直接瞄准课文的关键处和精要处。教师提供给学生的知识与方法主要是通过两项关键活动来实施，一是让学生将课文改写成以琼珊第一人称“我”的方式叙述，再让学生改写成贝尔曼对“琼珊”故事的叙述，意在让学生明白不同的视角叙述有不同的阅读体验和效果。二是引导学生讨论：“这篇小说总体上是采用了第三人称全知视角作为主要的叙事手段，但在局部重要情节的叙述上，叙述者却刻意采用限知视角模式，作者为什么这么安排?”学生在讨论中发现了作者采用全知视角而刻意隐去的部分，即贝尔曼那天晚上画叶子的部分。到这时，教师提供的知识与方法实际已经把学生引导到了文章的关键处。围绕这个关键处，教师采取了以“写”促“读”的办法，让学生用全知视角还原那天夜里的场面，并在全班进行交流，让全体学生都体验到作品耐人寻味和掩卷沉思之处。童明辉的尝试有一个明确的追求——通过提供新的知识与方法引导学生到达作品的关键处，并在关键处获得更丰厚的阅读经验。这是该文最为可贵之处，让学生在阅读活动中较为充分地把握作者交替使用全知视角和限知视角所达到的艺术效果。

我们不妨把童明辉这节课的尝试与曹勇军对这节课的设计(《〈最后的常春藤叶〉备教策略》,《语文教学通讯》2008.7—8A)进行比较分析，两人都采用了“以写促读”的策略来组织学习活动，而且都是让学生把作者省略的贝尔曼画常春藤叶的场景(文本的关键处)补写出来。童明辉是用叙事学的知识引导学生到达本文的关键处，曹勇军则是从小说情节设计的精巧角度引导学生到达本文的关键处，可以说是殊途同归。由此，我们可以看到，教师提供的知识与方法在促进学生阅读经验建构中要发挥作用，是需要努力设计有效的活动建立学生(读者)与文本关键处的链接，引导学生的经验到达“这一篇”作品的关键处。补充的知识和方法可以不一样，但无论怎样的知识和方法，最终都要引导学生到达文本的“关键处”，如果没有引导学生自己到达文本的关键处，就说明知识与方法没有融入学生的阅读经验发展中，这样的知识与方法是无效的。

就一个不成熟读者的成长来说，其阅读经验的发展需要经历一个预期、挫败、反思和重建的过程。随着这个过程不断推进，教师需要提供相关的知识和方法，促进其阅读经验向深处发展。不然其经验只能停留在原有水平上作平面滑行。从这个角度看来，知识与方法教学有效性就不仅仅是指能够引导学生到达文本的“关键处”，还应包含引导学生在“关键处”的发展。例如许姗姗(《在对话中开展体验式阅读》,《语文建设》2013.11)以学生对《采薇》一诗的“诗眼”的阅读经验过程为例所发现的问题，课堂上教师的核心任务应该是通过补充相关知识与方法来促进学生对精要处的理解与深度建构。预设让学生理解“哀”字为诗眼。但在实际教学展开中，学生的回答除了教师预设的“哀”字之外，几乎一半的同学都认为是另一个字——“思”。于是教师提供了大量课外相关诗句帮助学生理解诗歌中隐含的“哀”。这样学生的阅读经验就在“关键处”得到了一定的发展与提升。

第三节　课堂情境中的写作经验发展

一、写作经验导引路径

基于“学情”的写作教学，关键在于把握学生已有的写作经验，建立合宜的导引路径，促进其写作经验的发展。下面主要从“文章”揣摩、“过程”指导、“生活”提炼等三个方面对“写作经验导引路径”加以讨论。

(一) 从“文章”中寻找导引路径

“作”文是从“读”文开始的，写作经验在很大程度上是由阅读经验转化过来的。因此，促进学生从“文章”中获得写作经验就成为写作教学的重要路径。这就是“读写结合”导引路径的由来。关于“读写结合”的功能与教法，有很多学者和教师做了大量的探索，这里不再赘述。本文在这方面希望进一步深化讨论的是如何组织有效的“读写结合”活动，让学生有效地“动”起来，具体来说，就是有哪些方法可以促进学生把“文章”的阅读经验有效转换为写作经验。主要讨论两种办法，一是“揣摩”，二是“完形”。

1. 把“揣摩”作为经验转化的手段

在写作教学中，古人很崇尚“揣摩”，认为从对作为成品的优秀文章的揣摩中可以获得写作经验。古代私塾和书院中的“八股文”写作训练遵循的就是典型的以“揣摩”为核心的“读写互动”模式。“八股文”被称为“代言”，“代”即代人语气，代人说话，代人说理，主要是“代圣贤立言”，代圣人说话。“代”由来已久，古今中外作文皆有其法，钱钟书于此有专论，他指出代言之体最为罗马修辞教学所注重，名曰 prosoposoeia，学僮皆须习为之，亦以拟摹古人身份，得其口吻，为最难事。①

所以，“代”也叫“揣摩”，即设身处地，假设自己就是原题之作者，设想自己处于此种地位，会说些什么。古人把“代”或“揣摩”称之为学习作文的“金针”，可见其在写作教学中具有方法论意义。正如何怀宏所言：我们又可将“代”比之于现代西方学者常常讨论的、是为当代一大课题的“identity”(认同、自居)，此认同自然是向历

① 钱锺书.谈艺录[M].香港：中华书局香港分局，1986.33.

史认同，向圣贤认同，一人自幼习举业，持久自居，始终认同，焉知“代者”与“被代”不会渐渐接近？又焉知假借既久不会成为己物？这大概也正是方苞所言“俾学者童而习之，日以义理浸灌其心，庶几学识可以渐开而心术群归于正也”的意思。[①] 由此看来，“代”也好，“揣摩”也好，“认同”也好，它们的功能是一致的，在促进学生经验的转化方面均发挥了“桥梁”与“路径”的作用，学生正是通过它们而获得了文章中的写作经验。

在具体操作上，古人有所谓“揣摩熟而变化生”的做法。其一是通过“猜”来建立学生与文本之间的链接。人们在理解“揣摩”一词含义的时候，常常是更关注其“研究、琢磨”的这一面，而忽略了“揣”字的含义，按《说文解字》说法：“量也”，又说“度高曰揣”。可以看出，“揣”字的本义为“估量”，后来引申为“揣测、估量、推测”。所以“揣摩”本身就含有了“推测”或“猜测”的意思。清代章学诚充分关注了“揣摩”这方面的含义，并发挥其在读写结合中的教学功能，他认为在引导学生揣摩课文的时候应该：“盖必设身处地，一如未有其文，就题先为拟议，揣其何以构思布局、遣调行机、措辞练字，至于筹无遗计，而后徐阅其文，使之一字一句，皆从己心迎拒而去，不啻此心同其疾徐甘苦之致也。”[②]意思就是，我们应让学生在看到题目之后，不要急着读下去，而是先在心里对课文的内容与写法进行一番“推测”，之后再逐项细细地读课文，与自己“猜”的内容加以比较。这样才可能真正揣摩到“一篇之神妙”，并能在写作上加以运用与创新。这就叫做“揣摩熟而变化生”。这实际就是一种促进学生经验转化的手段。

第二个办法是不断改变“揣摩”的角度，使“熟文”变“生”。章学诚认为一篇好文章至少有十个“揣摩”角度：“命意，一也；立句，二也；行机，三也；遣调，四也；分比变化，五也；虚实相生，六也；反正开合，七也；顿挫层次，八也；琢句，九也；练字，十也。”每次引导学生用“猜”的办法揣摩一个角度，使学生围绕文章“转换无穷，即使万遍诵习，而揣摩光景，常如新脱于稿”，这就是所谓的“熟文习之使生”。这种办法，章学诚用养鱼作比，“盖闻畜盆鱼者，惧其盆小而鱼生趣，则垒石水中，作为洞壑深邃之势，俾鱼环转其中，则天倪畅达，此则读文易意环求之道也”。[③]

2. 利用“完形”作为导引工具

在国外，为了使文章中的写作经验更有效地转化成学生的写作经验，有人主张利用“完形”(Cloze)作为从阅读到写作的引导工具。完形是美国心理学家泰勒(W. L. Taylor)于1953年首创的一种检定篇章难易度和测验阅读理解的工具。后来琼斯马(Jongsma，1980)发现完形也可以作为教学上有效的引导工具。作为引导工具的完形，主要是从教学目标出发，编制各种各样“残缺不全”的篇章，以刺激学生思考，让学生把它残缺的地方补齐变成一篇完整的文章。完形活动以篇章出现，

---

① 何怀宏. 选举社会及其终结——秦汉至晚清历史的一种社会学阐释[M]. 北京：三联书店，1998. 85.

②③ (清) 章学诚. 清漳书院留别条训[J]. 载王炳照等. 历代教育论著选评[C]. 武汉：湖北教育出版社，1994. 1540.

学生在整个活动中扮演读者兼作者的角色。在填写空白之前，是读者；填写时，是作者。因此这项活动包含了阅读和写作技巧的训练，是以篇章为基础的综合性训练。①

这种写作经验导引工具实际上在我们的语文课堂上有许多教师也在使用，例如有位教师在教《云南的歌会》时就设计了这样一项活动，让学生填出空缺的地方(黑中透红、白白、蓝、葱绿)：

> 这种年轻女人在昆明附近村子中多的是。性情明朗活泼，劳动手脚勤快，生长得一张________的脸，满口________的牙齿，穿了身毛________布衣裤，腰间围了个钉满小银片扣花______布围裙，脚下穿双云南乡下特有的绣花透孔鞋，油光光辫发盘在头上。
>
> 然后引导学生讨论，缺的词有怎样的关联(学生回答：都是颜色的词，表现了沈从文笔下的昆明妇女独特性，充满了一种活力)。

这项活动就是一种读与写的"完形"引导，当然，这里是读的成分多，而写的成分少。引导的内容主要是"品味词语"。

"完形"工具导引的读写活动聚焦的目标不仅仅是词语，可以是句子，也可以是段落，还可以是标题等。"读写互动"的完形活动是有一些基本规则的，而不是在文本中随意删除内容。例如下面的一些规则：

A. 若要训练学生注意语意线索，则删除关键性的实词或具有实词性的内容的词组或句子。

B. 若要训练学生把注意力集中在句子的结构上，则删除虚词。

C. 若要训练学生注意力集中在篇章的结构上以培养相应的写作能力，则删除某一段或某几段，或删除具有过渡作用的段落、句子、关联词语，或删除含有照应作用的开头、结尾、题目，等等。

D. 若要训练学生的写作语言，则删除某些词句。重要的一点，要提出填空的具体要求。譬如说，在空白的直线下边注明："这里填一个成语"，或"这里填一个句子以描写大海和天空这时的色彩"。

E. 相对地说，若目标偏向阅读能力的训练，则删除词句的总数量以较少为宜；若偏向写作能力的训练，则删除的总数量以较多为宜。

F. 作为引导工具的完形练习，要在篇章的前面写明具体的指导语，让学生知道做什么和怎么做。譬如说，一定要让学生知道，不管所填的是字、词，还是句子、段落，都要把全文从头到尾(包括题目)先读一遍；填写时，还要把上一句和下一句连起来读，也要把上一段和下一段连起来读；填写完了，再把全文读一遍，看看是否要修改。

---

① 洪宗礼，柳士镇，倪文锦. 母语教材研究 8：外国学者评述本国语文教材[C]. 南京：江苏教育出版社，2007. 239.

国外学者认为：我们利用完形练习来发展读写技能时，学生所填写的答案正确与否不是最重要的，最重要的是他们的"阅读/写作思考过程"。凡是与原文不同的答案，只要是合理的，都应该接受并加以鼓励，这样学生会敢于说出自己的答案。不管学生的答案对错，都要给出理由，通过他们的解释，教师就可以了解他们的"阅读/写作思考过程"。

在设计和组织完形活动时我们也应该看到，这项活动与上述我们提到的"揣摩"活动都有一定的局限，其最大的价值可能体现在对文章写作规则的把握方面，而对"思想"与"情感"的合理表达方面的训练触及较少。如何突破这些局限，这是很值得我们进一步思考的问题。例如有的完形活动，删除了原文题目与正文的十分之九，只提供篇首部分，让学生依照自己的想法完成一篇有主题有结构的文章。这种活动阅读的成分少，写作的成分多，可以促进学生创造性地写作。

（二）在"过程"中提供示范与策略

皮亚杰和阿普尔比的研究揭示出一个优秀的写作者需要三种知识：语言知识、主题知识、读者知识。这三种知识是写作经验的核心要素，写作实际上就是利用这些知识建构篇章的加工过程。很多学者对这个加工过程进行了实证研究，海斯和弗劳尔(1980)通过对写作者的过程观察和记录分析，发现写作涉及三个不同的过程：计划、转化和检查。这一发现至今成了人们探讨写作过程的一个共识，同时人们也证实，写作的各个过程之间存在诸多的相互作用，各个过程并非孤立出现。写作教学就是要通过提供相应的活动和策略促进学生在这三个过程中的经验发展。

1. "作者写作过程"的还原

国外的很多做法值得借鉴。国外很多语文教材在设计写作学习活动时都关注了"作者写作过程"的还原，主要有两种方式，一种方式是用学生的作文过程作为样例。教材展示了同一个学生在写作的各个阶段作文的进展情况，让学生看到其他同学完成该类型作文的全过程。如美国英语教材《写作和语法：交流实践》中就采取了这种办法，在第六单元"描写"的写作指导中在各阶段均插入了同一位学生的写作样例，其引导语为："蕾丝丽·哈里斯是亚利桑那州凤凰城太阳坡高中的学生。她描写了一次田径赛开始前和比赛中的印象。请跟随蕾丝丽进行思路组织、打草稿和修改等写作文的全过程。本单元结束时你可以读到完成的作文。"这里展示了一篇文章的形成过程，实际是一位学生的一次写作经验的发展。第二种方式是在阅读与写作综合编排的教材中，按写作的流程呈现"课文"作者的写作过程。如美国七年级教材《文学》中编入"作者写作过程"，介绍作者创作文章的过程，如：如何想到写这个故事，写作过程中碰到哪些困难，作者写作时有什么偏好，作品的修改过程，作者对这篇课文的感受，作者的强项、弱项，作者如何在写作过程中针对自己的特点扬长避短，从而写出生动、有趣的故事等。这部分内容以"写作前准备""写草稿""修改""发表"四个部分编排，与写作学习部分一致。如在短篇小说单元中就呈现了小说《断链》一文作者盖瑞·索托的写作过程，主要内容为：写作前准备（获得写作灵感、涂鸦法、写作习惯)，写草稿(一次写完一个整句、利用你知道的、发挥强项)，修改(征求意见、匿名审稿)，发表(使读者满意)。

2. 提供写作“过程”指导策略

长期以来我们的写作教学只有“一头一尾”，尤其强调的重点在最终的产品上，而对写作的经验过程关注不够，缺少“过程”指导。近几年广大学者和教师越来越关注学生写作的过程，但总体看来大多停留在活动程序安排、课堂群体交流等表层，实际效果并不理想。原因有很多，其中一个很重要的原因在于我们对促进“过程化”的策略缺乏研究。学生写作过程的展开并不是靠教师讲一些“注意事项”来完成的，而是需要在一些策略的驱动下完成。例如在写作过程中完成一系列“思考单”就是一项有效的“过程化展开”策略。“思考单”旨在促使学生在写作过程中进行一些重要的认知活动，而这些活动都是容易被学生在写作过程中省略掉的。“思考单”的运用能为学生的写作提供充分的指导。“思考单”样例如下(改编自 Englert, Raphael & Anderson, 1989)：①

表 6-2 “构思”思考单

构　思
主题：__________
谁：我写给谁？__________
为什么：为什么要写这篇文章？__________
是什么：我知道什么？(头脑风暴)
1. __________；2. __________；
3. __________；4. __________；
5. __________；6. __________；
7. __________；8. __________。
怎样做：我如何分类观点？
__________　__________
__________　__________
我将如何组织观点？
__________对比　__________问题及解决
__________解释　__________其他

这张“构思”思考单目的在于帮助学生生成观点、进行初步构思。通过填写这张思考单，学生“构思”的过程就得到了展开，教师可以根据其呈现出来的已有写作经验针对性地加以引导。此外，还有“组织”思考单(帮助学生把观点组织成一个提

① (美)理查德·迈耶，姚梅林等译. 教育心理学的生机——学科学习与教学心理学[M]. 南京：江苏教育出版社，2005. 95.

纲)、“书写”思考单(帮助学生写初稿)、“编辑”思考单(旨在通过自我编辑来指导学生)、“修改”思考单(其目的是鼓励学生反省其编辑计划,完成修改活动,写出终稿)。

(三) 从“生活”中发掘经验通道

我们在许多写作研究都发现了这样一个重要规律:学生所具有的具体领域的知识是决定写作质量的关键因素。相对于不熟悉的主题而言,学生对自己熟悉的主题能够生成更多的想法。简言之,应该让学生写自己熟悉或曾经探讨过的主题。这条规律提示我们在写作教学中要去关注学生的“生活经验”,尤其是要引导学生对生活中的一些现象或主题加以思考,经过思考的“生活经验”最容易融入写作中。下面我们以曹勇军的一个综合性写作活动为例展开分析。

1. 组织合适的活动

曹勇军《高三(10) 班在六楼——一个理科毕业班的“时事讲坛”故事》一书呈现的就是这样一条通道。时事分析、写作、演讲三项活动都是真实的生活经验,这三项活动构建起一条“写作经验”的发展通道。

曹老师自己认为这项活动在促进学生写作经验发展方面起到了巨大的推动作用,第一,基本解决了“写什么”的问题。“时事讲坛”的特点是,一人演讲、全班共享,全班同学有了关注现实、关注社会的品质,积累了写作素材,就可以下笔成章。第二,一定程度上解决了“怎么写”的困惑。现在学生写议论文多是中规中矩、四平八稳、套话假话的“三段论”,这种写法在高考中得分很低,老师们对此一筹莫展。“时事演讲”以其丰富多彩的写法,为同学提供了借鉴学习的榜样,每个同学都可以从中找到适合自己的方法,找到个性写作的突破口。第三,为同学写出优秀作文提供经验和榜样。“时事讲坛”是思想的盛宴,各种思想碰撞交锋,磨砺了同学的思想认识,使他们更有见识,写作立意上有了思想高度,每次写作都会产生大批优秀习作。第四,尤其可喜的是,找到了“愿意写”的途径。由于“时事演讲”天然的生活化特点,同学们不是为写文章而写文章,而是为了解决生活中的问题去写作,有一种写作的自觉性和强大动力,越写越带劲,这就带动了写作的进步。

2. 全程关注学生写作经验的基础与进步

“时事讲坛”是一个平台,这个平台可以促进学生对真实生活资源的体验与思考。曹老师以此为契机,对这项活动的过程加以密切关注与深度介入。学生依次准备、写作,每位学生都是选择自己感兴趣的现象展开分析,所以每一次的写作均扎根在每位学生的写作经验的根部,曹老师以此为基点对学生的写作经验作了一次梳理,理清其存在的不足,有针对性地促进提升。

这些指导与提升呈现在书中每一篇演讲稿之后的“我在现场”栏目,曹老师在这个栏目中回顾了自己参与指导每一个学生从准备、写作到最后演讲的过程,尤其是解剖了每一个学生写作经验的发展过程。其中至少有以下几类:

(1) 促进学生对生活经验的深入思考。例如:

乔布斯去世是个热点话题,可以思考的东西很多。本文思考的是:为什么中国出不了乔布斯。从三个方面审视我们的不足,一是“缺少激情”,二是缺少“勇气和自信”，三是要改变自己。不足是一二两点稍嫌有些交叉，语言表达似乎有些贫乏寡淡。我们为什么出不了乔布斯是个让人尴尬、也很严峻的话题，思考还可以更深入一些，比如，如果乔布斯生在中国会怎样？也许只能成为一个山寨手机大王，或许，是我们缺少创新的土壤和环境。

(2) 关注学生在已有经验基础上的提升。例如：

陈梦婷很认真，她先打了草稿，然后誊写在稿纸上，有些羞涩地把稿子交给我，像犯了错等待老师批评的小学生。我了解她，在写作上她有些自卑。她曾在高一的一篇练笔中告诉我，在初中她甚至连一篇完整的文章都写不出来；从小到大，参加了不少写作辅导班，可是作文越写越烂，作文成了她心中永远的痛！进入高中，我一直鼓励她，练笔中只要还有一些亮色，就毫不吝啬地多给一个红角星，还常常把她叫到办公室面批作文。她很争气，作文慢慢有了进步，至少在重大考试中没有在作文上掉链子，尽管还有很多困难，常常有波动和起伏。

(3) 关注学生的言说风格。例如：

这篇演讲稿一如作者董若[illegible]的其他文章，她总能在生活中找到她感兴趣的话题，发出质疑，展开思考，提出观点，也保持她一贯的写作状态，不愠不火，内敛克制，注意分寸。当然也就优劣参半奇妙地组合成她的言说风格：文字书面化意味浓，有淡而平静的古典气息，但没有什么爆发力和冲击力。三年来她就是这样一步步走来，一直走到今天。

二、基于学情分析的写作经验发展的课堂实践

以下围绕一个写作教学课例来讨论课堂情境中学生的写作学习经验如何发展，在写作经验发展中教师该如何进行引导。

林彬老师在写作教学中以“动物话题”为例进行了一次写作学习经验发展的尝试。这次尝试以课前对学生经验的分析为起点，力求跟踪学生在写作中的变化与发展，并依据学生写作状态的反馈来改进自己的教学。下面是这个课例的基本情况描述。①

(一) 课堂背景与学情分析

本次写作教学的题目与任务来自人教版七年级下册第六单元的一次命题作文：

> 你是否养过动物？它们给你留下了怎样的记忆？试以“动物”为话题，自拟题目，写一篇作文，不少于500字。提示：1. 可以学习课文《猫》的写法，将你与动物的故事记述下来，力求写出这个动物的特点和你的情感。2. 观察动物的特点，抓住特点来写。3. 注意筛选材料，突出重点，避免面面俱到。

① 本课例由浙江省临海市外国语学校林彬老师施教完成，详见：以学生经验为基点的写作教学——以“动物话题”的作文教学为例[J]. 语文学习，2015(10).

学生们进入初中后已学了“从生活中学习写作”“说真话，抒真情”“文从字顺”“突出中心”“条理清楚”“发挥联想和想象”“叙事要完整”“选择恰当的抒情方式”“写人要抓住特点”“表达自己的看法”“勤于修改”这些专题，本单元的训练目标是“描写要生动”。

教学初始的设想是：学习如何使描写生动。但这仅仅是一种可能的教学内容。不能将教材当作对学生进行教学的起点，学生的经验才应该是教学的起点。学生的经验即学情。就写作教学而言，这里的经验包括学生的生活经验和写作经验两方面。

生活经验可以通过日常观察、访谈、座谈、问卷调查等方法探知。而写作经验可以从习作样本入手，对学生的群体共性进行分析，寻找贴近学生实际的改进方法。通过对学生作业样本的批阅和分析，教师才能够深入探测到真实的学情。但在惯常的语文教学中，我们会发现这个环节常常被教师有意无意地忽略了。在遵循写作能力养成的规律下，只有重视学习现状的评估，据此设定教学目标，选择教学内容与教学策略，才能提高教学的有效性。

在本次作文教学中，通过问卷调查与阅读学生习作这两种方法，把握学生的学习背景，从而诊查归纳出学生共同存在的问题。据此明确本课的学习起点，确定全班的学习目标。以下表格呈现的是立足学生经验的以“动物为话题”的作文教学设想。

表 6－3　学情分析表

学情了解方式	调查问卷，习作批改
学情了解目的	针对学生经验开展作文教学，提高课堂教学的针对性与有效性。
学情描述	问卷调查：全班 59 人，第一次习作后，收回问卷 54 张。统计得知，有养过动物经历的有 47 人，占 87%。被生活中的动物触动过心弦，产生过喜怒哀乐等情感的也有 47 人，占 87%；关于本次作文最大的困难，回答没有素材的 7 人，占 13%；无法写具体的 21 人，占 39%，无法突出它的特点的 26 人，占 48%。 可见学生认为本次在具体描写动物以突出它的特点上普遍感到困难。 作文批改：收回 59 篇作文，问题主要是四个方面： ① 没有突出笔下动物特点的有 39 篇； ② 以自己为主角，没有把舞台让给动物的有 17 篇； ③ 感情表达不够诚挚或不明显的有 11 篇； ④ 情节失真，有编造嫌疑的有 7 篇。 可见学生最需要帮助的是如何写出笔下动物的特点。
共性问题	无法突出动物的特点。这是本节课最重要和迫切的问题。
教学目标	学会描写真实可感的动物形象以抒发诚挚的情感。
提供教学支架	写作动机方面：激发写作动机、兴趣 写作内容方面：唤醒生活经验 写作技能方面(本课的重点与难点) 1. 反复读题明要求 2. 点面互照不跑偏 3. 推敲病文寻方法 4. 赏读范文为己用

(二) 教学过程描述

1. 唤醒：解决动机、兴趣与内容的问题

课堂伊始，罗列学生笔下的动物名字，PPT 逐个呈现，请学生认领。有名字的动物大概 17 个，根据作文情况选 4 个学生用几句话分享它们笔下的故事。

这既是一个激趣的过程，让学生保持愉悦轻松的心情，也有关联到学习者的学习背景，以唤醒学生的记忆的目的，帮一小部分尚未找到素材的同学打开思维，帮已有素材的同学进行素材优化。

2. 纠偏：确定写作的方向与基本格局

先引导讨论两个问题：① 本次作文的要求是什么？② 从篇幅上看，你与动物谁是主角？全班没有突出笔下动物特点的有 39 篇，从中暴露出学生不重审题和构思，缺乏明确方向与整体规划的科学写作观。这个环节的设计意图是，引导关注题目中的一句话——“力求写出这个动物的特点和你的情感”，明确本次作文的目的是描写出真实可感的动物形象以抒发诚挚的情感。明确自己到底要做什么，可以做什么，最好做什么，调整布局，理清思路，以求能够把力用在刀刃上，为后继修改框定一个大的范围。

同时，立足学生经验的写作教学，教师要在对话信息中及时捕捉学生的问题与困惑，做出及时的分析与判断，据此调控课堂的方向与进程，促进本节课新的生长点的形成。此类情况下，教师需要营造氛围，让学生畅所欲言，表达真实的想法。鼓励学生在同一事物上观点的互相碰撞，达到辨伪、矫正、互补的目的。

【课堂片段】

师：我们养过的、碰到过的、读到过的某一只动物都具有哪些个性？

学生纷纷讲：友好，懒惰，活泼好动，乖巧，调皮，凶狠，可爱、胆小，温柔，暴躁，顽皮，高傲，贪吃，忠诚……

师：你有没有想起你家的小家伙？用“我家的________怎么样”来和同学分享一下吧？

生 1：我家的狗很活泼。

生 2：外婆家的鹅是高傲的。

生 3：我家的鱼比较彪悍。

生 4：我家的兔子很贪玩。

生 5：我家的狗又胆小又忠诚又贪吃。

避免将笔下动物写得扁平，首先要认识到动物故事与动物个性的丰富性。这是讲一讲动物特点的本意，但是否可以写三个特点？这不在事先准备学习的范围之内。但这是真实的学情，必须关注，这是学生需要得到帮助的时候。

师：你们认为可以写狗的三个特点吗？

学生愣了一下，然后，有一小部分轻声说：可以；另外有人说不可以。

生6：不可以，就写一点好了。

生7：只写一点写不长，还是写三点好。

生8：写一个特点写不长，可以写它的两件事，都来表现它的同一个特点，不是更好吗？

生9：我也觉得可以写好多点。动物本身就有好多个特点，写三点也很正常。

生10：不行。总共500多字的作文，写三个特点，那每个特点不是只有100多字吗，那样每一点都只能蜻蜓点水。所以不好。

师：大家都很清楚地表达了自己的看法，很好。我的看法是，500字左右的作文，建议写一个特点，这样会写得具体饱满一些。最多可以写两个特点，但这两点也应该有关联的。例如"胆小又贪吃"，胆小应该不敢轻举妄动，贪吃可能"见食忘胆"。胆小又贪吃，这一矛盾组合，肯定会有许多故事，想想都令人忍俊不禁。如果你的小家伙确实有许多特点，你想与大家分享，你可以在另外的篇章里继续讲述。

3. 推敲：探求方法与规律

提供一个在同学作文中比较有代表性的片段，发现本次作文中共通的问题，通过自我诊断与共同诊断，寻找本次写作所需的方法，达到修正与提高。

【作文片段】

"乐乐"还特别喜欢洗澡！我打来一大盆水，将它放在里面，用水把它身上的毛发浸湿，并用肥皂将它全身仔仔细细地擦了一遍，紧接着用水将它身上的泡沫全部冲洗干净，洗完了，它还死活不肯出来。

学生自主修改发现问题：都在写自己，舍不得把镜头给小狗；感觉到细节不够，特点不够鲜明；除了要有特点，还要把特点突出出来。

原计划第一步学生自主修改，可根据学生学习状况，无法进行修改。在如何修改处卡壳后，教师提供支架：要使"乐乐"的行为有特点，就要删掉不能体现特色的语句。

引导学生围绕"乐乐"特有的行为来思考，消除大众化、共通的普遍的描写。具体方法有三类。

第一：删多余

从"我打来一大盆水，将它放在里面，用水把它身上的毛发浸湿，并用肥皂将它全身仔仔细细地擦了一遍，紧接着用水将它身上的泡沫全部冲洗干净"是大众流程，所有的狗都这么洗，其实所有东西也都这么洗，一点都不能表现事物的特点。没有个性。必须删去。

第二：补不足

“特别喜欢洗澡！”是一种特点。要做足“特别”两字，特别要从它的动作和叫声中去注意体会它“情绪”变化，所以一定要写它当时的动作神态，还要写写当时可能的声音，做到有静有动，有声有色，让它自己来登台表演，令读者如闻其声，如见其形。

第三：写感想

除了如实呈现，还要学会虚化处理，写写自己的感受和想象。古人讲“思接千载，视通万里”，就是想象的神奇。同时，人格化的描写，利于寄予自己的情感。

修改结果呈现：

“乐乐”还特别喜欢洗澡！它一进到浴室，就把两只前爪扒在浴盆边上，吐着长长的颤抖的舌头，一脸渴望地看着我。我转身拿沐浴喷头的时候，就会听到“咚”的一声，我知道，一定是它毫不犹豫地跳进浴盆了，伴随着毫无节奏的“咚咚”声，它正在盆中跳来跳去。等我一打开水，它便“汪汪”地欢叫，好像在欢迎这一场水的洗礼。等我把沐浴液抹在它的身上，它就在盆底蹭来蹭去，欢天喜地地玩着身上的泡沫。洗完了，我抱它出来时，总会遭遇一番挣扎。它后腿蹬得笔直，嘴里小声音地“呜呜”着，好像在向我求情，总要我硬下心肠，才肯就范。

4. 赏读：巩固已有经验

比较最能发现共性与高下，模仿是提升的不二法门。在全员参与修改，已总结出一些写作经验之后，老师提供网上的同一题材的作文片段，重新审视本节课提供的方法的运用，巩固已有的经验并作拓展。

“通通”还特别喜欢洗澡！我只要叫一声：“洗澡了！”它就会应声赶来，不管水温如何，先“咚”的一声，跳进水里再说。当你为它在身上打上沐浴液时，它很老实，很安静，把下巴放在盆沿上，闭着眼睛，还轻轻地打起了呼噜，一副悠然自得的样子，似乎很喜欢这种感觉。当我终于“完工”了，它居然还会赖在水里，死活不肯出来。如果我再三呵斥它，它就会拿出它的看家本领——用它那水汪汪的大眼睛望着你，似乎在撒娇，似乎在乞求……

学生赏读片段，再借鉴修改自己的片段，课后完成相应的练习：修改本次作文，上交。

(三) 教学效果评价

为了检验立足学生经验的写作教学这种贴近学生的教练式教学的有效性，教师再一次对学生写作情况进行统计，发现除了 7 个学生，其余 52 人均能突出笔下动物特点。还特地请两位老师分别对两次作文打分，四组分数的平均分如下：

表 6-4　两次作文评分表

	全班平均分	90 以上	85—89	80—84	75—79	70—74	70 以下
第一次	76.91	0	3	14	24	16	2
第二次	82.92	1	19	27	10	2	0

分数也许不是十分科学，但学生大面积的进步是显而易见的。下面呈现部分学生训练后的作文片段。

片段一：

小雪球(小兔)的小窝其实只是一个大纸箱。里面铺上了几层干草，因此十分轻巧。每当我托着雪球进入箱子时，它总要和我奋力抗争一番。在我的手中不断地扭动它的身躯，前腿后腿乃至全身都绷得紧紧的，两双小爪子在空中上下扑腾，有力的小腿也不停歇，两只长耳朵此刻更是立得直直的，耳朵中间红彤彤的，一张小嘴发出了呜呜的叫声，誓死也要与我顽抗到底呢！我也常常招架不住，束手无策。它对外面的世界实在是太热爱了！在经过了和我的一场激烈的对抗赛后，雪球常常战败，只得被放回到它的小窝里。小窝对于它来讲太高了，因此它无法“翻墙”而出。不过，它还会用计呢。只听箱子里传过来雪球大声的“呜呜”声，我便探头去看，每当我对上它的目光，雪球总是瞪大了它的水眸，一脸委屈地看着我，欲哭欲诉，四爪整齐并立，一脸的无害与乖巧可爱，就这么地望着我。看着如此的雪球，我忍不住又抱它出来，刚想逗逗它，它便一个跳跃，如箭般从我怀里跑走了。好家伙，还知道用美人计呐！每当看着它飞奔的雪白背影，无奈而又喜爱的低笑声布满我的心窝，溢出我的胸膛。

片段二：

在这些鱼中，我看上了一个小家伙，我为它取名为——天天。

天天的性格十分古怪，有时喂鱼食它会“咚”的一声蹿上来，稳稳咬一粒鱼食，然后快乐地摆着尾巴去水草里细细品尝。但有时，我等了好一会儿也不见它出来吃东西，我不停“嘭嘭嘭”地叩着玻璃，终于，这个小家伙从水草里慢悠悠地钻出来，看了看鱼食，又似乎瞥了瞥我，然后一个转身，不吃“饭”的它径直回它窝里，只剩下漂浮在水上的零星的鱼食。

每次在这种情况下，我都会伤心又愤怒地大叫：“哦，天，又不吃饭！”

天天这条鱼与其他发财鱼截然不同，它的鳃上有一个小白点，缀着它红色的曲线更有魅力。但别的鱼好像不太喜欢它。

时不时我会看见一些小鱼追着它游，它似乎很容易受到惊吓，连泡泡都来不及吐，急忙躲到了属于它的水草中，把那些鱼儿拒之于“草”外，如果外来者执意要入，我发现它也不是好惹的，“咚”的一声响，它快速从水草中游出来，把入侵者撞个正着，让它翻个“跟头”，灰溜溜地游走了。

看到这里我就会惊讶地叫道：“哦，天，小家伙太厉害了！”

(四) 课后反思

以学生经验为基点进行写作教学，没有按部就班的层层递进的框架体系，但它贴近学情切入教学，从学生的困难出发，解决困难再产生新的困难，后续跟进，环环相扣，周而复始，课课有目标，课课有所得。从写作教学角度看，通过深入探查并分析学生的写作经验，对学生的作文学习经验加以分类辨析，形成一个初中三年的案例库，最终可以以典型课例为基础创建基于学习经验的作文教学体系。

当然，以学生经验为基点进行写作教学。需要对相对小众的学生行为进行课前小组交流与点拨，这是对班级授课制下缺憾的尽力弥补。此外，如果能根据学生不同学习起点的差异性，制定梯形层级目标，以满足不同层次学生的学习需求，那就需要更高的教学艺术。

三、写作经验发展的课例讨论①

在写作教学中，如何聚焦学生经验，实现有效作文教学。林彬老师执教的“‘动物’话题”作文指导课，为我们提供了思考这个问题的视角。

(一) 起点分析，探寻基础性经验

在教学设计之初，如何探寻学生在即将开始的新学习中已经具备了哪些基础性经验，林老师给我们做了一个很好的示范。根据初一教材所呈现的作文序列知识，本单元的教材训练目标是“描写要生动”。对此，林老师清楚地认识到“教材只是提供了课堂教学可能的起点，无法估计真实状态中全班学生的水平与能力”。于是她利用问卷调查与阅读学生习作这两种方法，探测“这一班”学生之于动物的生活经验以及描写“这一类”作文的写作经验，从而在一定程度上实现了“教材内容”与“学生经验”的契合，较为准确地把握了学情的脉动。

从学情分析数据看，本班学生的共性问题是“无法突出动物的特点”，以此为基础，结合文体规范，林老师将作文教学目标确定为“学会描写真实可感的动物形象以抒发诚挚的情感”。如何实现这一目标呢？林老师再次聚焦学生经验，从本班学生产生写作困难的原因入手展开教学构思。根据此前的起点分析结果，主要有三方面原因：1. 部分学生关于动物的生活经验贫乏，没有写作素材，缺乏写作兴趣；2. 审题习惯造成的对写作要求的不明朗；3. 有素材的学生缺乏技巧型写作经验。基于此，林老师在教学设计中预搭了三个支架：激发写作兴趣唤醒生活经验；明确写作方向；积累写作经验。并将积累写作经验作为本节课的重点和难点，分“明要

① 本小节由杭州市天杭实验学校蔡明子老师执笔。

求，纠偏题，诊病文，学范文”四步进行突破，以期有效地达成预设的写作目标。

可见，探寻学生的“基础性经验”，有效把握“学习起点”，不仅能为教学目标的设定提供必要的依据，也能为“教学支架”的搭设找到一个真实的“支点”，从而为提升学生的作文水平创造可能条件。

(二) 课堂观察，关注过程性经验

在语文课堂教学实施过程中，教师需要观察学生在课堂里的经验发展情况，及时关注到学生的“过程性经验”。在课例所呈现的教学片段中我们可以看到，在认识动物个性丰富性的过程中穿插的问题“是否可以写动物的三个特点?”原本不在预设范围内，但林老师认识到“这是真实的学情，必须关注，这是学生需要得到帮助的时候”。于是，一段关于在有限篇幅内如何抓住动物主要特点突出动物个性的讨论由此展开，学生的写作经验也在师生、生生观点的交流和思维的碰撞中获得生成的可能。

再看“病文诊断”环节，当林老师观察到学生在原先预设的“自主修改”处卡壳时，当即调控课堂进程，给学生提供支架：“删掉不能体现‘乐乐’特色的语句。”并引导学生“围绕‘乐乐’特有的行为来思考”。从而与学生共同总结出“删多余、补不足、写感想”三条具体写作技巧，为学生生成有效的写作经验提供了路径。可见，林老师在课堂教学中，打开了学情视角，在课堂师生互动中保持着一种敏感性和洞察力，能够及时发现自己“估测”的学情与实际发生的学情之间出现的差异，并根据学生在课堂学习中产生的动态的过程性经验来调整和改进自己的教学。

在写作教学中，对学生“过程性经验”的关注是识别和满足其写作需要的先决条件。在写作课堂教学实施过程中，通过关注学生在课堂上遇到的实际困难来探查学生实际需要的写作经验，及时调整原有教学设计，更加有针对性地为其提供生成该写作经验的必要支架，可以使学生在共同探索写作技巧的过程中体会到“跳一跳，摘桃子”的快乐，从而更加顺利地走进写作“最近发展区”。

(三) 作业评估，呈现结果性经验

在语文课堂教学评估阶段，教师需要通过对作业样本的评估来考查学生经过本次课堂学习拥有了哪些“结果性经验”。课例中，林老师主要通过以下三种方式对学生写作样本进行评估。

1. 二次统计

课后，林老师对学生写作情况进行“二次统计”，与课前学情分析数据相比，“无法突出笔下动物特点”的学生由 26 人下降到 7 人，从课堂教学前后鲜明的数字对比中林老师直观而清晰地估测到学生在本次作文学习中取得了较大的进步。

2. 同行打分

为了避免自我评判可能存在的偏见与思维定式，林老师邀请了两位老师分别对两次作文打分，并统计了两次作文的平均分及各分数档的学生人数，以表格的形式进行罗列。从分数看，学生大面积的进步是显而易见的。

3. 作品呈现

林老师对学生作品的呈现方式是多样化的：既有课上修改成果的呈现又有课后修改作品的呈现；既有片段的呈现也有通篇作品的展示；既有同一学生文章修改前后的纵向对比，又有不同学生修改成果的横向比较。林老师试图通过对学生作品多角度的呈现更加全面地评估学生的习作样本，从而更加深入地检测学生通过这节"'动物'话题"作文课收获了哪些"结果性经验"。

通过比较课后的"结果性经验"与课前的"基础性经验"之间的差距大小，可以较为有效地估测到本次课堂作文教学对学生改进本篇作文的促进程度，以及教师在关注学生"过程性经验"过程中所作出的教学策略调整的合宜程度。此外，就本次作文教学而言，林老师所评估的"结果性经验"亦是进行下一次同类作文教学所要探寻的"基础性经验"，如此贯通起来，进行循环式的了解和观察，对改进作文教学，促进学生作文学习具有重要意义。

（四）启发与思考

1. 唤醒生活经验，指向"写什么"的策略教学

写作课堂教学的第一类重要内容是关于"写什么"的策略教学。上课伊始，林老师不是从方法层面而是从"教学内容"的角度出发开展激趣活动，请学生与同学分享自己笔下的故事，用这些"有关动物描写的内容激发学习兴趣"，以期在满足部分学生"寻找素材""优化素材"的写作需要的同时唤醒学生的生活经验，实现从"物"（客观事物）到"意"（对客观事物的认识）的转化，为进行"写什么"的策略教学奠定基础。但是在如何确定"写什么"的反思性策略点拨上，笔者认为应该进一步深入，在学生讲完故事之后，教师可以抛出"为什么选择这个动物的这个故事写?"、"你是如何找到这个写作素材的?"诸如此类的问题，以引导学生归纳寻找素材、确定写作内容的策略和方法，使他们面对复杂的生活素材时具有更清晰的选材意识，同时为展开写作思路提供"路径"。

2. 积累写作经验，指向怎么写的策略教学

写作课堂教学的第二类重要内容是关于"怎么写"的策略教学，即教学生如何用文字反映认识，实现从"意"到"文"的转化。根据课前的学情评估，"无法突出动物的特点"是"学生遇到的实际困难"，这决定了林老师需要向学生传授什么样的写作经验，而"从教师的写作经验到学生自己建构的写作知识之间，需要一座训练的桥梁"。基于此，林老师引导学生进行"反思性阅读"：让学生阅读一段本次习作中具有共通性问题的"范文"，发现其中的缺陷和错误，从而与学生一起导出"删多余、补不足、写感想"三条可操作的写作知识，继而通过知识的具体运用修改自己的习作片段，之后又提供同一题材的优秀作文片段帮助学生巩固所学。采用这种反思性阅读与鉴赏性阅读结合的方式开发、巩固写作知识，积累写作经验显然是合宜的。但是，在技巧的点拨上，仅仅将策略归结为"删多余、补不足、写感想"似乎过于单薄，这样的知识教学不免失之空泛和粗疏，有必要进一步开发与细化。笔者认为，要想突出笔下动物的特征，使之真实可感，细节描写不可或缺。而细节描写最

关键的技巧是动态化。能调动读者的各种感觉，如见如闻，鲜活再现，才能拨动心弦。要做到这些可以尝试以下几点：

① 动词要具体。运用具体精准的动词，实现细节的定格与放大，给动物“特写”镜头，从而做到生动的再现和恰如其分的传情。② 铺陈细化。可以采用定格瞬间、适当运用延时和修饰技巧、穿插心理描写等方法实现细节的铺陈。当然，针对该教学目标可以开发的策略还很多，需要注意的是，教学策略的开发、教学内容的确定必须取决于学生需要和文体规范。教师要明确学生需要哪些写作经验？这些写作经验对个人的写作能力有何影响？如何运用这些写作经验？

3. 反思结果性经验，指向学到什么的评估策略

(1) 目标达成程度欠分析。

本次教学基于学情分析确定的教学目标为：学会描写真实可感的动物形象以抒发诚挚的情感。我们需要用“学”的证据来回答教师“教”的合宜性，但是从课例的检测环节看，不管是作文分数的呈现还是改后作品的罗列都不能有效地评估目标达成程度。作为学习主体和叙述主角的学生在描写动物形象的过程中情感渗透如何？通过本次写作学习，他们对动物的情感发生哪些微妙变化，在作文中如何体现？一系列问题有待考量。作文教学的最终目的是实现学生的情感渗透，不能纯粹为弥不足而教不足，毕竟表情达意才是写作教学的价值所在。

(2) 学习结果分析欠深度。

从学习结果检验看，林老师对学生学习结果的评估仅停留在分数的统计与作品的罗列，两位老师基于什么标准打分？学生本篇作文的进步是生活经验唤醒的胜利还是写作经验运用的成功？想教什么、实际在教什么、学生实际学到了什么这三者之间的关联程度如何？都需要林老师对学生的结果性经验做进一步的反思。只有让课后的反思与课前的分析、课中的观察相互关联、相互触发，才能对学生的学习情况作出较为完整的分析与评估，从而在此基础上实现对原有教学设计的有效修改，完成一个教学的循环，也为进一步聚焦学生经验，促进学生作文学习奠定基础。

第七章　学情分析与课堂教学转型

本章阐述学情分析与课堂教学转型之间的关系，结合案例，从学情分析推动课堂教学转型、学情分析改善课堂学习状态、学情分析促进课堂深层理解三个方面进行分析。

第一节　学情分析推动课堂教学转型

基础教育新课程改革的目标最终要落实在课堂教学中，课堂教学形态要实现从以教师“教”为主逐步转变到以学生“学”为主。要顺利实现这个转变，就需要加大对“学情分析”的研究力度。可以说，学情分析是推动课堂教学转型的重要力量，学情分析得越深入，课堂转型就越彻底。

一、以“学情”为基点的课堂教学形态

课堂形态的改变需要从学生的学情入手，寻找学生现有的基础和存在的困难。下面我们以陈忠文老师的一个课例《喂——出来》为例讨论如何从学情分析出发进行合理的课堂教学转型设计。①

《喂——出来》是星新一的经典名作之一，人教版教材编者把它定位为“环保”主题，但教学中如果止步于环保主题，文本丰富的资源就可能浪费了。更重要的是，这样的主题对我们当今的中学生来说，很可能是“一望即知”的。

陈忠文老师认为在实际的教学中，要引领学生在已知的基础上去探索未知的世界，去领略小说多样的艺术魅力。为此，他从以下两个方面来建构以“学情”为基点的课堂新形态。

（一）学情分析

1. 课前布置任务：续写故事的结尾；提出你最不能理解的问题。

本课例之所以要打破阅读常态，设计学生续写故事结尾的环节，是因为考虑到这几个因素：首先，关注学情的起点在于关注学生阅读的兴趣。备课的起点如果失

① 本课例由浙江省台州市路桥实验中学陈忠文老师施教完成，详见：让学情分析走进文本解读和教学设计——《喂——出来》教学课例[J]. 语文学习，2015(2).

去了学生的阅读兴趣，那关注学情就无从谈起。这篇小说的故事很有趣味性，所以想充分利用情节，激发起学生学习的兴趣。其次，通过续写，既可以让学生完成情节梳理的教学内容，又能激起学生探究情节的兴趣。再者，情节的续写，最突出的教学价值在于可以通过学生补写的情节，真实窥探学生对小说理解的程度和层次。

提出最不能理解的问题，是把脉学情最直接的方式。通过这种方式，我们可以把学生的问题作为"教学重点和难点确立"的主要依据。因为教学内容的确定永远是具体而不是抽象的。面对不同的学情，教学内容的选取自然也应该有所不同。这个班级的学生对小说理解和未理解的内容，肯定不会和另一个班级的学生理解和未理解的内容完全一样。

2. 对学生提出的问题进行归类分析

关于"洞"的问题：有这样一个黑洞吗？那个洞怎么来的？难道是一个新的黑洞？为什么洞填不满？为何向洞里扔进去的东西又回来了呢？

关于题目的问题：为何要以"喂——出来"为题，是什么意思？有没有什么样的深意？

关于写法的问题：为什么后面的内容不继续写下去？任劳任怨的"洞"，它平静的背后是不是预示着什么东西呢？

关于主题理解的问题：在填洞的时候难道就没一个人阻拦吗？为什么把科学家写得这么无知？

3. 学生"续写"的典型样本

样本一

过了没多久，天空出现一个直径一米左右的洞，抬头往上看，黑咕隆咚的却什么也看不见。这时，从洞里掉下来一只秤砣，正好砸到工人头上，工人破口大骂："谁这么没素质，什么东西都乱扔！"突然，从那个洞里传来震耳欲聋的响声，吵得整座城市都不得安宁。瞬间，消息灵通的报社记者来了。不一会儿，科学家和学者也闻风赶来了。大家都抬头往洞里看。接着，报社一辆直升机往上飞，似乎快要到了，突然又掉下了一堆东西，把飞机打了下来。飞机上的人无一幸存。据科学家检测，这些是原子反应堆的废料。人们似乎还未发现自己犯下的错误，把从洞里掉下来的东西继续倒进地上的洞里。可没过几天，又有东西往下掉，有动物和人的尸体、假钞、日记本、凶器、污水等等。人们感到十分恐慌，加上媒体大力炒作，整座城市笼罩在恐怖的气氛中。

渐渐地，在核辐射的阴影下，很多居民一天天死去，动植物一天天灭绝，人们渐渐搬离这里。"填洞公司"也破产了，3 个星期后，城市彻底毁灭。

样本二

隔天，这座城市的上方开始传来经久不息的声音，震耳欲聋，随之而来的还有一只秤砣。人们不明就里，但第二天声音就消失了，便也不再留意了。

几周后，奇怪的事又接二连三地发生了。刚开始，天空中只是出现一个巨大无比的黑洞，让人们人心惶惶。第二天，从天空中突然飞落下许多铅做的大箱子，阻塞在马路中央。车辆无法正常行驶，接踵而来的是许多原子能反应堆的废料从天而降。这下子，交警和医院忙开了。第三天，消失的那些国家机密文件也出现了。国内大乱，国外间谍也乘机获取秘密情报。这只是噩梦的开始。第四天，从天空中掉下了成百上千个动物尸体和一些流浪汉的尸体，被砸中的人们一看到那些尸体，不是晕倒，就是口吐白沫。第五天，整个城市开始被污水淹没，黑色的臭水像瀑布一般从黑洞中倾泻而下，一发不可收拾。第六天，订了婚的小伙子看到心爱的姑娘的日记本，看到了对方与前任的亲密合照。第七天，假钞从黑洞中如红色的雪花般，满天飞散，犯罪分子的罪犯证据像天女散花般流落于世。

这一周时间，人人惊恐，不敢出门，只好躲在家里，以求上苍保佑。但是，灾难仍在继续。人们逃的逃，走的走，不过几周，整座城镇便面目全非，成为废墟。

学生的续写作品和所提的疑难问题呈现出以下学情状况：

(1) 环保主题已经理解到位。如“人们对大自然如何破坏，大自然反过来一定会如何惩罚我们”“人们想把自己对环境的破坏隐藏，这已经是不可能的了”等观点就是证据。

(2) 对于小说传达的人性缺陷主题已有关注，但模糊笼统。

(3) 学生知道故事的虚构，但不知道为何要这样虚构。

综合起来看，大部分学生都写到了黑洞对人类的惩罚。学生应该是读懂了人类对黑洞(自然)不合理的破坏，会遭到黑洞(自然)的报复和惩罚。但也能看出学生对这个黑洞的象征意义是缺乏深入思考的。这不仅是自然的黑洞，更是人性的黑洞。从学生的提问中，我们还知道，学生对“神秘的黑洞到底神秘在哪里以及作者为何要虚构这样一个神秘的黑洞”的理解是模糊笼统的。这些学情的分析，使得教学内容的选择与确定更有针对性。

(二) 教学过程

1. 导入环节，交流各自续写的故事。

师：今天我们学习的课文非常有趣，标题就非常奇怪：喂——出来。这个标题在课文中出自哪个地方？请你读读看，该用什么样的语气读？

学生分组讨论交流，选出有特色的全班交流。

师：经过刚才的交流，大家可能发现共同的东西。什么东西呢？就是人们扔进洞里的东西最后会一五一十地出来。甚至有可能如同学写的一样，地球会不复存在。同学们写的结尾都在明确地表示，大家都读懂了，这篇文章告诉我们的是要保护环境，要珍爱我们的地球。

师：原文到此就结束了，作者为什么不写这样的结尾？请再读“探洞”“填洞”情节。这到底是一个什么样的洞？

生：黑咕隆咚的什么也看不见，深不可测。

学生朗读填洞公司的广告语——“本公司有一个绝妙的深不可测的洞！据学者们估计，其深度至少在五千米以上！这是容纳原子能反应堆的核废料等危险物品的最好场所！机不可失，时不再来！！！”

师：填洞的效果怎么样？课文是怎样写的？

> 不管是扔进去什么东西，这个慷慨大方的洞全部一视同仁，照收不误。这个洞任劳任怨地给整个城市洗刷着各种肮脏的东西。渐渐地，海洋和天空又变成了美丽的蔚蓝色，远远看上去就像透明的玻璃一样。

师：从这部分内容来看，我们可以发现这个填洞公司真是太好了！功德无量，自己发了财，又造福了社会，造福了人类。是吧？但我们看看这样填洞会导致什么样的后果？这“任劳任怨”的洞也许有一天会突然爆发，甚至导致世界末日的到来。就像同学们所续写的一样。

小结：“洞”以特有的方式报复着人类，可能就是世界末日、人类悲剧的到来。

2. 关键环节，促进深度理解。

师：故事的最后很有可能像我们同学所描述的那样，扔进去的东西会一样样地掉出来，甚至会对地球造成伤害。那就将会是一场悲剧。那么，我们来深深思考一下，造成这种悲剧，谁应该负责？请细读文本，抓住描写的关键词来品读人物的语气、神态、心理，把读到的最有感触的词语句子圈点出来。

学情预设——

> 商人：“贪婪”“牟取什么利润”
>
> 学者：“发虚”“装着镇定自若、胸有成竹”“不容置疑的口气”
>
> 村民：“村长还没来得及回答，村民们就异口同声地叫了起来”（琢磨一下，村民们为什么能异口同声，他们在想什么？）
>
> 新闻记者：“一声不吭地解掉自己腰里的那条结实的粗绳子”（琢磨一下，这记者为什么要解掉绳子？他在想什么？）
>
> 政府官员：发营业许可证，轻松谈论打高尔夫球的事，谈论弹球房的事
>
> 大学：运来做实验的尸体
>
> 有关方面：比向海洋排污高明多了
>
> 城市里的居民们：谁也不愿意去处理棘手的垃圾问题，谁也不愿意与垃圾打交道

> 订了婚的姑娘们和有的人："心安理得地开始新的恋爱"（想象一下"心安理得"是什么样的心理活动？）
>
> 警察："万无一失"
>
> 罪犯：逍遥法外

师：在这个故事中，上到社会的精英，下至普通老百姓，他们出于什么目的一扔了事？

师：如果你也是小说中的人，会向洞中扔进什么吗？

课堂小结：（PPT 展示）

> 填洞之人，各行各业；填洞之物，各种各样——现代社会的缩影
>
> 填洞之举——展示了贪婪、自私、贪小便宜、不懂装懂、死要面子、虚伪、愚昧、不负责任……等人性中各种各样的恶。

3. 拓展延伸环节

师：同学在预习时提到，为什么有这个洞？为什么这个洞填不满？其实，我们可以发现，作者是在讲故事，真的有这个洞吗？有形的洞也许是不存在的，但是无形的洞肯定是存在的，这个洞在哪里？

教师点拨：有形的洞？无形的洞？虚构的洞？真实的洞？小说的魅力就是那样多姿多彩。洞中窥人，洞中窥见社会，洞中窥见我们真实的内心。

师：面对这个洞，我们该怎么办呢？作者没有给我们答案，老师在这里希望大家回去后再深深地思考一番吧。记得在阅读提问时，有同学提出的问题是"喂——出来"这个题目有什么意义呢？作者是不是希望每个人都来喊一喊，喊回我们所丢失的东西？

师：作家没有告诉我们应该怎么办，只是警醒我们每一个人去思考：正如中国著名作家沈从文，在他的作品《萧萧》的"前言"中所说：我只建造一座小庙，在这座小庙里，我供奉的是人性。一场现代化的"台风"，连根卷跑了那座小小的庙。是否重建这座小庙我觉得不要紧，最重要的是，把失去人性的真诚、善良、美好重建。最后老师想套用标题的形式，大声喊一句：喂——回来！把我们曾经随手丢掉的真诚、善良、美好喊回来。愿我们每一个人在心里把它们喊回来！

陈忠文老师在教学反思中认为，从课堂实施情况来看，学生对小说环保主题的阅读基本是属于已经学会的教学内容。正是有了这个基本学情的判断，就避免了很多老师把整节课的教学内容或者说是核心内容定位为环保主题的做法。对于环保主题的解读作了简略处理，而通过学生对情节的梳理和补写结尾这个学习活动来锻炼学生概括信息的能力和合理推理情节的能力。这样处理就使得课堂结构有了详略变化。

从教学实践来看，学生的活动比较充分，在探讨中理解了人性的弱点正如

这个神秘的黑洞一般，具有普遍性，较好地突破了课堂教学的重点和难点。正是基于这个最大的学情，这堂课教学内容的确定有了很强的针对性。

而且，在课堂教学实践中，教师对学情作了动态观察和分析，提出针对性的问题引领学生理解。讨论的要点是：人性的黑洞为什么会存在？我们该如何面对人性的黑洞？为什么我们明明觉得文章是虚构的，却总感觉故事像真的一样？课堂最后环节是反复朗读标题，在朗读这个独特而富有深意的标题中加深理解，引领更深层次的思考。这些课堂问题的探讨，很好地解决了学生阅读的困惑，使学生实现了“读懂——读不懂——再读懂”螺旋式的阅读教学目标。

二、课堂转型体现为“学习需要”的满足程度①

“如何识别和满足学习需要，可以说就是教学的全部。”②识别学习需要，即确立学习起点，了解学生学习“这一篇”文本已懂的和不懂的内容。满足学习需要，则是教师基于学习需要在课堂上组织充分的促进学生经验发展的学习活动。下面笔者将主要从这两个角度对陈忠文老师执教课例《喂——出来》进行评议，并总结课例中基于学情开展教学的经验与问题。

(一) 通过学情分析识别学习需要

在陈老师执教的《喂—出来》一课中，如何识别学习需要，陈老师给我们做了一个很好的示范，以“续写故事结尾”来探测学生是否把握文本情节内里逻辑，以“提出你最不能理解的问题”来把握“这一班”学生学习“这一篇”文本的学情。通过这两项任务，陈老师准确把握了学情的脉动，学生已理解到位的内容是“环保主题”，学生已有所体验但仍感到有疑难的内容是“人性缺陷和虚构性”，并以此为基础，结合文本体式，提炼教学目标为“理解人性的黑洞”。这是恰当的。从学情角度看，学生问题的焦点正在于“人性”，从这一篇小说的文本体式来说，小说着墨最多的是“填洞”部分，写的是人们面对这样一个可以洗刷肮脏的洞的做法，深层含义指向的正是人性。

根据陈老师课例中提供的学情分析数据，我们可以把学生提出的疑难问题分为以下两大类：

一是关于小说阅读方式的问题，如虚构和突转等方面的问题。“有这样一个洞吗”“难道是一个新的黑洞”“为什么洞填不满”，学生对“洞”的象征意义把握不准确，把洞看成是一个实在的有形的洞。“为什么后面的内容不继续写下去”，情节外表的突转其实有内里的逻辑，找到内里逻辑对于理解作者想要表达的内容就轻而易举了。

二是关于小说内容理解的问题。学生的关注点显然不在“是什么”，而是“为什么”。比如“为何向洞里扔进去的东西又回来了呢”“为什么把科学家写得这么无知”“在填洞的时候难道就没一个人阻拦吗”，要想解决这些问题，就必然要涉及文

① 本小节由杭州师范大学人文学院学科教学(语文)方向研究生舒志慧执笔。
② 陈隆升.语文课堂“学情视角”重构[M].上海：上海教育出版社，2012.152.

本的深层意蕴——人性缺陷以及如何面对人性缺陷。

（二）组织学习活动满足学习需要

学习状态的关注点可以确立在学习需要的满足程度上。要满足学习需要，应符合两个条件，一是充分的学习活动，二是能引发学生进一步理解和思考。

本班学生的学习需要由学情分析已揭示为上述两类学生问题，那么，陈老师是如何安排学习活动以满足学生的学习需要呢？

下面我们从教学内容、教师活动、学生活动三方面列表比较，如下：

表7-1 学习活动对照表

教学内容	教师活动	学生活动
情节梳理，整体感知	请大家试着用几句话概述全文讲了一件什么事情？ 请大家围绕这个“洞”字，用简单的几个词来概述故事情节。	合作复述； 围绕“洞”概述故事情节：现洞—探洞—填洞。
找到情节内里逻辑：人们扔进洞里的东西最后都会一五一十地出来。	接下来可能会发生什么事情？ 小组交流续写的作品，看看谁续写的内容比较合理。	学生分组讨论交流； 全班交流； 展示所续写的故事。
理解“洞”的象征义：“洞”以特有的方式报复着人类，可能就是世界末日、人类悲剧的到来。	作者为什么不写这样的结尾？这到底是一个什么样的“洞”？	读填洞公司的广告语； 读填洞的效果。
1. 剖析人性缺陷； 2. 深入理解“洞”的象征义：人心里长着无形的洞。	造成这样的悲剧，谁应该负责？ 如果你也是小说中的人，会向洞中扔进什么吗？	圈点最有感触的词语句子； 交流。
体悟情感	希望大家回去以后再深深思考一下：面对这个洞，我们该怎么办？ 大声喊一句“喂—回来”，把我们曾丢掉的真诚、善良、美好喊回来。	齐声高喊：喂——回来。

表格主要梳理出五个学习活动，通过课例内容可以推论出陈老师组织这些学习活动背后蕴含的“满足学习需要”意图：

1. 情节梳理

正如陈老师所述，“通过学生对情节的梳理和补写结尾的活动，主要的目的是锻炼学生概括的信息能力和合理推理情节的能力”。为达到此目的，情节梳理环节主要有两个活动：一是学生在老师的引导下按照故事的开始、发展、高潮和结尾对故事进行了简要复述；二是围绕“洞”用简单的词高度概括故事情节，学生概括为“现洞—探洞—填洞”，并由结尾过渡到第二环节。

2. 续写结尾

续写结尾是陈老师布置的预习作业，陈老师想借此激发学生探究情节的兴趣，并了解学生对小说理解的程度和层次。课堂上的学习活动主要有两个：一是交流讨论谁写得比较合理；二是展示所续写的结尾。从学生所续写的结尾中，学生概括出共同点为“人们扔进洞里的东西最后会一五一十地出来”，由此得知学生已经找到故事情节的内里逻辑，并已经读懂了环保主题。

3. 理解“洞”的象征意义

这一环节主要由两个问题串起。首先是“作者为什么不像我们同学一样结尾呢”，这是学生的课前问题，由学生回答“给我们留下深深的思考”简单带过。接着提问“这是一个怎样的洞”，意图促进学生对“洞”从外表到内里的理解，陈老师所作的学情分析也揭示了“学生对这个黑洞的象征意义是缺乏深入思考的”。对于这一问题，学生通过读填洞公司的广告语和填洞的效果两项活动没有对这一问题作出正面回答。最后教师小结，“洞”以特有的方式报复着人类，可能就是世界末日、人类悲剧的到来。

4. 剖析人性缺陷

此环节由问题“造成这种悲剧，谁应该负责”激起学生的思考，旨在促进学生理解人性的弱点正如这个神秘的黑洞一般，具有普遍性。学生在教师引导下抓住描写人物语气、神态、心理等关键词找出这起悲剧的罪魁祸首：“投机商人”“学者”“村民”“村长”“倒东西的人”“政府”等等。接着由教师小结：填洞之人是现代社会的缩影，填洞之举展现了人性之恶。最后，教师提问“为什么有这个洞”“为什么这个洞填不满”，意在满足“学生对作者为何要虚构这样一个神秘的黑洞是模糊笼统的”这个学习需要，师生共同得出“人心里长着无形的洞”的结论。

5. 体悟情感

这一环节的学习活动是反复朗读标题，教师意在引领学生在朗读中加深思考。

(三) 启发与思考

从上述分析来看，为了满足学习需要，教师组织学生展开了五项学习活动，最终落点在“理解人性的黑洞”。因为缺少课堂观察和后测的相关数据，我们在这里很难对学生实际学习需要的满足程度得出结论。这里我们主要就陈老师在案例中的做法带给我们的启发和思考做点讨论。

1. 关于教学内容的“一致性”

在基于“学情”的课堂教学结构中，教学内容的“一致性”指的是教学内容兼顾了学情与教材内容之间的关联。从课例可以看到陈老师在这方面的追求，这个追求较为充分地体现在这节课的两大亮点：

(1) 整堂课以学生问题贯穿始终。几乎每一个环节中都含有学生的预习问题，如展示续写故事有“为什么后面的内容不继续写下去”，理解“洞”的象征义有“这是一个怎样的洞”，剖析人性缺陷有“为什么洞填不满”，体悟情感有“题目是什么意思，有没有什么样的深意”。

(2) 依据学习需要来设计学习活动。从上述学习活动的分析看，每一个活动背后教师的意图都是与学习需要相关联的。学生对理解“洞”的象征义有困难，所以设计了“这是一个怎样的洞”的活动；为剖析人性缺陷，突破本文的重难点，设计了“造成这样的悲剧，谁应该负责”的活动。

2. 关于课堂经验活动的“充分性”

在“剖析人性缺陷”这一环节，教师以问题“造成这种悲剧，谁应该负责”来引发学生对文本细节的思考，颇有高屋建瓴之势。在此问题情境中，学生作为悲剧结果的先知，重新回到当时的事件中去审视人们的作为，更容易发现人类的人性缺陷和悲剧性。在此环节中，教师则引导学生从文本关键词中体会作者笔下的世相众生。

但在这个环节中，我们也可以看到教师在推进学生经验活动时似乎太快，学生活动不够充分，没有让学生通过讨论，让他们自己总结这些人物的人性，而更多地是由教师概括出“自私、贪婪、死要面子、不懂装懂、虚伪、愚昧、不负责任”。还有，文中体现人物人性的关键词其实是含有作者深深的反讽意味的，这一点在教学中也缺少必要的关注。或许教师可以在课堂上追问：“从这些关键词中，你看到了一个怎样的商人/学者……”另外，教师所提到的“愚昧”也有可讲之处，课前提问时有学生问道“为什么把科学家写得这么无知”，可用还原法理解，科学家本该是社会文明和智慧的体现者，现在却变得如此无知，更加突出整个城市的愚昧无知，也预示着最后悲剧的发生。

教师最后要求学生回去后再深入思考一下，这项任务很容易就流于空洞，笔者建议设置一道课后作业：当你作为悲剧的先知，回到悲剧发生之前，你看到当时的人们仍乐此不疲、心安理得地朝洞中扔各种“肮脏”的东西，你想对他们说什么？选择一到两个人物，写下你的劝言。作业的设置可以检验学生的学习结果并促进学生经验的发展，“阅读小说，首先不是去解释，而是把自己摆进去，带着自己的人生经验去遭遇小说的世界，遭遇小说里的人生”，①这道作业将学生置身于文本世界中，叩问着学生的心灵，引起学生对人性的思考，与教学目标契合。

3. 关于体式知识与思考深度的“关联性”

在促进学生的深度学习时，陈老师课例中也体现出一种强烈的体式意识，我们认为这时如果能够运用“小说的体式知识”来搭设活动支架，学生的深度理解效果可能会更好。

在“理解‘洞’的象征义”这个环节中，陈老师主要提了两个问题“作者为什么不写这样的结尾”和“这是一个怎样的洞”。问题一直接来源于学生的课前提问，从课堂实施来看，教师提出这个问题只是为了引出“给我们留下深深的思考”这一答案，以便进行下一环节，即“什么深深的思考呢”。但从学生角度来说，这个问题还是没有解决，学生本来就知道“是这样”，但不明白“为什么这样”。从文本来看，该问题更多地指向的是小说突转的技巧，意料之外又情理之中。小说有时为了表达效果，不会一味地平铺直叙，而是会改变叙述的方向，以意外之笔来引起读者的注意和思

① 王荣生等. 语文教学内容重构[M]. 上海：上海教育出版社，2007. 157.

考,如果全盘托出则过犹不及。这个小说知识,教师如果在问题情境中适当渗透,比如提问"如果作者写上结尾,对于你阅读这篇小说会有什么不同吗",可能会让学生对情节的"形式意味"有更好的把握。

问题二基本上融合了学生的课前提问:"为什么洞填不满""为何向洞里扔进去的东西又回来了呢"。从问题来看,"这是一个怎样的洞",解决的应该是对"洞"从外表到内里的理解。从课堂实施来看,学生指出课文原文"黑咕隆咚的什么也看不见,深不可测",这是对洞的纯客观描述,显然没有触及"洞"的内里。接着教师让学生读填洞的效果:"洞任劳任怨地给整个城市洗刷着各种肮脏的东西",仍然停留在对洞的表面描述上,学生仍然不能理解洞的象征义,即洞是人性缺陷的载体。这里其实是需要学生运用小说的"虚构"和隐喻知识去理解"洞"的象征意义。笔者认为,教师不如把学生提的这两个问题作为思考"这是一个怎样的洞"的两个角度:(1)"为什么洞填不满",现实的洞是可以填满的,这个填不满的洞是现实的洞吗?到底是什么填不满呢?(2)"为何向洞里扔进去的东西又回来了呢",可以让学生总结向洞里扔的东西有什么共同特点?人们扔掉这些东西的行为反映出人的什么性格特征?由此再思考"为什么又回来了",因为没有什么能为人类的自私贪婪买单!

总之,陈老师这节课呈现了一种"以学定教"的课堂新形态,尤其是教学中体现的基于"学情分析"的设计在满足学生的学习需要方面的追求,更是凸显出可贵的探索价值,值得我们学习与借鉴。有效教学必不可少的因素之一当是满足学生需要,只有学生需要在课堂上被充分满足了,我们才能说学生没有白上这堂课。而如何在识别学生需要的基础上,设计学习活动以满足学生需要,就应成为我们努力的方向。

第二节　学情分析改善课堂学习状态

在课堂新形态的建构过程中,学情分析有助于学生在课堂里学习状态的改善。在传统的以教师"教"为主的课堂中,学生的学习状态常常被"遮蔽",学生在课堂里发生了什么、学生的学习是否真正发生了等问题是被教师忽视的。而如果能够树立学情分析的正确观念,采取有效的学情分析方法,建立已有的"前理解"与即将学习的内容之间的关联,密切关注学生在学习活动中的学习状态,并依据学生学习状态来调整教学内容和进程,这样的课堂形态就将逐步转向以学生"学"为主。

一、建立"前理解"与教学的关联①

阅读教学中的学情分析有一大难点,就是如何对学生带入课堂阅读中的"前理解"加以分析与引导。下面主要结合具体的教学实践对阅读教学中的学生"前理

① 本小节由浙江省诸暨市山下湖镇詹家峧完小黄珊楠老师执笔。

解”之内涵、类型和导引策略作一些探讨，以期引发同仁对阅读教学中的“前理解”问题作出更深入的思考。

(一) “前理解”的内涵

“前理解”源于海德格尔的解释，海德格尔说“理解奠基于一种先行掌握之中”，[①]这里的“先行掌握”就是指“前结构”。伽达默尔在海德格尔“前结构”的基础上，继续深入研究，他肯定了这种“前结构”是理解的必要条件，并且把这种“前结构”叫做“前理解”。他说“一切诠释学条件里最重要的条件就是前理解，这种前理解来自与同一事情相联系的存在，正是这种前理解规定了什么可以作为统一的意义被实现，并从而规定了对完美性前把握的运用”。[②] 伽达默尔把前理解分为三个要素：偏见、权威、传统。这里所谓的“偏见”用伽达默尔的话说就是“我们对世界开放的倾向性。偏见并非使我们与过去分离，而是让过去向我们开放”。[③]

阅读的核心是理解，而理解是以“前理解”为基础的。因此，探寻并分析学生的“前理解”对提高学生的理解能力至关重要。对“前理解”与阅读教学之间关系的研究，目前主要体现在两方面。其一，着眼于学生之间“前理解”的差异性，认为由于“前理解”的差异，不同的学生理解同一篇文章会有不同的见解，这样“前理解”的不同造成了文本意义的开放性，使得阅读成了一项极富创造性的活动。语文阅读教学中，教师不能把自己的“前理解”强加在学生身上，而应帮助学生建立属于他们自己的“前理解”。其二，着眼于学生与文本之间经验的不同，基于伽达默尔“时间间距”而延伸出来的经验的历史性差异，揭示了学生的阅读经验和生活经验与文本经验之间的差异。由于这种经验间距的存在，学生需要了解历史文化等知识来丰富自己的“前理解”，理解作者创作的文化历史背景，进而更深入地感悟作者的人生经验。

(二) “前理解”在阅读教学中的类型区分

有效的阅读教学最终目的是促进学生的深度理解，但在这个“促进”的过程中，给学生的“前理解”分类是一个基础性工作。伽达默尔把“前理解”分为两类：一类是合法的前理解，另一类是盲目的前理解。[④] 我们根据伽达默尔的观点，对课堂情境中阅读教学的学生“前理解”加以分类阐述。

1. 合法性前理解

“合法性前理解”即历史所赋予人类的、对理解有积极作用的、人类永远无法摆脱的前理解。它是连接过去与未来的纽带，我们对未来的理解本身就包含着历史，文本是历史的产物，存在于人类固有的存在之中。按伽达默尔的话讲，就是“对于文本的理解和解释不仅是一个科学关心的问题，而且是整个人类世界经验的一部分。”[⑤]而文本的历史性使得对文本的理解也具有历史性，也就是说理解者自身所处

---

① (德) 海德格尔. 存在与时间[M]. 陈嘉映等译. 北京：三联书店，1999. 179.

② (德) 伽达默尔. 真理与方法(上)[M]. 洪汉鼎译. 上海：上海译文出版社，2004. 380.

③ (德) 伽达默尔. 真理与方法(上)[M]. 洪汉鼎译. 上海：上海译文出版社，1999. 281.

④ 于艳艳. 浅析“前理解”[J]. 山东省经济管理干部学院学报，2004(6).

⑤ 冯茁. 教育场域中的对话——基于教师视角的哲学解释学研究[M]. 北京：教育科学出版社，2011. 46.

的环境，所经历的历史等因素都对其理解文本有一定的影响，所以说有效的理解就是要正确地评价和适应文本的历史性，将历史与经验融合。阅读教学中的“前理解”大致由两个方面的内容构成：“一为文体经验的积累，一为生活经验的积淀”。[①] 因此“合法性前理解”可分为文体类前理解与生活类前理解。

(1) 文体类前理解。

文体类前理解有两类。一类是对文体规范、语体特点等阅读理解方面知识点的积累。举个例子，在诗歌阅读教学中，学生已经学习过的、积累过的意象与典故是前理解，比如“松”这样的意象代表坚韧挺拔的性格、“梅”代表傲霜斗雪的风骨、“竹”代表刚正不阿的节操，对这些事物的特有文化内涵的了解与积累就是阅读古代托物言志类诗歌的前理解，即“合法的前理解”，其有助于学生对诗人志向的深入理解。另一类是学生对所阅读的文本与其他方面隐蔽联系的把握程度。比如学生在阅读文本前已经读过文本作者的其他文章，这有利于学生对作者的写作手法及思想意蕴的深入思考。

(2) 生活类前理解。

“生活类前理解”从广义上讲是读者的人生观、世界观、价值观，从狭义上讲就是读者对善恶的判断和对事物深浅轻重程度的把握。比如学生在阅读艾青的《我爱这土地》前，本身具有爱国情怀，那么学生在阅读过程中能更深入地体味艾青对祖国深沉而炽烈的情感。

从上述意义上来看，在阅读教学中，“合法性前理解”作为学生向未知推进的已知参照系，有着协助学生向新的理解开拓的重要作用。我们要正确地理解这种“前理解”，让其在学生的阅读过程中发挥重要的作用。

2. 盲目性前理解

“盲目性前理解”即人类在日常生活中所接触吸收的、对理解有消极作用的、可以消除改变的前理解。这种前理解往往会妨碍正确理解的产生。表现在阅读教学中，学生具有以往学习和生活中获得的经验，诸如社会经验、历史知识、文学知识等，而这些经验中的某些部分会阻碍阅读过程中的文本理解。比如在文言文理解中，学生不知道古今异义，而直接用现代的意思来理解文本，导致对文本的误读。“盲目性前理解”可以分为三种类型：偏见、教学模式化、权威学说所造成的前理解。

(1) 学生偏见造成的盲目性前理解。

伽达默尔在“前理解”理论中肯定了偏见的合法性，并将其分为两大类，即历史赋予的正面偏见和受现实影响的盲目偏见，对于后者，要积极地消除。这里学生的偏见指的是盲目的偏见，如在教《愚公移山》一文中，学生称愚公移山这种行为是在破坏环境。这类偏见，在教师引导下是可以消除的。

(2) 教学模式化造成的盲目性前理解。

教师将自身“前理解”模式化地灌输于学生，学生被动地接受知识，缺乏独立思

---

① 张海德. 谈谈阅读前理解[N]. 中国教育报. 2002.7.4.

考的能力，造成思维定势，常常用套话空话来鉴赏文章。比如遇到散文就称其形散而神不散，看到比喻就是形象生动，问到语言特色就称其个性化，这一系列模式化的“前理解”会遏制学生对具体文本阅读经验的形成。

(3) 权威学说造成的盲目性前理解。

“权威”属于伽达默尔的“前理解”理论三要素之一，表现在阅读教学中，即那些参考书。我们观察到许多学校的学生每人都或多或少有一些参考书，学生回答问题常常依赖于参考书，他们觉得按照上面的答案来讲肯定没有错，但是，他们或许能记住所谓的答案，却因此缺失了最为重要的阅读思考的过程，这些“权威”的书籍带给学生的“前理解”不利于其形成对文本的阅读经验。

(三) 基于“前理解”的阅读教学导引策略

阅读教学要基于学生的“前理解”，只有在对学生的“前理解”加以正确识别之后，采取的导引策略才可能具有针对性。因此，阅读导引策略主要是针对前文鉴别出来的“合法性前理解”和“盲目性前理解”两种类型的前理解而形成的，主要导引策略分为两类：一类是补强“合法性前理解”，另一类是导正“盲目性前理解”。

1. 补强“合法性前理解”

(1) 补强合法的文体类前理解。从“文体”层面补强学生的前理解需要依赖两个方面的分析，一是对体式的深度剖析，二是对学生学情的准确把握。例如人教版初中教科书中的《猫》这篇课文，从体式“逐层下移”分析到最后的落点为“郑振铎小说中的人生思考”，这是《猫》最值得教的地方。从学情分析把握到学生最想解决的问题是“作者为什么最后永不养猫了”。两者重合的区域应该放在引导学生去理解“作者对弱者的同情、严于律己的情怀、对人生问题的思考”上。补强的策略主要是在教学过程中补充《猫》的背景知识，让同学们对“文学研究会”“问题小说”的主题等进行初步的了解，为学生补强已有的合法性前理解，以促进学生对课文的深度理解。

(2) 补强合法的生活类前理解。从“生活经验”层面强化前理解，要求教师从学生身上寻求契合点，寻求他们身上有哪些生活经验和阅读经验可以作为理解文本的“前结构”。在语文教学中，联系生活实际，让学生将自己的生活经验与作者的经验融合，真正走进文本，与文本对话，进行视域融合，达到最终的意义建构。

在具体教学过程中，“文体类前理解”和“生活类前理解”往往是交织在一起的，因为学生生活在社会中，他们的生活是一个整体，所以就有了复杂的“前理解”。这时，教师可以通过布置课前预习题的方法，唤起学生的“前理解”，然后加以分类强化。例如我们观察到有位教师在《猫》这篇课文教学前布置了一张预学案，里面有四个问题：

① 把你认为重要的字词整理在下面。

② 你认为这是一篇“关于__________的文章”(横线上可以填词语、短语或句子)，为什么？

③ 学习本文，你最想解决的问题是什么？

④ 你有喜欢的动物吗？说说你和它之间发生过的令人难忘的事吧。

前三题旨在发现“文体类前理解”，第四题旨在发现“生活类前理解”。教师将预学案收上来后，从学生的答案中，发现不同学生对问题的理解是有不同层次的，然后在幻灯片上把他们的问题由浅入深地串联起来。通过预学案这种方式，老师引导学生在“前理解”基础上自主走进文本，增加了学生的阅读兴趣，同时幻灯片上展示学生的名字可以增强学生的学习积极性。

如果学生不能把生活阅历转化成知识，并且把早已获得的知识用作发现新知识的过程，他们就根本不可能积极地参与到作为学习和认知过程的对话中来。所以说唤起并激发学生的“前理解”至关重要。唤起学生的“前理解”不仅唤起了学生已有的知识储备，而且还激发了学生的阅读期待，正如这个预学案中的第三个问题，这个问题刺激学生进行思考，从而对文本产生一定的期待视野。

2. 导正“盲目性前理解”

(1) 导正学生偏见造成的盲目性前理解。

作为教师，在阅读教学中，针对学生的“偏见”，应该进行正确的区分，并设计弹性教案。我们观察到在上述《猫》的课例中，当老师问到猫的象征意义，一男生答道：“就比如说跑腿小弟，服务员啊，还有像我这样的，还有扫地阿公。”当时同学们都笑了。这个时候，老师就应该思考这个男生所理解的社会上的这类人是否与文本有关，如果有关，又该如何加以引导。这要求教师在设计教案的时候要充分把握学情，掌握学生“前理解”的不同层次的情况，设计弹性教案，使学生在整个教学活动中能够不同程度地发展。我们根据预学案中第二个问题的答案，将学生的“前理解”样本加以归类，区分为以下两个方面：

表7-2 “前理解”分析表

盲目性前理解	合法性前理解
三只猫不同结局	性格
人和猫	同情弱者
因猫而引发一系列故事	理解动物
猫的故事	珍视生命
人的故事	表现现代进步思想

从学生们的“前理解”样本中，我们可以看到任课老师把握了学情，对“前理解”进行了区分，把“合法性前理解”与“盲目性前理解”进行了匹配对应，对学生的引导由浅入深分为五个层次。第一个层次是初步了解小说内容后，发现第三只猫死于冤屈，得出这是一篇关于“猫的悲剧”的小说。第二个层次是第三只猫的死因是不招人喜

欢的性格，得出这是一篇关于"性格的悲剧"的小说。第三个层次是从"猫"引到了小说中"我"的身上，得出这是一篇关于"愧疚"的文章。第四个层次是进入对小说创作手法——象征手法的领悟，得出这篇文章是"小人物的悲剧"。第五个层次是结合对作家创作观的介绍，提升为"社会的悲剧"的文章。这节课的主线就是由猫的悲剧，引出人的悲剧，最后到社会悲剧。

再如上海市奉贤区实验中学的杨文英老师执教的《一千张糖纸》①，在学情分析时，杨老师注意到自己的学生与文中的孩子生活的年代有很大差别，学生的"前理解"会导致他们觉得文中两个孩子为了一只电动狗而全力以赴地收集糖纸这种行为不可理喻，这就是"前理解"造成的误读。针对这一点，杨老师让学生细读搜集糖纸的过程，引导学生推敲具体词语，注意一个动作、一种感觉、一幅画面，使学生深切感受人物的内心情感体验，体会"我"和世香得到糖纸的喜悦感，从而导致了"前理解"造成的误读。

(2) 导正教学模式化和权威学说造成的盲目性前理解。

教师要导正权威学说造成的盲目性前理解，就需要引导学生咀嚼语言文字，从而深入文本体会文章意蕴。薄伽丘在谈到文学时，曾从"Poets"的词源角度，将其解释为"精致的讲话"。② 文学的精致来源于其精致的语言，也就是说文学中的文本作为一个思想建筑，语言就是它的基石，文本中所有的人物形象、故事情节、思想表达都是通过语言呈现出来的，因此，语言是学生进入文本的第一关，教师应当引导学生学会"咬文嚼字"。下面是《猫》课堂实录片段：

> 师：好，这些地方最能体现他当时的愤怒、生气是吧？还有一个词，大家在听的时候被吸引住了，就是刚才那一声猫的叫声，怎么样的叫声啊？
>
> 生：咪呜！
>
> 师：这个"咪呜"能不能换成"喵喵"，"喵喵"不是我们最常见的形容猫的叫声吗？为什么不换，你怎么看？
>
> 生："咪呜"比较急促，但是"喵喵"就比较悠闲，是一般状态下的猫的叫声。
>
> 生："咪呜"就是比较凄厉，而"喵喵"就没有这种感情色彩。
>
> 师："咪呜"能形容出它的悲楚，尤其是这个"呜"，声音是低沉的，然后你刚才说"咪呜"是一种凄厉的叫声，这个叫声可以表现出它当时的感情色彩是悲楚的，因为它受了冤枉是吧？我们班有些同学说，这是一篇"猫受了冤枉"的文章，那么我们一起来读出这只猫受了冤枉后的悲楚以及"我"冤枉它时的那种愤怒，一起来读一下这段文字。

在这个片段中，老师引导学生对猫的叫声进行体悟，引导学生从文本的语言中与文

---

① 于漪.语文可以这样教："于漪语文德育实训基地"教学案例[M].东方出版中心，2009.56.105.

② 伍蠡甫.西方文论选[Z].上海：上海译文出版社，1978.96.

本进行对话，抓住关键词，让学生体会文本，使学生避免了“前理解”中的模式化，没有简单浅显地使用“生动形象”等术语来鉴赏文章，而是深入阅读，教师与学生一起体会文字的艺术魅力。

二、关注课堂教学环节中的学习状态

语文课堂教学环节的展开过程实际就是学生的学习过程，在这个过程中教师的教学要真正有效就需要密切关注学生的学习状态。下面通过在课堂观察中获得的一些典型课例，围绕教学环节的展开过程中出现的一些问题，来讨论教师应该在课堂中如何关注学生的学习状态。

(一) 多而杂的教学环节体现的是教师对学习状态的忽视

我们在大量的课堂观察中发现语文课堂教学环节多而杂的现象比较普遍，例如下面《秋天的怀念》这节课的教学环节展开过程就是一个较为典型的案例：

教师的教	**学生的学**
(1) 教师一段话导入	学生听
(2) 教师介绍作者史铁生	学生听
(3) 在屏幕上呈现《合欢树》一段文字	学生看
(4) 请学生谈谈对这段文字的感受	点了两位学生，说不出感受
(5) 教师自己谈感受	学生听
(6) 再呈现《我与地坛》中的一段文字	学生看
(7) 这段话哪些语句你感受最深？	学生沉默
(8) 教师要学生注意其中的“这样一位母亲注定是活得最苦的母亲”	一生回答：母亲对儿子的爱
(9) 儿子以前对母亲怎样？	众生：不理解
(10) 现在怎样？	众生：理解了
(11) 请学生看文章第一段与最后一段，找找看哪一句一再出现？	学生在课文中寻找
(12) 请大家齐读这句话。	齐读“看菊花”的话。
(13) 谈谈感受	一生回答：“看着落叶，感觉生命就像树叶，所以心里郁郁不振。”
(14) 如果你去劝他，你会说些什么	学生七嘴八舌说了一些安慰人的话
(15) 作者做的哪些事情会令你感动？	两位学生找到第一、五两段谈了几句
(16) 课文哪个词可以说明母亲对作者的关心？	一位学生回答：想挡住窗外悲伤的景色

(17) 母亲的感情变化都是因为什么?	几位学生回答:都是因为儿子。
(18) 母亲为什么没有像儿子一样消沉?	一位学生:她是家里的支柱,必须坚强
(19) 请大家读一下最后一段	学生齐读
(20) “好好活”意味着什么?	众生:乐观、坚强、向上
(21) 屏幕呈现“子欲养而亲不待”,请大家谈感受	学生沉默
(22) 请大家听歌颂母爱的一首歌《懂你》	学生听歌
(23) 教师小结。	学生听。

这节课一共有23个教学内容,形成23个教学环节,环节与环节之间关联性不大,学生的学习经验呈零碎状态。在这样的课堂中,教师把自己认为重要的内容全部教给学生,而学生则忙于回答教师的提问,缺乏内在的完整的认知加工,阅读经验难以形成。

这种课堂模式由来已久,现在仍有一定的市场。其实质就是教师的“教”挤压了学生的“学”,教师忽视了学生主动的学习状态。其实,在20世纪50年代曾引发全国大讨论的“红领巾”教学现象体现的就是这一问题。《红领巾》是一篇短篇小说,但任课教师却用了大量的课时来教学,学生苦不堪言。叶苍岑先生在一篇文章里介绍了当时上课的情况,苏联教学专家普希金听课之后提出了批评意见:一篇课文7页书用6小时教是不应该有的现象,由于过低地估计了学生的程度,忽视了学生的学习状态,导致了教学内容上处理的不当,不应该把课文逐字逐句地咀嚼得像粥一样烂,然后喂入学生嘴里。并提出教学中的朗读、复述、课文分析等内容都可交给学生完成。叶苍岑对专家提出的意见加以反思,并发现当时课堂中普遍存在的一种现象:教师常常错误地估计学生的生活经验和理解程度,学生已经懂了的地方,教师还反复讲说;学生有疑难的所在,反而轻轻地滑了过去。根据这些意见,他重新组织学生试教。试教结果,显然,学生的“学”有了很大改观,在教学结束后,叶先生专门征求了学生的意见,学生反映:“这个教法好,我们能够得到整个的印象。”“对人物形象认识深刻”“旧的教法,有些地方我们都懂了,老师还反复地讲,听着没劲儿。”(《人民教育》1953年第7期)由此我们可以看到,教师在课堂上教学内容塞得满满的,提问频繁,教学环节多而杂等问题实际上反映的是教师对学生学习状态的关注问题。关注了学习状态,教师就不会“把自己嚼烂的东西喂给学生”,而会依据学生状态组织相对比较充分的学习活动。

一堂课教学环节的多而杂也反映了教师教学方法的单一,采用的是“逐句讲解式”教学。叶圣陶先生认为教师应用这样“逐句讲解”的办法,有几个基本假定:(1)假定学生无法了解那些字词的意义,(2)假定学生无法查考那些成语典故的来历,(3)假定学生不能把书面的文句译作口头的语言。不然,何必由教师逐一讲解?(4)假定读书的目标只在能把书面的文句译作口头的语言;译得来,才算读懂了书。

不然，何以把这一项认为主要工作而很少顾及其他？（5）假定教学只是授受的关系，学生是没有能力的，自己去探讨也无非徒劳，必待教师讲了授了，他用心地听了受了，才会了解他所学的东西。不然，何不让学生在听讲之外，再做些别的工作？

叶圣陶认为改进之路在于用“预习”与“讨论”取代“逐句讲解”。逐句讲解的办法废除了，指导预习的办法实施了，学生在课堂里的“学习状态”就会是另一种情形：因为学生在预习时尝试过，动过脑筋，当讨论的时候，见到自己的理解与讨论结果正相吻合，便有独创成功的快感；或者见到自己的理解与讨论结果不甚相合，就作比量短长的思索；并且预习的时候绝不会没有困惑，困惑而没法解决，到讨论的时候就集中了追求解决的注意力。这种快感、思索与注意力，足以鼓动阅读的兴趣，增进阅读的效果。（叶圣陶，1940，1941，1942）

（二）合宜的教学环节要依据学习状态而展开

黄厚江曾经在一篇文章里分析了教学环节的展开过程（《语文课堂教学应该遵循教学逻辑》，《中学语文教学》2007 年第 6 期），笔者觉得很有道理。按以往的说法，经过教师精心设计的教学环节应该是合乎教学逻辑的，所谓的“一环扣一环”就是一个形象的说法，如在诗歌教学中设计的三个环节“自由诵读——边研边读——再次诵读”应该说是有道理的，或者至少从语文教学程序的安排来看是合乎逻辑的，而且这样的安排在许多优秀教师的成功课例中得到了实践验证。然而黄厚江在课堂现场所发现的情形却不完全是这样，三个环节应该是“一环扣一环”，但问题恰恰出在这个“扣”字，用他自己的话来说就是“连接点”出了问题。单从安排来看，三个环节是合乎逻辑的，但是我们只要考虑到环节与环节之间的实际连接，就会发现问题：如果第一环节，学生的自由诵读，根本没有展开，或者说没有出现教师预设的问题怎么办？第二个环节的方案是预定的，还是课内即时生成的？是多个方案的随机选择，还是一个方案应对所有的学情？如果第一阶段只是学生读读而已，为读而读，既没有明确目的，也没有发现具体问题，或者发现的问题与第二阶段的教学决策没有任何关联，这就是不讲逻辑；而第二阶段如果根本不考虑第一阶段的教学呈现，也不管学生的具体表现，一切都按照既定方针教学，仍然按照诗歌阅读教学的一般方法面面俱到、按部就班地进行分析（或者叫研读），这也是不讲教学逻辑；如果第三环节只是让一两个诵读好的学生表演一下，让学生听一遍专业人士的诵读录音，这也是不讲教学逻辑。当然不是说这样的做法一点意义没有，关键的问题是：这样三个大的教学环节的连接点是什么？这样安排的道理是什么？这就是教学逻辑在教学程序中的体现。

在黄厚江看来，教学环节安排的逻辑实际体现为两种逻辑结构，一种是设计层面的逻辑，一种是实践层面的逻辑。在设计层面，环节之间的连接点包含在理论的预设与推演中，不容易发现其中的不合理性。而在课堂教学实践中，环节之间的连接点直接关联到学生的“学”，在学生的课堂知识状况和学习经验的动态生成过程中，教学环节之间“连接点”的不合理性很容易暴露出来。也就是说，我们只要深入课堂，观察课堂中学生的学情发展，依据“学”与“教”的关联性来审议各环节之间的过渡与衔接，就会发现教学环节中的逻辑结构。说到底，环节之间"连接点"的逻辑性所表明的其实就是教师要依据学生的知识状况来设计教学环节，并能根据学生在课堂上实际的学习经验的发展情况来调整各教学环节之间的关联。合理的环节连接点实际体现的是语文课堂生态中的"学情"需要。我们以往难以发现教学环节之间的"连接点"问题，主要是因为我们的目光常常是留驻在教师身上，我们是从教师的"教"出发的，我们看到的是教师为完成教学任务而设计或组织的几个教学环节，大家关心的是教师如何把学生牵进这几个教学环节，至于这几个预设的环节对学生来说意味着什么则不予考虑，这样的课堂生态体现为"教师牵着学生走"。黄厚江在对教学环节的观察中改换了一个视角，立足于环节中的学生状况来看各环节之间的关系，于是就发现了环节连接点上的逻辑缺失，发现了环节之间的"不讲理"。

至于"讲理"的连接点是什么，黄厚江言之不详，他只指出要遵循语文课堂教学的基本规律。自然，"讲理"的连接点是在课堂教学的基本规律之内。我们要进一步指出的是，教学环节的"连接点"应该是"教"与"学"两条线索的交织点，"讲理"的连接点体现的是一种"学生随着教师走"的课堂生态，是环节所包含的教学内容的充分展开，各环节的走向是"预设"的，关节点是精心设计的；但是它不是僵硬的，依据学情而可变化，因而具有教学现场的适应性，为教学内容的"生成"留下广阔的空间。教学环节的连接点，从"学"的角度看，是学生学习内容的转换和困难之处；从"教"的角度看，是整个教学流程中的疏导处。这里体现的是教师依据学生的学习状态进行疏导与调控的能力。对语文课堂的这个"疏导处"加以观察，我们发现了另一种现象，即大多数语文教师在处理环节与环节之间的连接时，常常喜欢用抒情的方式说一小段话。这一小段话到底在起着什么样的作用，我们现在还缺乏研究。这一小段话是否是合理的连接点和疏导处，还值得进一步观察与讨论。我们初步判断，这一小段话的作用基本可以分为两种情形：一种是教师根据学情的需要，在学生遇到困难之处加以疏导，对学习的方向加以调控或是对课堂的学习内容加以小结，以过渡到下一个环节；另一种是教师根据自己对教学环节的预设，为了环节与环节之间的过渡而预先设计好的内容。第一种情形应该是属于"讲理"的连接点，因为它是依据课堂生态的具体状况而形成的。第二种情形则值得我们深思，因为它是教师在课前设计好的，而课堂环节的发展其实是在不断变化的，最为关键的是学生在课堂中的学习状况在不停变化着，如果教师在环节与环节之间的连接点的处理上仍按预先计划执行，那么"学"与"教"之间势必失去关联。

（三）教学环节之间的过渡要有效改善学习状态

下面是我们观察到的一位教师对《给予树》这篇课文的教学环节与过渡语：

> 环节 1：读读感动你的文字，说说感动你的地方，好吗？
>
> 过渡语：一边是自己的亲哥哥亲姐姐，一边却是从未见过面的没有任何关系的陌生女孩，是什么让她这么做？她对自己的行为又是怎样解释的？

环节2：理解金吉娅说的几句话。

过渡语：文中的妈妈不仅没责备她，反而为她的行为而感动。请看：

“我紧紧地拥抱着金吉娅。这个圣诞节，她不但送给我们棒棒糖，还送给我们善良、仁爱、同情和体贴，以及一个陌生女孩如愿以偿的笑脸。”(课文最后一段)

环节3：理解与感受最后一段。

过渡语：听你们读得这么带劲，老师也想当一回金吉娅妈妈，哪位“金吉娅”愿意与我对话？

这位教师在第1个环节引导学生“读读感动你的文字，说说感动你的地方”，如果顺着学生的“读”与“说”，应该可以推进学生沿着文本语言去感悟作者的情感。但教师很显然是根据自己对课文的理解人为设置了三个环节，这三个环节实际是教师“教”的内容，并不是学生“学”的内容，其中并不存在一种内在的连续性。教师为了使这三个各自独立的环节关联起来，人为地在环节之间加入了过渡性的话语——过渡语。出现这种现象的主要原因在于教师没有充分关注学生对散文情感的内在体验过程，没有认识到学生的体验具有内在的连续性。我们不妨把这三段过渡语去掉，看三个环节之间还能有内在的联系吗？没有了过渡语，我们可以看到这三个环节之间不具有“学”的连续性，学生对散文情感的体验呈现为三个各自独立的片段。

教师设计了过渡语，试图通过这些过渡语使自己对文本内容的理解串联起来，使学生获得对文本的完整性理解。而实际上，理解是一种内在的“加工”活动，应该主要通过提供提纲、勾画等方式，促进学生对文本的加工，而不是通过教师的讲述来促进。讲述的效果是让学生接受知识，达不到促进学生对文本加工的目的。所以教师的串联性话语要从两个方面加以审议：

一是这些话语是通过“什么方式”加以联结的，从课例来看，教师主要是通过自身的讲述，而不是学生的讲述，基本假设是“学生对课文不熟，不知道课文讲了什么内容”。但实际情形是教师在前面的环节中都已经让学生读过了课文。因此这里体现了教师从“教”出发的一种想当然的立场，同时体现了教师的一种鼓动与煽情的姿态。

二是话语联结了“什么内容”。这样的话语实际主要是联结着教师自身对课文“理解”出来的“内容”。这些内容教师生怕学生不理解，或者说是怕学生难以找到其中的脉络。所以要像文艺晚会的节目之间的串联词，把节目主持人所认为的“联系”告诉给观众。这里预设着教师的立场：学生像观众或听众一样，需要教师通过讲述自己对文本的理解给“学生”看或听。教师忘记了文本的存在，忘记了学生会从文本本身获得一种对文本的结构性理解。教师的过渡性话语实际可能阻碍着散文文本对学生的“召唤结构”，同时也可能严重扭曲学生对散文体式的正确把握，因为散文主要是作者用来抒发情感的，对情感的体悟主要应该通过品读来把握，并不是通过教师的讲述所能达到的。

我们来比较一下贾志敏老师在《给予树》课堂教学的主要活动环节。贾老师这节课的主要环节如下：①

1. 提供背景知识、认读生字词、学生通读全文；
2. 指导学生要从课文语言中读出作者的情感；
3. 提供一个说话练习，让学生把感受与体验到的内容表达出来；
4. 让学生摘给予树上的卡片，拓展与提升学生在这篇散文所感受与体验到的情感（人人拥有一颗爱心）。

四个环节之间具有一种内在的连续性，尊重了学生对一篇散文的阅读需要，依据了学生对散文情感内在体验的需要。用他自己的话来说就是“通过语文的方式教出了语文味”。这里所谓“内在的连续性”有两层含义，一是指学生“学”的连续性，即学生对散文文本的学习具有相应的连续性，学生对文中的情感体验受制于文本和自身的生活经验；二是指学生的这种情感体验具有一种递升的过程。依据这样的内在连续性来安排教学环节才是依据了学生的学习状态。

贾老师的第一个环节是为学生对散文的阅读与感受提供了一个“支架”，为学生的阅读扫清障碍。第二个环节是基于第一个环节，让学生品读散文语言，通过读出语气、读出起伏、读出情感，使学生对散文语言中蕴涵的作者情感有进一步的体验，获得一定的共鸣。在这个基础上，安排了第三个环节，即让学生把自己的感受表达出来，使学生的感受与体验在师生对话与讨论的基础上得到提升。完成了前三个环节，贾老师才推出一个“摘卡片”活动，让学生的情感体验得以拓展与延伸：要拥有一颗爱心，去帮助需要帮助的人。

比较一下就很清楚，设计了教师过渡语的课堂上，学生对散文的情感体验并没有形成内在的关联，而像贾志敏老师这样的课堂，虽然没有教师的过渡语，但其环节之间却具有非常严谨的内在连续性。这一现象值得我们深思。

第三节 学情分析促进课堂深层理解

阅读教学的核心是把握学生的“理解”状况并促进其深层理解，而只有在把握学生对课文理解状况的基础上，才能引导学生对课文加以深入的理解。下面结合具体的课例对阅读教学中的学生“理解”状况加以分析，并提出把握学生理解状况的基本路径，旨在进一步细化和深化对课堂“学习状态”的研究。

---

① 贾志敏，徐晓英.《给予树》课堂教学实录[J].小学语文教师，2007(1).

一、关注学生的“理解”状况

当学生从课堂情境中的口头、书面和图画呈现的信息中建构意义时，我们就说学生在“理解”。学生的理解一般出现在他们将要学习的“新”知识与原有知识建立联系时，更具体地说，是输入的知识被整合进原有图式和认知框架中的时候。① 引导学生理解是教师在阅读教学中的主要工作，这个工作基本上可以分为两个阶段：一是让学生把理解呈现出来，二是依据学生的理解对学生加以引导。

例如，曹勇军老师教高一《老王》这篇课文（苏教版教材必修三），②先有一个基本判断，即学生在初二已经学过该文（人教版教材八年级上册），对课文内容和作者情感应该有一定的了解。于是通过与学生讨论，确定了更高的目标和要求。这个“更高”主要体现为两个方面的学习：一是提供了杨绛另一篇与《老王》同一背景的文章《丙午丁未年纪事》，从更宽广的背景上促进学生对作者笔下“老王”这个人物的深度理解；二是促进学生对作者情感与写作意图的深度理解。

为此，曹老师课堂操作的关键步骤有两个：一是研读与讨论《丙午丁未年纪事》，看看这篇文章的基本内容与主旨是什么；二是建立这篇文章与《老王》之间的关联——时代背景的关联与杨氏散文特点的关联。

在第一个关键步骤，曹老师让学生概括《丙午丁未年纪事》的基本内容和主旨，学生确认丙午年是1966年，丁未年是1967年，然后从文章的小标题“风狂雨骤”“颠倒过来”“四个骑士和一个妖精”“精彩的表演”“帘子和炉子”“披着狼皮的羊”“乌云和金边”等分别概括了文章的内容。在学生理解的基础上，曹老师让全班齐读最后一段：

师：想一想，这里“乌云的银边或者金边”指的是什么？

生10：“乌云的银边或者金边”指的是在“文化大革命”中，人与人之间因为同情而产生的友情，就是人与人之间的温暖、关照、关爱。

师：“文革”时期，在那样一种互相欺诈、你死我活的特殊的环境中，人与人之间产生的同情、关爱。有没有补充的？

生11：我觉得，不管在多么混乱的时代，人们都会有善良的本性，会产生同情、友情，虽然说稀少，但很耀眼。

师：补充得好！大家可以好好地琢磨一下，在那样一种是非不分、黑白颠倒的特殊环境中，很多人卷入了这场荒谬的运动，可是慢慢地他们也开始觉悟了，即使身不由己，但是内心的善良并没有完全泯灭，这些东西虽然稀少，但是非常耀眼。……读完杨绛的《丙午丁未年纪事》，我们了解了那个时代。**曹老**

① 安德森等编著，皮连生主译. 学习、教学和评估的分类学——布卢姆教育目标分类学（修订版）[M]. 上海：华东师范大学出版社，2007. 62.

② 魏本亚，尹逊才主编. 十位名师教《老王》[M]. 上海：上海教育出版社，2014. 130—138.

师要问的是，丙午丁未年，老王在干什么？……丙午丁未年，当人们都在发了疯一样参加文化大革命的时候，老王在干嘛？

生 14：杨绛的丈夫默存不知怎么的一条腿走不得路了，老王就送他去看病，帮忙把他扶下车。

师：仅仅去送钱先生看病吗？还有一个很重要的细节，就是——

生 14：就是最后哑着嗓子问，你还有钱吗？

师：为什么会这样问？

生 15：要钱呢，是为生活所迫，但他又不敢和这个“牛鬼蛇神”多打交道。

师：不敢多打交道？《丙午丁未年纪事》里讲得清清楚楚，读的时候没有留心啊，像杨绛这样的老知识分子，“文化大革命”中，工资都停发了……

生 15：是关心钱先生。

师：对！老王在“文革”的时候，一如既往地帮助杨先生、钱先生，充满了真诚和善意。

曹老师在这里引导学生学习《丙午丁未年纪事》的内容和主旨，这实际上就是拓宽学生的生活视野，增厚学生未曾经历的生活经验，为理解老王这个人物及作者的情感提供了一个支架。

第二个关键步骤是建立两篇文章的关联，让学生利用《丙午丁未年纪事》所获得的背景知识去深入理解老王这个人物的核心品质，让学生认识到老王最可贵的东西是“在那样一个特定的、疯狂的、荒谬的年代，他坚持做人的本色”。同时让学生根据自己对《老王》这篇课文写作特点的认识，在《丙午丁未年纪事》中找一个片段加以赏析，让学生对杨氏散文有更深入的认识。

曹老师这节课最大的特色是提供了一篇与课文体式及背景相关联的文章，这篇文章在阅读教学中发挥了两大功能，一是向内促进了学生对课文的深度理解，二是向外促成了课文所学内容的延伸运用。这两大功能的发挥都是基于对学生“理解”状况的关注。曹老师正是依据了学生的理解状况，一步一步引导学生深化对课文的理解。

二、把握学生“理解”状况的基本路径

在阅读教学情境中，“理解”是学生的一种认知过程。这个认知过程包括“解释、举例、分类、概要、推论、比较和说明”。[①] 依据“理解”的内在认知过程和对大量阅读教学课例的分析，笔者认为在阅读教学中，把握学生对课文的“理解”状况有两条基本路径：一是让学生用自己的话而不是用课文的原话来转述课文内容，二是让学生举一个例子或辨识一个例子来表明自己对课文内容的理解。

---

① 安德森等编著，皮连生主译. 学习、教学和评估的分类学——布卢姆教育目标分类学（修订版）[M]. 上海：华东师范大学出版社，2007. 62.

(一)"用你自己的话来说":让学生通过转述文章意思来呈现理解程度

"用自己的话来说",体现的是"理解"的"解释、概要与推论"内涵。这里要表达的意思是学生对一篇课文或一段话甚至一个词语是否理解,不在于能否从课文中找到原话或复述原话。因为用原话来复述课文,我们很难判断学生是否真正理解了课文主旨。在对课文内容作解释时,如果只会重复作者的话,那就要怀疑学生是否能真正对之加以解释。理想的状态是,若一位学生对课文内容真正理解了,他就应该能够用完全不同的话说出与原话同样的意义。正如美国学者艾德勒所言:"如果你无法放下作者所使用的字句,那表示他所传给你的,只是这个'字',而不是他的'思想或知识',你知道的只是他的用字,而不是他的思想,他想要跟你沟通的是知识,而你获得的只是一些文字而已。"①

当然,"用自己的话来说"也体现为各种不同的程度,教师可以从中分辨学生的理解能力。以下案例是笔者在教学余光中《听听那冷雨》这篇散文时形成的。在课堂教学的最后一个环节,让学生"用你自己的话来说说你对这篇课文的理解"。学生出现了三种"理解"状况:

学生A:初读此文,我只觉不顺,因其文字冗长生僻,大大削减了我对该文的兴趣。课堂上,应上课需要,无奈再读此文,因为是静下心来,周围也很安静,我突然不这么讨厌这篇文章了,对于文中的叠词、双声词顿生兴致,于是便一遍、两遍地读,"料料峭峭""淋淋漓漓""淅淅沥沥""凄凄切切""干干爽爽""回回旋旋",粗粗算来,竟有二三十个之多。这使我不禁暗暗惊叹作者的艺术手段之高明文字积累之丰厚。还有文中那些隐隐约约的典故,更是作者信手拈来之笔。在品味作者文墨之香甜后,我更深刻体会到作者那弥漫在氤氲雨气中绵延不绝的乡愁。作者离开故乡长达二十五年,从青春年少到两鬓浓霜,故乡在他的心里一直魂牵梦萦,对故乡的思念日积月累,如苔藓一样。而这漫长的岁月中,作者无时无刻不在思念着故乡,思念着那给自己带来多少美好回忆的"无瓦的公寓",思念那给自己多少温馨的灯光。

学生B:学了文章之后,我又见识到了一种很独特的文风,贯穿全文的是作者对祖国和家乡的思念,而作者是把这深深的思念寄托在了冷雨上,富有内涵。印象最深的是文中的叠词,大量的叠词让整篇文章充满动感,似乎作者的思乡之情正在一点点变浓,变得愈发吸引读者。还要感叹一位大师的文化功底确实不凡,运用了大量古诗词是文章的又一大亮点。

学生C:作者把自己的思乡之情寄于文章中,自然流露。一个"冷"就十分恰当地体现了这种忧愁之情,多少给人些寒意。而且文章中用了许多叠词与古诗词,赋予了文章许多诗意,也造成了文章阅读的难度。

---

① (美)艾德勒,范多伦著,郝明义,朱衣译.如何阅读一本书[M].北京:商务印书馆,2004.113.

在这三种理解状况中，学生A的回答体现出较高层次的理解，这位同学能够结合自身的阅读经验对课文内容（叠词与典故）和情感（乡愁）加以解释，并能够结合作者的经历对“乡愁”加以概要与推论。学生B的回答也对课文内容（叠词与典故）和情感（乡愁）加以了解释，但没有融入自身经验和作者的经历，解释较为肤浅，概要与推论的依据不足，属于中等层次的理解状况。学生C的回答涉及“思乡”“冷”“叠词”“古诗词”等几个零散的点，解释不够具体，概要不全，推论模糊，属于较低层次的理解状况。三位同学的理解状况及促进其深度理解的方式可用下表来说明：

表7-3　理解状况对照表

样　本	理　解　状　况	理解程度	促　进　方　式
学生A	解释具体全面，结合了自身阅读经验和作者经历对课文加以概要与推论。	高	引导其进入“运用”与“评价”的更高认知层面。
学生B	解释较为肤浅，概要与推论的依据不足，没有融入自身阅读经验与作者经历。	中	引导其补充相关的依据，并与作者经历关联起来。
学生C	解释涉及对课文几个零散的点，不够具体，概要不全，推论模糊。	低	引导其关注课文具体内容之间的关联，使自己的解释更加具体充分。

在阅读教学中，如果我们对学生的理解状况加以了这样的细化与分类，就有可能找到更好的促进学生深度理解的办法。

（二）“举一个例子来说”：让学生通过举出或辨识相关事例来呈现理解程度

“举一个例子来说”，体现的是“理解”内涵中的“举例、分类”等认知过程。一般情况下，学生理解了课文的内容或写法之后，应该能够在自己的生活经验或阅读经验中找出相关的具体事例来印证。因此，在阅读教学中，为了让学生的理解状况呈现出来，可以采用“举一个例子来说”的办法，对学生所举的事例加以分析，就可以较好地把握学生的理解状况。当然，为了降低难度，可以采取一种替代性的办法，就是由教师搜集或开发一些合适的事例呈现给学生，让学生加以辨识或分类。

例如，在引导学生阅读钱锺书《谈中国诗》一文时，为了弄清楚学生对文章基本观点“中国诗的特点”的理解状况，可以组织这样一项活动：①

文章中有一些语句是对文学现象的概述，理解这些语句，应该与你的经验关联起来。下面的概述，请各举出一个实例来：

◇ 纯粹的抒情诗的精髓和峰极，在中国诗里出现得异常之早。所以，中国

① 王荣生，倪文尖主编. 国家课程标准高中实验课本（试编本）语文必修3[C]. 上海：上海教育出版社，2007. 26.

诗是早熟的。早熟的代价是早衰。中国诗一蹴而至崇高的境界，以后就缺乏变化，而且逐渐腐化。

◇ 我们也有厚重的诗，给情感、思恋和典故压得腰弯背断。

◇ 外国的短诗贵乎尖刻斩截。

◇ 中国诗人狂得不过有凌风出尘的仙意，……你们的诗人狂起来可了不得！有拔木转石的兽力和惊天动地的神威……

同样为了引导学生理解“中国诗的特点”，也可以设计下面这项活动：

请阅读一段材料，然后回答后面的问题。

晚唐词人温庭筠在《望江南》中写道：“梳流罢，独倚望江楼。过尽千帆皆不是，斜晖脉脉水悠悠。肠断白蘋州。”许多评论者认为“肠断白蘋州”为画蛇添足之句，俞平伯《唐宋词选释》也说：“过于落实，似泛说较好。”柳宗元《渔翁》一诗：“渔翁夜傍西岩宿，晓汲清湘燃楚竹。烟销日出不见人，欸乃一声山水绿。回看天际下中流，岩上无心云相逐。”关于这末两句，苏东坡以为“虽不必亦可”。南宋严羽、明胡应麟、清王士禛、沈德潜也认为此二句删好。

请你根据《谈中国诗》一文论述的中国诗的特征，说说前人为什么对这两首诗提出上述看法？

上述两项活动均是围绕“举一个例子来说”开展的，第一项活动是引导学生联系自身生活经验举一个例子来说说自己对这些观点的理解，教师可以根据学生所举的例子与这些观点之间的紧密度来判断学生的理解状况；第二项活动是第一项活动的替代性办法，由教师提供例子，让学生把这些例子与课文的基本观点联系起来加以解释，教师根据学生的解释来判断其理解状况。

三、促进深层理解的课例研究

下面围绕一次促进学生深层理解的教学尝试进行讨论。任课教师从阅读教学中的学生“理解”状况角度对高中课文《咬文嚼字》进行了两次教学。① 以下是该课例的描述与讨论。

（一）教学初始设想与学生学习起点分析

《咬文嚼字》是美学家、文艺理论家、诗人和鉴赏家朱光潜先生的经典作品。苏教版高中教材在修订后将之编入到模块三的第一专题“语言，存在的家园”的“如琢如磨”板块之下。编者意图很明显，一方面是要让学生理解到朱先生对语言的深刻认识及观点，另一方面是让学生充分体味到语言的丰富微妙性。在解读部分，教参

① 本课例由浙江省宁波市鄞州中学卢杏琴老师施教完成，详见：基于学生“理解”状况的阅读教学改进——以《咬文嚼字》教学为例[J].语文学习，2015(5).

还写到该文的文章体式为“文学评论，也可以看作是一篇文艺随笔”。在研读课文后，教师将之定为文艺随笔，因为行文缺乏文学评论该有的规范性、逻辑性和严密性。比如第5—6段与前面的关系甚至显得有些跳跃。而文艺随笔的知识性、有趣性、随意性等，都和该文的行文特征相符合。在确认这样的文章体式后，等于找到了文章解读的新视角。这样，“教什么”就慢慢清晰起来。如果要提取教学内容的两个关键词，那就是“套板反应”和“炼字”。

接下来教师对所任教的学生进行教学前测，以问卷的形式提了三个问题：① 阅读这篇文章，请用简洁的语言概括文章内容及作者观点。② 你对这篇文章最感兴趣的内容是哪些？请用简洁的语言写出来。③ 你在这篇文章的阅读过程中有哪些疑惑或困难需要老师帮助解决，请分条陈述。（关于这三个问题的学理依据详见《语文学习》2015年第2期陈隆升《起点分析：有效备课的核心任务》）然后对这个前测进行了分析归类，现将统计结果呈现如下：

表7-4　学情前测统计表

班级 分类	高一(6)班(选科偏理)(39人)	高一(10)班(选科偏文)(43人)
问题1 (理解度)	对观点的理解只有1人不准，准确率达97.44%	对观点的理解，准确率达100%
问题2 (兴趣点)	对所举实例感兴趣的占79.49% 对作者观点感兴趣的占17.95% 1人没有兴趣点，占2.56%	所举实例感兴趣占79.07% 作者观点感兴趣占18.60% 1人对认证的严密结构感兴趣占2.32%
问题3 (困难点)	1. “套板反应”相关为困难点占30.77% 2. 咬文嚼字真的好吗(或意义在哪)占30.77% 3. 第1—4段中举例子及用意不理解占15.38% 4. 第5—6段中的相关语句理解为困难点占12.82% 5. 真的是随便举个例子吗占7.69% 6. 没有困难点1人，占2.56%	1. “套板反应”相关为困难点占16.28% 2. 咬文嚼字真的好吗占20.93% 3. 第1—4段中举例子及用意不理解占20.93% 4. 第5—6段中的相关语句理解为困难点占18.60% 5. 真的是随便举个例子吗占2.33% 6. 没有困难点2人，占4.65% 7. 篇章结构语言方面，占13.95%

从学生前测的结果来看，虽说这两个班级选科有偏文偏理之别，但他们在理解度、兴趣点、困难点的区别上并不大。也就是说，学生读这篇文章时呈现的基本学情，我们可以下这样的结论：① 绝大部分学生是知道文章内容及作者观点的。② 他们的兴趣点高度集中在作者所说的各不相同的实例上。③ 困难点高度集中在对5—6段的理解、套板反应及对作者观点的认同上。

(二) 第一次课堂施教过程及学生学习活动描述

有了上述的教材分析和学生学习起点分析后，教师将教学目标确定为“通过鉴赏作者所举实例，引导学生玩味语言文字的微妙处及理解作者的观点。”第一次课堂施教的教学过程如下：

1. 导入

师：今天我们学习朱光潜先生的《咬文嚼字》，这是一篇文艺随笔。在这篇课文里作者提到了哪些文学或文艺学上的专业术语呢？

（学生活动描述：生有念叨术语的，感觉颇难。但有大部分学生说出了套板反应。）

师：这是同学们感到最难的一个术语。同学们最感兴趣的，也是占课文篇幅最多的是哪个术语？

（学生活动描述：有小部分学生说炼字或者推敲。）

师：好，那我们一起先来看看同学们最感兴趣的"炼字"。

2. 玩味"炼字"部分（课文第一部分 1—4 段）

师：作者举了哪些"炼字"的实例。我们一起来看看，来体味体味。这些"炼字"的实例，分别想说明什么道理呢？然后，我们一起来分析分析。

（学生活动描述：学生们就自己说到的实例各抒己见。）

但教师感觉离想要的结论越来越远，当然也离 PPT 关于这三个例子的总结越来越远。于是教师加以引导：作者对这些例子是怎么分析呢？学生把相应的关于例子的分析找出来读了读。整个教学环节，前部分有语言感觉的学生可以滔滔不绝，甚至语感好的同学不同意朱先生对"推敲"的鉴赏。但在接下来所有的学生都进入文本寻找作者关于例子的看法，课堂鸦雀无声。最后表格所要求的分析部分和共同点部分基本都是"改了文字就是改了思想情感"。并且这样的结论还是在教师的提示下完成的，教师直接把准备好的 PPT 表格播放出来：

例　　子	分　　析
郭沫若改台词	句式变化，情感不同
王若虚改《史记》	文字增减，意味不同
韩昌黎改诗	选字不同，意境不同
共同点：文字和思想感情关系密切	

师：一起鉴赏了这"炼字"的实例，我们知道之所以出现这情感、意味、意境的不同全在于改动了字句。那两者又存在怎样的关系呢？用作者的原话来表达是？

（学生活动描述：找出了相应的作者的原话，关键词为文字和思想情感。针对第二问，学生找原话，齐读这些找出来的语句。）

3. 理解"套板反应"部分（课文第二部分 5—6 段）

师：什么叫"套板反应"？作者原话是怎么说的？

（学生活动描述：很快找到并参差不齐小声读着。）

师：为了便于同学们更好理解"套板反应"，作者举了例子，我们一起来看看。

（学生活动：一起看例子。）

师：大家都这么写就会显得"没有一点新奇的意味"。那么，怎样才能避免"套板反应”呢？在这里作者指出了具体的做法吗？

（学生活动描述：有说很难，有说要创新，有说“惟陈言之务去”，有说“语言是跟着思想情感走，你不肯用俗滥的语言，自然也就不肯用俗滥的思想情感”等，还有说像苏轼作诗那样要用字的联想意义。）

教师用PPT补充了直指的意义和联想的意义、小龙团茶及月照泉水图。

（学生活动描述：显得很有兴趣，尤其是对小龙团茶。）

4. 整合两个术语关系

师：我们围绕着“炼字”和“套板反应”把这篇课文就这么一分为二了吗？实际上这两个专业术语之间有什么共同的联系吗？

师：用作者的话来说，就是“以上只是随便举几个实例，说明咬文嚼字的道理”。那么咬文嚼字到底是什么道理呢？能用作者的原话说吗？

师：在我们的字典里，它本指过分推敲字句或在某些字句上纠缠，而不领会其精神实质，含有贬义。这里作者是贬词褒用。

（学生活动描述：找“关联”对学生有难度，在教师的提示下也很难找到。第二问的找原话，基本集中在最后一段，一下就找出来了。）

这节课教师的总体感觉是学生表现很吃力，教师拖着学生走，又累又沉闷的课堂。于是任课教师对教学设计、实施各环节加以审视、发现：第二个教学环节是学生鉴赏实例再加学生分析观点的两项活动。从学生的学习活动来看，语感好的学生在鉴赏活动中说得热热闹闹，语感差的学生说说皮毛。这一教学环节，教师原本的设计目的是想从学生们最感兴趣的例子出发，鉴赏出文字的丰富微妙来。但实际效果却不好，最主要的原因可能是这些例子对学生理解作者观点是起到一种阻碍的作用。也就是说教师本想帮学生建立起接受新知识的背景知识，却唤醒了学生理解文章的负面经验，它其实阻碍对作者观点的理解而非加深。所以课堂上才有学生在鉴赏推敲的时候否定作者的观点。其实朱先生鉴赏的正确与否不是太重要，而是他想用这个例子来说明他的观点，就是文字和意境、情感的关系密切。而学生是依据自己的前理解来否定了推敲。那么这里的深层原因是什么呢？说白了就是学生对例子鉴赏出来的观点和朱先生想拿这个例子来说明的道理是很不一致的。因为鉴赏活动是一个见仁见智的类似于读者和哈姆雷特的多元关系活动，而朱光潜先生想说明的这个问题的道理却只有确定的一条。第四个教学环节——整合两个术语的关系，学生为什么难以回答？关键也在于学生对前一“炼字”环节的理解还不够深入，所以学生很难建立起整体理解。它的病源还是在第二个环节上。

于是教师决定对这节课加以三个方面的改进：一是要将学生的学习活动指向理解朱光潜先生的观点，必须更改鉴赏活动部分；二是重新定位实用类文章侧重于理解性阅读的教学目标，深度理解作者所举实例中包含的各个基本观点及它们之间的关系；三是营造民主平等的课堂文化氛围。

（三）第二次课堂施教过程及学生学习状态

基于上述的分析，重新修改教学目标和学习活动设计，在教师所教的另一平行班重新施教。虽然学生已经是另一个班了，学生的个性气质等有差异，但是从两个班级的前测数据分析可以看出，两班学生对这篇课文的学习起点的差异性是微小的。也就是说他们对这篇课文的学习需要和学习经验还是差异不大的。

1. 课前准备——一份学案

(1) 相关解释(难点选了7条解释：《屈原》、石秀骂梁中书、茗烟骂金荣、韩愈在月夜听见贾岛吟诗、“一川烟草”等众多诗句、《惠山烹小龙团》、套板反应所举的词语典故。)

(设计目的：针对学生对课文事实性知识的理解困难点和兴趣点，意在帮助学生建立有利于理解的背景知识。)

(2) 阅读课文，回答下面问题。

① 通读课文，完成下列表格。

段落	实 例	分 观 点	总 观 点
1—2			
3—4			
5—6			

(设计目的：训练学生对实例的概括能力，爬梳整理作者观点。)

② 请你用自己的话来说说本文作者表达的一些基本观点。

(设计目的：对理解性阅读的理解深刻与否，关键在于能否转述别人的观点。这有一个接受观点后的内化过程。)

③ 你能用本文所学的相关知识来鉴赏这首《江南》吗?

江 南

江南可采莲，莲叶何田田。鱼戏莲叶间。
鱼戏莲叶东，鱼戏莲叶西，鱼戏莲叶南，鱼戏莲叶北。

问1：将“戏”改为“游”，好吗?

问2：“鱼戏莲叶东，鱼戏莲叶西，鱼戏莲叶南，鱼戏莲叶北”其实就是“鱼戏莲叶间”。那将它删去或者压缩为“鱼戏莲叶东西南北”，可否?

问3：诗歌的意象“鱼”“莲”，让你产生哪些联想?

(设计目的：特选字面简单的诗，不让学生过多纠结在字面的理解上，是让学生能运用课文所学的相关知识来鉴赏，这是更高级别的学习认知活动，意在将学生的理解推向更深层次。)

④ 在你阅读、写作或生活中，存在哪些“套板反应”或“炼字”的例子呢? 请举例。

(设计目的：让学生发现并深刻理解自己生活中的相关经验，让学习活动延伸向更广阔的生活空间。语文是一种语言艺术，它作用于我们的生活。）

2. 教学过程

学习活动一：完成表格内容并交流

A. 学生先独立完成表格，局部抽样检查。抽样检查后，聚集难点在第 1—2 和 5—6 段落的实例概括和分观点。

B. 小组合作探究，统一观点后再用不同颜色的笔标出。请小组代表发言。小组讨论后进一步缩小了学生的学习难点，更加突出了学习需要体现在哪里。最终圈定在第 1—2 段实例的概括和第 5—6 段的分观点到底是什么？（小组讨论大约 8 分钟，以同学们讨论声的变化为依据。）

C. 就这两个困难点，教师引领学生来逐一攻克。方法是辨别、分析、筛选出最具有概括力度的语句。排除对某个例子进行分析的非总结性语句。

D. 表格完成如下（PPT 呈现）：

<table>
<tr><th>段　落</th><th>实　例</th><th>分观点</th><th>总观点</th></tr>
<tr><td>1—2</td><td>郭沫若改台词
（你是……
你这……）</td><td>必须有一字不肯放松的谨严。
（咬文嚼字的重要性）</td><td rowspan="4">无论阅读或写作，我们都必须有一字不肯放松的谨严。咬文嚼字，表面上像只是斟酌文字的分量，实际上就是调整思想和情感。</td></tr>
<tr><td>3—4</td><td>王若虚改《史记》
韩昌黎改诗</td><td>咬文嚼字，表面上像只是斟酌文字的分量，实际上就是调整思想和情感。（或在文字上推敲，骨子里实在是在思想情感上“推敲”。）
（咬文嚼字的本质）</td></tr>
<tr><td>5—6</td><td>苏东坡写诗
套板反应例子</td><td>无论是阅读或是写作，用字的难处在意义的确定与控制。
（咬文嚼字的难处）</td></tr>
<tr><td colspan="3">共同点：文字和思想感情关系密切。</td></tr>
</table>

学习活动二：请你用自己的话来说说本文作者表达的一些基本观点，并与同学交流

（学生活动描述：拿起笔在学案上转述下自己对作者观点的理解。时间大约 12 分钟。）

下面是这个环节的部分课堂实录：

师：同学们注意题目下面的加点字，是用“自己的话”不是照搬作者的观点哦。

生 1：一是说不是所有的文字的修改都能使文章语句更精彩、合理，修改要严谨，要结合语境。二是文字的推敲是思想感情的推敲的具体表现，其实文字就是思想的一种呈现。三是适当的文字的联想意义能使文章意蕴深厚，但过于习惯便会成为滥调。

（众生鼓掌）

师：你说得又全面又有深度。尤其是第二条，其实文字就是思想的一种呈现。很惊艳啊！还有你呢？怎么写的？

生 2：写出的文字中包含着思想和情感，所以文字的用法要有创新精神与谨严精神。我觉得这是作者讲得有道理的一方面，但是我不是很同意他的观点。如果我们写作的时候，老想着咬文嚼字，那有时候很好的想法一下子上来了，它怎么办？要很快写下来才行，一气呵成的样子。

师：嗯，我很欣赏你表达自己观点时的心平气和。你看，你不否定朱先生的观点。但你又在理解后，深入地提出了自己的批判性看法。你说的实际上是一个古老而又充满神秘的话题，那就是我们的创作激情和创作灵感的问题。很厉害啊，同学们！

这也是本环节的高潮部分，其他同学基本上能用 2—3 句自己的话来转述作者的观点。

学习活动三：辨识例子中包含的课文观点

师：（PPT 呈现）你能运用本文相关知识说说这两段文字的区别吗？

A. 莲科，属多年生水生宿根草本植物，其地下茎称藕，能食用，叶入药，莲子为上乘补品，花可供观赏。

B. “出淤泥而不染，濯清涟而不妖，中通外直，不蔓不枝，香远益清，亭亭净植，可远观而不可亵玩焉。”（出自宋·周敦颐的《爱莲说》）

（学生活动描述：学生发言的角度有文字的直指义和联想义、科学的文字和文学的文字、文字是思想感情的表达、周是借莲表达了他那种傲岸洁白的品格等。）

师：（PPT 呈现）学案第二部分的第三题。

（学生活动描述：学生发言的角度有问 1，炼字角度、套板反应角度等；问 2，文字增减与思想情感关系，五言的句式变化等；问 3，善用字的联想义，使诗歌变得丰富蕴藉等。有的同学讲到了北方的年画和剪纸，有的同学说到了莲和鱼的相互缠绕，让她想到了感情很好。）

总的来说，通过两节课的教学比较，我们看到了课堂形态的实际改变，尤其是第二节课在前一堂课的基础上作了结构的大调整，以学生的活动串起整个课堂，突出了学生的“学”。同时教师在比较与改进的实践过程中，始终观察着学生的“理解”状况和学习需要的变化，逐渐对学生的学习状态有了更深的领悟。

(四) 对两次施教活动的讨论①

面对着同一个教学文本、差不多的学情，卢老师两次课堂实施的过程却呈现出截然不同的面貌：第一次课堂实施中显得被动，学生游离于文本之外；而第二次课堂推进得流畅顺通，学生对文本有了较好的理解和把握。这里或许会有很多的原因。但我们认为有几点是非常关键的：那就是教师在教学的实施过程中，不断地观察教学现场，通过反思诊断，逐步把握学生真实的学习状态；然后针对文本特点和真实学情，优化教学设计；设置有关联的有层级的学习活动，从而促进学生对文本的深度理解。

1. 通过观察诊断，改善学习状态

卢老师通过对教材编者意图的揣摩和文本语言体式的确认，明确了《咬文嚼字》这篇课文的教学内容——"炼字和套板反应"；通过教学前测问卷调查，得知学生的兴趣点和困惑点主要集中在"炼字和套板反应"，于是兴冲冲地开始了一次踌躇满志的教学之旅。但是第一次课堂实施下来，发觉真实的课堂状态和教师预想的理想课堂有距离，教师的原先设计和学生的学习状态有很大的冲突。课堂出现了问题，就有必要采取具体的行动，有必要不断地调整和改善学生的学习状态，卢老师作了以下几项工作：

(1) 诊断关键环节。卢老师对自己课堂中的关键环节作了审视。她认为在学生鉴赏实例和分析观点这两项活动中，存在着明显的问题。在鉴赏实例过程中，学生只是按着自己的"前理解"，对相关的材料作了解读。在分析观点这一环节中，课堂出现了明显的"梗阻"现象，课堂气氛很沉闷，学生的活动基本上是被教师拖拉着前进。而且这两个关键环节有明显的断层的感觉。也就是说教师在这里没有充分地估计到这一教学内容对学生知识结构的挑战性，学生对有关"炼字"这个环节还没有充分感知和理解，自然无法有效、成功地推进下面一个有关"套板反应"内容的学习。

(2) 重构教学内容。卢老师对《咬文嚼字》这篇文章的文体重新作了审视。她认为这类实用性文本侧重的是理解性阅读。而第一次课堂实施中，则更多的是倾向于鉴赏性的阅读。确实文本中提及的实例只是桥梁，只是船只，理解作者利用这些材料想要表达的观点，体会作者在利用这些材料时精妙的语言艺术才是我们要到达的河的对岸。于是她对教学内容作了重构。从原先的"通过鉴赏作者所举的实例，引导学生玩味语言文字的微妙处及理解作者的观点"改为"完整深入地理解作者的观点"。

(3) 优化教学设计。教师对文本的理解、教学内容的最终确定、根据教学内容和教学目标的教案设计、最后具体的教学活动，这中间需要教师层层下移。这就需要一个教学内容教案化、教案内容课堂化的过程。尽管我们没有看到卢老师的教学设计，但是从第二次课堂实施来看，教师在课前作了精心的设计，对自己每一个

① 本小节由浙江省宁波市教研室高中语文教研员毛刚飞老师执笔。

教学环节的设计都有一个明确的意图。譬如说案例中呈现的学案就很值得玩味。7条相关的解释的补充、表格的设计、《江南》诗歌练习的布置、结合阅读和生活相关例子的延伸等，这些都充分地体现了教师的教学智慧，也为最终改善学习状态、达成理想的教学效果作了必要的准备。

2. 设置层级活动，促进深度理解

学生对文本的理解，需要我们设置相关联的“学的活动”，在观照第二次施教过程中，我们发觉，卢老师设置了以下层级活动，推动了学生对文本的深入理解，最终也形成了班集体共同的学习经验。

(1) 情景促趣。

这是一篇有一定学术含量的文章，正如朱光潜先生自己说的“这部小册子也并没有建设什么理论，不过它的趣味是偏向理论方面的”。对于高一学生来说，阅读这种理论文章是带有一定挑战性的。卢老师选择了《咬文嚼字》刊物的广告语“咬书咬报咬刊，咬天下该咬之错；嚼字嚼词嚼句，嚼世上耐嚼之文”巧妙自然地引出了本堂课的教学内容：“那么，朱先生在这篇文章里咬了哪些实例？他又嚼出什么道理呢？”这样的情景促趣点燃了学生的阅读兴趣，多少消除了学生和理论文章之间的隔阂，为下面环节的对文本的深入理解作好了铺垫。

(2) 填表爬梳。

填表格尽管是一个小技巧，但是它具有独特的作用。从段落上说它覆盖了全文，从实例上讲它涉及了文章的主要材料，几个分论点，可以说是组成作者思想的骨架。把握了实例和分论点之间的关联，其实也就明白了文章的思路脉络。学生能够爬梳理清这些信息，也就能对作者的观点从整体上有了初步的感知。

(3) 自我建构。

在对文章作了整体观照后，卢老师安排了这样一个活动：“请你用自己的话来说说本文作者表达的一些基本观点”。从她所描述的课堂来看，在这个环节中，学生的精神呈现出敞开的形式，有些学生对作者的观点作了自己的理解，有的在用自己的话语阐释后提出了一些不同的观点，多少涉及了批判性的阅读。另外，她还设置了这样的一个教学环节：“在你阅读或写作或生活中，又存在着哪些‘套板反应’或‘炼字’的例子呢？请举例”。这样的设计自然是为了试图打破文本世界和学生生活世界的隔阂。我们认为，自我建构其实是一种深度了解，在观照生活、结合自己独特的人生经历中加深对作者观点的理解。

(4) 践练提升。

美国缅因州的国家训练实验室的研究成果，不同的学习方法所得到的教学效果是不一样的，单纯采用“听讲”方法，两周以后学习的内容只能留5%；而“做中学”或“实际演练”，可以达到75%；最佳的学习方式，是“教别人”或者“马上应用”，可以记住90%的学习内容。在以上几个环节的基础上卢老师安排了“拓展提升”环节。但是她的拓展，其实是一种能力的践练和提升。她先呈现两段有关莲的文字，让学生能够运用本文的相关知识来说说两段文字的区别，试图让学生明白科学的文字和文学的文字的不同。前者更多的是直指意义，后者是一种联想意义，具有丰富的意蕴。然后她让学生完成课前学案中有关“江南”的练习的活动，试图把这种知识能力强化。通过这两个实践活动，学生对文本中所阐述的知识有了内化，也慢慢地达成了学生跟作者之间视阈的接近乃至重合的状态。

3. 启发与思考

(1) 教师的理解和学生的理解。

教师对文本的把握其实借助了很多的渠道，譬如一定的学习方法、专业知识的铺垫、思维的敏锐和成熟、独特的语感和文感等，因此教师在阅读文本的时候会有比较好的感悟和理解。而学生从总体上来说缺乏一定的阅读方法，缺乏所需要的背景知识，而且思维的整体性把握、语感和文感的敏锐度和准确度等都有一定的缺陷。因此学生在对文本的理解中会有起伏和梗阻。在教学过程中，我们得防止把教师的理解当作教学内容确定为学生的理解。第一次施教中，卢老师一开头抛出了两个专业术语“炼字”和“套板反应”，学生响应者很少。因为在学生相对应的知识结构中，没有相对应的图式，很难建立起关联。卢老师在学案设计中，提供了相对应的诗词的解释和补充，也就为最终的理解提供了一种有效的途径。

另外，在前测问卷中，我们也要关注到测试的信度。在卢老师设计的问卷调查中，第一个问题是这样的：“阅读这篇文章，请用简洁的语言概括文章内容及作者的观点”。统计结果显示，两个班级对观点的理解，准确率是相当高的。有时学生或许是能凭感觉概括出文章的观点，但是未必真正理解作者的观点。

(2) 教学文本和教学方法。

不同的教学文本得采用不同的教学方法。李海林先生曾经把阅读分成解读性阅读和鉴赏性阅读。解读性阅读，解决的是如何读懂文章，对作者的观点有什么看法的问题。鉴赏性阅读解决“喜欢不喜欢”的问题，教学内容可以选择“你喜欢文本的什么地方”“文本的这个地方给你什么样的体验与感受”以及“为什么会喜欢为什么会给你这样的体验与感受”等。当然在具体解读文本的时候，这两种阅读方法也并不是对立的。朱光潜先生的这篇文章同一般的实用类文本有所不同，它也是有很浓的文艺性、鉴赏性，或者我们可以说是兼容性的文本。因此，除了需要具备实用类文本所侧重的理解性阅读外，还得需要文艺性随笔所侧重的鉴赏性阅读。

(3) 整体理解和定点探究。

第一次施教中，卢老师主要从两个环节架构教学内容的。一个是玩味“炼字”部分，一个是理解“套板反应”部分。在完成这两个教学环节后，开始了“整合两个术语关系”的环节学习。她问学生：“我们围绕着‘炼字’和‘套板反应’把这篇课文就这么一分为二了吗？实际上这两个专业术语之间有什么共同的联系吗？”应该说，在第一次并不很成功的课堂中，教师觉得很累，基本是拖着学生前行的。要学生去找两者的关联，学生很难找到。确实，炼字和套板反应没有直接的关联。这除了一开头用相关的专业术语介入隔离了学生对文本的更好对话外，还有一个就是学生还没有对文本作最初步的整体感知。文章是一个有机的整体。我们可以对文章作局部的鉴赏或者是定点的探究，但是我们觉得有必要在整体的理解基础上再进行细部的观照。在第二次课堂实施中，卢老师通过填表这个教学环节，使得学生对文本有了整体的感知，之后的环节就通畅了许多，学生在课堂也有了更好的表现。

(4) 定篇鉴赏和例文处理。

从第二次施教过程来看，教师主要时间花在文本理解的基础上，也就是一个对表格的梳理过程上，梳理了表格后，就进行后面的自我建构、具体应用的过程。也就是说真正花在对文本的解读方面的时间不是很多。那么这一篇文章到底是作为定篇来鉴赏还是作为例文来处理呢？从卢老师的这堂课来看，更多的是倾向于把它作为例文来处理，也就是理解作者的观点，然后具体内化作品中的相关知识，试图在自我建构和应用实践中加深对作者观点的理解。但是我们以为，这篇文章还是适合于作定篇鉴赏处理为好，无论是从编者的模块安排意图还是文本本身的经典性上来说，课堂上除了引领学生读懂文章，还得体会朱光潜先生“促膝而坐，娓娓清谈”(叶圣陶语)式的行文妙笔，进而理会作者在文字里所体现出来的对文学和美的事物的孜孜的追求。

第八章　学情分析与课堂学习活动设计

本章主要阐述基于学情分析进行课堂学习活动设计的基本要领，包括探查课堂学习活动的起点、创设合乎“学情”的活动情境、课堂活动的“关键环节”设计。

第一节　探查课堂学习活动的起点

“学习起点”是教师在课堂学习活动设计阶段对将要参加学习活动的班级学生“学情状况”的一种描述，主要是指学生的基本特征和学习基础，这是课堂学习活动设计的出发点。可以说，“起点分析”是课堂学习活动有效设计的首要任务，也是核心任务。

一、“起点分析”的主要内涵

能否正确把握学生发展的起点状态，决定了一节课的学习活动是否有针对性与适切性，难度过高会使一节课的教学目标难以落实，难度过低对学生可能没有挑战性。因此，了解学生的起点状态，如同一位优秀的歌手在歌唱前确定好音调，具有重要意义。

学习起点分为逻辑起点和现实起点。学习的逻辑起点是指学生按照教材、文本、课标的规定，应该具有的知识、能力基础。把握学习的逻辑起点，可以使教学更有计划性，有效地克服教学中的随意性。但是学习的逻辑起点仅代表着学生学习应该掌握的知识内容和可能达到的能力水平，并不代表学生真实的学习程度。而学习的现实起点是指学生在多种学习资源的共同作用下，已实际具有的知识能力基础、情感态度基础、个体经验等。把握学习的现实起点，可以使教学更有针对性，免除或减少无效劳动，有效克服教学中的浅层性。

因此，在课堂学习活动设计时不仅要从教材理解上准确把握学习的逻辑起点，更要依据学情分析确定学习的现实起点，只有这样，才能为学生的发展真正形成生长点。学习起点还分为大众起点与个体起点。学生是处在社会环境中的活生生的人，由于个体的差异和学习资源的多样性，学生的学习起点也就各不相同。每位学生的起点都既有共性又有个性，学生共同的前在状态便是教学的大众起点，是需要教师把握的教学设计的基础。而学生之间的差异即学生之间特性的地方，也是需要教师关注到的学生的个体起点。教师要做到尊重差异，承认差异，从学生的实际出发，从“具体学生”的角度加以分析，从而使教学的起点具有针对性和适切性，尽可能为每一个学生提供施展才华的机会。通过学情研究，教师能够把握学生的逻辑起点和现实起点，也能够把握学生的大众起点和个体起点，更适切有效地开展课堂教学。①

关于课堂学习活动设计的起点，一般有两种理论来源，一是“教材起点说”，即根据教材的知识编排与进度来确定一节课的学习起点。但把教材作为教学起点，无法顾及真实状态中全班学生的水平与能力。二是“学生经验起点说”，即提出教学起点应直接从儿童经验出发，认为一节课的学习起点应该根据每个学生的兴趣与爱好来确定。

我们认为在课堂活动中，教师对“学习起点”的有效把握应该体现为“教材内容”与“学生经验”的高度契合。偏离了两者中的任何一方，都将导致“起点的模糊化”：偏离了“学生经验”，将造成“起点”过高或过低；偏离了“教材内容”，将造成“起点”的“去教材化”。在兼顾教材内容与学生经验的情况下，“起点分析”的内涵主要包括“学习需要”分析和“基础性经验”分析两个方面。

在语文课堂教学中存在着两种不同的“学习需要”，一种是作为目标策略的学习需要，一种是作为内在驱动力的学习需要。在教学设计理论中，这两种需要分属于两个不同的步骤中，前者属于为确定教学目标而进行的“需要分析或评估”，后者属于“学习者特征分析”。而在语文课堂教学中，教师常常把这两个步骤统合在“了解学生”这一个步骤中。

从作为目标策略的学习需要方面来看，所谓学习需要分析，是指学习者目前的状况与教学目标所要求达到状况的差距分析，它是教学设计的基点，即提供教学设计起点。就目前的情况来看，语文教师在课堂教学中所谓的学习需要，可能更多的是指作为一种驱动力的学习需要，主要包括学习态度、学习动机、学习兴趣等。

“基础性经验”在传统的备课理论中也表述为学生的学习基础或学习准备，而在现代教学设计理论中，大都用“学生特征”来指称。所有的教学都受学生的特征的影响，学生的特征包括年龄、性别、社会经济背景、学习经验、态度等。对学生上述特征的识别影响到教学目标的制定、教学内容的设置、教学策略和媒体的应用，以及评估方法的使用等。

“学习需要”分析和“基础性经验”分析成为“起点分析”的两项主要任务，而这两项任务是需要以教学内容分析为参照的，只有在确定核心教学内容之后，所做的这两项分析才会比较具体。不然，“起点分析”可能就失去了针对性。

“起点分析”的基本流程如下图所示：

---

① 丁恺. 课堂教学的“学情分析”研究[D]. 上海：华东师范大学，2009.

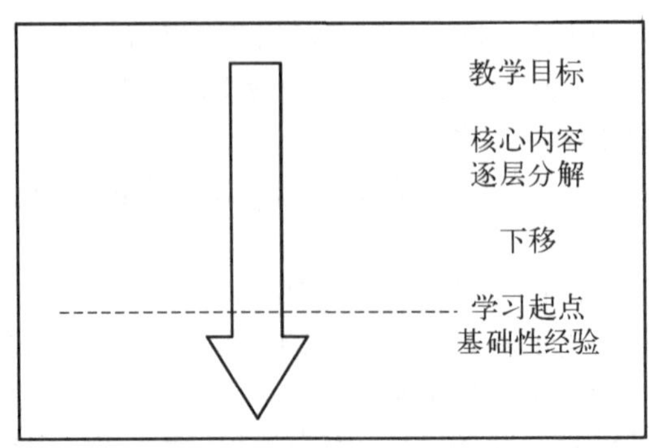

图 8-1 “起点分析”示意图

确定合宜的“学习起点”，实际上就是在教学分析图上划一条虚线，这条虚线以上部分是教学的目标和教学内容；虚线以下部分则是教学开始前学生已经具备的基础经验。这条虚线是动态的，表征的是目标与学情之间的连续体。即当实际验证的基础性经验比预估的要好时，虚线要往上移动，要让学生解决更难的具有挑战性的问题；当实际验证的基础性经验比预估的要差时，虚线要往下移动，要为学生补充更基础性的知识与经验。

二、“起点分析”的基本方式

课堂情境中的“起点分析”主要有两种基本方式，一种是经验性预估，另一种是工具性分析。

1. 经验性预估

“经验性预估”指的是教师依据自身作为学习者和教学者的经验对学生的学习起点加以估测性分析，这是大多数教师在日常教学中常用的方式。这种方式遵循的是“换位思考”原则，即教师把自身换成学生的角色来判断学生的已有基础和困难点。这种方式在教学内容相对确定的情况下，对学习起点的预估会有一定的准确性。如果教学内容没有确定时，这种方式作出的起点分析就可能不到位甚至错位。例如有很多老师常常说“学生与这篇课文有距离”，这样估测出来的学习起点就太宽泛了，这是以教材内容而不是教学内容作参照来估测起点，其准确性就很低，其估测到的起点有“一公里宽”，而只有“一厘米深”。以此为起点，就难以建立起一个具有针对性的教学路线图。

2. 工具性分析

“工具性分析”指的是使用相关的工具对呈现出来的学生已有经验加以分析，从中寻找学生的学习起点。这种方式追求的是“一厘米宽，一公里深”的效果。在语文课堂教学情境下，教师使用的分析工具一般是开放性问卷与非正式访谈。许多教师在课前让学生完成的“预习题”或一些“学案”中的课前题目都是属于这种开放性的问卷范畴，许多教师在课前或教学开始前与学生的谈话属于非正式访谈范畴。

我们在阅读课例研究中发展出来的开放性问卷包含三道题：

> (1) 请仔细阅读一遍课文，用简洁的话把你对这篇课文内容的理解写在下面。
>
> (2) 你对这篇课文感兴趣吗？若感兴趣，请具体指出哪些地方让你感兴趣。
>
> (3) 你在课文阅读中遇到了哪些困难需要老师帮助解决，请分条写在下面。

第一道题是调查学生的已有理解情况；第二道题是调查学生的阅读兴趣状况；第三道题是调查学生的阅读困难点。

这三道题的编制并不是随意的，而是依据学生“理解性学习”的脑科学原理确定的。脑科学的研究成果表明，“理解”的最高层次是“深层意义”的获得。而影响领会意义的因素有三个：关联、情绪、背景。① 要获得意义首先需要建立关联，我们第一道题对应的就是这一个因素，力图去发现学生呈现的前理解经验中哪些有助于建立关联；其次是学习中的情绪状况与意义的获得密切相关，我们第二道题对应的正是这个因素；再次是在一个模式化的大背景中获得的意义才最有价值，才能获得迁移。我们第三道题对应这个因素，主要是想去发现学生在把自己的理解纳入一个新模式时存在哪些困难点。

我们依据学生的回答情况进行比例统计和样本归类分析，从中确定核心教学内容，从核心教学内容逆推出学习起点。例如，我们做过的《故都的秋》课例，就遵循了这个方式，首先从“体式分析”逐层分解下移和对学生三道题回答情况的分析中获得核心教学内容“理解作者个性化语言所表达的独特审美情趣”，然后由此逆推出学习起点是“感知文中个性化的语言”。

三、“起点分析”需要突破的难点

语文课堂学习活动中的“起点分析”还存在着一些需要解决的问题，这些问题严重困扰着“起点分析”的质量。这些问题集中体现在以下三方面：

1. “已有知识”特征的识别与判断

语文课堂教学中的“学习起点”类型比较复杂，其特征的识别比较困难。尤其是语文课堂中阅读教学所占比重较大，面对一篇课文学生在理解之前已有哪些知识与经验，这些知识与经验是促进还是阻碍学生的理解等问题，需要我们做出更加细致的分析与研究。

已有的研究表明，学生在学习时，必须将新知识与已有知识联系起来。而学生运用已有知识建构新知识的程度，不仅取决于他们的“已有知识的特征”，也取决于

① (美)詹森著，梁平译. 基于脑的学习：教学与训练的新科学(修订版)[M]. 上海：华东师范大学出版社，2007. 235.

教师调控其已有知识的能力。①

大体上说,“已有知识”一般有两种类型,一种是促进学习的已有知识,一种是阻碍学习的已有知识。当已有知识具有“充分的、恰当的且正确”的特征并被教师激活时,它就能促进学生的学习;当已有知识具有“不充分的、不恰当的或错误”的特征时,它就会阻碍学习。

教师在进行起点分析的时候,需要对学生所带入学习中的这些“已有知识与经验”的特征加以识别,要弄清楚哪些是“不充分的知识”,哪些是“不恰当的知识”,哪些属于“不正确的知识”。只有对这些已有知识的特征加以了识别与分类,学习起点的分析才会更加精准。这方面的研究还不多,尤其是能够结合语文具体课例进行的研究更少。

2. “学习起点”与教学内容的关联

当前语文教师大多对“学习起点”与教学内容之间的关联性缺乏具体分析,有相当多的教师只强调“学生与教材有距离”、“学生学习有一定的难度”或“学生读懂课文没有问题”等初步判断,而没有进一步去寻找“学习起点”与课文具体内容的“契合点”。这样的分析是一种表面的“浅度描述”,是一种印象式的判断,较难深入到课程与教学内容的具体事实层面。缺少具体内容事实的起点分析势必使本应是课堂核心“构件”的学习基础与经验状况沦落为课堂教学中的一种背景式的“点缀”,难以把教学设计中的“学情依据”转化成教学实施中的促学手段,致使学情分析的结果游离于具体而真实的课堂现场。

为此,我们需要建立“学习起点”与教学内容之间的关联。这种关联的形成实际就是教学路线图的绘制。这也是教学设计有效性和针对性的体现。

3. “学习起点”差异性辨识

在班级授课制下,语文课堂教学考虑最多的是班级共同的学习起点,而最容易忽视的是学生个体学习起点的差异性。

学习起点的差异性是客观存在的,不容回避的。这也给我们的课堂教学带来了挑战,到底应该依据共同起点来开展教学还是依据个体起点开展教学,这的确是一个困扰着每一位语文教师的难题。从目前的情况来看,实际上大多数教师是依据共同起点开展教学的,这也是班级授课的特点。不然,教学任务就没法完成。

但我们认为应该在进行班级共同起点分析的同时兼顾个体起点的差异性,只有充分辨识个体的差异性,才能保证教学的针对性。例如,我们在对《胡同文化》进行学习起点分析时,对学生的“理解状况”、“兴趣状况”和“困难状况”分别加以了调查,对学生的回答加以了分类统计,并提炼出不同的代表性样本。这样我们既获得了共同的起点状况,也获得了个体起点差异性的样本。具体如下表:

① (美)安布罗斯等著,庞维国等译. 聪明教学7原理:基于学习科学的教学策略[M]. 上海:华东师范大学出版社,2012.11.

表 8－1　个体差异对照表

共同起点所占比重	个体起点的差异性样本
60％的学生基本理解作者所写的胡同特征及胡同文化的基本内涵。	(1) 描写北京胡同特色，及对当地人心理的影响，感觉文章情感较中性。 (2) 粗览全文，顿觉文章语言朴实，多用口语使人读起来倍感亲切和生活化，文章从不同方面阐述了胡同文化。 (3) 描画了一幅生动的北京人画像，让每一个读者都真切地感受到胡同文化和北京人的特有韵味。
92％的学生对这篇课文感兴趣。	(1) 北京人独特的待人处世方式，以及文章平淡而又幽默的语言。 (2) 北京人的生活和思想是如何受胡同的“方正”影响的。 (3) 北京人为什么那么容易满足。 (4) “忍”字值得推敲。
45％的学生难以理解作者对胡同或北京人的性格特点的情感取向，35％的学生难以理解作者的写作目的。	(1) 作者对胡同文化的真正态度到底是怎样的。 (2) 胡同文化的没落，作者到底是讽刺还是伤感？ (3) 结尾处写了“再见吧，胡同”，为什么不写成“再见吧，胡同文化”？ (4) 为什么作者在感慨完“北京人，真有你的！”就直接写到“如今胡同的衰败”上，是否有点牵强？ (5) “理想的住家是独门独院”与“讲究处街坊”是否前后矛盾？ (6) 文章为什么出现那么多北京方言，还要加括号注释，直接用普通话来写不好吗？ (7) 引用“五味神”是为了表现胡同文化中的哪一方面？

这样就可以依据共同起点确定核心教学内容，同时在组织核心教学内容的过程中可以尽可能顾及差异性起点状况。这样处理，课堂教学就获得了更大的弹性空间，更加顾及具体的学情。但这些差异性的起点如何在具体的教学过程中加以落实，仍然是一个需要进一步探讨的难题。

四、“起点分析”的案例研究

这里介绍一位教师在教学《二十年后》这篇课文时所作的起点分析的案例，①这个案例注重了起点分析与学习活动之间的关联性，对课堂学习活动的有效设计具有参考与借鉴价值。下面我们对这个案例进行分析与讨论。

(一) 起点分析的前测题目

任课教师设计了四道前测题：

1. 你读过这篇小说么？你认为小说最吸引你的地方是什么？
2. 你认为《二十年后》中的情节最精彩的地方在哪里？

---

① 姜毅.《二十年后》起点评估——基于学习内容关键属性的辨识[J].初中语文教与学，2012(9).

3. 你认为《变色龙》和《我的叔叔于勒》中人物和情节哪个更吸引人？

4. 你认为《二十年后》和其他两篇小说被安排在一个单元中的主要原因是什么？

这四个前测题的设计意图为：

第一题从学生相对感兴趣的话题切入，探测学生的学习兴奋点是否在小说的情节上，以便决定是否要从情节的探讨里展开教学。

第二题是在第一个问题的基础上，探测学生经过自读是否了解情节基本内容，哪些情节构成其学习的兴奋点，以便决定着力探讨哪些情节。

第三题通过引入另外两篇小说，展开横向对比，探测学生是否能够通过这种对比来分辨小说三要素的重点所在，以便决定是否要在教学过程中从情节向人物渗透。

第四题引导学生从单元设置的高度来观照和定位《二十年后》，探测学生对三篇小说共性问题的认识程度，以便决定对该小说中人物形象的分析要进行到什么程度。

(二) 对学生回答情况的分析

任课教师把学生对前测题的回答情况进行了分类统计，并将其与教学内容关联起来考虑，提出了应对策略。

第一题的回答：64%的同学对小说峰回路转的情节非常感兴趣，15%的同学认为细节描写非常到位，13%的同学认为小说人物是最令人感兴趣的，8%的同学没有读过这篇小说。

具体内容：64%(25 人)认为这篇小说最吸引人的地方是情节，符合“意料之外，情理之中”的特点，特别是杰米的身份，确实令人意外，但回到前面的文章里仔细地读，的确存在着很多铺垫，非常过瘾。

应对策略：显然，这篇小说的情节引起了同学们的重点关注，因此，学习内容中有必要关注情节的梳理。

第二题的回答：36%的人认为小说中的人物在很大程度上引起了自己的关注和兴趣，26%的同学认为情节之所以有趣和人物有密切关系。

具体内容：这篇小说最吸引人的情节在于，一个警察面对自己朝思暮想的老朋友是盗贼这样一个事实的时候那种机智冷静地周旋的过程和套话的本领。在于那个警察竟然就是杰米。

应对策略：62%的同学已经认识到或不同程度认识到人物的重要价值和意义，因此，在学习内容中也应恰当地渗透对人物形象的分析。

第三题的回答：54%的同学对两篇小说情节更感兴趣，13%的同学对这两篇小说中的人物感兴趣。

应对策略：大多数同学还不能理解人物是小说的核心和灵魂，还是专注于情节，教学中要着力引导学生从关注人物的角度来理解两篇小说，为从人物角度把握单元定位做好铺垫。

第四题的回答：70%的同学认为三篇小说之所以被组成一个单元是由于作家地位、作品特点和作品风格方面的原因。

应对策略：大多数同学还是关注国籍、风格等宽泛的问题，还不能从人物形象的高度来把握三篇作品，因此有必要把这作为一个教学的难点和重点来加以突破。

在逐题分析之后得出了起点分析的结论：

> 既然学生的原有经验是读情节，那么如果要突破对人物的理解和把握这个要点，就必须分析情节和人物之间的关系；此外，我还考虑引入叙述视角，这是揭开人物内心世界的一个很好的窗口，要理解和把握小说中的人物，必须处理好"关系"，换而言之，这里的关键属性是"关系"——情节和人物的关系、叙述视角与人物的关系、环境描写与人物的关系。

(三) 基于起点分析的课堂学习活动设计

针对起点分析的具体情况，任课教师把教学目标确定为"理解和把握人物在小说中的意义和价值，提高小说鉴赏能力"，并提出应该从两方面突破学习活动的难点：① 细读文本，分析小说人物，理解情节设置、环境描写和叙事视角的采用对表现人物的意义和价值。② 在对文本进行解读的过程中，培养把握细节的能力，注意在阅读过程中发现反常，从反常中发现问题并加以解决。

以下为主要学习活动：

(1) 结合课后"意料之外，情理之中"知识点梳理小说情节发展顺序，引出对小说人物的关注。

(2) 核心活动一：从叙述视角和行动描写角度体会杰米这个人物形象的塑造。

① 请学生思考，本文采用第几人称叙述？(第三人称)

② 警察杰米的名字是由第三人称叙述者告诉我们的，还是由小说人物鲍勃告诉我们的？为什么小说要采用鲍勃的视角来点出杰米的名字？教师利用 PPT 出示图示，请学生交流，并点明这样写的原因。

③ 分析第二个叙述视角的例子：第 6 段。第 6 段是从谁的视角来写鲍勃的？学生交流。(学生意见可能会产生分歧，有的说是杰米的视角，有的说是叙述者的视角)，教师提问，为什么会有这样的分歧？学生交流，教师展示第二个图示，为什么第 6 段要选择含混视角的叙述策略？讨论、交流、明确。

④ 小说不仅巧妙地利用叙事视角来处理杰米这个人物，而且对杰米的行动描写也不按规则发牌，这是为什么？请学生关注 3—17 段，找一找对杰米的行动描写(共计 6 处)。学生阅读、圈画并交流。教师提问：对杰米这样一个小说的核心人物，小说为什么如此惜墨如金？学生分组讨论，教师分析。

小结：小说通过叙事视角和行动描写的运用淡化杰米在读者脑海中的印象，使读者对杰米的预判和结尾处的真相之间形成强烈反差，都是为创造杰米这样一个戏剧性人物服务的。

(3) 核心活动二：从情节设置和语言描写两个角度深入分析人物特点。

① 甄别杰米和鲍勃，究竟谁是主人公？引出对杰米的进一步深入探讨。

② 杰米这个人物在真相揭晓之前，始终具有一种神秘感，这个看似冷漠，秉公执法的警察的内心究竟在这件事情的过程中经历着怎样的波澜呢？引导学生分别从情节设置和语言描写两个角度深入分析人物。确定几个点着力推进。

总结：人物乃是小说的核心，无论是叙述视角的采用、情节的设置还是细节描写都是为表现人物、凸显人物而服务的。在小说阅读和鉴赏中要着力把握好小说人物。

总体来看，这个案例的起点分析操作要领为：先设计了四道前测题，用来探查学生的学习起点。在施测之后对学生的回答情况进行了细致的分类统计分析，分析的过程中不断强化学生已有基础与课堂教学内容之间的关联，寻找学生的兴趣点与教学内容的具体联系，这就为学习活动的设计提供了具有针对性的学情分析信息。

第二节　创设合乎“学情”的活动情境

有效的教学建立在教师对“学情”的深入探查与分析之上，而“学情”分析的结果需要运用于具体的教学改进中，以推动学生基于已有经验的发展。这些都需要通过课堂中的“活动情境”创设来实施。可以说，创设合乎“学情”的课堂活动情境是建构新型课堂教学形态的关键，如果缺少与具体“学情”相一致的课堂学习活动情境，课堂教学形态的转变就会流于形式，难以促进学生的深入学习。合乎“学情”的课堂活动情境的创设需要注意以下几方面。

一、“创设”是为促进学生“学”而进行的“筹划”

“创设”活动情境是教师为促进学生学习而作出的努力，理想的活动情境应该是能够适应具体的学情和个体差异，满足学生的学习需要，促进学生在原有基础上得到发展。

情境的“创设”遵循的是一种筹划思维。徐长福认为：“人类有两种旨趣殊异的思维活动，一是认知，一是筹划。认知是为了弄清对象本身究竟是什么样子，筹划是为了弄清如何才能利用各种条件做成某件事情。”①基于学情视角的学习活动情境创设不是为了弄清或贯彻一种理论，而是综合多种理论成果，根据具体的学习目标和实际的学习条件而形成相对合理的活动情境。合理的活动情境通过认知(理论)思维是“想”不出来的，即使“想”出来了也是不切实际的，例如有很多教师在课堂里“想”直接搬用加德纳“多元智能”所举的一些例证作为活动情境，这就是没有理解创设活动情境的内在理据，即使搬用了这些例证性的活动情境，在实际教学中

① 徐长福.理论思维与工程思维：两种思维方式的僭越与划界[M].上海：上海人民出版社，2002.4—5.

也是不适应的，教学是难以产生效果的。因为加德纳的活动情境是为阐释其理论体系服务的，他在举例分析的时候采用的是认知（理论）的思维方式，而教师要在课堂里创设情境组织学习活动，应该采用"筹划"的思维方式。

"筹划"一个活动情境，需要以学习理论、教学理论、学科理论等理论为基础，这些理论有些是同质的，有些是异质的。筹划就是要围绕具体的"学习活动"，把以这些理论为基础的各种要件（同质或异质）整合起来形成一个完整的形式。要完成这项筹划与整合的任务，需要对各种与课堂学习有关联的因素进行分析，即需要对影响"学习活动"的各种同质或异质的条件进行学理分析，以确定实施"学习活动"的基本要件。

比利时学者罗日叶认为要创设好一个学习情境，一般要注意其中的三种参数：一种是类别参数（或称辨别参数），主要是指情境材料的类别及其所寻求的教学功能类型；第二种是内容参数，主要包括学生学习时需要调动的知识和技能，使用的方法，以及问题解决的步骤等。这是决定一个情境是否具有教学性的关键。第三种是装扮参数，主要是指对原生态的生活情境的改编与重构。①

教师在创设活动情境的时候需要对这三种参数加以合理的"筹划"，使之协调一致，共同为促进学生的学习服务。我们在课例研究中做过一个高中课例《故都的秋》，其中一项关键的任务是为学生的学习创设合理的活动情境。例如其中第一个环节的目标是"感知文章个性化的语言"，活动情境第一个参数（类别参数）我们采用的是表格形式，让学生各自填写表格之后交流；第二个参数（内容参数）是依照课文段落的顺序找出体现了"个性化"的语言并将关键词填写在表格中；第三个参数（装扮参数）是呈现的表格中已经填写好了第一栏的内容，这是对一份真实表格的改编。具体内容如下表所示：

表 8－2　感知文章个性化的语言

语　段	景　物　特　点	作者的感受
第 3 段	破屋、碧绿的天色、驯鸽的飞声、漏下的日光、破壁腰	十分的秋意
第 4 段		
第 5 段		
第 6—10 段		
第 13 段		

这份表格综合考虑了三种参数，为学生对课文的学习（感知文章个性化的语言）"筹划"了一个活动情境。学生在这个活动情境中的阅读活动得到了较为充分

① （比）易克萨维耶·罗日叶. 为了整合学业获得——情境的设计和开发[M]. 华东师范大学出版社，2010.5.

的展开，首先每一个学生都需要阅读课文之后完成这份表格，当他们填写好表格之后，他们的个体阅读经验得到呈现，教师可以观察到学生个体之间的差异；然后分组讨论与交流各自对表格的填写情况，让个体的差异在小组讨论中展现出来，可以促进学生相互之间经验的交融、互补与矫正。最后是教师通过班级交流针对一些同学中出现的典型问题加以澄清与纠正。

二、活动情境的创设要以经验改造为目的

(一) 活动情境需要以学生"个体经验"为基础

基于学情的学习活动情境的展开要充分考虑学生的"个体经验"，尤其要考虑学生带入到课堂活动情境中的已有知识和经验。只有把学生的"已有经验"与活动情境中的相关参数关联起来，学生才会觉得活动情境对自己来说是有意义的，不然学生是难以真正"参与"到情境中来的。

因此，情境活动要合乎"学情"，就需要对这些"已有经验"加以分析与观察，充分把握"个体经验"中包含的"不完整理解、错误观点和对概念的天真解释"。教师有针对性的教学指的其实就是能够依据这些"个体经验"来帮助学生达到对学习内容的理解与掌握。学生带入课堂的个体经验所包含的"错误"往往是在课文学习过程中才会呈现出来，教师就需要对这些所谓的"错误"加以辨别，哪些是完全错误的，哪些是不完整的，都需要分析并作出判断。有许多证据表明："如果教师关注学习者带到学习任务中的已有知识和观念，将这些知识当作新教学的起点，并在教学过程中监控学生概念的转化，那么就可以促进学生学习。"①

在关注学习活动中的"个体经验"时需要做好两个方面的工作，一方面是识别学生"个体经验"中包含的有利学习和阻碍学习的因素。要通过相应的途径去了解学生在进行"新学习"之前已有哪些可能有利学习和阻碍学习的知识或观念。这里的"新学习"不仅仅是指一篇课文或一节课的起始学习，也包括在课堂教学过程中的每一个新环节的学习。后一个环节相对于前一个环节来说都是新的，教师的教学都涉及探查学生在前一个环节的学习状况。因此学情分析更复杂的部分是体现在课堂教学过程中。也只有充分把握了学生在课堂教学中的学情，教学才可能有针对性，教学的有效性才有希望。另一方面是帮助学生发挥有利学习的因素，澄清并消除阻碍学习的因素。这就需要教师在活动情境的展开过程中及时关注学生的学习状态，以学习目标与内容为参照，提供相应的支架，把学生在学习过程中表现出来的有利因素加以"放大"，即在活动过程中把有利因素突出并延长活动过程，让学生有较为充足的时间发挥其有利因素，促进其深度学习。同时对那些不利于学习或阻碍学习的因素加以限制或改造，使其对学习的消极作用降到最低。

(二) 活动情境要规划"经验改造"的路径

合乎"学情"的学习活动情境要体现学生学习经验的改造路径，一节课的各项

---

① (美) 布兰思福特等编著，程可拉等译. 人是如何学习的(扩展版)[M]. 上海：华东师范大学出版社，2012. 10—11.

活动之间要呈现为经验发展的阶梯，有利于学生从起点经验逐步获得新经验。下面介绍的高延丰老师任教的高中课文《骑桶者》教学案例就体现了这样一个特点。①

1. 学情分析

依照本章上一节"起点分析"的三道题目，进行了学情前测：① 请仔细阅读一遍课文，用简洁的话把你对这篇课文内容的理解写下来。② 你对这篇课文感兴趣吗？若感兴趣，请具体指出哪些地方让你感兴趣。③ 你在课文阅读中遇到了哪些困难需要老师帮助解决，请分条写在下面。

在第一题的回答中，大多数学生能够初步把握作者所写的这个"故事"，当然，不出意料的，他们理解得非常感性、零碎，用已有的阅读经验去套用。学生基本上都认为这篇小说反映了"社会的黑暗""人性的冷漠"，对"骑桶者"表示了极大的同情(37 人，占比 90.24%)；也有一小部分(4 人，占比 9.76%)学生表示无法理解文本。

第二题是调查学生对这篇课文阅读的兴趣状况，具体情况见下表：

表 8-3　课文阅读的兴趣状况调查

项　　目	样　　本	有效百分比(%)
感兴趣	25	60.98%
一　般	6	14.63%
不感兴趣	6	14.63%
空　缺	4	9.76%
合　计	41	100%

在样本中，学生感兴趣的点也不尽相同，有对叙事感兴趣的，也有对故事本身感兴趣，主要集中在小说主题的理解，以及"骑桶者"为什么"骑桶"去借煤，还有"我"是不是在做梦？或者快死之前的臆想？而其中不可忽视的高达 14.63%的"不感兴趣"和回答空缺也显示出了一个问题：老师该如何用教学设计调动这一部分学生的学习兴趣。

关于第三题，困难点主要集中在"借煤"的方式(有 27 人认为借煤的方式不好理解，占比 65.9%)，以及文章最后一句的理解上(有 23 位同学关注到了这一句的费解，占比 56.1%)。从"借煤"的方式角度，我们可以侧面了解到学生有意识地去探索"骑桶"这一虚构方式的，而最后一句"浮升到冰山区域，永远消失，不复再见"的困惑，一则表现了他们阅读小说的思维仍然停留在写实层面，另外也体现了他们文本阅读的基本功、对文本的直觉把握还是很不错的。

从前测我们可见，学生的视角是狭隘的，阅读是粗糙的，理解是肤浅的；对文本的解读是从自己的已有经验出发"想当然耳"，并没有从文本的内在出发去细读，当然，

① 本案例由浙江省宁波外事学校高延丰老师施教完成，详见：依据学情改进学生的阅读经验——以《骑桶者》教学为例[J]. 语文学习，2015(11).

这也是无可厚非的，毕竟一直以来教师教给他们的阅读方法让他们形成了思维定势。

2. 应对策略分析

对于此，高老师打算通过“为什么骑桶”、“借煤失败原因的探讨”等问题的探索，达到“打破学生的传统思维，重构现代主义小说解读路径”的目的，从而领悟小说主题的多元性，同时了解虚构和“心灵的真实”。

为了最大限度扩展学生的视野，除了文本预习之外，他还制作了7分钟左右的翻转课堂短片，对卡夫卡进行了简要的介绍，同时在视频中放入蒙克《呐喊》等绘画名作介绍，蒙克在创作《呐喊》的时候说：“我和朋友一起去散步，太阳快要落山时，突然间，天空变得血一样的红，一阵忧伤涌上心头，深蓝色的海湾和城市，是血与火的空间。朋友相继前行，我独自站在那里，突然感到不可名状的恐怖和战栗，大自然中仿佛传来一声震撼宇宙的呐喊。”于是我们看到，在这幅充满张力和动感的画作中，浓重的血红色悬浮在地平线上方，给人以不祥的预感。画面中央的形象使人毛骨悚然，那漫画式的变形和扭曲的面孔，画中所有要素都传达着那一声尖叫的刺耳感。这种脱离现实的夸张感，正好作为在课堂上理解“心灵的真实”的类比佐证。

3. 课堂学习活动过程

活动一：学生简述小说情节，表达自己对主题的理解

师：刚才的同学谈到了“骑桶者”最后借煤失败了。那么，能否说说他借煤失败的原因？

（学生们都认为是“老板娘”不肯借煤，导致最后借煤失败。）

师：那么，我们不妨归纳一下小说主题。

生1：我觉得这篇小说讲述了一个借煤不成的小人物的悲惨遭遇，说明当时的社会非常黑暗，人们光顾着自己的利益，丝毫没有同情心。

师：很好，这位同学准确地使用了“小人物”这个词，对人物形象进行了概括。还有同学想说吗？

生2：我认为这个小说主要是想说明在资本主义社会，人和人之间只有利益关系，金钱至上。

师：从哪里看出？

生2：比如老板娘和老板完全不顾外面的“我”快冻死了，还在里面算钱。

（同学们基本上依照预习经验，把小说主题归结为“社会黑暗”、“人心冷漠”等，这里，老师要求学生充分说明主题是从文本哪里表现出来的。）

这一项活动，是让学生充分表达自己的理解，同时也是挖一个坑，用后面的反转达到课堂的“惊奇”效果，激发学生的探究欲。

活动二：“一破一立”——老板娘真的“冷漠”？

师：刚才同学们谈到“人心冷漠”，我想问是谁冷漠？

（生：老板娘）

师：她真的冷漠吗？

（生：不给“我”煤）

师：文中哪里写她不给“我”煤了？

（学生活动：学生仔细寻找老板娘“冷漠”的语句，对文本进行了重读和细读。大部分同学倾向于老板娘的“人心冷漠”，与此同时，也有学生发现了问题：我和老板娘似乎没有直接的交流。）

生：老师，我发现这里的“我”有点问题。

师：什么问题？

生：我觉得他好像是在做梦。（另外一学生：灵魂出窍。全班笑。）如果是这样的话，就不能说老板娘什么了，因为他在做梦，都是他梦里的东西。（全班笑。）

师：很好，这位同学给我们提供了一个全新的视角：梦。如果从这个角度出发，我们就可以发现，其实整篇文章的叙述都是“不靠谱”的，是站不住脚的。那么，有个问题值得我们去探讨：老板娘真的听到了我的祈求，看到我了吗？请前后桌讨论3分钟后回答。

如果文本的叙述从根本上遭到了质疑，那么文本的真实性就打了很大的折扣。这里，老师顺势引出“不可靠的叙述者”，彻底颠覆了学生在预习中留下来的思维定势。

（学生活动：学生讨论并阐述。经过这一启发，虽然对老板娘是否听到了我的祈求，班级里观点分歧对立，但是对老板娘“人心冷漠”这一观点，绝大部分同学又认为不成立。）

老师对几个小组的阐述进行了归纳和提升：

①“不能马上”和钟声，

② 我、老板和老板娘三人对话的不对称性，

③“我”“喊道”，他们却听不清；他们“说道”，我却听得一清二楚。

在老师的归纳之后，大部分同学接受了“我”和老板娘之间根本没有进行有效的、正面的交流的观点。接下来继续探究导致交流失败的原因。

师：接下来我们探讨一个大家之前都很关心的问题，为什么骑桶去借煤，而不是拎着？

（学生活动：学生找到原文“我可不能活活冻死；……因此我必须快马加鞭，在它们之间奔驰，在它们之间向煤铺老板要求帮助。”）

生：我觉得他是快冻死时候的臆想，因为自己走不动了，所以才会骑桶

过去。

师：那么，他骑桶这个方式，是不是导致他们没有正面交流的原因？

（学生找出阻碍正面交流的原因：骑桶的高度。“但是我从未下降到齐房屋大门那么低”，“高高飘浮”。）

师：为什么要“高高飘浮”，而不是面对面对视，然后乞求？

生：害怕被拒绝，害怕失败。

师：想象一下当“我”被拒绝后，又会如何表现？

生：肯定会找个地方躲起来。

（学生活动：归纳“我”的形象，胆小、懦弱、害怕和外界交流、自卑、自我封闭。）

师：归纳这次借煤失败的原因。

生：交流的失败；“我”对外界的恐惧。

这一环节，老师颠覆了学生原本的解读，顺利地从社会批判角度引导到人与人的交流的角度，很多同学课后表示这个新颖的解读很有意思，也开阔了他们的阅读视野。

活动三："二破二立"——回归多元解读

师：我们假设“我”和老板娘有了成功的交流，那么，你认为借煤能否成功？

（这个拓展环节的设计目的，在于当同学们认为应该接受老师的“权威解读”的时候，发现其实自己的理解也是没有错的，文本的理解是多元的。）

生1：不会成功。从文章中的对话看，老板娘和老板两个人，完全是老板娘更厉害一些，妻管严。老板娘肯定是不会借煤给“我”的。

师：能具体说说吗？

生：如果我能借煤成功，那么这次之前早就已经成功借到过了；如果以前成功过这次又去借，我看老板也不见得把煤老是借给付不出钱的人。

师：这是从常理上去推断，能从文章本身具体说说吗？

生2：老板娘说："我们给所有的顾客都供了煤，我们可以把煤店关几天休息一下子。"为什么不把“我”算在内？因为我根本不算他们的顾客，付不起钱，当然就不是顾客。老板关心的也是金钱，老板娘上去看有没有人的时候，老板说："告诉他我们仓库中所有煤的种类，价格我在后面给你报。"而且他们的对话都是和做生意有关。反映了当时社会赤裸裸的现实，人和人之间的金钱关系，没有人情味。

师：你觉得老板娘会对“我”说什么话？

生2：走开！没有钱的家伙！别想在我这儿得到一块煤，哪怕是最次的煤！（全班笑）

师：这就是作者为我们刻画出的一个严酷的现实。所以，其实同学们在预习的时候，对本文主题的理解，是有一定道理的。所以《骑桶者》这篇文章的解读，其实是很多元的，你可以从社会的角度去考虑，也可以从个人的角度去思考，关键在于，你是否细细品读了文章，是否去了解过作者的创作风格。

活动四：探讨虚构与“心灵的真实”

师：我们再回到开始时的话题，与现实主义“拎桶者”对比，虚构的“骑桶者”有什么特殊的好处？

生1：它更像是一个寓言或者童话，没有现实主义那么的激烈，但让人感觉到更有深度。

生2：我觉得它更加侧重于表现“骑桶者”本人，而不是这个社会。

师：其他同学能就这个话题更加细致地谈谈吗？

生3：反映了“骑桶者”的胆怯、害怕和外界交流、自我封闭。

（这个话题的确有难度，当发现同学们的思维依旧打不开，只能就事论事时，老师及时介入。）

师：大家还记得我们预习视频中出现的一幅世界名画吗？

生：记得。蒙克《呐喊》。

（师 PPT 展示两张图：蒙克《呐喊》和一张老师的个人照片。）

师：哪个更真实？

生：照片。（笑）

师：哪个更直接击中你的心灵？

生：《呐喊》。

师：为什么？

生：这幅画虽然画的不真实，但是里面透露出来了一种焦虑、恐怖的情绪。

师：很好，我们再回到《骑桶者》，现在理解了吗？

生：《骑桶者》虽然是虚构的，但是它更表达了人内心的情绪。

师：非常好。和现实主义“拎桶者”相比，虚构的《骑桶者》更能直击人心，它反映的是人与人之间的不可交流，人与人之间的隔阂，以及每个人心中的胆怯和封闭。和“生活的真实”不同，这是“心灵的真实”。虚构，让小说的主题更多元，也让我们从荒诞中看到每个人的不同存在。

4. 课后评价

高老师课后调查了学生阅读困难的解决情况。综合来看，学生从课的感受、主题的理解等几个方面进行了反馈，从学生的反馈意见来看，本堂课从总体上呈现了教学的有效性，学生能主动参与到课堂之中，根据老师不断提供的信息去建构自己的观点；同时本课还一定程度上起到了“导读课”的效果，让部分学生对卡夫卡以及其反映“现代人的困境”的小说产生了兴趣，同时也掌握了阅读这类小说的途径和方法。

对于本课的感受。有大半的同学（36 人，占比 87.8%）认为这堂课开阔了他的阅读视野。有同学认为“这堂课对我的冲击还是蛮大的，原来我们对小说的理解都是片面的，还可以从不同的角度去理解一篇小说。以后阅读这一类小说的时候，我也会想着可不可以从和传统不一样的角度去理解。”

也有同学从老师的教学和课堂的角度进行了点评：“我比较喜欢上这样的课，很刺激。让我们一直很新鲜，在课上注意力就很集中。”还有同学对课的本身进行点评：“说实话这个课信息量好大啊，有点深奥，一开始以为自己的观点已经错了，后来又说没有错，我需要花一些时间好好消化才行……当然我蛮喜欢这样的课，我觉得这样的课是蛮有价值的。”全部同学(41 人，占比 100%)都认为这节课对他们来说有一定价值。

对于主题的理解。对于《骑桶者》文本主题的多义性，有一定数量的同学(12 人，占比 29.3%)认为在确立自己解读的同时，应该尝试去理解其他同学和老师的观点：“老师课上说的人和人之间的隔阂，以及小人物的胆怯懦弱，很有意思。不过我自己认为这篇文章在写社会黑暗、人心冷漠也是对的。”

对于一些习惯了“一元解读”的同学来说，课后感到有些茫然的大有人在(29 人，竟占比 70.7%)，有学生如此说：“我还是希望老师给我一个明确的答案。如果大家的说法都对，那考试怎么办呢?”他们更希望得到简单明确的答案，这种对自我的怀疑和对权威的依赖，也凸显了当前教育形态下我们必须直面和努力挑战力图去改变的沉重的现实。

(三) 活动情境中“经验改造”课例讨论

现代派小说的阅读对高中生的阅读经验是一大挑战，学生以往的小说阅读经验更多的是建立在现实主义小说阅读的基础上。从体式上来看，现代派小说与现实主义小说既有联系，又有较为明显的区别。如何帮助学生获得正确的现代派小说阅读经验，高延丰老师以《骑桶者》为例加以了探索。下面试着从学生阅读经验与文本体式的内在关联角度对这个课例加以评析，力图揭示其教学内容确定及学习活动设计的合理性与存在的不足，以期引发对学生经验改造方式的进一步思考。

1. 依据体式探查“已有经验”：确定最需要教的是什么

在课前做“学情分析”时，高老师用了三个问题来探查学生的“已有经验”状况。

第一题是了解学生对这篇小说阅读的初步理解。从学生的回答情况来看，90.24%的学生基本把握作者所写的这个“故事”，基本上都认为这篇小说反映了“社会的黑暗”“人性的冷漠”，对“骑桶者”表示了极大的同情。高老师对数据分析之后得出初步结论：学生“理解得非常感性、零碎，用已有的阅读经验去套用”。

第二题是调查学生对这篇课文阅读的兴趣状况，60.98%的学生表示对这篇小说感兴趣。有对叙事感兴趣的，也有对故事本身的兴趣，主要集中在小说主题的理解以及“骑桶者”为什么“骑桶”去借煤等方面内容。

第三题最为关键，是调查了解学生阅读中的困难所在。学生回答结果显示：困难点主要集中在“借煤”的方式(占比 65.9%)以及文章最后一句话的理解上(占比 56.1%)。

在对三个问题回答情况加以综合分析之后，高老师认为学生的视角是狭隘的，阅读是粗糙的，理解是肤浅的；学生对文本的解读是从自己的已有经验出发“想当然耳”，并没有从文本的内在出发去细读，并认为是一直以来教给他们的小说阅读方法让他们形成了思维定势。

高老师从三个方面分析得到的学生阅读初感、兴趣状况和困难状况，大致表征了学生带入课堂的初始阅读经验，这既表明了“可能”的学习起点，也为教学目标和教学内容的确定提供了“可能”的依据。这里说“可能”的意思就是这些学情分析得到的结果，还需要结合文本体式的分析加以印证。只有找到体式与学情的契合点，这个“可能”才可能转化为“可行”的起点与依据。寻找文本体式与学情契合点的过程实际就是教师阅读经验与学生阅读经验的相互印证。所谓“印证”，主要是指教师的“判断”与“决定”。即教师根据自己的阅读经验来“判断”并“决定”学生呈现的阅读经验状况的“合理”或“不合理”。当然，这里教师的阅读经验并不完全是一种个性化的阅读经验，它还包括教师吸收的专家或权威的阅读经验。例如上面高老师作出的判断——“学生的视角是狭隘的，阅读是粗糙的，理解是肤浅的”，依据的标准就是教师自己的阅读经验。而教师自己的阅读经验是吸收了一些学者的阅读经验，这在课例的“教学设想”部分已有介绍。

综合来看，高老师在这里依据学情分析与文本体式分析而确定的教学内容和学习起点是合理的，主要理由有以下两点：

第一，符合文本体式对读者的要求。文本体式对读者的要求，是读者阅读经验形成的基础。福斯特在《小说面面观》一书中认为，小说这种体式对读者的最基本要求是：“故事”要求读者要有好奇心；“人物”要求读者有人情味和价值观；“情节”要求读者的智慧和记忆力；“幻想”要求读者一种附加的适应。①

对学生阅读经验分析要结合“具体的体式对读者的要求”来进行，才可能有针对性。高老师在这里的分析遵循了这一原则。从三道题的分析结果我们看到，老师了解到的学情都是从“故事”、“人物”、“情节”、“幻想”等几方面的阅读经验分析中获得的。通过对这几方面的阅读经验的逐步分析、梳理，最后聚焦在学生的阅读“困难”点上。“困难”点表明的就是学生的阅读经验与“读者的要求”之间的距离，而帮助学生缩小这个差距，达到体式对“读者的要求”正是这篇小说教学的核心任务。基于此，高老师确定了这节课最需要教的内容，打算通过“为什么骑桶”、“借煤失败原因的探讨”等问题的探索，达到“打破学生的传统思维，重构现代主义小说解读路径”的目的，从而领悟小说主题的多元性，同时了解虚构和“心灵的真实”。

第二，教师的“学情假设”得到了验证。从高老师的学情分析结果及确定的教学内容，我们也可以看到，教师通过体式分析与文本阅读而形成的“学情假设”得到了来自学情调查数据的验证。学情调查一般都是潜藏着教师对学情的“假设”，只有在“假设”的引导下，才有可能确定从哪些角度收集相关信息，也只有循着“假设”

① （英）福斯特著，苏炳文译. 小说面面观[M]. 广州：花城出版社，1984. 76—77.

的路径，教师所需要的学情才会越来越清晰，这样所关注的学情才能为具体的课堂教学服务，才能融进课堂教学的具体内容中。“假设”得到了验证，就使得教师备课时形成的“教学设想”转化为实际的学生学习经验具有了可行性。

2. 从“起点”出发改造阅读经验：为促进理解而教

现在我们来看高老师在这个课例中的教学过程。从整个教学过程，我们可以看到，高老师是围绕学情分析中所获得的“学习困难”来组织学习活动的。各项学习活动都是为了促进学生对这篇小说阅读中的“困难点”的理解，帮助学生在已有经验的基础上突破理解上的不足，尤其是针对“骑桶方式”、“老板娘的冷漠”等困扰学生理解的地方，采取了“先破后立”的引导路径，不断改造与重组学生的已有经验，让学生获得了多重视角来观照小说文本，最后获得了多元阅读、多元理解的经验，从而较好地理解了卡夫卡小说中的“幻想”或“虚构”成分的重要价值。

(1) 阅读经验的第一次改造：发现“不可靠叙述”。

从作者角度来看，“不可靠叙述”是一种写作的策略，作者在一些关键处利用一些写作手法使文本具有一种张力。而从读者角度来看，叙述学的读者理论一般认为，不可靠性是一种“阅读假设”或“协调整合机制”，在遇到文本中相互冲突的细节或难以解释、令人疑惑之处，读者会结合自身的阅读经验，发挥自身的协调机制来进行处理。正是读者采用的阐释策略本身证明了叙述文本的不可靠性。[①] 读者阅读经验的形成与发展的关键就在于对文本语言中作者的“不可靠叙述”的辨识。发现不了“不可靠叙述”，就难以欣赏到文本“张力”所创造的艺术魅力。

高老师在这节课遵循“不可靠叙述”的原则组织了一项活动，让学生在讨论中发现已有经验的缺陷与不足，进而对学生的阅读经验进行了第一次改造。这次活动是先让学生说说小说的主题是什么，当学生依据已有的经验说出小说主要是揭示了“社会黑暗”和“老板娘的冷漠”之后，老师让学生在文本中找出依据，看看哪些地方表现了“社会黑暗”、“老板娘的冷漠”。结果学生发现“社会黑暗”和“老板娘冷漠”的看法都站不住脚，依据是文中的“我”根本就没有与老板娘接触，老板娘根本就没有看见他。有同学发现他始终是“骑着桶，高高漂浮，不敢下来”，有同学认为他是不是在“做梦”，或是一种幻觉。就这样，学生在讨论中发现了文本叙述中令人疑惑之处。而这个疑惑之处正是卡夫卡的匠心所在。这就是文本的不可靠叙述。

高老师组织的这项活动带给我们最大的启发就是，阅读经验的改造需要通过活动让学生逐步澄清自己已有经验的不足，然后加以改进。在这里，很多老师也知道有一个不可靠叙述的问题，但他们是直接分析给学生听，给学生指明这个地方用了不可靠叙述的写法。“直接指明”的方法显然不如“让学生讨论发现”的活动方式效果好。通过引导性活动，让学生发现了文本中看似有矛盾的地方或令人疑惑之处，可以说是切中了学生经验与文本体式的连接点。从这个连接点入手，“老师颠

① 王悦. 不可靠叙述的生成与阐释[J]. 外国文学，2010(1).

覆了学生原本的解读，顺利地从社会批判角度引导到人与人的交流的角度"，从老师课后所做的调查中我们可以看到，很多同学表示这个新颖的解读很有意思，也开阔了他们的阅读视野。这都表明这项活动取得了较好的效果。

(2) 阅读经验的二次改造：从多元视角理解"幻想"成分的价值。

上文提到福斯特指出要理解小说中的"幻想"成分，需要读者的"附加适应"。高老师对学生阅读经验的二次改造正是为促进学生"附加适应"所作的努力。所谓"附加适应"指的就是理解"幻想"成分的价值。小说中的"幻想"成分主要是通过虚构手法来实现的。高老师为此安排了两项"促学活动"：

一项活动是讨论"假设老板娘与'我'有了交流，借煤是否会成功?"这是一个虚拟活动，学生在讨论中得出结论，认为老板娘是冷漠的，借煤还是不会成功。老师据此认为："这是一个严酷的现实，同学们在预习的时候，对本文主题的理解，是有一定道理的。所以《骑桶者》这篇文章的解读，其实是很多元的，你可以从社会的角度去考虑，也可以从个人的角度去思考，关键在于，你是否细细品读了文章，是否去了解过作者的创作风格。"这项活动旨在打开学生多元阅读的视角。但这项活动实际取得的效果值得讨论。这项活动的最佳指向不应该是对学生"预习"时呈现的已有经验的简单回归，也不是对"多元理解"的泛泛确认。这项活动应该引导学生去理解作为"我"的对立面的残酷的世界的内涵，为理解"世界的不可通约性"奠定基础，为后面一项活动理解"幻想成分"同样揭示了世界的真实性张本。因为卡夫卡小说的艺术特色是把幻想成分完美地镶嵌在细节的真实性上面，从而引导学生通过这样一个假设性活动，就可以对"细节的真实性"有一个较好的把握，由此延伸去理解小说的主题，就不会觉得小说脱离现实，而仅仅把小说当作一个纯粹的"寓言故事"来读。但这并不意味着可以简单回转到现实主义小说的阅读经验上面。所以我觉得这项活动的落点还不够清晰。

另一项活动("骑桶"与"拎桶"的比较)引导路径的指向就比较清晰，是进一步引导学生理解"虚构"或"变形"手法与"真实"的关系，实际就是帮助学生对小说"幻想"成分的"附加适应"，帮助学生体会"幻想"在"揭示真实"上的功能与价值。为此高老师还补充了蒙克的画《呐喊》，用比小说更为形象化的艺术方式调动学生的想象力与联想，触发学生的阅读经验由"虽然画的不真实，但是里面透露出来了一种焦虑、恐怖的情绪"过渡到"《骑桶者》虽然是虚构的，但是它更表达了人内心的情绪"。课堂进展到这里，学生的阅读经验应该起了实质性的变化，开始触及了现代主义小说的一些核心要素。于是教师顺势总结如下：

> 非常好。和现实主义"拎桶者"相比，虚构的《骑桶者》更能直击人心，它反映的是人与人之间的不可交流，人与人之间的隔阂，以及每个人心中的胆怯和封闭。和"生活的真实"不同，这是"心灵的真实"。虚构，让小说的主题更多元，也让我们从荒诞中看到每个人的不同存在。

这个总结体现的是教师的阅读经验。从课堂实录来看,学生的阅读经验要到达这里,可能还是有一段距离。虽然这时学生有了一些感觉,但他们的经验还是零散的、抽象的,还需要一个消化、整合的过程。因此,在教师总结呈现自己的阅读经验之前,还需要组织一项活动,这项活动可以用“写”的方式展开,让学生写一段评析性的文字,让他们从小说文本中寻找依据来谈谈自己对“虚构表达心灵真实”的理解。通过这样一种方式可以引导学生进一步澄清并整合自己的感受与想法,教师在观察学生呈现的阅读经验之后再来纠正、总结,效果会比老师直接总结要好。

三、活动情境“创设”的实践要领

在具体的教学实践中,合乎“学情”的课堂学习活动情境的创设,需要考虑诸多条件,其中最为重要的是教学内容的合理转化、学生学情的分析与引导等。下面我们通过分析王崧舟老师的课例《自己的花是让别人看的》[①]来讨论活动情境设计的实践要领。

王老师在这节课的设计时发现很多老师对这篇课文内容与主旨的理解都已概念化、道德化,于是他结合各方面的条件,对文本加以深入解读与分析。

(一) 文本分析

通过文本分析,王老师发现这篇课文在教学内容上要突破道德化的束缚,认为最值得教的内容应该是“‘爱花’这种民族的奇特风情”。

这样,在文本分析的基础上,确定了这篇课文的核心教学内容。为下一步学情分析环节提供了参照。

(二) 学情分析

王老师通过下面三个题目对学生进行学情调查:

(1) 这篇文章留给你印象最深的是什么地方?请用波浪线画下来;

(2) 你是怎么理解“自己的花是让别人看的”?请用简洁的语言写出来;

(3) 读完全文你还有什么问题或者困难需要提出来吗?请列出1～3个你最想解决的问题。

在全班学生回答的基础上,加以分类统计分析:

第一题,画了“走过任何一条街……花团锦簇、姹紫嫣红……如入山阴道上,应接不暇”的占了94%。这表明,学生的阅读焦点的确集聚在奇丽风景上。

第二题,理解为“德国人处处为别人着想、先人后己、品德高尚”的占了87%。这表明,学生对文本主旨的前理解已经道德化了。

第三题,提出“为什么说‘人人为我,我为人人’这种境界耐人寻味”、“为什

① 王崧舟.例谈“学情视角”下的课堂教学设计[J].小学语文教与学,2015(4).

么作者对德国人爱花之真切感到吃惊”、“为什么结尾作者说自己做了一个花的梦，一个思乡的梦”等问题的占了72%。这表明，有超过三分之二的学生对德国人爱花这一奇特风情的理解存在障碍。

(三) 教学目标确定

通过以上文本分析与学情分析，确定这篇课文的教学目标为：“在真诚、素朴的语言表达中感悟德国人爱花之真切这一奇特风情”。这个教学目标又可以细分为三个更为具体的子目标：

(1) 通过对“花团锦簇、姹紫嫣红、应接不暇、耐人寻味”等词语的品读，真切感受“家家户户的窗前开满鲜花”这一奇丽风景。

(2) 通过对文中“家家户户都在养花、把花都栽种在临街窗户的外面、花朵都朝外开、家家户户的窗子前都是花团锦簇、每一家都是这样、又是家家户户的窗口上都开满了鲜花”连续出现的6个“都”字的咀嚼，深入感受德国人爱花之真切。

(3) 通过对“人人为我，我为人人。我觉得这一种境界是颇耐人寻味的”、“变化是有的，但是美丽并没有改变”等关键句的解读，体会“爱花”在德国是一种奇特的风情。

(四) 学习活动情境设计

学习活动情境的设计要紧紧围绕教学目标，王老师这里设计了三项学习活动，每项学习活动情境的设计都是为了落实一个子目标，这样就确保了教学目标与学习活动的一致性。

活动一：感受风景奇丽，触摸爱花真切

第一步，匹配。请学生仔细观察课文插图，然后从课文中找出与插图最相配的文字。

第二步，细读。引导学生多层次朗读这段文字。

第三步，背诵。创设语境，反复引读，使学生对这段文字能够熟读成诵。

活动二：解读风景密码，咀嚼爱花真切

第一步，“举一”。解读“女房东”的莞尔一笑。思考：什么是莞尔一笑？莞尔一笑说明了什么？

第二步，“反三”。解读“德国人”的莞尔一笑。思考：如果问的不是女房东，而是一位当地的牧师，他会怎么说？（继续置换人物：一位当地的马车夫、一位当地的中学生、一位当地的大学教授、一位当地的清洁工……）他们都会以这样的态度说，你的依据在哪里？（锁定并出示文中6个带“都”字的句子）

第三步，联接。解读风景背后的风情。

活动三：领略风情奇特，体认爱花真切

第一步，创设语境，让学生身临其境。

创设情境：弹指一挥间，四五十年过去了。1980年，“我”再次踏上德国哥廷根的土地，映入“我”眼前的又是这样的画卷。（写话，交流，理解“美丽并没有改变”）

第二步，转换语境，让学生感同身受。

创设情境：如果时光可以倒流，回到一百年前，你首次踏入德国哥廷根的土地，你一定也会看到这样的画卷。（继续使用学生的写话材料进行交流，理解“这样的境界并没有改变”）

第三步，强化语境，让学生深信不疑。

创设情境：如果时光可以穿越，2050年，你提前踏入德国哥廷根的土地，你一定又会看到这样的画卷。（继续使用学生的写话材料进行交流）

我们从王崧舟老师这个课例的分析中可以发现，合乎“学情”的课堂学习活动情境设计有一个最重要的特征，那就是——“一致性”或“连贯性”。这种“一致性”或“连贯性”主要体现为下面的连贯性程序：

(1) 把握课文体式特征选择合适的教学内容。
(2) 对学生进行学情调查（三道题目）。
(3) 课文体式与学情结合确定教学目标。
(4) 教学目标细化成子目标。
(5) 依据子目标设计有针对性的学习活动情境。

唯有确保了这些程序的一致性或连贯性，学习活动才不会迷失方向，学情分析的结果才能融入到学习活动过程中，合乎“学情”的课堂学习活动情境才能创设起来。

第三节　课堂学习活动的“关键环节”设计

一节课由许多活动情境构成，而诸多活动情境是由一系列教学环节串联起来的，教师和学生生活在课堂环节的活动中。一个环节就是一个相对完整的活动情境，因此，“如果期望改变某个课堂事件，最好通过选择不同环节的办法来实现，而不是用在现有的环节中改变教师或学生行为的办法。”[①]“环节”的完整性特征，即杜

① 中央教育科学研究所比较教育研究室编译. 简明国际教育百科全书·教学(上)[M]. 北京：教育科学出版社，1990. 69.

威所说的“一个”经验，是不能拆分的，需要改变的话，一定是选择“另一个”经验，而不是换其中的一个零部件。

一节课的大量活动虽然都是为实现教学目标服务的，但所有环节的作用并不是同等的，其中有的环节是基础性的，是为其他环节铺垫的，而有的环节却起着核心作用。我们把起核心作用的环节称之为“关键环节”。

“关键环节”的作用是促进个体学习经验的改造与发展，使学生在已有经验基础上出现明显的变化。在课堂学习中，学生的经验状态只有出现转变(转向教育性经验)，学习才是有效的。

一、“关键环节”设计的原则

“关键环节”的设计需要遵循“否定性”原则。在课堂情境中，“关键环节”的“否定性”主要有三层内涵：

1. 经验状态的发展依靠的是一种“否定”要素。培根认为，我们只有通过否定性事例才获得新的经验。伽达默尔据此引申认为，经验中包含着一种“基本的否定”作为本质要素，可以说每一种名副其实的经验都与我们的期望相违背。他又认为经验产生的过程事实是一个本质上否定的过程。如果我们对某个对象做出一个经验的判断，那么这意味着，我们至今一直未能正确地看事物，而现在才更好地知道了它是什么。所以经验的否定性具有一种特殊的创造性的意义。所以，我们对之做出经验的对象不能是一种任意捡起的对象，它一定是具有这样的性质，即我们通过它不仅获得对它本身的更好的知识，而且也获得对于我们事先已知道的东西，即某种共相的更好的知识。经验通过否定而做到这一点，因此这种否定乃是一种“肯定的否定”。①

在语文课堂中，我们可以发现学生学习的进步一定是一种经验的获得，或者说是对以往认识的否定。如果学生在一项学习活动中没有经历一种“否定”，没有经验到一种“期望的落空”，那可能要怀疑这个学生的学习是否真的发生了。拿这个标准来判断一个教学环节，如果进展很顺利，可能学生的学习只是原地踏步，在已有经验中徘徊，经验没有新的发展。

2. “否定性”是从“同化”到“顺应”的转变。用学习理论来解释，学习经验的“否定”是经历了皮亚杰的“同化”与“顺应”两个阶段，“同化”是基于原有认知，而“顺应”意味着认知结构的变化。根据皮亚杰的观点，教育经验必须围绕学习者的认知结构而确立。相同年龄、相同文化的儿童具有相似的认知结构，但他们也完全可能具有不同的认知结构，因而需要不同种类的学习材料。一方面，无法同化到儿童认知结构的教育材料，对于儿童没有任何意义；另一方面，如果材料能够完全被同化，那么将不会产生任何学习。要想使学习发生，材料需要部分已知和部分未知。已知

---

① (德)伽达默尔(Gadamer，H. G)著，洪汉鼎译. 真理与方法：哲学诠释学的基本特征(上卷)[M]. 上海：上海译文出版社，2004. 458—459.

部分将会得到同化，未知部分将必然会导致儿童认知结构的轻微改变，这种改变被称作顺应，可以大约等同于学习。最佳的教育是为学习者提供稍具挑战性的经验。①

由此看来，学习状态的转变就一定是包含着经验的挑战与改变。正如杜威所言："单纯的活动，并不构成经验。这样的活动只是分散的、有离心作用的、消耗性的活动。作为尝试的经验包含变化，但是，除非变化是有意识地与变化所产生的一系列结果联系起来，否则它不过是无意义的转变。"②

例如我们观察到的下面一个课例(《声声慢》一课的主要环节)：

> ① 导入，听配乐朗读。
> ② 学生齐读。
> ③ 你认为这首词中的哪一句最能触动你？
> 第一位学生说了"满地黄花堆积……"，说了自己的鉴赏意见；
> 第二位学生说了"三杯两盏淡酒……"，说了自己的鉴赏意见；
> 第三位学生说了"寻寻觅觅冷冷清清凄凄惨惨戚戚"，说了自己的意见。
> 第四位学生说了"这次第，怎一个愁字了得"，并说了意见。
> 教师自己提出"雁过也，正是……"，让学生发表意见。
> ④ 总结"词眼"——"愁"。

任课教师设计了4个环节，这几个环节的先后顺序是不能互换的。但其中的主环节(第3个环节)之下的小环节则体现为一种平行结构，它们之间的顺序可以互换。大环节之下作这样的处理，显然是着眼于学生的"学"而设计的，是有利于学习经验的发展。但从课堂观察中我们发现的问题是，在这样的环节之下，学生的"学"基本处于一种自发状态，即学生的学习经验没有体现为一种发展的趋向，学生发表的意见对于其他同学来说意味着什么，学生自身的意见对于这篇课文的学习来说到达了什么程度，都是不清楚的，似乎仅仅是在教师的引导下，各自说了一番话，观察不到学生的学习经验有什么发展。这样的环节，学生的经验就没有经历一个"否定"的转折，很多学生有可能就只有"同化"，而没有"顺应"，其学习就可能没有发生，仅仅"活动"了而已。

3. "否定性"指向教师引导下的"经验改造"。由于"学习经验"(Learning Experiences)是涉及个人的意义和重要性的术语，这种意义和重要性是从从事特定学习活动的个体推知的。即当一些学生从事特定的活动时，他们中每一个人的反应都不同，这样就有着不同的"经验"，因而也可以学习不同的东西。因此，"学习经

① (美)赫根汉，奥尔森著，郭本禹等译. 学习理论导论(第七版)[M]. 上海：上海教育出版社，2011. 250.

② (美)杜威著，王承绪译. 民主主义与教育[M]. 北京：人民教育出版社，1990. 148.

验”又常常与“学习活动”、“学习机会”等交替使用。例如古德《教育词典》就把学习经验定义为“在学生的发展水平上对学生有意义的，并能加以完成和作出评价的有目的的活动”。杜威(1938)阐述了学习经验的概念，他提出这样的观念，即经验包含着个体(内部条件)与客观条件(外部)的相互作用。对经验的这两种因素，内部的和外部的条件，给予了同等重要的地位。任何正常的经验都是这两种条件的相互作用。在谈及相互作用观念作为经验的标准时，杜威认为，传统的教育破坏了相互作用的原理，它对内部因素几乎不去注意；而新教育(进步教育)也会破坏这一原理，如果它过于强调内部条件的话。虽然杜威阐述了经验的概念，但仍难于直接把它用于制订教学计划。要让“经验”的理论进入课堂教学中，就需要“学习活动”和“学习机会”这类概念。教育者应该专注于提供可能带来某些经验的机会。学习机会，作为一个名词，最先于1973年版的古德词典中出现：在学生学习的学校课程中所用的手段，诸如个别化教学，小群体教学，小组教学，教师与学生之间的相互作用过程，以及包括知识、社会和学习者自身的背景参考，这些都是经验的例子。① 因此，学生在课堂中学习状态的转折处，教师提供的学习机会或经验就直接影响着学生的学习质量。教师应该在“关键环节”中改变学生的已有经验状态，让学生在经验的“否定性”中获得提高。

二、“关键环节”的三种基本形态

依照“否定性”原则，下面我们以名师课例为样本分析阅读教学中的学习状态发展与变化，主要是从黄厚江老师任教的《谈中国诗》、支玉恒老师任教的《只有一个地球》、钱梦龙老师任教的《死海不死》等课例中的关键环节中提炼出经验状态转变与发展的三种基本形态。

(一) 学习经验的呈现与“否定”

黄厚江老师任教的《谈中国诗》，②有一个核心环节，他称作“白忙活”环节。通过这个关键环节的教学，学生的经验状态得到了较大的改变。

《谈中国诗》是一篇较长的实用文章，其文体一开始是一篇演讲稿，现在不同版本的高中语文教材选入这篇文章时分别进行了不同的处理，有的直接把原文选入教材，当作学术演讲辞来处理；有的删掉了前4节演讲色彩较浓重的部分，纯粹变成了一篇学者散文或学术随笔。无论教材做哪一种文体功能的处理，这篇文章文本本身的阅读与理解都是一个难点。一是因为篇幅长，在阅读时间上会给学生阅读经验的形成造成难度；二是钱锺书在文中引述的中外文献较多，涉及一些诗歌批评专业术语，会影响学生对课文内容的阅读与理解。因此，多数教师在教这篇课文时不知该如何选择合宜的教学内容和教学策略。

① T·胡森和N·波斯尔思韦特主编. 国际教育百科全书(第五卷). 贵州：贵州教育出版社，1990：616. 本条由泰勒撰写.

② 王荣生，陈隆升. 实用文教学教什么[M]. 上海：华东师范大学出版社，2014. 239—265.

黄厚江老师采取了以简驭繁的策略，首先采用了“虚拟删减”的办法，告诉学生这篇文章太长，我们一节课学不完，如果我们要把一部分不重要的砍掉先放在一边，把最主要的剩下来学习。大家看看哪些内容可以先砍掉呢？要说出砍掉的理由。在完成这个环节之后，进入了下面的关键环节，分两步走：

第一步：对照剩下来的主体内容，你觉得文章的标题，有没有不足的地方？有没有需要添加的地方？

第二步：在学习过程中我们要善于否定别人的观点，提出自己的想法，然后还要进一步善于征服和否定自己的想法。否定了别人的想法，是很了不起的进步。然后把自己的想法再否定了，那你的进步就会更了不得。你就会变成会思考的人，会读的人，会学语文的人。现在我们大家一起来看。刚才大家在这个标题上添加的这些内容，哪一个必须砍掉？

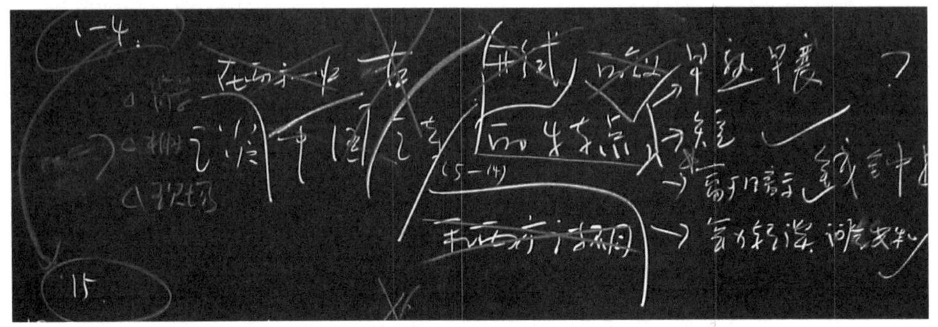

师生讨论之后直接在黑板上修改的学习经验

在第一步的学习中，学生给标题添加了“在西方人眼中的”、“中国古诗”、“中国古诗的特点”、“谈中国古诗的特点的含义”、“谈中国古诗和西方诗不同”、“形式”等。在标题上加上“的特点”三个字之后，提醒同学们：“中国诗的特点”是这篇文章的核心内容。顺势引导大家进入文本，对作者在文中所写的中国诗的特点加以归纳梳理。归纳成四大特点：“早熟早衰”，“篇幅短小”，“富于暗示”，“笔力轻淡、词气安和”。在给标题添加限定词的讨论中，黄老师反复强调，添加限制词要“于文有据”，一定要从文本中找到依据。这实际上是在强化学生阅读初感中的“标题与内容”的对应关系，促进学生对课文核心内容的把握，进而引导学生弄清楚了文章所写的“中国诗的特点”都是关于“形式”的，而没有涉及“内容”。

接着是完成第二步的讨论：

师：黑板上刚才大家添加的内容哪些可以删去？

生：“含义”。

师：对，第一个砍的是“含义”（在板书上划掉“含义”），第二个要砍掉的是什么？

生:“和西方诗的不同”。(在板书上划掉“和西方诗的不同”)大家再看还有哪个可以砍掉?

生(齐声):“在西方人眼中的”也应该砍掉。

师:中国的现代诗,应该明确,不是中国的诗,(众生齐声:啊?)而是来自西方,所以中国人无今诗可言,所以加“古”字对诗进行限制是没必要的。

师:再看,还剩下几个?“形式”可不可以砍掉?

(学生两种意见,一种认为可以砍掉,一种认为不能砍掉)

生:我觉得这只是中国诗的一个特点,中国诗还有很多特点,加上“形式”是不是太限制了。

师:我们这个讨论是就本文而言,本文之外涉及关于诗歌的东西我们不讨论。

生:中国诗与外国诗在思想内容上没有差异,没有差异就不算是中国的特点了。

师:你看这就非常好,乐于思考,所以讲得很清楚了,中国诗和外国诗在内容上没有区别,所以讲中国诗的特点只能是形式上的,不需要再专门点出“形式”。(在板书上划掉“形式”)所以我们忙活了半天,白忙了。我觉得我们学习的意义就在于这样的“白忙活”。

在这节课的这个环节里,黄老师围绕“给课文标题添加限制词”这个活动,组织学生讨论了这篇课文的写作目的和文中所引用的几个例子,归纳了作者所写的中国诗的形式方面的四个特点,并简要精到地讲解了诗学中“虚中有实”、“无中生有”等理论术语。在这个活动框架中,第一次让学生讨论并给标题添加限制词,实际就是把学生阅读本文之后的初步阅读经验呈现出来,而接下来,换一个角度,让学生讨论添加的这些限制词哪些可以砍掉,这是引导学生再次钻入文本中,对原有的阅读经验做进一步提升。所谓“白忙活”实际就是经验的“否定性”发展策略,因此,在这个所谓的“白忙活”的过程中,学生对文本的理解更加深入了,学生的学习经验得到了提升与发展。

(二) 学习经验的整合与改造

支玉恒老师任教《只有一个地球》这篇课文时,其核心环节为:①

(1) 读了这篇文章,你心里是什么滋味?酸甜苦辣哪一味?你的滋味要读出来。

(2) 请给每一段写一个抒情的句子,表达你的滋味。

(3) 把这些抒情的句子整合成一篇小散文。

① 郭娟,支玉恒.《只有一个地球》(太原)课堂品译[M]. 见百度文库 https://wenku.baidu.com.

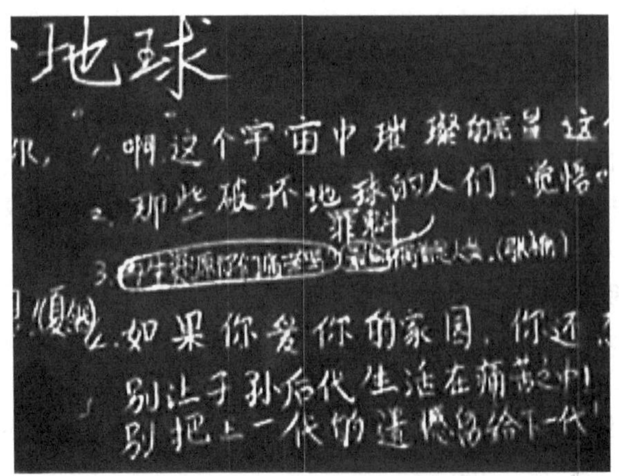

教师参与修改的黑板上的学习经验

在学生写好抒情的句子之后，支玉恒老师让10位学生把自己写的句子写在黑板上。学生写在黑板上的10个句子为：

我们爱你，美丽的地球，我们爱你，小小的地球，我们爱你，赖以生存的地球。

啊，地球，这个宇宙中璀璨的亮星，这个宇宙中渺小的亮光。

人类啊，饶了我吧，我的血液不多了。

那些破坏地球的人们，觉悟吧！

再生资源不能再生，生态灾难将要到来，这，怪谁？

再生资源你们痛苦吗？罪魁祸首是人类。

宇宙虽大，但没有第二个地球了。要想搬家，这是妄想。

如果你爱你的家园，你还想搬家吗？

地球是人类的母亲，她养育了人类，同时也需要人们的呵护。

别让子孙后代生活在痛苦之中，别把上一代的遗憾再留给下一代。

师：下面我就这十句话，我给做一个添改，同意吗？看我怎么改。这句(再生资源你们痛苦吗?)割掉，罪魁两字写错了，“罪”是哪个罪啊？犯罪的“罪”，魁字看我怎么写！我先写了一个什么字？

学：鬼。

师：鬼字，搞鬼的“鬼”，鬼字上面加一个什么字？

学：斗。

师：这是罪魁两个字。下面看。好的，就改这点就完全可以了。怎么办呢，不是给他改，而是给全体改。把它放在这十句里面我改的。一句一句读，根本不用改，下面怎么读呢，我们连起来读，看看你们的感觉，预备开始。

(学生齐读黑板上的句子)

师：你们觉得连起来念，像什么啊？

学：文章。

师：什么样的文章？

学：抒情。

师：像不像一篇短小但是挺美的散文？像不像？

学：像。

师：有点意思吧？我刚才没看见，这个“憾”字错了，这边是个感动的“感”，不是“或者”的“或”。实际上，你们每个人手里都有几句？每个人刚才都写了几句？

学：5句。

师：都有5句，你也稍加添改，在这5句上，也能变成一篇更短小一点的，但是也更精干一点的小小的散文。想不想要，想要现在不改。现在不改，坐起来。这个任务留给你们作为今天回家的家庭作业，想不想做？

学：想。

师：学了一篇课文，你看，得了一篇小散文。好不好啊？

学：好。

支玉恒老师在这里采取的经验发展策略可以称之为“学习经验的整合与改造”，经过学生个体的创造之后还在黑板上呈现了共同的经验，然后教师参与了讨论与修改，整合出了一个全班的集体经验，同时每一位同学也对自己的五句话加以了整合与改造。这样，所有学生的阅读经验都在原有的基础上得到了改进与提高。

(三) 学习经验的筛选与比较

钱梦龙老师任教《死海不死》这篇课文，依据学生阅读经验把“趣味性”作为这篇课文的学习重点。关键环节如下：①

师：看来同学们的悟性都很高，知识也掌握得很好，学习这篇课文原本要求重点学习的“列数据”的说明方法、确数与约数的区别和作用等等，都可以不教；关于知识小品的文体特点，同学们也自己从课文中悟出来了，也不用我再喋喋不休地介绍了。就是说，同学们在有些方面已经达到了不需要老师教的地步，我真为同学们高兴！不过，关于知识小品的特点，尤其是知识性、科学性、趣味性问题，同学们大概是第一次遇到，因此建议同学们接下来再花点时间深入讨论一下。限于时间，我想从“三性”中选择一个来讨论，就作为这堂课学习的重点。同意吗？

生(众)：同意！

师：三性中选择哪一个？

---

① 王荣生，陈隆升. 实用文教学教什么[M]. 上海：华东师范大学出版社，2014. 217.

生(23)：趣味性。

师：为什么选趣味性？

生(23)：因为我们自己写作文要能够吸引读者，也应该有点趣味性。看看作者是怎样引起读者兴趣的，也许对我们自己作文有启发。

师：大家同意吗？

生(众)：同意！

师：既然大家同意，那就请把课文再好好看一遍，边看边想：课文的哪些地方引起了你的兴趣？作者用了什么手法引起你的兴趣的？现在请大家看书。

(学生看书，偶有小声议论)

生(28)：文章的第一、第二段写得好，我在第一遍读的时候就被它吸引住了。

师：你再朗读一遍，体会体会，它给你一种怎样的感觉？

(生28朗读第一、二自然段)

生(28)：它给我的感觉是有点出乎意料，甚至有点惊讶。

师：好！体会得很准。大家再一起体会一下：作者是用了哪些词语产生这样的效果的？请把这些词语圈出来。注意了，这对我们运用语言是很有帮助的。谁来说？

生(29)：作者连续用了一些表示转折的词，还用了表示出乎意料和惊讶的词，比如，第一段里“但是，谁能想到……竟……甚至……连……”，第二段里“然而，令人惊叹的是……竟……即使……也……”。

师：瞧，这两位同学(指生28、生29)对语言的感觉多敏锐！现在再请两位同学分别把这两小段各读一遍(指定两位学生)，注意，第一位同学把她(指生29)刚才找出的一些词语略去不读；第二位同学把这些略去的词语读得强调些，把那种出乎意料的惊讶语气读出来。然后大家一起比较一下，两种语言表达的效果有什么不同。

(学生二人分别朗读)

师：两人读得不错。大家体会一下，两种表达效果有什么不同。

生(30)：第一种表达显得平平淡淡，第二种表达引起读者的惊讶和好奇，所以，所以就……(语塞)

师：所以就增强了……

生(30)：趣味性和吸引力。

师：这样比较一下，我们发现，同样的意思，可以表达得平平淡淡，很一般，也可以表达得很有趣，很有吸引力。可见选择怎样的语言来表达就会有怎样的效果。这正是语言的王国为什么总是充满魅力的原因所在！

从教学内容的角度来看，通过前一环节的层次筛查与排除，这节课最后只剩下“趣味性”这一点内容可教了。让两位同学进行比较性阅读，分别读出两种不同的表达效果，这项活动对促进学生对文章“趣味性”的理解起着非常重要的作用。同时也在悄悄改变着一种以教师为中心的传统语文课堂形态。

这节课的几个学习活动环节贯穿着他从学习者出发的设计意图，他从学生阅读初感出发，让学生通过讨论，一步一步“澄清自己的知识状况”，让学生明白在这篇科普文章的学习中，哪些是自己已经掌握的知识以及哪些是通过自己的努力可以解决的问题，这些“不需要老师教”的内容实际就是自己的学习起点。在此基础上的进一步讨论就是指向学生“需要老师教”的知识了，在学习活动中大家明白了这篇科普文章的文体特性才是这节课最需要学习的内容。于是剩下的事情就变得简单了：大家集中精力学习一项内容——讨论科普文章的“趣味性”。

由此我们可以看到，从学习者出发组织的“学习活动”，是从引导学生“自我澄清”开始的，引导学生讨论自身的知识状况，逐步明确自我关于这篇科普文章或一般的科普文章阅读时已经掌握了的知识和需要进一步学习的知识。自我澄清的过程实际上就是自我反思的过程，而自我反思是学习的最终目的，一个学生如果学会了自我反思，那就意味着他已经学会了自主学习，他已经不需要老师教了。从钱老师的课例中我们可以发现，在教学内容相对确定的情况下，自我澄清活动的策略类似于做减法或加法，即让学生对照需要学习的内容，发现自己已经掌握和没有掌握的知识。对已经掌握的知识一项一项减去，而留下需要学习的知识（教师预设的内容）或加入学生认为需要学习的知识（教师未预设的内容）。

三、“关键环节”设计需要注意的问题

我们从上述三位名师的课例中可以发现，所谓课堂经验状态的发展主要是指经验状态的“转变”，这种“转变”的内在本质是一种“否定之肯定”，是学生认知结构从“同化”到“顺应”的转变。而在具体的课堂中，随着课文体式内容与学生学情的变化，这种转变是有一些具体内涵的，例如黄厚江老师这节课经验状态的转变指向的是“学习经验的呈现与否定”环节，支玉恒老师的经验状态转变指向的是“学习经验的整合与改造”环节，而钱梦龙老师的经验状态转变指向的则是“学习经验的筛选与比较”。由此看来，要实现课堂学习经验状态的成功“转变”，让学生的学习真正发生，就需要教师提供合适的机会和方式，创造适合学生状态转变的环节。同时，三位名师的课例也给我们提供了进一步思考的空间，我们认为教师在课堂上要引导学生成功实现经验状态的转变，需要正确处理好以下三方面的问题：

（1）要设计和实施“否定性”的关键环节。这个关键环节包含的是这节课的核心教学内容，要达成的是这节课的主要目标，毫无疑问也应该是这节课的教学重点。环节中需要设计“否定性”的活动，引导学生从“否定”到达“肯定”，进而实现经验状态的转变与发展。

（2）需要深入探查经验转变的内部条件。经验状态的转变需要内部条件与外部条件同时发挥作用，但对教师来说最便利的是提供环境方面的条件，在这种环境中，使学习者能够相互作用并获得经验。虽然学习机会的定义提到了教师与学习

者之间的相互作用过程，但强调的仍然是种种外部条件，而学习者的内部条件则常常被忽视。因此，我们需要更加密切地观察学生的学习状态，尤其是把握其内在的变化。例如阅读教学中，学生的经验状态一般体现在其对课文的理解程度上，而这个理解程度是包含了学生的“前理解”或“前见”。这种“前理解”或“前见”只有在经验过程中才会呈现出来，这就给教师的观察与把握增加了难度，需要教师仔细识别与分析，及时准确地作出判断。

(3) 需要鉴别关键环节中出现的状态差异。教师在课堂中实施“否定性”环节时，如果只关注经验的外部条件，那就会对学生的真实状态不关注，只忙于传达自己的经验与见解，造成许多学生的低效或无效学习。或者课堂提问的样本太少，只关注了少数学生，全体学生的状态关注不够，这也可能造成许多学生只接受了一些信息，经验在原有水平踏步。这都需要我们去关注经验状态的差异性，识别出不同学生在解决关键问题时的差异，这样才能引导全体而不是部分学生实现经验状态的转变。

参 考 文 献

著作类

1. 程颢，程颐. 二程集(第一册)[M]. 北京：中华书局，1981.
2. 朱熹. 四书章句集注・孟子集注[M]. 北京：中华书局，1983.
3. 杨伯峻. 孟子译注[M]. 北京：中华书局，1984.
4. 朱熹. 四书集注[M]. 长沙：岳麓书社，1987.
5. 毛礼锐、沈灌群主编. 中国教育通史(第三卷)[M]. 济南：山东教育出版社，1987.
6. 王炳照等. 历代教育论著选评(上、下册)[C]. 武汉：湖北教育出版社，1994.
7. 田慧生、郁波主编. 活动教学研究[M]. 武汉：湖北科学技术出版社，1999.
8. 施良方. 学习论[M]. 北京：人民教育出版社，2001.
9. 徐长福. 理论思维与工程思维：两种思维方式的僭越与划界[M]. 上海：上海人民出版社，2002.
10. 于漪. 我和语文教学[M]. 北京：人民教育出版社，2003.
11. 高时良. 学记评注[M]. 北京：人民教育出版社，2005.
12. 王荣生，倪文尖主编. 国家课程标准高中实验课本(试编本)语文必修 3[C]. 上海：上海教育出版社，2007.
13. 于漪. 语文可以这样教："于漪语文德育实训基地"教学案例[M]. 上海：东方出版中心，2009.
14. 冯茁. 教育场域中的对话——基于教师视角的哲学解释学研究[M]. 北京：教育科学出版社，2011.
15. 陈隆升. 语文课堂"学情视角"重构[M]. 上海：上海教育出版社，2012.
16. 夏承焘. 宋词鉴赏大辞典[C]. 上海：上海辞书出版社，2013.
17. 魏本亚，尹逊才主编. 十位名师教《老王》[M]. 上海：上海教育出版社，2014.
18. 王荣生，陈隆升. 实用文教学教什么[M]. 上海：华东师范大学出版社，2014.
19. 程胜. 如何分析学情[M]. 上海：华东师大出版社，2014.
20. (法) 比纳著，曾展谟译. 儿童学的新观念[M]. 北京：商务印书馆，1927.
21. (奥) 阿德勒著，包玉珍译. 儿童的教育[M]. 北京：商务印书馆，1937.
22. (苏) 乌申斯基著，李子卓等译. 人是教育的对象[M]. 北京：科学出版社，1959.
23. 伍蠡甫. 西方文论选[Z]. 上海：上海译文出版社，1978.
24. (苏) 苏霍姆林斯基著，周蕖，王义高等译. 给教师的一百条建议[M]. 天津：天津人民出版社，1981.
25. (英) 福斯特著，苏炳文译. 小说面面观[M]. 广州：花城出版社，1984.

26. 许步增. 西方思想家论教育[M]. 北京：人民教育出版社，1985.
27. (美) 布卢姆等著. 新的学习观：对教学与课程的影响[J]. 收入《布卢姆掌握学习论文集》，福州：福建教育出版社，1986.
28. (德) 根舍因. 关于范例教学原则的说明[J]，选自瞿葆奎主编. 教育学文集[C]，徐勋、施良方选编《教学卷》上册. 北京：人民教育出版社，1988.
29. (美) 罗杰斯. 学会自由[J]，收入瞿葆奎主编. 教育学文集・教学(上册)[C]. 北京：人民教育出版社，1988.
30. (瑞典) 皮亚杰著，袁晖等译. 心理学与认识论——一种关于知识的理论[M]. 香港：求知出版社，1988.
31. (德) 赫尔巴特著，李其龙译. 教育学讲授纲要[M]. 北京：人民教育出版社，1989.
32. 中央教育科学研究所比较教育研究室编译. 简明国际教育百科全书(人的发展卷)[C]. 北京：教育科学出版社，1989.
33. (美) 康内尔，张法琨等译. 20 世纪教育史[M]. 北京：人民教育出版社，1990.
34. (美) 杜威著，王承绪译. 民主主义与教育[M]. 北京：人民教育出版社，1990.
35. T・胡森和 N・波斯尔思韦特主编. 国际教育百科全书(第五卷)[C]. 贵阳：贵州教育出版社，1990.
36. 中央教育科学研究所比较教育研究室编译. 简明国际教育百科全书・教学(上)[C]. 北京：教育科学出版社，1990.
37. (美) 威廉・H・克伯屈著，王建新译. 教学方法原理——教育漫谈[M]. 北京：人民教育出版社，1991.
38. (美) 拉尔夫・泰勒著，施良方译，瞿葆奎校. 课程与教学的基本原理[M]. 北京：人民教育出版社，1994.
39. (英) 约翰・洛克著，傅任敢译. 教育漫话[M]. 北京：教育科学出版社，1999.
40. 夏之莲主编. 外国教育发展史料选粹(上下册)[C]. 北京：北京师范大学出版社，1999.
41. 王天一等. 外国教育史(上下册)[M]. 北京：北京师范大学出版社，1999.
42. (德) 海德格尔著，陈嘉映等译. 存在与时间[M]. 北京：三联书店，1999.
43. (德) 伽达默尔著，洪汉鼎译. 真理与方法[M]. 上海：上海译文出版社，1999.
44. (美) 加涅著，皮连生等译. 学习的条件和教学论[M]. 上海：华东师范大学出版社，1999.
45. (苏) 阿莫纳什维利著，朱佩荣译. 孩子们，你们好[M]. 北京：教育科学出版社，2002.
46. (美) 乔治・J・波斯纳，艾伦・N・鲁德尼茨著，赵中建等译. 学程设计——教师课程开发指南[M]. 上海：华东师范大学出版社，2003.
47. (英) 斯宾塞著，胡毅，王承绪译. 斯宾塞教育论著选[M]. 北京：人民教育出版社，2004.
48. (美) 艾德勒，范多伦著，郝明义，朱衣译. 如何阅读一本书[M]. 北京：商务印书馆，2004.
49. (美) 杜威著，赵祥麟等译. 学校与社会・明日之学校[M]. 北京：人民教育出版社，2004.
50. (德) 伽达默尔著，夏镇平，宋建平译. 哲学解释学[M]. 上海：上海译文出版社，2004.
51. (美) 杜威著，姜文闵译. 我们怎样思维・经验与教育[M]. 北京：人民教育出版社，2004.
52. (美) 坦尼森，(德) 肖特，(德) 西尔，(荷) 戴克斯特拉主编，任友群等译. 教学设计的国际观(第1册)[C]，北京：教育科学出版社，2005.
53. (美) 杜威著，高建平译. 艺术即经验[M]. 北京：商务印书馆，2005.
54. (美) 奥兹门著，石中英译. 教育的哲学基础[M]. 北京：中国轻工业出版社，2006.
55. (捷克) 夸美纽斯著，任钟印译. 大教学论·教学法解析[M]. 北京：人民教育出版社，2006.
56. (美) 詹森著，梁平译. 基于脑的学习：教学与训练的新科学(修订版)[M]. 上海：华东师范大学出版社，2007.
57. (美) 安德森等编著，皮连生主译. 学习、教学和评估的分类学——布卢姆教育目标分类学(修订版)[M]. 上海：华东师范大学出版社，2007.
58. (美) 加涅等著. 王晓明等译. 教学设计原理(第五版)[M]. 上海：华东师范大学出版社，2007.
59. (美) 布鲁纳著，姚梅林，郭安译. 教学论[M]. 北京：中国轻工业出版社，2008.
60. (古希腊) 柏拉图著，张竹明译. 理想国[M]. 南京：译林出版社，2009.
61. (美) 古德，布罗菲著，陶志琼译. 透视课堂(第10版)[M]. 北京：中国轻工业出版社，2009.
62. (美) 杜威著，杨小微、罗德红等译. 杜威全集(第5卷)[M]. 上海：华东师范大学出版社，2010.
63. (美) 索耶主编，徐晓东等译. 剑桥学习科学手册[C]. 北京：教育科学出版社，2010.
64. (丹) 伊列雷斯著，孙玫璐译. 我们如何学习：全视角学习理论[M]. 北京：教育科学出版社，2010.
65. (比) 罗日叶著，汪凌译. 为了整合学业获得：情境的设计和开发[M]. 上海：华东师范大学出版社，2010.
66. (美) 赫根汉，奥尔森著，郭本禹等译. 学习理论导论(第七版)[M]. 上海：上海教育出版社，2011.
67. (瑞典) 胡森，(德国) 波斯尔斯韦特总主编，丛立新等译. 教育大百科全书·课程卷[Z]. 重庆：西南师范大学出版社，2011.
68. (美) 布兰思福特等著，程可拉等译. 人是如何学习的(扩展版)[M]. 上海：华东师范大学出版社，2012.
69. (美) 安布罗斯等著，庞维国等译. 聪明教学7原理：基于学习科学的教学策略[M]. 上海：华东师范大学出版社，2012.

论文类

1. 吴宣德. 章学诚教育思想述评[J]. 载于王炳照等. 历代教育论著选评(下册)[C]. 武汉：湖北教育出版社，1994.
2. 张如珍. “因材施教”的历史演进及其现代化[J]. 教育研究，1997(9).
3. 张海德. 谈谈阅读前理解[N]. 中国教育报. 2002.7.4.
4. 于艳艳. 浅析“前理解”[J]. 山东：山东省经济管理干部学院学报，2004(6).

5. 理查德·E·斯诺(Richard E. Snow). 个体差异[J]. 收入《教学设计的国际观》第1册，(美)坦尼森，(德)肖特，(德)西尔，(荷)戴克斯特拉主编，任友群等译. 北京：教育科学出版社，2005.
6. 梁秋英，孙刚成. 孔子因材施教的理论基础及启示[J]. 教育研究，2009(11).
7. 丁恺. 课堂教学的“学情分析”研究[D]. 上海：华东师范大学，2009.
8. 王悦. 不可靠叙述的生成与阐释[J]. 外国文学，2010(1).
9. 王祥连. 教了也不会，为什么[J]. 人民教育，2011(18).
10. 王荣生. 阅读教学的基本任务与路径[J]. 课程·教材·教法，2012(7).
11. 姜毅.《二十年后》起点评估——基于学习内容关键属性的辨识[J]. 初中语文教与学，2012(9).
12. 吴扬，高凌飚. 国外关于学生课程观的研究及其启示[J]. 全球教育展望(沪)，2013(4).
13. 徐鹏，王以宁，刘艳华，张海. 大数据视角分析学习变革——美国《通过教育数据挖掘和学习分析促进教与学》报告解读及启示[J]. 远程教育杂志，2013(6).
14. 张华. 让教学变成儿童研究[J]. 上海托幼，2014(6A).
15. 陈忠文. 让学情分析走进文本解读与教学设计[J]. 语文学习，2015(2).
16. 谢晨，胡惠闵. 学情分析中“学情”的理解[J]. 全球教育展望，2015(2).
17. 王崧舟. 例谈“学情视角”下的课堂教学设计[J]. 小学语文教与学，2015(4).
18. 卢杏琴. 基于学生“理解”状况的阅读教学改进——以《咬文嚼字》教学为例[J]. 语文学习，2015(5).
19. 钟丽萍.“学情”视角中的课堂阅读经验发展——以《声声慢》的教学为例[J]. 语文学习，2015(9).
20. 林彬. 以学生经验为基点的写作教学——以“动物话题”的作文教学为例[J]. 语文学习，2015(10).
21. 高延丰. 依据学情改进学生的阅读经验——以《骑桶者》教学为例[J]. 语文学习，2015(11).
22. 胡瑛. 基于“作业样本”分析的阅读教学反思[J]. 语文学习，2015(12).
23. 张思琦、张文兰、李宝. 国外近十年深度学习的研究现状与发展趋势——基于引文分析及共词矩阵的知识图谱分析[J]. 远程教育杂志，2016(2).
24. 李香勇、左明章、王志锋. 学习分析的研究现状与未来展望——2016年学习分析和知识国际会议述评[J]. 开放教育研究，2017(2).
25. 王紫琴、彭娴、吴砥. 学习分析技术规范比较研究[J]. 开放教育研究，2017(2).
26. 郭华. 深度学习“深”在哪里[J]. 新课程评论，2018(6).

后　　记

本书是我最近几年对学情分析问题思考的一点收获。在完成《语文课堂"学情视角"重构》一书之后，我想对基础教育课堂教学中的学情分析做一些更加系统的研究。

凭着自己长期的教学实践和理论探索，我发现"学情分析"对促进课堂教学转型和教师的课堂教学改进均具有重大作用。无论是职前教师（师范生），还是职后教师，"学情分析"都是需要掌握的一项关键能力。因此，我决定把"学情分析"与课堂有效教学之间关系的研究作为一个长期的学术追求。以"学情分析"为纽带，把职前教师（师范生）的培养与职后教师的教育连接在一起。为此，我在台州学院建立了"名师摇篮"（卓越教师培养基地），与浙江省中小学教师专业发展培训平台进行了对接，旨在促进职前与职后教师"学情分析"能力的一体化培养。

幸运的是，这项研究得到了教育部人文社科规划基金项目立项支持，再加上我工作单位的配套经费，研究条件得到较大改善。但由于后来我担任了行政管理工作，时间和精力分散了不少，中期研究计划不得不做了一些调整，原打算课例研究覆盖小学、初中、高中三个学段的语文、数学、英语三门学科，只得调整为以语文学科的课例研究为主，适当兼顾其他学科。所以在本书后面几章研究的课例主要是小学、初中和高中的语文课堂教学案例，这不能不说是一大遗憾。这个遗憾只得留待后续研究加以弥补了。

本书的研究和写作自始至终得到了陶师本一先生和王师荣生教授的亲切关怀与悉心指导，在此向他们表达我最崇高的敬意。

本项研究是在课题组全体成员的积极支持和团结合作下完成的，在此要向课题组核心成员郑友霄、于龙、巫文胜、胡俊杰、卢杏琴、谷金华的辛勤付出表示诚挚的谢意。同时也要向参与本项目课例研究的成员王从华、陈忠文、毛刚飞、林彬、高延丰、钟丽萍、陈俊杰、蔡明子、胡瑛、朱汉芬、舒志慧、黄珊楠等表达我的敬意，感谢各位老师的大力支持和热情参与。

本书的研究与出版得到了来自各方的鼎力相助。感谢河北省邯郸市教育局副局长兼教育考试院院长曹建召博士为项目研究工作创造的诸多条件。感谢《语文学习》主编何勇先生提供的"学情分析案例"栏目，使本研究的部分成果得以先期发表。感谢本书责任编辑上海交通大学出版社吴芸茜博士的辛勤劳动，她的严谨作风的确令人钦佩。感谢台州学院李建军教授和高平教授在本书出版过程中给予的鼓励与支持。

在本项目研究的过程中，我以本书的部分内容为基础，给台州学院本科师范生开设了一门选修课《学情分析与有效教学》，得到了学生的热烈回应和高度评价，在此我要感谢选课的同学们，是你们的鼓励与参与，给了我继续前进的勇气和动力。还有下列同学协助校对了部分书稿，在此一并表示感谢：付千真、汪晓东、许思萍、张琳达、毛丹雯、陈佳婷、涂锋静、叶钰铌、蒋晓利、吴柔逸、邢露露、苏石令、高烟妮、郑羽佳。

最后，我要感谢我的妻子王祥华，是她一直以来的支持与鼓励，才使我获得强大的力量，让本书如期定稿与出版。

陈隆升

2018.12.14